QM 실무

박영호 · 황희두

비앤엠북스

머리말

기업의 경쟁력이 곧 국가경쟁력의 바로미터가 된다고 해도 과언이 아니다. 새로운 세기를 맞이하면서 경쟁력 향상을 위한 범국민적인 노력이 가속화되고 있다. 예전에 하던 일을 좀 더 많이 하고, 잘하고, 빨리 하는 것만으로는 부족하다. 기존에 하던 일을 더러는 중단하기도 하고, 뛰어넘기도 하고, 또 뒤집어 볼 수 있는 용기와 개혁이 필요한 것이다.

무한 경쟁의 시대에서 무엇보다 중요한 것은 경쟁의식이다. 경쟁의식은 세 가지 뜻을 함축하고 있다. 첫째는 경쟁자와 비교해서 더 잘한다는 것이다. 상대방인 경쟁자보다 더 좋게 만들어야 하고, 더 싸게, 더 빨리, 더 친절하게 공급하고자 애쓰는 것이 경쟁의식이다. 둘째는 고객을 더 잘 만족시킨다는 의미를 갖고 있다. 전쟁은 고객을 염두에 두지 않고, 어느 일방이 상대방에게 피해를 주는 행위이다. 그러나 기업경영에서의 경쟁은 중간에 존재하는 고객에게 만족을 주고 고객으로부터 인정을 받는 것이다. 셋째는 이러한 행위를 지속적으로 잘 한다는 것을 의미한다. 결과적으로 경쟁력이란 경쟁자보다 우위의 위치에서 지속적으로 고객을 만족시키며 경영성과를 향상시켜 나갈 수 있는 경영능력이라고 정의할 수 있다.

품질에 기반을 둔 국제경쟁력의 일환으로 태동된 품질경영(QM) 활동은 미국 산업사회에서 통계적 품질관리(SQC)의 한계점이 노출되면서 1956년 A. V. Feigenbaum 박사가 TQC활동을 제창하였다. 그리고 1962년 미국 Martin-Marietta사 Orlando사업부에서 품질개선활동에 전 종사원의 참여를 강조한데서 비롯된 ZD운동(Zero defects Program)을 발전시킨 품질개선활동이다. 이것이 1987년 ISO 9000시리즈가 국제규격으로 제정되면서 새로운 QC추진방법으로 부상되었다.

품질관리의 학문적 좌표는 경영관리의 4대 지주인 인사관리, 마케팅관리, 생산관리, 재무관리로 대별되며 생산관리는 『공정관리, 품질관리, 원가관리의 삼면등가관계』로 이루어진 정삼각형과 같으며, 그 한 면이 품질관리기능인 것이다. 품질관리는 독립적 · 비시스템적으로 추진될 수 없는 상호 연관되고 전체성과 목적성을 지닌 시스템 어프로우치로 추진하여야 효과를 나타내는 학문적 특성을 지니고 있다. 그러므로 QM이란 『최고경영자의 고객 지향적 품질방침에 따라 사내 품질목표를 설정하고, 이를 달성하기 위한 전사적이고 종합적인 활동』이라고 정의하고 있다.

이러한 품질관리의 본질적 개념의 올바른 파악과 진정한 TQC활동을 전개했다면 QM체제는 자연스럽게 구축되어지고 발전되어져야 함에도, 종래의 잘못된 PQM(Political QM)의 전철을 답습하고 있지나 않는지 생각해 보아야 할 것이다.

효과적인 TQM추진을 위하여서는 먼저 추진주체인 해당 회사의 품질관리적용 문제점을 올바르게 인식하고, 품질관리추진의 전사적 확산전개를 위한 TQC활동 포인트에 미흡한 점을 보완하여 내실화를 통한 기반 위에서 품질관리를 추진해야 한다. 그러므로 고객중심의 경영풍토가 조성된 기반 위에 전사적 품질경영추진을 위한 제반 사전단계를 밟아 나아가야 그 결과가 효과적이라고 생각한다. 기업체에서도 품질경영 산업기사 자격을 취득한 사람만 채용하면 품질경영 관련 업무를 잘 수행할 수 있는 것으로 생각하는 오류에서 벗어나야 할 것이다. 그리고 품질관리 산업기사 자격 취득을 한 사람도 품질혁신에 대한 실무 경험을 사전에 체득하여야 기업 QM실무에 쉽게 적응하리라 생각한다.

이 책의 집필 목적은 현장의 품질경영관련 업무를 실무적으로 보다 쉽게 적응함으로서 QM시스템에 대한 적합도를 높이고, 아울러 품질경영 실기 산업기사 자격도 취득하자는 취지에서 그 내용을 크게 아래 4가지 영역으로 하였다.

첫째, QMS자가진단 체크시트를 통하여 문제점을 도출하여 사내 개선의 우선순위에 따라 품질혁신을 하기위한 테마를 선정한다.

둘째, 품질혁신을 통하여 이들 테마에 대한 개선방법을 기술하였다.

셋째, 2차 실기시험 대비자를 위한 품질경영 산업기사시험의 공식을 일목요연하게 요약하였으며,

넷째, 품질경영 산업기사 기출 실기시험 문제를 수록하였다.

본 교재는 기업 QM실무자 교재나, QC관련 부교재로 활용하면 도움이 되리라 생각한다. 집필초기의 의욕과는 달리 보다 충분치 못한 준비로 인하여 내용에 미진한 부분이 있으리라 생각된다. 추후 개정판이 거듭 될수록 보다 충실한 보완을 기하고자 하는 바이다. 본서의 출판을 위해 노력해 주신 B&M Books 임직원과 김광필 겸임교수에게 고마움을 전한다.

2008년 8월

박 영 호 · 황 희 두

목차

1부 공장점검표

2부 혁신활동

3부 산업기사공식요약

4부 산업기사기출문제

5부 부록

CHAPTER

01 공장점검표

실무QM

제1장 공장점검표

1. 공장 진단 및 점검의 필요성

한국에 품질관리가 도입된지 반세기가 흘렀고, 경제 위기이후 생산성과 품질 향상을 위한 많은 활동들이 제시되었으나, 많은 성공은 거두지 못했다. 그러한 이유는 소크라테스의 명언중에 '너 자신을 알라'는 말에 근본 원인을 두고 싶다.

정확한 진단이 되지 않은 상태에서 '무엇이 원인이다.' '무엇이 문제다.' '무엇이 잘 되고 있다.' '무엇이 잘 되었다.'라고 결론을 내리는 것은 힘듬에도 불과하고 우리는 정확한 원인의 결론을 내리고 있다.

잘된 것은 더욱 잘 되도록 하고, 잘못된 것은 정확한 원인을 밝혀 다시는 재발되지 않도록 하기 위하여, 품질혁신을 하기 위한 진단 모형을 기능별로 제시한다.

2. 기능별 진단체크 리스트

TQM활동의 추진상황을 기능별로 진단, 체크하는 것은 관리 사이클을 돌리는데 있어 중요한 과제이다. 제시된 20개 항목은 신단 체크리스트의 한 예에 지나지 않는다. 회사의 특수 상황에 맞추어 재작성, 운용을 바란다.

기능별진단 체크리스트를 활용하여 진단할 때 주의하여야 할 점은 다음과 같다.

(1) 체크리스트 평가요소를 실천하고 있어야 하며, 결과의 체크뿐만 아니라, 각 기능의 전개계획을 입안하여 실시에 옮기는 단계에서도 활용할 필요가 있다.

(2) 진단원은 복수로 진단할 것

(3) 자가진단에도 활용하며, 정식진단과 결과를 비교하여 효과적인 개선 계획입안

(4) 평가점은 양호의 경우 5점으로 한다.

각 체크리스트의 구성과 해당 쪽은 다음과 같다.

(1) 방침 · 계획기능 진단 체크리스트

심 사 항 목	채 점 요 소	평 점
1. 기(期)의 문제점을 분명히 하고 있는가	① 기능별로 그리고 각 과 단위로 문제점 일람표를 작성하고 있는가 ② 문제점의 규명. 계량화가 충분히 되어 있는가 ③ 중요도를 분명히 하고 있는가	1 3 5
2. 방침 결정의 방법은 합리적인가	① 문제점(예측에 따른 문제점도 포함)에 따라 결정하고 있는가 ② 톱의 의지가 개입되어 있는가 ③ 부하의 참여, 제안을 얻었는가	1 3 5
3. 방침을 명시하고 있는가	① 성문화하고 있는가 ② 지침, 목표, 시책의 요소를 담고 있는가 ③ 활동의 특징이나 장점이 나타나 있는가, 중점이 분명한가	1 3 5
4. 방침의 전달 · 철저는 충분한가	① 방침의 전달 · 철저방법은 ② 방침명시의 타이밍은 적절한가 ③ 사업계획 작성 후에 방침의 철저상황을 확인하고 있는가	1 3 5
5. 방침의 일관성은 되어 있는가	① 상위방침과의 관련은 되어 있는가. ② 품질관리방침과의 관련은 되어 있는가 ③ 사장 → 사업본부장 → 사업부장 → 공장장(부장)→ 과 실시항목(시책) → 실시계획서의 연결 실례는	1 3 5
6. 품질관리에 대한 방침은 확고한가	① 품질관리에 대한 관심 · 이해가 있는가 ② 좋은 제품을 만들기 위한 구체적인 방침이 있는가 ③ 방침의 전개사례를 제시하여 주십시오 ④ 전년도의 QC방침과의 관련은	1 3 5
7. 방침의 체크와 그 후 액션은 충분한가	① 방침달성상황을 파악하고 있는가 ② 차이에 대해 원인추구, 대책지시 및 그 확인이 되어 있는가 ③ 전년도의 남겨진 문제점은 본년도의 방침에 넣었는가	1 3 5
8. 사업계획은 기본체계와 맞는가	① 기본계획, 실시계획 및 예산계획으로 구성되어 있는가 ② 기본체계와 더불어 각 사업부, 공장의 실태에 맞춰 특징을 나타내고 있는가 ③ 구체적인 실례로 제시하여 주십시오	1 3 5

심 사 항 목	채 점 요 소	평 점
9. 사업계획의 작성방법은 적절한가	① 작성절차, 방법은 명확하며 또 지키고 있는가 ② 작성의 표준일정을 정하여 지키고 있는가 ③ 작성시스템과 구체적인 예를 제시하여 주십시오	1 3 5
10. 기본계획을 정비하고 있는가	① QC계획을 작성하고 있는가 ② 중점기능에 대해서는 활동방법까지 명확히 하고 있는가 ③ 중·장기계획과의 관련은	1 3 5
11. 방침과 기본계획, 실시계획과의 연결은 되어 있는가	① 방침달성방법에 허술한 곳은 없는가 ② 계획작성결과를 방침에 피이드백하고 있는가 ③ 그 구체적인 예를 제시하여 주십시오	1 3 5
12. 실시계획을 구체적으로 작성하고 있는가	① 각 과 단위로 실시계획을 작성하고 있는가 ② 제품별 경영팀과 관련짓고 있는가 ③ 실시계획의 관리방법을 분명히 하고 있는가	1 3 5
13. 계획간의 내용조정이 되어 있는가	① 공동의 실시사항이 있는 경우에 누락이나 중복은 없는가 ② 기본계획 달성상황에 누락이나 중복은 없는가 ③ 조정담당자, 최종결정자가 정해져 있는가	1 3 5
14. 계획작성에 있어서의 지도 총괄은 하고 있는가	① 지도·통괄의 부서를 명확히 하고 있는가 ② 계획서류의 보관은 적절하게 하고 있는가 ③ 상사의 의견에는 어떤 것이 있는가, 성문화되어 있는가	1 3 5
15. 사업계획의 체크와 그 후의 액션은 충분한가	① 경영검토회를 개최하고 있는가 ② 계획달성상황을 파악하고 있는가 ③ 응급조처, 재발방지의 철저를 기하고 있는가 ④ 월차, 4분기, 기의 체크와 액션의 구체적인 예를 제시하여 주십시오	1 3 5
16. 사업계획은 달성되어 있는가	① 기본·실시·예산의 각 계획은 달성되었는가 ② 실시능력 강화는 적절하게 행해지고 있는가 ③ 정세변화의 검토, 수정은 적절하게 이루어졌는가	1 3 5
17. 장기방침은 명확히 하고 있는가	① 성문화하고 있는가 ② 비젼이 담겨져 있는가 ③ 장기방침을 활용하고 있는가 ④ 활용사례를 전전년도(前前年度)부터 제시하여 주십시오	1 3 5
18. 확고한 장기계획을 작성하고 있는가	① 경영의 각 기본기능에 대해 분명히 하고 있는가, 또 중점은 ② 경영체질의 현상타파책이 세워져 있는가 ③ 어떻게 작성하고 있는가	1 3 5

심 사 항 목	채 점 요 소	평 점
19. 장기계획을 활용하고 있는가	① 장기계획의 목적을 이해하고 있는가 ② 배포처가 명확히 되어 있고 또 각각 보관·관리가 되어 있는가 ③ 적절하게 개정하고 있는가	1 3 5
20. 장기계획과 사업계획을 관련짓고 있는가	① 5개년 계획인 장기계획과 단기의 달성방법으로서 사업계획이 연결되어 있는가 ② 부문별, 기능별사례를 제시하여 주십시오	1 3 5
종 합 점		

기사란

(2) 조직과 그 운영기능 진단 체크리스트 (사업부제의 예)

심 사 항 목	채 점 요 소	평 점
1. 사업부제란 (구체적으로)	① 사업부제의 특징은 무엇인가 ② 사업부제의 특징을 어떻게 살리고 있는가 ③ 사업부제의 결점은 무엇인가, 대책은 어떻게 하고 있는가	1 3 5
2. 사업부제의 운영조직은	① 본사, 사업본부, 사업부, 공장의 관련은 ② 상기 각 부문의 주된 역할은 ③ 조직의 특징은 무엇인가 ④ 제품별 경영팀의 운영은	1 3 5
3. 사업부제에 있어서의 QC의 조직은	① 본사, 사업본부, 사업부, 공장의 전임부서는 ② 상기 조직의 특징은 무엇인가 ③ 전임부서의 역할과 타부서의 관련은	1 3 5
4. 각 직위에서 QC의 실시를 어떻게 이해하고 있는가	① 영업 · 계획 · 자재 · 구매 · 경리부문은 어떻게 생각하고 실시하고 있는가 ② 기술부문은 어떤가 ③ 제조부문은 어떤가 ④ 영업부문은 어떤가	1 3 5
5. 본부장, 사업부장, 공장장의 책임 · 권한은 명확한가	① 책임 · 권한은 명확한가 ② 결정사항의 처리와 체크는 ③ 책임 · 권한의 위양은 적절한가 ④ 제품별 경영팀의 책임과 권한은 명확한가	1 3 5
6. 관리자, 감독자의 책임권한은 명확한가	① 조직(직무)분장은 있는가 ② 권한과 책임의 위양은 적절하게 행해지고 있는가 ③ 결정사항의 처리와 체크는 ④ 제일선감독자의 구체적이 분장은	1 3 5
7. 회의, 위원회에는 어떤 것이 있는가	① 회의, 위원회의 구별은 ② 회의, 위원회의 구성, 심의사항의 표준은 있는가 ③ 회의, 위원회의 심의록은 있는가, 그 활용방법은	1 3 5
8. QC위원회 조직은 명확하고 적절하게 운영되고 있는가	① QC위원회의 구성, 역할 등의 표준은 있는가 (위원회 규정) ② 다른 위원회, 회의와의 관련은 ③ 회의, 위원회의 심의록은 있는가	1 3 5

심 사 항 목	채 점 요 소	평 점
9. 관리층이란 무엇인가, 관 리층과 그룹활동의 관련은 적절한가	① 관리층과 회의, 위원회의 구별 ② 팀, 그룹, 태스크 포스와 관리층과의 관계 ③ 직위의 관리점은 명확한가	1 3 5
10. 부문별활동과 기능별 활동의 밸런스를 어떻게 잡고 있는가	① 부문별, 기능별 활동계획은 있는가 ② 부문간의 조정부서는 어디인가, 조정사례는 ③ 기능간의 조정부서는 어디인가, 조정사례는 ④ 부문별, 기능별 활동사례를 제시하여 주십시오	1 3 5
11. QC의 운영이란 무엇인가	① 추진방법, 진행방법의 표준은 있는가 (QC규정, 기타) ② 운영의 특징은 무엇인가 ③ 체크, 효과의 파악을 어떻게 해서 실시하고 있는가	1 3 5
12. 사업부에 대한 본사의 역할은	① 본사로부터 어떤 지시, 연락이 있는가 ② 본사에 대한 보고, 작용은 ③ 구체적인 본사의 지도내용은 ④ 본사와의 제휴활동의 예는	1 3 5
13. 사업부에 대한 본부의 역할은	① 본부의 각 부는 어떤 역할을 하고 있는가 ② 본부로부터 어떤 지시, 조정, 조성(助成)을 받고 있는가 ③ 본부에 대한 작용은 유효한가	1 3 5
14. 사업부 내의 운영은 적절하게 이루어지고 있는가	① 사업부의 운영의 특징과 문제점은 ② 공장간의 조정, 통일은 어떻게 하고 있는가 ③ 공장, 공장 내의 각 부문의 제휴내용은	1 3 5
15. 사업부 간의 조정은 잘되어 있는가	① 사업부 간의 종합조정부서는 어디인가 ② 각 기능의 조정부서는 ③ 조정의 구체적인 예는 ④ 태스크 포스, 프로젝트의 내용을 제시하여 주십시오	1 3 5
16. 품질상의 중요문제점은 어떻게 정하여 운영하고 있는가	① 본부, 사업부, 공장의 중요문제의 결정방법과 해결까지의 처리루트는 명확한가 ② 일상의 보고, 간부보고는 제도화되어 대책이 강구되고 있는가 ③ 구체적인 사례를 2~3건 제시하여 주십시오	1 3 5

심 사 항 목	채 점 요 소	평 점
17. 스타프의 역할은 적절한가	① 제너럴스타프, 서비스스타프는 어느 부서인가 ② 어떤 역할을 하고 있는가 ③ 스타프의 역할은 적절한가. 스타프의 활용사례를 2~3건 제시하여 주십시오	1 3 5
18. 스타프의 평가를 적절하게 실시하고 있는가	① 스타프와 라인의 관계는 어떤가 ② 스타프의 공헌도의 평가는 무엇을 보고 하고 있는가 ③ 스타프의 활동사례와 평가내용을 제시하여 주십시오	1 3 5
19. 업적평가는 적절한가	① 팀, 과, 공장, 사업부, 사업본부의 업적평가의 척도는 정해져 있는가 ② 평가, 액션은 시스템화되어 있는가 ③ 업적평가항목을 10가지 들어 주십시오	1 3 5
20. 조직제도의 체크는	① QC도입으로 조직은 어떻게 개선되었는가 ② 분권화(分權化)의 방향은 명확한가 ③ 과거 5년간의 조직변천을 일람표로 제시하여 주십시오	1 3 5
종 합 점		

기사란

(3) 교육 · 보급기능 진단 체크리스트

심 사 항 목	채 점 요 소	평 점
1. 교육은 어떤 사고방식으로 추진하고 있는가	① 인재육성에 관한 기본방침은 있는가. 방침의 변천은 ② 톱은 인재육성에 관해 의욕적인가 ③ QC교육의 역사는 오래되었는가. 그 변천을 일람표로 제시하여 주십시오	1 3 5
2. 각 층의 교육계획은 적절하게 정해져 있는가	① 장기계획은 있는가 ② 매기(每期)의 교육계획은 명확하게 되어 있는가 ③ 수강자의 교육에 대한 필요는 명확하게 되어 있는가 ④ 교육계획의 내용은 적절한가	1 3 5
3. 교육은 계획대로 실시되고 있는가	① 계획에 그치고 있는 것은 아닌가 ② 실시율은 좋은가 ③ 계획의 수립방법은 잘 되어 있는가 ④ 사외와 사내교육의 밸런스는 잘 잡혀 있는가, 실시방법에 대한 평가는	1 3 5
4. 톱에서 작업원에 이르기까지 QC교육은 충분한가	① 톱, 관리자에 대한 교육은 충분한가 ② 각 부문에도 QC교육은 실시되고 있는가 ③ 전원의 QC에 대한 관심은 높은가 ④ 대회, 연구회도 교육을 생각하여 계층별로 실시하고 있는가	1 3 5
5. 특히 중점을 두고 실시 하고 있는 QC 교육은 있는가	① 사내의 실정에 입각한 교육인가 ② 교육내용은 적절한가 ③ 효과는 거두고 있는가 ④ 최중점 코스의 구체적인 실시의 예는	1 3 5
6. OJT는 어느 정도까지 하고 있는가	① 감독자의 교육방법은 좋은가 ② 적극적으로 실시되고 있는가 ③ 효과는 오르고 있는가 ④ 스타프의 OJT의 실례는 있는가. 있다면 구체적으로 제시하여 주십시오	1 3 5
7. QC스태프에 대한 교육은 충분한가	① QC베이식코스에 참가하고 있는가 ② 적절한 실력을 갖고 있는가 ③ 기타 충분한 교육을 받고 있는가 ④ QC수법의 교육을 할 수 있는가. 실시한 사례는 있는가	1 3 5

심 사 항 목	채 점 요 소	평 점
8. 통계적수법은 활용되고 있는가	① 고도의 통계적 수법이 구사되고 있는가 ② 일상업무에 통계적수법이 활용되고 있는가 ③ 효과를 올리고 있는가. 관리자, 스타프, 감독자, QC분임조의 사례는	1 3 5
9. 교육 이외에 어떠한 방법으로 인재육성에 노력하고 있는가	① 계몽활동은 실시되고 있는가 ② 타사견학 등 교류는 적극적인가 ③ 자기계발의 적극적인 움직임은 있는가 ④ QC분임조는 『FQC(QCC)』지로서의 학습회를 하고 있는가, 그 구체적인 예는	1 3 5
10. 부하의 자기계발에 대한 상사의 지도는 충분한가	① 상사는 부하를 올바르게 지도하고 있는가 ② 지도계획은 있는가 ③ 부하는 자기계발에 대해 적극적인가 ④ 부하나 QC분임조의 지도의 예는	1 3 5
11. 작업자는 QC에 대해 어느 정도까지 이해하고 있는가	① 파레토그림, 특성요인도, 체크시트, 그래프·관리도 등은 이해하고 있는가 ② QC분임조활동에 적극적인가 ③ 일에 대한 책임감은 왕성한가, 일상활동에서 QC적으로 활동하고 있는가	1 3 5
12. 신입사원에 대한 교육은 실시되고 있는가	① 신입사원에 대한 교육은 계획대로 실시되고 있는가 ② 그 교육내용은 충분한가 ③ 효과는 오르고 있는가. 신입사원의 이해도의 수준은	1 3 5
13. 협력공장에 대한 QC교육은 실시되고 있는가	① 교육계획은 있는가 ② 그 내용은 적절한가 ③ 효과는 오르고 있는가 ④ 업종별 실시의 예와 구체적인 성과를 제시하여 주십시오	1 3 5
14. QC교육자료는 충분히 갖추어져 있는가	① QC텍스트는 개정되어 있는가 ② 내용은 적절한가 ③ 기타 자료는 충분한가 ④ 계층별자료, QC분임조의 교육자료를 보여 주십시오	1 3 5
15. 교육에 대한 체크는 실시되고 있는가	① 교육에 대한 평가기준은 있는가 ② 평가기준에 따라 이루어지고 있는가 ③ 평가기준은 적절한가 ④ 평가기준과 평가결과, 그 액션의 구체적인 예는	1 3 5

심 사 항 목	채 점 요 소	평 점
16. 교육종료 후의 Follow Up은 적절하게 실시되고 있는가	① 폴로우업 시스템은 명확히 되어 있는가 ② 폴로우업에 의해 효과가 오르고 있는가 ③ 수강자의 개선의욕은 큰가	1 3 5
17. 교육의 효과는 잘 파악되고 있는가	① 금액평가가 이루어지고 있는가 ② 성과보고집이 있는가 ③ 현저한 성과가 오르고 있는가 ④ 우수사례의 레벨은 높은가	1 3 5
18. 교육에 대한 관리의 사이클은 돌고 있는가	① 문제점은 올바르게 파악되어 있는가 ② 문제점에 대한 액션은 취해지고 있는가 ③ 잘 하려는 의식은 있는가 ④ 관리자교육의 2~3개년의 사이클은	1 3 5
19. 교육의 기록·관리 등은 적절한 상태에 있는가	① 교육의 파일은 갖추어져 있는가 ② 실적은 파악되고 있는가 ③ 그 관리방법은 좋은가 ④ QC분임조의 교육파일을 제시하여 주십시오	1 3 5
20. 교육과 인사배치계획과의 연결은 되어 있는가	① 교육이력은 고과표(考課表)에 포함되어 있는가 ② QC추진에 필요한 사람이 배치되어 있는가 ③ 교육에 의해 효과를 올린 자는 발탁되고 있는가 ④ 개인의 교육이력의 실례를 제시하여 주십시오	1 3 5
종 합 점		

기사란

(4) 표준화기능 진단 체크리스트

심 사 항 목	채 점 요 소	평 점
1. 표준화(단순화)의 방침은 명확한가	① 방침은 있는가 ② 누가 언제 내는지 분명한가 ③ 내용은 적절하게 구체화되어 있는가 ④ 표준화에 관한 규정 · 기준은 있는가, 그 개정은 적절한가	1 3 5
2. 표준화의 추진계획은 명확한가	① 계획은 사업계획에 반영되어 있는가 ② 작성과 추진의 중심부서는 ③ 내용은 구체적이며 진척상황을 확인하고 있는가 ④ 구체적인 추진계획을 제시하여 주십시오	1 3 5
3. 표준화의 조직은 명확한가	① 종합추진의 부서는 어디인가 ② 타부서에의 작용, 조정은 어떻게 하고 있는가 ③ 조직은 실정에 적절한가 ④ 표준위원회는 있는가, 그 운영은	1 3 5
4. 표준체계는 명확한가	① 표준류는 체계상 어떻게 분류되어 있는가 ② 표준류 상호(相互)의 구속관계 관련성은 ③ 사업본부, 사업부의 표준의 관련성은, 그 규정된 내용은	1 3 5
5. 표준의 제 · 개폐조직은 형식적이 아닌가	① 규정 · 기준 · 요령의 제 · 개폐조직은 적절하게 표준화되어 있는가 ② 규격, 지시서의 제 · 개폐조직은 적적하게 표준화되어 있는가 ③ 요령, 설계매뉴얼의 제 · 개폐조직은 적절하게 표준화되고 있는가	1 3 5
6. 제 · 개폐실적은 단단히 파악되고 있는가	① 규정 · 기준 · 규격 · 지시서의 제 · 개폐건수는 정리되어 있는가 ② 제 · 개폐이유는(개선활동과의 연결)정리되어 있는가 ③ 제 · 개폐기록이력은 정리되어 있는가	1 3 5
7. 규정의 내용은 적절한가	① 필요최소한의 규정은 정비되어 있는가 ② 내용은 적절하며 현상에 적합하고 통일되어 있는 가 ③ 책임 · 권한은 명확한가, 품질관리(QA)규정을 제시하여 주십시오	1 3 5

심 사 항 목	채 점 요 소	평 점
8. 규정의 내용은 적절한가	① 규격의 관리방법은 적절한가 ② 임시규격의 관리는 ③ 통계적수법이 활용되고 있는가 ④ 제품규격을 제시하여 주십시오. 그 역사는	1 3 5
9. 작업 표준이란	① 작업표준이란 무엇인가 ② 작업표준에 포함되는 규격 상호(相互)의 관련은 어떤가 ③ 작업지시서와는 관련(제 · 개 · 폐) 짓고 있는가, 그 구체적인 예를 제시하여 주십시오	1 3 5
10. 요령이란	① 요령이란 무엇인가(규정 · 규격과의 관련) ② 구속관계는 ③ 설계매뉴얼은 있는가. 그 관리방법은, 구체적인 내용은 ④ QC분임조의 매뉴얼을 제시하여 주십시오	1 3 5
11. 표준의 철저	① 배부처, 배부절차는 명확한가 ② 철저의 정도는 어떤가 ③ 설명회, 교육훈련은 실시되고 있는가 ④ 그 관리자료를 제시하여 주십시오. 제 · 개 · 폐의 철저방법은	1 3 5
12. 표준류의 관리와 체크는 되어 있는가	① 관리책임자, 보관책임자일람표는 있는가 ② 보관, 운용상황을 체크하고 있는가, 그 구체적인 예를 제시하여 주십시오 ③ 사업본부, 사업부, 공장별로 구체적인 예를 제시하여 주십시오	1 3 5
13. 단순화	① 단순화란 ② 단순화의 계획은 있는가. 중기, 년, 기로서 그 계획을 제시하여 주십시오 ③ 2~3가지의 예로 단순화의 추진상황을 설명하여 주십시오, 그 효과는	1 3 5
14. 품종, 품목의 관리는 확고하게 실시되고 있는가	① 현재 생산 · 판매하고 있는 품종, 품목수는 정리되어 있는가 ② 관리담당자는 누군가 ③ 제품계열표와 품번목록의 개정은 정리되어 있는가	1 3 5
15. 단순화의 추진계획	① 계획의 내용은 적절한가 ② 단순화의 중점은 어디에 두고 있는가, 체크는 실시하고 있는가 ③ 대책은 적절하게 강구되어 있는가 ④ 그 시스템(체제)은	1 3 5

심 사 항 목	채 점 요 소	평 점
16. 단순화의 조직은 명확한가	① 중심부서는 어딘가 ② 추진방법, 조직이 확립되어 추진되고 있는가 ③ 유우저에의 작용, PR은 어떤가 ④ 단순화 추진조직도는	1 3 5
17. 표준품은 명확한가	① 표준품의 수는 파악되어 있는가 ② 표준품의 판매점유율은 ③ 표준품이란 무엇인가, 그 메리트는 명확하며 유우저에게 인정받고 있는가 ④ 표준품을 명시한 예는	1 3 5
18. 표준화 · 단순화와 기계화에 대해 (사무의 기계화란 OA화, 컴퓨터화를 말한다.)	① 기계화를 어떻게 생각하고 있는가 ② 사무의 기계화의 진행상황은 ③ 기계화 · 자동화된 생산모델 라인이 있는가. 그 효과는 파악되고 있는가 ④ 구체적인 예를 2~3가지 제시하여 주십시오	1 3 5
19. 제품 · 부품의 단순화	① 공통부품과 특수부품의 구별은 ② 표준규격은 있는가 ③ 신제품에 대한 부품의 호환성, 공용화는 되어 있는가 ④ 단순화에 의한 Q, C, D의 성과는	1 3 5
20. 표준화의 효과 (주요 제품 또는 대상인 부품 · 재료)	① 효과의 파악항목은 정하고 있는가 ② 원가 · 품질 · 납기면의 계량적 데이터는 정리되어 있는가 ③ 기타 어떤 효과가 있는가 ④ 제품, 재료의 표준화의 성과 실례는	1 3 5
종 합 점		

기사란

(5) 신제품개발 · 품질설계기능 진단 체크리스트

심 사 항 목	채 점 요 소	평 점
1. 신제품개발의 기본적인 사고방식은 분명한가	① 신제품개발의 기본방침은 있는가 ② 어떻게 구체화하여 추진하고 있는가 ③ 기본방침에 가장 적합한 구체적인 예는 ④ 신제품개발 관리규정, 기타 관리를 위한 기준류, 체제는	1 3 5
2. 신제품개발을 장기적으로 생각하여 실시하고 있는가	① 신제품개발의 장기계획은 있는가 ② 장기계획의 작성절차, 책임자는 정해져 있는가 ③ 장기계획의 달성상황은 어디서 체크하는가. 그 구체적인 사례는	1 3 5
3. 신제품의 개발계획은 있는가	① 사업계획의 일환으로서의 신제품개발계획은 되어 있는가 ② 실시상황의 관리는 어떻게 하고 있는가 ③ 계획의 달성률은 어떤가. 제품을 2~3가지 들고 구체적인 예를 제시하여 주십시오	1 3 5
4. 신제품의 정의와 신제품 분류가 명확히 되어 있는가	① 신제품의 정의는 정해져 있는가 ② 신제품 분류의 기준은 정해져 있는가 ③ 신제품 분류에 맞는 관리체제가 되어 있는가. 그 관리시스템은 ④ 신제품 A란, 그 구체적인 예는	1 3 5
5. 개별문의에 의한 품질요구를 어떻게 파악하고 있는가	① 품질요구를 올바르게 파악하기 위해 어떤 방법을 취하고 있는가 ② 제품별 문의연락표를 작성하여 임용하고 있는가. 그 구체적인 예는 ③ 문의정보의 평가기준은 되어 있는가	1 3 5
6. 연구소가 잘 활용되어 있는가	① 위탁연구의 실시방법은 정해져 있는가 ② 연구소로부터의 연구성과 인계순서는 정해져 있는가, 그 사례를 제시할 것 ③ 연구소에 있었던 연구테마의 위탁이 이루어지고 있는가. 그 사례는 ④ 연구소의 활용상황은 어떤가, 그 사례는	1 3 5
7. 연구성과의 기업화를 어떻게 정하고 있는가	① 연구성과, 기업화를 위한 평가기준은 있는가 ② 기업화의 결정은 누가 하는가 ③ 기업화 성공의 예를 2~3가지 들어 설명하여 주십시오	1 3 5

심 사 항 목	채 점 요 소	평 점
8. 신제품개발시스템을 표준화하고 있는가	① 개발의 각 스텝이 명확히 되어 있는가(특히 품질 평가의 내용스텝에 대해) ② 스텝대로 이루어지고 있는가 ③ 각 스텝에 있어서의 평가는 어떻게 액션에 연결시키고 있는가	1 3 5
9. 신제품의 기획목표를 어떻게 정하고 있는가	① 기업목표는 Q, C, D별로 정해져 있는가 ② 기획서는 누가 정하는가 ③ 기획서를 품질평가에 활용하고 있는가 ④ 지난 3년 간의 기획서는	1 3 5
10. 설계의 표준화가 이루어지고 있는가	① 제품별로 설계표준화가 이루어지고 있는가. 사례를 2~3가지 제시하여 주십시오 ② 부품, 재료의 표준화는 이루어지고 있는가 ③ 설계의 표준일수가 명확하게 되어 있는가. 설계 일수 단축사례를 제시하여 주십시오	1 3 5
11. 설계단계의 일정관리가 이루어지고 있는가	① 일정관리의 방법은 정해져 있는가 ② 일정지연의 요인별 파레토그림은 있는가 ③ 일정지연에 대한 액션은 취해져 있는가 ④ 일정지연 대책 사례는	1 3 5
12. 설계의 평가가 이루어지고 있는가	① 설계의 체크리스트가 있는가 ② 설계의 평가는 누가 어느 단계에서 하는가 ③ 평가결과에 대해 확실하게 액션이 취해지고 있는가 ④ 구체적인 사례는	1 3 5
13. 시작품(試作品)평가는 어떻게 하고 있는가	① 시작품의 평가기준은 있는가 ② 시작품평가에 필요한 샘플의 크기는 정해져 있는가 ③ 평가는 누가 하는가 ④ 평가결과에 대한 액션이 확실하게 취해지고 있는가. 그 시스템은	1 3 5
14. 표준류는 개발설계스텝의 어느 단계에서 제정하는지 정해져 있는가	① 작성하는 규격의 종류와 작성시기는 정해져 있는가. 체계도를 제시하여 주십시오 ② 설계변경의 경우의 개정절차는 정해져 있는가. 그 시스템을 제시하여 주십시오. ③ 그대로 실시되고 있는가	1 3 5
15. 설계 인정 회의는 열리고 있는가	① 회의의 운영방법은 명확히 되어 있는가 ② 설계인정서가 만들어지고 있는가 ③ 인정받지 못한 제품의 처리순서는 명확한가	1 3 5

심 사 항 목	채 점 요 소	평 점
16. 양산시작(量産試作)이 이루어지고 있는가	① 양산시작의 실시순서와 샘플수는 정해져 있는가 ② 양산시작의 평가기준은 정해져 있는가 ③ 양산시작 결과에 대해 액션이 취해져 있는가	1 3 5
17. 공장인계의 순서는 적절한가	① 공장인계순서에 관한 표준은 있는가 ② 인계사항은 정해져 있는가 ③ 인계의 확인은 누가 하는가	1 3 5
18. 양산시발의 관리는 적절하게 이루어지고 있는가	① 신제품양산개시 때의 관리방법은 정해져 있는가 ② 불량해석을 신속히 하여 대책을 취할 수 있는 체제로 되어 있는가 ③ 양산개시 때의 수율은 파악되고 있는가	1 3 5
19. 신제품의 출하품질의 평가방법은 명확하게 되어 있는가	① 출하품질평가의 실시순서는 명확히 되어 있는가 ② 평가결과는 간부보고(幹部報告)되어 있는가 ③ 불합격인 경우, 처리대책순서는 정해져 있는가 (출하정지 등의 기준은 정해져 있는가)	1 3 5
20. 신제품의 시장반응조사는 실시하고 있는가	① 시장에서의 신제품품질정보를 파악할 수 있는 시스템이 되어 있는가 ② 수집된 정보가 관계부서에 피이드백되어 액션을 취할 수 있도록 되어 있는가 ③ 차기 신제품개발에 조사결과가 활용되고 있는가	1 3 5
종 합 점		

기사란

(6) 기술 · 생산기술기능 진단 체크리스트

심 사 항 목	채 점 요 소	평 점
1. 기술과(技術課)의 일의 내용은 명확한가	① 설계업무와 공기(工技 : 공장에 인계하기 위한 기술)업무의 내용은 명확하게 되어 있는가 ② 공기계(工技係)와 생산기술과(生産技術課)의 관련은 명확한가 ③ 공기업무의 중점을 어디에 두고 있는가 ④ 구체적인 사례를 2~3가지 제시하여 주십시오	1 3 5
2. 기술부문에서 공정해석은 어떻게 실시하고 있는가	① 공정해석의 방법은 정해져 있는가 ② 공정해석에 SQC를 잘 인용한 예는 있는가 (DE, 관리도) ③ 해석데이터는 어떻게 활용하고 있는가. 그 구체적인 예는	1 3 5
3. 공정설계방법은 명확하게 되어 있는가	① 공정설계의 표준화는 되어 있는가 ② 설비, 지그·공구, 계측기 등의 검토와 수배순서는 정해져 있는가 ③ 원가견적방법은 명확하게 되어 있는가, 그 구체적인 사례는	1 3 5
4. 제품규격을 정하는 방법은 명확하게 되어 있는가	① 과거의 성적이나 공정능력을 충분히 해석, 검토하여 활용하고 있는가 ② 제품규격은 중심치, 범위로 표시되어 있는가 ③ 규격의 결정, 개정은 누가 하는가	1 3 5
5. 설계품질을 만족하는 공정 품질로 되어 있는가	① 설계목표대로의 성능을 가리키도록 공정설계가 되어 있는가 ② 설계품질이 공정능력 이상의 정밀도를 요구하고 있는 경우의 처리방법은 정해져 있는가 ③ 최종조정은 누가 하는가	1 3 5
6. 양산시작 때 공정능력의 파악을 어떻게 하고 있는가	① 공정능력의 파악방법은 명확하게 되어 있는가 ② 실험계획법을 도입하여 합리적으로 이루어지고 있는가 ③ 공정능력에 대한 정보를 설계에 제공할 수 있도록 되어 있는가	1 3 5
7. 양산시작, 양산초기단계에 있어서의 이상처리대책이 확실하게 이루어지고 있는가	① 이상에 대해서는 SQC를 활용하여 원인추구를 하고 있는가 ② 그 결과, 설계변경, 규격변경, 공정변경 등에 연결하고 있는가 ③ 변경할 때의 연락루울은 정해져 있는가	1 3 5

심 사 항 목	채 점 요 소	평 점
8. 과거 기술정보의 관리, 활용이 이루어지고 있는가	① 갖가지 데이터가 설계매뉴얼로서 축적되도록 되어 있는가 ② 설계자가 활용할 수 있게끔 되어 있는가 ③ 데이터의 관리부서는 정해져 있는가 ④ 정보관리시스템은	1 3 5
9. 기술자의 양성이 적극적으로 추진되고 있는가	① 기술자의 양성은 계획적으로 추진되고 있는가 ② 기술관리자의 관리능력의 향상이 꾀해지고 있는가 ③ 기술자에게 QC교육을 실시하여 관리기술의 레벨업을 꾀하고 있는가	1 3 5
10. 생산기술부문의 일의 내용은 명확한가	① 일의 내용은 정리되어 있는가 ② 생산기술의 중점은 어디에 두고 있는가 ③ 생산기술과 QC부문의 관련은 어떻게 되어 있는가. 또 IE와 QC의 관계를 어떻게 생각하고 있는가	1 3 5
11. 설계도의 견적은 어떻게 되어 있는가	① 공정 및 기계능력의 조사는 어떻게 하고 있는가 ② 공정설계란 무엇인가, 설계도보다 제조방법, 가공시간 등의 견적방법은 명확한가 ③ 제조·설계부문과의 정보교환, 유대는 적절한가	1 3 5
12. 제조 부문에의 기술지도는 적절한가	① 제조부문에의 공작기술, 제조방법 등의 인계방법, 지도방법은 어떻게 하고 있는가. 그 시스템을 제시하여 주하시오 ② 표준작업을 지킬 수 없는 등, 공정에서의 기술적 트러블에 대해 처리, 서비스는 어떻게 하고 있는가. 그 방법은 적절한가	1 3 5
13. 표준시간의 설정은 어떻게 하고 있는가	① 표준시간의 구성은 어떻게 되어 있는가. 그 결정방법은 어떤 방법인가 ② 표준시간의 갱신(개정)은 어디서, 언제, 어떻게 하고 있는가 ③ 표준시간과 실적치와의 차의 해석과 액션은 어떻게 하고 있는가. 표준치와의 관련은 어떤가	1 3 5
14. 표준작업방법의 결정방법은 적절한가	① 동작경제의 원칙에 따라 표준작업을 정하고 있는가, 그 지도와 철저는 어떻게 되어 있는가 ② 여유율(시간)은 어떻게 정하고 있는가. 차의 해석과 액션을 어떻게 하고 있는가 ③ 표준작업방법, 표준시간의 관리는 어디서, 언제, 어떻게 하고 있는가. 훈련·지도는 어떻게 하고 있는가	1 3 5
15. 가동률(稼動率), 실동률(實動率)을 파악하고 있는가	① 가동률, 실동률의 산출기준은 명확한가 ② 비작업시간(작업자, 기계)의 해석과 액션은 하고 있는가 ③ 워크샘플링(스넵리이딩)은 실시하고 있는가. 그 방법은 어떻게 하고 있는가	1 3 5

심 사 항 목	채 점 요 소	평 점
16. 설비의 예방보전은 적절하게 이루어지고 있는가	① 기계설비의 수입, 인계, 지도방법은 정해져 있는가 ② 설비의 취급(조작), 점검방법을 명확히 정하고 있는가, 기준은 있는가 ③ 점검, 고장, 수리의 이력 등 관리대장은 정비되어 있는가	1 3 5
17. 지그·공구화, 지그·공구의 개선관리는 실시되고 있는가	① 지그·공구의 전용화, 공용화 등의 제작·개조는 적절하게 진행되고 있는가, 또 그 취급방법(기준)은 명확한가 ② 지그·공구의 개선, 그리고 지그·공구화했을 경우, 작업시간의 평정·지도를 실시하고 있는가 ③ 지그·공구관리대장은 정비되어 있는가	1 3 5
18. 공정배치, 기계배치 등의 레이아웃은 적절한가	① 공정, 기계의 배치는 제품의 흐름에 따라 짜임새있게 배치되어 있는가 ② 제조방법의 단순화, 운반거리의 단축화 등의 개선을 하고 있는가 ③ 채광, 조명 및 환기 등은 적절한가	1 3 5
19. 계측, 계측기의 관리는 적절한가	① 계측오차의 관리는 어떻게 하고 있는가 ② 제조용(공작용), 검사용의 게이지화를 추진하고 있는가. 계측법의 표준은 있는가 ③ 계측기의 점검, 정밀도관리는 어떻게 하고 있는가. 관리대장은 정비되어 있는가	1 3 5
20. 기술·생산기술상의 문제점은 무엇인가	① 기술·생산기술상의 중요한 문제점은 무엇인가, 계획은 있는가, 그 내용은 ② 관리기술교육, 특히 QC교육, IE교육도 적절하게 실시되고 있는가	1 3 5
종 합 점		

기사란

(7) 외주 · 구매 · 자재기능 진단 체크리스트

심 사 항 목	채 점 요 소	평 점
1. 공존공영을 어떻게 실천하고 있는가	① 공존공영을 어떻게 이해하고 있는가 ② 그것을 달성하기 위해 구체적으로 어떤 일을 하고 있는가 ③ 그 평가는 누가 어떤 방법으로 하고 있는지 분명하게 되어 있는가	1 3 5
2. 구매방침은 명확하고 적절한가	① 장기 및 단기방침이 분명한가. 그 내용을 제시하여 주십시오 ② 그것은 담당자까지 철저하게 주지되어 있는가 ③ 그 달성상황은 좋은가 ④ 협력회사의 구체적인 예는	1 3 5
3. 매입처의 선정은 적절한가	① 선정기준은 있는가. 그 내용은 적절한가 ② 거래개시결정자 및 중단결정자는 정해져 있는가 ③ 선정이 잘 되었는지 그 여부를 체크하고 있는가	1 3 5
4. 구매계약을 합리적으로 하고 있는가	① 계약서는 있는가 ② 품질이 포함되어 있는가. 기타 납기, 코스트도 포함되어 있는가 ③ 계약위반에 대한 페널티는 정해져 있는가 그 실시사례는	1 3 5
5. 매입처의 능력을 파악하고 있는가	① 질적, 양적능력을 파악하고 있는가. 기준은 있는가. 기준을 제시하여 주십시오 ② 파악하는 부서는 명확히 되어 있는가 ③ 그 활용은 충분한가. 그 사례는 ④ 제품과 부품의 사례발표를	1 3 5
6. 자재에 대한 시장조사를 하고 있는가	① 조사방법은 적절한가. 그 구체적인 사례는 ② 기록은 되어 있는가. 그 기록을 2~3가지 제시하여 주십시오 ③ 그 활용은 잘 되어 있는가. 활용사례는 ④ 시장조사시스템을 제시하여 주십시오. 운영사례도 제시하여 주십시오	1 3 5
7. 수입검사를 합리적으로 하고 있는가	① 수입검사규격은 있는가, 그 내용은 적절한가, 수입검사규정도 있는가 ② 한도견본은 있는가. 그 관리는 잘 되어 있는가 ③ 수입검사용의 계측관리는 적절한가 ④ 샘플링은 적절한가	1 3 5

심 사 항 목	채 점 요 소	평 점
8. 수입품질에 대해 개선목표를 세우고 있는가	① 목표는 과거의 데이터를 고려하여 세우고 있는가 ② 달성을 위한 구체적인 사례는 있는가 ③ 달성상황을 체크하고 있는가 ④ 개선사례를 제시하여 주십시오	1 3 5
9. 수입검사정보는 잘 활용하고 있는가	① 필요한 정보를 잡고 있는가 ② 필요한 부서(협력공장을 포함)에 시기적절하게 정보가 전달되고 있는가 ③ 활용되어 있는가, 활용사례를 제품외주와 부품으로 제시하여 주십시오	1 3 5
10. 무검사이행품의 관리는 적절하게 하고 있는가	① 이행 · 해소조건 및 그 결정자는 정해져 있는가 ② 이행품 사용정보의 파악과 그 활용은 충분한가 ③ 협력공장에 대해서도 그 취지가 철저하게 주지되어 있는가	1 3 5
11. 특별채용품의 관리를 적절하게 하고 있는가	① 특별채용에 대한 기본적인 사고방식은 적절한가 ② 절차(의뢰부문, 결정자 등)는 명확하게 되어 있는가 ③ 특채발생원인을 추구하고 있는가 ④ 사용정보의 파악과 그 활용은 적절한가	1 3 5
12. 불합격로트, 불량품의 처리는 명확하게 되어 있는가	① 처리방법은 명확한가 ② 재발방지대책은 적절한가 ③ 해석하고 있는가 ④ 상기 ① ② ③의 구체적인 사례를 2~3가지 제시하여 주십시오	1 3 5
13. 납기관리를 적절하게 하고 있는가	① 납기의 정의는 명확한가 ② 리이드 타임을 파악하고 있는가 ③ 납기이상의 발생원인을 추구하고 있는가(협력공장, 당사 모두). 재발방지대책을 취하고 있는가	1 3 5
14. 구입가격의 관리를 적절하게 하고 있는가	① 구입가격의 결정방법은 적절한가(절차, 결정자는 명확한가), 그 시스템은 ② 절감목표를 세우고 있는가, 그 달성률은 좋은가, 사례로 제시하여 주십시오 ③ 결정가격, 절감목표의 근거는 확실한가	1 3 5
15. 재고관리는 적절한가	① 재고 중의 품질보증은 적절한가(보관조건, 검사 유효기한은 정해져 있는가) ② 재고량의 관리는 적절한가. 적정재고량의 결정방법은 적절한가. 기준은 있는가 ③ 비현용품(非現用品)의 관리는 적절한가	1 3 5

심 사 항 목	채 점 요 소	평 점
16. 대여품의 관리는 적절한가	① 대여에 관한 기본적인 사고방식은 적절한가 ② 대여점수는 파악하고 있는가 ③ 관리하는 부문은 분명한가 ④ 제품관계와 부품재료관계에 대한 시스템을 제시하여 하시오	1 3 5
17. VA(VE)의 실시상황은 양호한가	① VA를 시스템적으로 하고 있는가 ② VA에 의한 효과는 파악하고 있는가 ③ VA를 앞으로 어떻게 하려 하고 있는가 ④ VA, VE의 사례를 제시하여 주십시오	1 3 5
18. 매입처의 QC는 적절한가, 그것을 파악하고 있는가	① 어느 정도 파악하고 있는가 ② 구매업무에 어떤 영향을 미치고 있는가 ③ QC진단은 하고 있는가 ④ 협력회사 2~3사의 구체적인 사례를 제시하시오	1 3 5
19. 매입처의 육성을 위한 지도, 지원을 하고 있는가	① 매입처에 대한 QC의 요구사항은 명확하게 되어 있는가 ② 지도계획은 있는가 ③ 경영, 고유기술, QC지도를 적절하게 실시하고 있는가 ④ 그 기록은 있는가	1 3 5
20. 구매의 평가를 하고 있는가	① 평가의 기본적인 사고방식은 적절한가 ② Q, C, D의 평가를 하고 있는가, 그 효과를 파악하고 있는가 ③ 평가결과의 활용은 잘 되어 있는가. 평가를 위한 규정 · 기준은	1 3 5
종 합 점		

기사란

(8) 구입품특별채용관리기능 진단 체크리스트

심 사 항 목	채 점 요 소	평 점
1. 특별채용의 기본적인 사고 방식의 적용범위는 정해져 있는가	① 기본적인 사고방식은 명확한가 ② 외주제품의 것을 특별채용하고 있는 것은 아닌가 ③ 특별채용수량은 필요최소한으로 되어 있는가 ④ 같은 물건이 계속 특채되고 있지 않은가	1 3 5
2. 특별채용의 절차는 명확하게 되어 있는가	① 신청의뢰부서는 명확하게 되어 있는가 ② 특별채용은 명확하게 되어 있는가 ③ 결정자는 정해져 있는가 ④ 의뢰서에 필요사항이 모두 기재되어 있는가	1 3 5
3. 시용(試用)검토를 하고 있는가, 또 특별채용품과 통상품이 혼합되지 않도록 구분하고 있는가	① 시용검토개수는 명확하게 되어 있는가. 사용검토는 어디서 실시하는지 분명하게 되어 있는가 ② 특채카드를 발행하고 있는가 ③ 특별채용품이라는 것을 작업자에게 알리고 있는가. 알림으로써 폐해가 생기는 일은 없는가	1 3 5
4. 특별채용 발생원인을 추구하고 있는가	① 어떤 원인이 많은지 파악하고 있는가, 그에 따라 액션을 취하여 재발방지를 꾀하고 있는가 ② 추구하는 부서는 분명하게 되어 있는가 ③ 협력공장에 수정처리보고서를 제출케 하고 있는가	1 3 5
5. 특별채용 사용결과를 파악하여 활용하고 있는가	① 사용결과를 파악하고 있는가, 그 기록은 있는가 ② 사용결과의 파악부서는 정해져 있는가 ③ 사용결과의 피이드백은 적절한가. 특히 규격에의 피이드백은 적절한가, 그 실례는 있는가	1 3 5

기사란

(9) 무검사 이행 관리 기능 진단 체크리스트

심 사 항 목	채 점 요 소	평 점
1. 무검사 이행의 취지는 명확한가	① 담당자까지 취지를 이해하고 있는가. 또 협력 공장에 대한 PR을 하고 있는가 ② 협력공장도 그 취지를 이해하여 무검사 이행에 적극적인가 ③ 제품외주의 것을 무검사 이행하고 있지 않은가(기본적으로는 하지 않는다)	1 3 5
2. 무검사 이행의 절차는 명확하게 되어 있는가	① 신청에서 결정까지의 루트는 명확한가 ② 결정자는 정해져 있는가 ③ 무검사 이행할 수 있는 보증이 분명히 되어 있는가 ④ 무검사 이행품은 관련부서에 연락하고 있는가, 특히 협력공장에는 『무검사 품목지정증』을 발행하고 있는가	1 3 5
3. 무검사 이행의 조건, 해소의 조건을 정하고 있는가, 이행 후 품질 데이터는 제출되고 있는가	① 이행의 조건 및 해소의 조건대로 하고 있는가 ② 품질데이터(로트보증에 관한 데이터, 월간보고서)가 제출되어 있는가. 기록은 이력적으로 알 수 있도록 되어 있는가 ③ 무검사이행품목에는 모두 한계불량률을 정하고 있는가	1 3 5
4. 무검사 이행 후의 관리는 충분히 하고 있는가	① 정기적인 체크를 하고 있는가 ② 재심사를 하고 있는가 ③ 협력공장에 대한 지도로 품질향상에 노력하고 있는가 ④ 협력공장에 무검사 유지의 계획이 있는가	1 3 5
5. 무검사 이행품의 사용 결과를 파악하고 있는가(과거 6개월간)	① 사용결과를 파악하고 있는가, 그 기록은 있는가 ② 특히 이행 후 품질이 나빠지고 있지 않은가 ③ 사용결과의 피이드백은 적절한가 ④ 무검사이행의 결과는 오르고 있는가(협력공장, 자사 모두)	1 3 5

기사란

(10) 제조기능 진단 체크리스트

심 사 항 목	채 점 요 소	평 점
1. 각 공정의 품질표준은 명확한가, 또 그 내용은 적절한가	① 품질표준결정의 근거는 명확한가 ② 품질표준의 결정책임자는 정해져 있는가 ③ 품질표준은 항상 합리적이 되도록 개정되어 있는가 ④ 필요한 표준은 갖추어져 있는가	1 3 5
2. 공정능력은 파악되어 있는가	① 공정능력의 정의는 명확한가, 또 그것을 이해하고 있는가 ② 적합한 방법으로 공정능력을 조사하고 있는가. 파악률은 ③ 공정능력을 활용하고 있는가	1 3 5
3. 공정능력은 개선되어 있는가	① 개선의 목표는 정해져 있는가 ② 조직적으로 개선을 추진하고 있는가 ③ 개선의 예는 있는가, 그 내용은 ④ 관리공정도의 관리점에 넣어 두고 있는가, 개선목표는 적절한가	1 3 5
4. 공정해석은 충분히 이루어지고 있는가	① 어떤 통계적수법을 사용했는가 ② 공정에 대한 특성요인도는 있는가 ③ 공정해석의 결과와 표준화의 결합은 명확한가, 그 실례는 ④ 공정해석의 예를 제시하여 주십시오	1 3 5
5. 작업지시서의 내용은 적절한가	① 작성절차는 분명하게 되어 있는가 ② 작업의 중점을 파악하고 있는가 ③ 이상시의 조처는 명확한가 ④ 작업지도서와 작업지시서의 구분은 명확한가	1 3 5
6. 작업지시서의 내용은 적절한가	① 어떤 경우 개정해야 되는지 명확하게 되어 있는가 ② 개정의 절차는 명확하게 되어 있는가 ③ 개정상황은, 개정회수는 ④ 개정의 이력을 제시하여 주십시오	1 3 5
7. 작업이 작업지시서대로 실시되고 있는가	① 교육방법은 명확하게 되어 있는가 ② 감독자는 체크하고 있는가 ③ 작업지시서가 지켜지지 않았을 경우의 조처는 어떻게 하고 있는가 ④ 현장에서 확인할 것(진단자)	1 3 5

심 사 항 목	채 점 요 소	평 점
8. 관리점이 정해져 있는가	① 관리점에 대해 충분히 이해하고 있는가 ② 관리점의 결정책임자는 정해져 있는가 ③ 작업관리에 도움이 되도록 되어 있는가 ④ 관리공정도에 표시하고 있는가 ⑤ 관리항목과 점검항목은 명확한가	1 3 5
9. 관리점은 관련지어 정리되고 있는가	① 전후공정의 관련은 지어져 있는가 ② 관리의 중복, 누락은 없는가 ③ 관리공정도는 정비되어 있는가 ④ 직급(職級)으로서의 관리점은 명확한가. 감독자와 작업자의 관리점의 관련은	1 3 5
10. 각 관리점의 관리 방법은 명확한가	① 샘플링, 측정방법은 명확한가 ② 관리점의 관리에는 관리도나 그래프, 체크시트가 사용되어 있는가 ③ 관리도로 하지 않고 왜 그래프로 하고 있는가(관리 레벨의 향상은)	1 3 5
11. 관리수준은 명확한가, 또 그것은 적절한가	① 규격과의 혼동은 없는가 ② 관리수준의 결정책임자는 정해져 있는가 ③ 평균치와 상하의 폭으로 표시되어 있는가 ④ 공정품질능력지수와의 관련을 충분히 검토하고 있는가	1 3 5
12. 관리수준의 개정은 적절하게 이루어지고 있는가	① 어떤 경우에 개정해야 하는지 명확하게 되어 있는가, 규준(規準)은 있는가 ② 개정의 절차는 명확하게 되어 있는가 ③ 개정상황은 자료를 제시하여 주십시오(2개 제품 이상에 대해 진단한다)	1 3 5
13. 관리도가 공정관리를 위해 적절하게 사용되어 있는가	① 특성치는 적절한가 ② 층별, 군별(群別)의 검토는 이루어지고 있는가 ③ 검사와 검사의 조절과의 혼동은 없는가 ④ 관리도에 의한 공정관리의 실시 예를 2~3가지 제시하여 주십시오	1 3 5
14. 관리도의 제·개폐는 관리도의 관리 규정대로 이루어지고 있는가	① 관리도는 등록되어 있는가 ② 관리도의 개폐는 적절한가 ③ 관리도활용상황의 체크는 실시하고 있는가, 그 사례는 ④ 관리도에 의한 공정관리시스템은	1 3 5

심 사 항 목	채 점 요 소	평 점
15. 관리도의 작성방법은 관리도기호 사용기준대로 되어 있는가	① 사용기호는 ② 관리선을 긋는 방법은 ③ 점의 플로트는 ④ 이상의 발견방법은 ⑤ 공업규격의 기준에 따라 작성되어 있는가	1 3 5
16. p관리도를 사용하고 있는 이유는 무엇인가, 잘 사용하고 있다고 생각하는가	① 관리도의 사용방법에 대해 어떻게 연구하여 왔는가. (계수치에서 계량치로) ② 계량화를 연구해 보았는가 ③ 이 p관리도는 도움이 되고 있는가 ④ p관리도의 장점을 살리고 있는가	1 3 5
17. 상사는 부하의 관리도를 보고 있는가	① 과장은 1개월, 1주, 하루 몇 번 정도 부하의 관리도를 보고 있는가 ② 어떻게 보고 있는가 ③ 이상할 때의 조처와 지도는 ④ 활용방법의 연구는 하고 있는가	1 3 5
18. 자주점검의 사고방식은 명확한가	① 자주검사와의 혼동은 없는가 ② 작업자가 충분히 이해하고 있는가 ③ 자주점검에서 이상인 경우의 조처는 ④ 자주점검의 사례를 2~3가지 제시하여 주십시오	1 3 5
19. 이상처리의 루울이 표준화되어 있는가	① 이상처리 루트는 명확히 되어 있는가 ② 응급조처와 근본대책으로 나누어 하고 있는가 ③ 현상제거에 그치지 않고 원인제거까지 할 수 있도록 되어 있는가	1 3 5
20. 액션(특히 재발방지)은 확실히 취해지고 있는가	① 작업지시서와 교육까지 거슬러 올라서 조처가 취해지고 있는가 ② 재발이상은 생기지 않고 있는가 ③ 액션의 결과 체크는 되어 있는가. 그 실시의 예는	1 3 5
종 합 점		
기사란		

(11) 검사기능 진단 체크리스트

심 사 항 목	채 점 요 소	평 점
1. 검사의 기본방침, 특징은 명확한가	① 검사의 방침은 정해져 있는가 ② 검사와 품질보증의 관련은 분명히 되어 있는가 ③ 방침은 말단까지 철저하게 주지되어 있는가. 검사의 방침 전개 실시의 예는	1 3 5
2. 검사부문의 역할은 명확한가	① 검사부문의 역할을 올바르게 인식하고 있는가 ② 수입, 공정, 완성출하검사부문의 책임과 권한은 명확한가 ③ 타부문과의 조정, 협의는 잘 되어 있는가	1 3 5
3. 검사체계는 정비되어 있는가	① 주요제품의 검사체계는 명확한가 ② 각 검사공정 간의 검사항목과 관리시험항목과는 관련지어져 있는가 ③ 각 검사항목, 관리시험항목과 제조공정의 관리점과의 관련은	1 3 5
4. 검사원에 대한 교육은 적절한가	① 검사원의 교육계획은 명확한가, 또 그 내용은 적절한가 ② 계획대로 교육을 실시하고 있는가 ③ 검사의 기본, 중요성을 이해하고 있는가 ④ 검사규정·기준은 이해하고 있는가	1 3 5
5. 검사의 표준류는 정비되어 있는가	① 검사규격은 어디서 만드는가, 그 이유는, 그 내용은 ② 필요한 검사항목을 빠뜨리고 있는 것은 아닌지, 불필요한 항목까지 규정하고 있는 것은 아닌지 ③ 검사규격과 제품규격, 제조법규과의 관련은 명확한가	1 3 5
6. 검사설계를 올바르게 하고 있는가	① 적절한 곳(생산과정)에서 검사가 이루어지도록 명확히 되어 있는가 ② 어떻게 해서 발취검사의 채용을 정하고 있는가 ③ 발취검사사방식의 결정은 어떻게 하고 있는가. (p, p_1 , α, β, AQL 등)	1 3 5
7. 검사의 판정기준은 명확한가	① 검사의 판정기준은 적절하게 정해져 있는가. 또 판정기준은 누가, 어떻게 정하는가 ② 판정기준의 결정과 불만품질정보, 톱의 정책과의 관련은 ③ 검사원은 규격지시서를 올바르게 이해하고 있고, 또 판정은 표준대로 하고 있는가	1 3 5

심 사 항 목	채 점 요 소	평 점
8. 샘플링방법은 명확한가	① 샘플링방법은 명확하게 되어 있는가(샘플링방법, 장소, 시기, 빈도, 담당) ② 샘플링방법은 검사목적에 맞도록 통계적으로 검토되고 있는가 ③ 랜덤샘플링을 위해 어떤 궁리를 하고 있는가. 또 그 체크를 하고 있는가	1 3 5
9. 검사방법, 시험방법은 구체적이고도 명확하게 되어 있는가	① 검사방법, 시험방법은 구체적이고도 명확하게 되어 있는가 ② 적용범위는 명확한가 ③ 어떤 로트구성으로 만들어진 제품을 검사로트로 하는지 명확하게 되어 있는가 ④ 검사의 유효기한은 명확한가	1 3 5
10. 불합격로트, 불량품의 처리는 적절한가	① 불합격로트, 불량품의 처리에 대한 절차는 명확하게 되어 있는가 ② 수리품, 선별품은 재검사하는 시스템으로 되어 있는가 ③ 이상보고는 어떤 형태로 제출하고 있는가	1 3 5
11. 특별채용은 기준에 따라 올바르게 이루어지고 있는가	① 특채에 대한 절차는 명확한가 ② 어떠한 특채가 많은가. 그 액션은 ③ 특채품의 관리는 적절한가 ④ (9)의 진단 체크리스트의 활용	1 3 5
12. 무검사품의 관리는 적절 한가	① 무검사이행의 사고방식, 방법이 분명히 되어 있는가 ② 납입자의 QC실시상황을 어떻게 체크하고 있는가 ③ 무검사이행품의 체크, 액션을 올바르게 실시하고 있는가	1 3 5
13. 관리시험이 올바르게 이루어지고 있는가	① 관리시험의 사고방식을 올바르게 이해하고 있는가 ② 관리시험을 예방적으로 사용하여 효과를 올린 예가 있는가 ③ 관리시험을 품질평가에 사용하여 효과를 올리고 있는 예가 있는가	1 3 5
14. 검사의 관리는 적절한가	① 검사결과의 정확성(기록의 잘못도 포함)에 대해 검사책임자는 어떻게 체크하고 있는가 ② 검사기준의 관리를 어떻게 하고 있는가 ③ 전수검사의 미스를 어떻게 관리하고 있는가	1 3 5
15. 관능검사(官能檢査)는 어떻게 관리하고 있는가	① 관능검사의 판정기준은 적절하게 정해져 있는가, 한도견본이 규정되어 있는가, 또 판정기준은 누가 어떻게 정하는가 ② 한도견본(표준품)의 유지관리는 어떻게 하고 있는가 ③ 관능특성의 계량화를 연구하고 있는가	1 3 5

심 사 항 목	채 점 요 소	평 점
16. 검사데이터를 잡는 목적, 기록, 정리방법이 분명한가	① 무엇을 기록하는지 명확한가, 또 검사결과를 기록하는 용도가 분명한가 ② 용도에 맞는 서류의 양식이 정비되어 있는가 ③ 활용목적을 고려하여 데이터를 정리(층별, 군별, 그래프화, 도표화)하고 있는가. 또 파일링은 잘 되어 있는가	1 3 5
17. 검사정보의 활용은 적절한가	① 검사정보의 보고처, 시기, 활용루트는 명확한가 ② 검사정보를 공정의 관리, 조정에 활용하여 효과를 거두고 있는 예가 있는가 ③ 기타 검사정보의 활용에 의한 효과를 파악하고 있는가	1 3 5
18. 품질감사가 실시되고 있는가	① 초회검사를 올바르게 실시하고 있는가 ② 매입처에 대해 적절한 품질평가를 하고 있는가 ③ 수명시험, 실용시험의 결과를 제조, 기술에 반영시키고 있는가 ④ 제품의 검사와 감사의 구별에 철저를 기하고 있는가	1 3 5
19. 검사공정의 자동화를 추진하고 있는가	① 자동화계획에 대한 목적이 명확한가. 또 어느 공정을 자동화하려 하고 있는가 ② 자동기의 정밀도관리를 어떻게 하고 있는가. 또 관리방법은 규정되어 있는가 ③ 자동화함으로써 얻은 효과가 파악되고 있는가	1 3 5
20. 검사기기를 올바르게 보정(補正)하여 사용하고 있는가	① 검사기기의 올바른 사용방법이 명확히 되어 있는가 ② 검사기기, 측정작업원의 오차관리(誤差管理)를 하고 있는가 ③ 검사원은 시험기구의 취급방법, 측정방법을 올바르게 지키고 있는가	1 3 5
종 합 점		

기사란

(12) 설비, 지그 · 공구 관리기능 진단 체크리스트

심 사 항 목	채 점 요 소	평 점
1. 설비, 지그·공구관리의 방침은 명확한가	① 어떤 방침으로 해 왔는가, 앞으로 어떤 방침으로 해 나가려고 하고 있는가 ② 필요한 부문, 필요한 사함에게 철저하게 주지되어 있는가 ③ 그 달성상황은 좋은가 ④ 설비관리규정은 있는가	1 3 5
2. 필요한 설비, 지그·공구는 있는가	① 현재 보유하고 있는 설비, 지그·공구를 파악하고 있는가 ② 설비, 지그·공구를 분류, 정리하고 있는가 ③ 설비, 지그·공구의 관리부서는 명확하게 정해지고 있는가 ④ 설비관리시방서가 있는가	1 3 5
3. 설비,지그·공구계획은 명확한가	① 장기 및 단기계획은 있는가, 그 관련은 좋은가 ② 생산·판매계획 등 다른 계획과의 관련은 좋은가 ③ 계획이 달성상황은 좋은가	1 3 5
4. 특히 기계화, 지그·공구화를 적극적으로 추진하고 있는가	① 기계화, 지그·공구화의 방침 및 목적은 명확한가 ② 계획은 있는가, 그 달성상황은 좋은가 ③ 설계, 제조 등 관련 부서와의 관련은 잘 잡혀 있는가 ④ 현장에서도 지긋·공구 화에 임하고 있는가	1 3 5
5. 정보의 수집, 전달과 그 활용은 충분한가	① 국내·외의 정세를 파악하고 있는가 ② 정보는 이력적(履歷的)으로 정리하여 사용하기 좋게 하고 있는가 ③ 정보는 필요한 부서에 전해지고 있는가, 그것은 충분히 활용되어 있는가	1 3 5
6. 설비, 지그·공구의 신설, 갱신, 이동, 폐기를 적절하게 하고 있는가	① 신설·갱신·이동·폐기의 기준은 명확한가 ② 특히 결정자는 정해져 있는가 ③ 정해진 대로하고 있는가 ④ 설비의 개선실시상황은 ⑤ 설비이력은 명확한가	1 3 5
7. 설비투자의 경제계산을 하고 있는가	① 투자의 목적은 명확한가 ② 계산방법은 정해져 있는가 ③ 그 결과를 충분히 이용하고 있는가 ④ 계산한 대로였는가, 과거의 설비에 대해 검토하고 있는가	1 3 5

심 사 항 목	채 점 요 소	평 점
8. 설비, 지그·공구관리에 관한 교육을 실시하고 있는가	① 교육계획을 세우고 있는가, 그 내용은 적절한가 ② 사용자·점검자·수리자·관리자의 교육을 적절하게 실시하고 있는가 ③ 어디가 중심이 되어 교육을 추진하는지 명확히 되어 있는가	1 3 5
9. 설비, 지그·공구관리의 표준화를 추진하고 있는가	① 관리원장(管理元帳), 관리시방서 등을 정비하여 관리의 이력이 알 수 있도록 하고 있는가 ② 취급방법을 표준화하고 있는가 ③ 기타 필요한 사항에 대한 표준화가 진행되고 있는가, 이들은 현상에 일치되고 있는가	1 3 5
10. 신규 구입관리를 적절하게 하고 있는가	① 설비, 지그·공구의 선정은 적절한가 ② 수입검사를 적절하게 실시하고 있는가. 그 기록은 있는가 ③ 불합격인 경우의 처리방법은 정해져 있는가	1 3 5
11. 개발설비의 초기유동대책을 적절하게 하고 있는가	① 초기의 운전기준은 명확한가 ② 특히 점검할 곳을 명확히 정해서 하고 있는가 ③ 그 정보를 설계에 피이드백하고 있는가	1 3 5
12. 설비의 능력을 파악하고 있는가	① 파악방법을 정하고 있는가, 그것은 적절한가 ② 파악하는 부서는 분명히 되어 있는가 ③ 그 활용은 충분한가 ④ ppm관리, 미소정지(微少停止)레벨은 어떻게 개선 하고 있는가	1 3 5
13. 가동률, 실동률을 높이기 위한 대책을 취하고 있는가	① 가동률, 실동률을 높이기 위한 대책을 적절하게 취하고 있는가 ② 가동률, 실동률은 오르고 있는가 ③ 그 결과에 따라 액션을 취하고 있는가	1 3 5
14. PM을 하고 있는가	① 일상점검, 정기점검을 하고 있는가, 그 기록은 있는가 ② 점검의 빈도, 항목을 합리적으로 정하고 있는가 ③ PM실시의 성과를 확인하고 있는가	1 3 5
15. 설비, 지그·공구의 이상 처리를 적절하게 하고 있는가	① 이상의 발견에서 처리까지의 루트는 명확하게 되어 있는가 ② 처리담당자를 정하고 있는가 ③ 대책을 적절하게 취하고 있는가 ④ 이상처리의 역사는 명확한가	1 3 5

심 사 항 목	채 점 요 소	평 점
16. 설비, 지그·공구의 고장 통계를 잡고 있는가	① 필요한 항목에 대해 기록을 잡고 있는가 ② 필요한 부서에 피이드백하고 있는가 ③ 그것을 바탕으로 액션을 취하고 있는가 ④ 고장통계는 층별되어 있는가 ⑤ 활용상황의 사례를 제시하여 주십시오	1 3 5
17. 설비, 지그·공구관리에 통계적수법을 활용하고 있는가	① 통계적수법을 잘 활용하고 있는가 ② 통계적수법의 사용방법에 틀림이 없는가 ③ 통계적수법을 사용함으로써 효과가 오르고 있는가 ④ 그 구체적인 예를 2~3가지 제시하여 주십시오	1 3 5
18. 보급부품의 재고는 적절한가	① 재고 중의 품질보증을 적절하게 하고 있는가 ② 재고량의 관리를 적절하게 하고 있는가 ③ 곧 꺼낼 수 있도록 정리하고 있는가 ④ 재고관리시스템을 제시하여 주십시오	1 3 5
19. 공사관리(工事管理)를 적절하게 하고 있는가	① 공사계획을 세우고 있는가, 생산계획 등 다른 계획과 관련은 되어 있는가 ② 공사진척관리를 하고 있는가 ③ 이상발생시의 액션을 적절하게 취하고 있는가	1 3 5
20. 설비, 지그·공구관리의 문제점을 파악하고 있는가	① 진단을 하여 문제점을 파악하고 있는가 ② 문제점에 대해 중요도를 검토하고 있는가 ③ 문제점을 계획에 반영시키고 있는가 ④ 설비관리계획의 사이클을	1 3 5
종 합 점		

기사란

(13) 계측관리기능 진단 체크리스트

심 사 항 목	채 점 요 소	평 점
1. 계측관리의 기본적인 사고방식은 명확하게 되어 있는가	① 계측기관리, 설비관리, 품질관리, 자동제어와의 관계는 명확한가 ② 경영의 합리화, 생산성의 향상, 품질관리에 철저를 기하고 있는가 ③ 계측관리 관리대상의 중점이 분명히 되어 있는가	1 3 5
2. 계측관리의 운영조직은 명확하게 되어 있는가	① 계량화의 조사연구, 계측기의 구입, 사용, 보수, 검사, 교육지도 등 담당부서는 정해져 있는가 ② 본사 기술본부와의 연결은 명확한가 ③ 계측관리에 대한 실시계획은 있는가	1 3 5
3. 계측화의 방법은 명확히 되어 있는가	① 계측하기 쉽고 결과가 분명하다는 계측성의 검토가 되어 있는가 ② 계측결과가 관리에 도움이 되게끔 계측화가 검토되고 있는가 ③ 계측방법, 계측기의 선정방법은 명확한가(기술수준, 특성, 환경조건을 고려하여)	1 3 5
4. 계측특성의 선정조건은 분명한가	① 관리목적에 적합한 계측특성이 선정되어 있는가 ②계측특성은 계측기술 수준, 경제면에서 검토되고 있는가 ③ 계측대상은 안정상태에 있는 것을 선정하고 있는가	1 3 5
5. 생산공정의 자동제어화를 추진하고 있는가	① 자동제어화를 위한 계획이 있는가 ② 자동제어에 따른 효과가 파악되고 있는가 ③ 자동제어의 계획·실시담당부서는 정해져 있는가 ④ 컴퓨터화는 추진되고 있는가	1 3 5
6. 계측관리를 위한 표준화가 실시되고 있는가	① 계측법, 계측기의 사용방법에 대해 표준화가 되어 있는가 ② 계측관리규정은 있는가 ③ 규정대로 실시되고 있는가 ④ 규정의 실시 예, 계측시스템은	1 3 5
7. 측정기록은 올바르게 잡혀져 있는가	① 측정치는 수정해서 기입되는 일은 없는가 ② 정해진 기록용지에 기입하고 있는가 ③ 올바르게 그리고 빨리 기입할 수 있게 지도하고 있는가(숫자의 서체 통일 등) ④ QC수법의 교육을 할 수 있는가. 실시한 사례는 있는가	1 3 5

심 사 항 목	채 점 요 소	평 점
8. 계측오차가 명확히 되어 있는가	① 부품 · 제품 · 설비 · 계측기 · 작업자 등의 산포가 파악되고 있는가 ② 계측기의 판독오차는 파악되고 있는가(지침과 눈금과의 간격, 계측자의 눈의 위치 등) ③ 계측자의 정확성 정도가 파악되고 있는가	1 3 5
9. 계측결과를 활용하고 있는가	① 계측데이터가 관리에 도움이 되고 있는가 ② 측정결과와 관리대상과의 관계는 명확히 되어 있는가 ③ 계측데이터는 정리, 보존되고 있는가 ④ 활용사례를 2~3가지 제시하여 주십시오	1 3 5
10. 계측작업, 환경조건의 정비, 개선을 추진시키고 있는가	① 계측기의 용도에 따라 장착작업장이 정해져 있는가 ② 조명 · 진동 · 온습도 · 연무(煙霧) 등이 계측기에 미치는 영향을 고려하고 있는가 ③ 표준계기류는 보관환경조건을 만족하는 장소에 두고 있는가	1 3 5
11. 교육훈련이 실시되고 있는가	① 계측기술에 관한 지식의 보급, 향상을 꾀하는 부문이 있는가 ② 표준류(계측관리규정)의 PR과 보급을 하고 있는가 ③ 교육훈련계획은 있는가	1 3 5
12. 계측기 및 계측기술에 관한 조사 및 연구는 실시되고 있는가	① 계측기의 개발, 연구담당부서는 있는가 ② 자부서에서 개발할 수 없는 경우의 계측기의 조사, 구입방법은 정해져 있는가 ③ 계측기의 연구개발 성공의 예를 제시하여 주십시오(2~3가지 필요)	1 3 5
13. 계측기의 관리는 적절한가	① 계측기관리 책임자는 정해져 있는가 ② 계측기의 구입 · 취급 · 검사 · 수리 · 기록 · 보관 등은 순서대로 정해져 있는가 ③ 순서대로 이루어지고 있는가 ④ 계측기관리시스템은 철저하게	1 3 5
14. 계측기의 등록관리를 올바르게 하고 있는가	① 계측기는 반드시 등록하고 있는가 ② 관리카드는 작성되어 있는가 ③ 실시부서가 명확히 되어 있는가 ④ 관리챔임자는 명확한가 ⑤ 관리카드를 제시하여 주십시오	1 3 5

심 사 항 목	채 점 요 소	평 점
15. 정기검사의 방법이 명확히 되어 있는가	① 검사시기, 빈도는 적절한가 ② 검사항목, 검사방법, 허용범위, 검사자는 명확히 되어 있는가 ③ 검사(교정)누락이 있는 경우의 액션을 취하는 방법이 명확히 되어 있는가 ④ 검사결과의 기록은 정비, 보관되어 있는가	1 3 5
16. 임시검사를 정확하게 하고 있는가	① 검사실시부서와 검사방법이 명확히 되어 있는가 ② 불합격계기의 처리방법은 명확히 되어 있는가 ③ 검사결과의 기록은 정비, 보관되어 있는가	1 3 5
17. 필요로 하는 계기가 갖추어져 있는가	① 검사연구용 계측기는 적절한 것이 정비되어 있는가 ② 목적에 알맞게 사용되고 있는가 ③ 일상점검이 실시되고 있는가 ④ 필요한 인원 수가 배치되어 있는가	1 3 5
18. 계측기 취급 작업표준은 되어 있는가	① 작업표준의 내용은 적절한가 ② 작업표준대로 작업하고 있는가 ③ 작업표준의 제·개폐는 적절하게 하고 있는가 ④ 계측기 취급 교육시스템은 명확한가	1 3 5
19. 계측기 취급자에 대한 교육을 하고 있는가	① 일반작업자에 대한 교육내용은 명확한가(취급방법, 계측기의 구조원리 등) ② 계측기술자를 양성하고 있는가 ③ 교육은 정기적으로 실시할 수 있는 체제로 되어있는가	1 3 5
20. 일반계측기의 관리는 적정한가	① 필요한 일반계측기(도량형기)가 갖추어지고 있는가 ② 계측기관리 책임자는 명확한가 ③ 본사 계량관리자치회와의 연결은 명확한가 ④ 제작·구입·교정·수리·폐기의 절차는 명확한가	1 3 5
종 합 점		

기사란

(14) 품질보증 · 불만처리 · 신뢰성기능진단 체크리스트

심 사 항 목	채 점 요 소	평 점
1. 품질보증의 사고방식, 방침, 특징이 명확히 되어 있는가	① 품질보증의 기본방침이 있는가 ② 각 부문, 각 층의 품질보증의 사고방식이 명확한가 ③ 방침은 말단까지 철저하게 주지되어 있는가. 철저하게 주지시킬 시스템은 확립되고 있는가	1 3 5
2. 품질보증에 대해 이해하고 있는가	① 품질보증방법은 과학적인가 ② 품질보증체계는 적절한가(또 신뢰보증 체계는) ③ 품질보증이 가장 잘 되어 있는 제품은 그 실례를 제시하여 주십시오	1 3 5
3. 품질보증의 책임은 누가지는가	① 품질향상과 유지는 어디의 책임인가. 또 그 운영방법은 ② 출하정지권은 누가 갖고 있는가, 루울은? ③ 불량품을 출하(또는 차공정에 보내는)한 경우의 책임은 누가 지며 어떻게 처리하는가	1 3 5
4. 품질표준을 어떻게 정하고 있는가	① 품질표준에 무엇을 규정하는지 명확하게 되어 있는가 ② 품질표준에 공정능력, 기술력 경험, 소비자(영업부문도 포함), 차공정의 합리적인 요구, 타사의 품질, 코스트, 방침을 고려하고 있는가 ③ 공정능력, 관리상태, 기술의 진보, 경제상태의 변화에 따라 합리적으로 개정할 수 있는 시스템으로 되어 있는가	1 3 5
5. 표준류를 정비하고 있는가	① 제품규격, 제조규격, 검사규격 등은 어떻게 정하고 있는가 ② 품질목표, 품질표준, 보증품위, 검사판정기준은 어떻게 구분하고 있는가, 또 그 관련은 ③ 표준의 제·개폐 이력은 분명한가	1 3 5
6. 보증품위는 명확히 되어 있는가	① 보증품위는 ·어떻게 정하고 있는가 ② 사내규격과 보증품위와의 관계는 어떻게 되어 있는가 ③ 보증품위를 정하는데 불만정보, 품질정보는 어떻게 이용하고 있는가	1 3 5
7. 품질진단을 하고 있는가	① 어떤 시스템으로 하고 있는가 ② 그 보고서가 있는가 ③ 문제점에 대한 대책을 취하고 있는가 ④ 진단사례를 2~3가지 제품에 대해 제시하여 주십시오	1 3 5

심 사 항 목	채 점 요 소	평 점
8. 아프터서비스는 구체적으로 어떻게 하고 있는가	① 아프터서비스에 대한 방침은 ② 보수부품의 보유년수는 정해져 있는가 ③ 가장 QC적인 서비스 매뉴얼, 사용방법, 설명서는 있는가 ④ 아프터서비스의 규정·기준은 있는가	1 3 5
9. 불만처리는 적절한가	① 불만의 파악방법, 액션은, 또 그 효과는 ② 불만처리에 관한 표준류를 정비하고 있는가(워크시트 포함) ③ 불만처리는 어디의 책임인가, 왜 그렇게 되어 있는가, 책임구분표는	1 3 5
10. 정말로 줄어야 할 불만이 명확히 되어 있는가. 또 재발방지책을 강구하고 있는가	① 불만의 중요도가 평가되고 있으며 줄어야 할 불만은 분명하게 밝혀져 있는가 ② 최근 1~2년 동안의 중요한 불만에 어떤 것이 있는가. 그 대책은, 또 폴로우업은 ③ 중요한 불만의 처리는 정확하게 하고 있는가	1 3 5
11. 표준과 결부된 재발방지대책을 취하고 있는가	① 설계 체크리스트, 제규격, 초회검사, 신제품 심사시의 체크리스트에 반영시키고 있는가 ② 설계불만, 재발불만은 줄어들고 있는가 ③ 이 불만의 재발방지대책에 대해 설명하여 주십시오	1 3 5
12. 불만관리로 경제적이고 유효한 효과를 올리고 있는가	① 최근 5년(3년, 2년, 1년)간의 불만의 변화는, 중요도별로 제시하여 주십시오 ② 불만손실금액은 어느 정도로 되어 있는가 ③ 불만처리일수를 관리하고 있는가, 그 목표는 ④ 불만처리에 대해 유우저는 만족하고 있는가	1 3 5
13. 잠재불만을 파악하여 활용하고 있는가	① 잠재불만정보의 수집은 적절한가 ② 잠재불만처리는 적절한가(해석, 활용은) ③ 본사로 연락이 있었던 잠재불만을 활용하여 효과를 올린 실례는 ④ 활용의 시스템은 있는가	1 3 5
14. 간부보고를 정확하게 하고 있는가	① 품질정보(불만, 반품처리 등)의 통계자료는 있는가. 그 활용은 ② 간부보고가 스피디하게 이루어지고 있는가 ③ 이 품질보고에 대해 어떤 지시가 내려지고 있는가	1 3 5
15. 시장품질정보를 어떻게 수입, 활용하고 있는가	① 시장의 품질요구를 구체적으로 어떻게 파악하고 있는가 ② 그 정보를 어떻게 관리·개선에 활용하고 있는가 ③ 타사의 품질정보를 어떻게 수집하고 있는가	1 3 5

심 사 항 목	채 점 요 소	평 점
16. 유통기구에 있어서의 품질보증을 어떻게 하고 있는가	① 유통기구에 대한 방침은 ② 포장시험을 실시하고 있는가 ③ 제품의 재고관리는, 그 품질보증은 ④ 수송일수의 단축은, 그 계획은 적절한 것인가	1 3 5
17. 신뢰성의 목표를 어떻게 정하고 있는가	① 유우저의 요구는 ② 기술력의 고려는 ③ 신뢰성의 밸런스는 ④ 신뢰성을 확보하기 위한 내부품질 보증체제는 명확한가	1 3 5
18. 어떤 신뢰성에 중점을 두고 있는가	① ○○제품의 신뢰성을 구체적으로 제시하여 주십시오(2~3가지의 제품에 대해) ② 유저[민수(民需), 군수(軍需), 산업용]에 따라 신뢰성의 중점을 바꾸고 있는가 ③ 신뢰성에 자신이 있는 제품은	1 3 5
19. 신뢰성의 향상을 위해 어떤 일을 하고 있는가	① 시장정보로부터의 문제점 파악은 ② 조직적인 추진은 ③ 효과의 파악방법은 ④ 내부체제의 확립과 신뢰성시험의 실시, 보증체제의 확립은	1 3 5
20. 신뢰성을 통계적으로 평가하고 있는가	① 와이블 확률지(確率紙)의 사용은 ② MTBF, 고장률, 신뢰도, 신뢰수명 등의 추정은 ③ 수명분포의 추정은 ④ 2~3가지의 제품을 실례로 제시하여 주십시오	1 3 5
종 합 점		

기사란

(15) 경리 · 재무관리기능 진단 체크리스트

심 사 항 목	채 점 요 소	평 점
1. 이익관리와 원가관리의 기본적인 사고 방식은 확고한가	① 원가로 관리하는가, 원가를 관리하는가 ② 원가절감의 방침인가, 이익향상의 방침인가 ③ 원가관리는 어디서 하는가 ④ 원가관리규정은 있는가	1 3 5
2. CMC(코스트 · 매니지먼트 · 센터)에 대한 이해는 되어 있는가	① CMC제도란 무엇인가 ② CMC제도의 목적을 이해하고 있는가 ③ CMC제도의 특징과 결점은 무엇인가. 그 이유는 (CMC를 제품별이익관리센터, 또는 단위로 생각한다)	1 3 5
3. CMC팀이 편성은 적합한가	① 제품별로 되어 있는가, 공정별로 되어 있다면 그 이유는 ② 팀 세분화의 정도와 경제성의 검토는 되어 있는가 ③ 팀장의 겸임을 해소할 수 없는가	1 3 5
4. CMC팀의 운영은 원활하게 이루어지고 있는가	① 팀장의 역할은 ② 스타프 각 과가 원가관리에 관해 하고 있는 역할은 무엇인가 ③ 팀의 목표는 각 과의 실시계획과 관련지어 세워지고 있는가	1 3 5
5. 팀의 운영에 관한 책임과 권한은 명확한가	① 팀장의 책임범위는 ② 공장장과 팀장의 관련은 어떻게 되어 있는가 ③ 공장장은 팀에 대한 목표를 분명히 하고 있는가	1 3 5
6. 원가의식은 철저하게 침투 되고 있는가	① 각 층에 대해 어떻게 하고 있는가 ② 개선목표의 설정이나 효과의 파악에 금액평가가 이루어지고 있는가 ③ 표준치 설정이나 수지결과 검토에 각 부문이 적극적인가	1 3 5
7. 표준치의 설정은 적한가	① 설정의 근거는 명확한가 ② 월간계획치와의 관련은 어떻게 되어 있는가 ③ 통계적수법을 활용하고 있는가 ④ 표준치의 실례를 제시하여 주십시오	1 3 5
8. 원가절감이 순조롭게 진척 되고 있는가	① 이번 기(期)의 사업부(또는 공장)의 목표는, 또 그 달성상황은 ② 달성하지 못했을 경우의 문제에 대해 대책이 취해지고 있는가 ③ 표준치 달성의 각 단계에서 여러 표준(규격) 등과의 관련은 지어지고 있는가	1 3 5

심 사 항 목	채 점 요 소	평 점
9. 버젯시스템(표준예산제도)은 원활하게 운영되고 있는가	① 실시계획의 내용과 관련지어져 있는가(프로젝트별 예산을 명확히 하고 있는가) ② 예산차이와 가동차를 구별하고 있는가 ③ 예산차이에 대한 액션의 예는	1 3 5
10. 각 부문의 예산배분은 적절한가	① 제조원가에 대해 어느 정도의 비율로 하고 있는가. 또 몇 % 정도가 타당한가 ② 예산배분의 기준은 있는가 ③ 스타프의 라인에 대한 공헌도는 어떻게 파악하고 있는가	1 3 5
11. 경영검토회를 매월 개최하고 있는가	① 검토회의 운영방법은 정해져 있는가 ② 진정으로 요인해석이 된 문제는 어느 정도인가 ③ 그에 대한 액션, 보고는 확실하게 되어 있는가	1 3 5
12. CMC제도와 QC활동과는 결부되어 있는가	① Q와 C의 밸런스를 구체적으로 어떻게 잡고 있는가 ② QC활동의 효과가 CMC수지결과로 파악할 수 있도록 되어 있는가 ③ CMC제도와 QC활동이 잘 결부되고 있는 예는	1 3 5
13. 제조공정에 있어 CMC와 QC는 결부되어 있는가	① 제조공정의 관리점과 원가데이터의 인과관계는 명확한가 ② 원가차액의 요인을 일상의 관리데이터로 쉽게 추구할 수 있는가 ③ 공정개선목표의 설정에 원가데이터가 활용되고 있는가	1 3 5
14. Q코스를 파악하여 활용하고 있는가	① Q코스트 파악의 목적은 ② Q코스트를 파악하는 방법은 정해져 있는가 ③ Q코스트를 어떻게 활용하고 있는가, 또 그 내용은 어떻게 되어 있는가 ④ Q코스트의 배분은 적절한가	1 3 5
15. 적정이익(목표)의 산출은 어떻게 하고 있는가	① 사용자본에 대해 목표가 정해져 있는가, 그 내용은 적절한가 ② 공장, 팀에 대한 목표설정은 합리적인가, 그 구체적인 사례는 ③ 손익분기점이나 이익도표를 활용하고 있는가	1 3 5
16. 자금관리는 잘 되어 있는가	① 표준예산제도(버젯시스템)에 의한 관리(월차)를 하고 있는가 ② 사업계획의 자금운용과 실제의 차이에 대해 어떤 대책을 취하고 있는가 ③ 자금관리의 책임자는	1 3 5

심 사 항 목	채 점 요 소	평 점
17. 회수면의 관리는 되어 있는가	① 회수율을 판로별로 명확히 하고 있는가 ② 회수어음률의 축소에 어떤 방법을 쓰고 있는가 ③ 현금률은 현재의 수준으로 좋은가, 개선할 필요성이 있는가	1 3 5
18. 지불면의 관리는 되어 있는가	① 비용발생을 시기적절하게 파악하고 있는가 ② 지불어음률을 결정하는 기준을 가지고 있는가 ③ 협력공장의 자금상황을 어떻게 파악하고 있는가	1 3 5
19. 재고정리자산은 관리상태에 있는가	① 체류일수기준이 있는가 ② 불이동(不移動)재고를 파악하고 있는가 ③ 진부화(陳腐化)에 따른 폐기에 이르기까지 각종 개선책이 강구되어 있는가 ④ 관리시스템은 확립되어 있는가	1 3 5
20. 고정자산이 관리상태에 있는가	① 소속불명의 것은 없는가 ② 유휴설비를 파악하고 있는가 ③ 자본생산성이 왜 관리의 척도로 되어 있는가 ④ 장비율에 목표가 있는가	1 3 5
종 합 점		

기사란

(16) 인사 · 노무기능 진단 체크리스트

심 사 항 목	채 점 요 소	평 점
1. 회사방침에 대한 이해가 철저한가	① 경영기본방침은 작업자에 이르기까지 철저하게 주지되어 있는가. 그것을 파악하는 방법은 ② 인사의 기본방침은 잘 이해되고 있으며 철저하게 주지되어 있는가. 그 구체적인 예는 ③ 경영참가의욕이 높은가	1 3 5
2. 장기적 인원계획이 있는가, 그것이 단기계획에 이용되고 있는가	① 각 장기계획과 관련이 잘 되어 있는가, 요원확보시스템은 확보되어 있는가 ② 생산형태에 따른 질적구성이 검토되고 있는가 ③ 인원확보의 대책이 검토되고 있는가	1 3 5
3. 필요한 인원을 적절하게 확보하고 있는가	① 인원요망을 어떻게 조정하고 있는가 ② 시기적절하게 필요한 인원을 확보하고 있는가 ③ 정착대책(定着對策)을 어떻게 강구하고 있는가 ④ 시간제근무자의 확보는	1 3 5
4. 채용이 적절하게 실시되고 있는가	① 채용방침이 명확하게 되어 있는가 ② 채용기준이 명확하게 되어 있는가, 또 검토, 개정이 실시되고 있는가 ③ 배속 후의 정보가 유효하게 활용되고 있는가 ④ 배치계획의 내용은 적절한가	1 3 5
5. 교육훈련은 철저를 기하고 있는가	① 도입교육에 시작되는 교육훈련시스템은 명확한가, 또는 그것으로 좋은가 ② 계층별 교육훈련은 적절한가, 또한 그것으로 좋은가 ③ QC교육과의 관련은 어떻게 검토되어 있는가	1 3 5
6. OJT가 잘 실시되고 있는가	① 상사가 그 중요도를 잘 인식하고 있는가 ② OJT가 철저하여 효과를 거두고 있는가 ③ OJT의 체크, 평가는 어떻게 하고 있는가 ④ 자기계발, 상호계발과의 관련은	1 3 5
7. 능력개발이 적극적으로 이루어지고 있는가	① 상사가 적절한 요망을 하고 있는가, 또 적극적으로 지도하고 있는가 ② 자기계발 촉진을 위해 어떤 지도를 하고 있는가 ③ 스페셜리스트로서의 지도육성을 어떻게 꾀하고 있는가	1 3 5

심 사 항 목	채 점 요 소	평 점
8. 조직관리가 적절하게 이루어지고 있는가	① 조직화의 필요가 명확하게 되어 있는가 ② 생산규모에 따른 적절한 조직으로 되어 있는가, 구체적인 사례를 제시할 것 ③ 적응체제를 갖출 수 있는 조직으로 되어 있는가 ④ 구체적인 사례를 제시하여 주십시오	1 3 5
9. 조직분장은 명확하게 되어 있는가	① 조직분장규정으로 명확하게 되어 있는가, 각 부문간의 분장에 언밸런스는 없는가 ② 각 부문에 걸치는 문제의 조정, 해결방법이 명확하게 되어 있는가 ③ 라인과 스타프의 협력체제가 충분히 검토되고 있는가	1 3 5
10. 직무분장은 명확하게 되어 있는가	① 직위에 대한 책임권한이 명확하게 되어 있는가, 그 운영은 어떤가 ② 책임·권한의 위양이 적절하게 이루어지고 있는가, 그 사례는 ③ 직위간의 의사소통은 좋은가	1 3 5
11. 적성배치가 이루어지고 있는가	① 채용시험, 적성검사의 결과가 유효하게 활용되고 있는가, 그 구체적인 사례는 ② 적성체크와 그 액션은 좋은가 ③ 사람의 교류·이동이 적절하게 이루어지고 있는가, 성과는 있는가	1 3 5
12. 승진, 등용이 적절하게 이루어지고 있는가	① 승진·등용의 길이 명확하게 되어 있는가 ② 노력목표가 적절하게 주어지고 있는가 ③ 필요한 교육이 실시되고 있는가 ④ 승진제도의 운용사례를 스타프와 라인으로 제시하여 주십시오	1 3 5
13. 급여에 대해	① 급여에 대한 기본적인 사고방식은 명확하게 되어 있는가 ② 급여체계는 합리적인가, 그 특징은 무엇인가 ③ 인사고과가 적절하게 실시되고 있는가 ④ 임시제근무자의 급여는	1 3 5
14. 사기(士氣)는 향상되고 있는가	① 사기 서베이가 이루어져 그 결과가 유효하게 활용되고 있는가 ② 사기향상의 중점시책은 무엇인가 ③ 사기의 양부(良否)를 무엇으로 관리하고 있는가, 그것으로 좋은가	1 3 5

심 사 항 목	채 점 요 소	평 점
15. 인사면에 관한 불만의 처리는 적절하게 이루어지고 있는가	① 불만처리기관은 명확하게 되어 있는가 ② 인사면의 불만은 잘 해결되고 있는가 ③ 직장환경에 대한 불만은 어떻게 해결하고 있는가 ④ 카운셀링제도는 있는가	1 3 5
16. 안전 · 위생관리는 적절한가	① 안전 · 위생에 관한 교육은 철저한가 ② 안전 · 위생관리의 특징은 무엇인가 ③ 통계적방법은 어떻게 사용되고 있는가 ④ 효과가 오르고 있는가. 그 데이터는	1 3 5
17. 제안제도의 효과는 오르고 있는가	① 경영상의 효과를 어떻게 파악하고 있는가. 그 시스템은 ② 제안장려시책은 적절하게 실시되고 있는가 ③ QC분임조와의 연결은 어떤가 ④ 종업원 1인당 연 몇 건인가	1 3 5
18. 규율관리가 잘 되어 있는가	① 각 인사규정 · 규칙의 운용은 적절한가 ② 근태(勤怠)의 관리는 적절하게 되어 있는가 ③ 공사(公私)의 구별이 명확하게 되어 있는가 ④ 사기 서베이와의 관계는 명확한가, 그 수준은 어떤가	1 3 5
19. 주 5일제에 대해	① Q. C. D의 면에서 경영에 어떤 영향을 미치는가 파악되고 있는가 ② 인사관리상 어떤 시책을 강구해 왔는가 ③ 주 5일제의 효과와 문제점은 무엇인가, 그 구체적인 예를 제시하여 주십시오	1 3 5
20. 노사관계는 잘 되고있는가	① 노사의 문제점은 잘 조정되어 해결되고 있는가 ② 노조의 QC활동, QC분임조 활동에 대한 이해와 협력은 어떤가 ③ 노조의 임원을 QC톱교육에 참가시키고 있는가	1 3 5
종 합 점		

기사란

(17) 생산량관리기능 진단 체크리스트

심 사 항 목	채 점 요 소	평 점
1. 생산량의 관리부서는 명확한가	① 양(量)관리, 특히 납기관리의 중심부서는 어디인가 ② 담당직무는 명확한가 ③ 각 부서(자재 · 구매 · 기술…)와의 관련은 명확한가. 특히 양관리의 관리점은 분명한가	1 3 5
2. 수요예측(조사)은 적절하게 이루어지고 있는가	① 수요예측(조사)을 조사하고 있는가. 그 방법은 적절한가 ② 수요예측과 생산계획, 재고량과의 관련은 명확한가 ③ 실적과 예측의 차의 주된 원인은 무엇인가, 액션을 취하는 방법은 적절한가	1 3 5
3. 일정계획은 단단히 짜여져 있는가	① 수주하고 나서 일정계획을 짜기까지의 스텝은 적절한가 ② 자재 · 부품의 구매계획, 설비, 인원, 판매계획과의 관련은 명확한가 ③ 일정변경의 경우의 처리는 적절하며 요인파악에 따른 액션이 취해지고 있는가	1 3 5
4. 일정계획의 내용은 적절한가	① 공정생산능력을 파악하는 방법은 적절하게 정해지고 있는가 ② 생산공정의 부하(負荷 : 재공품, 재고량)의 파악방법은 적절하게 정해지고 있는가 ③ 능력, 부하(負荷)의 조정방법은 적절하게 명확화 되어 있는가	1 3 5
5. 일정관리의 방법은 적절한가	① 일정계획 진행상황의 체크방식은 정해져 있는가 ② 여력(余力)관리방식은 루울화되어 있는가 ③ 일정변경에 대한 해석액션은 적절한가	1 3 5
6. 자재의 구입 · 관리는 적절한가	① 상비재료, 충당재료, 중점관리재료의 종류, 양(量)은 정해져 있는가 ② 자재의 납기관리방식은 정해져 있는가 ③ ABC 분석을 하고 있는가 ④ 재고량관리와 생산량관리와의 관련	1 3 5
7. 부품 · 가공품의 수입관리는 적절한가	① 협력공장의 생산능력일람표는 있는가 ② 협력공장에 대한 납입계획의 지시방법은 적절한가(시기, 양 등) ③ 특급품, 계획변경의 지시는 적절한가(시기, 양)	1 3 5

심 사 항 목	채 점 요 소	평 점
8. 협력공장에 대한 납기관리는 실시하고 있는가	① 납입상황은 어떤가 ② 수입품평가제도를 실시하고 있는가, 최근의 성적과 주된 요인에 대해 개선책을 취하고 있는가 ③ 협력공장에 대해 공정관리 등의 지도를 실시하고 있는가	1 3 5
9. 제조예정(일일생산계획)은 적절하게 정해지고 있는가	① 일정계획과 제조예정(일일생산계획)과의 관련은 어떻게 되어 있는가 ② 재료, 부품의 조달지연에 의한 제조예정의 변경을 정량적으로 파악하여 개선하고 있는가 ③ 제조예정의 변경, 관리는 적절한가(수배, 준비)	1 3 5
10. 진도조정방법은 잘 되어 있는가	① 진행상황의 확인은 어떻게 하고 있는가 ② 재공품, 작업량, 작업시간 등 작업실적은 어제, 무엇으로 파악하고 있는가 ③ 진도조정방법은 적절한가 ④ 진도관리시스템은 있는가	1 3 5
11. 작업배분방법은 적절한가	① 작업명령은 어떻게 내려지고 있는가 ② 공정편성방법은 어떻게 하고 있는가, 그 방법은 합리적인가 ③ 공정밸런스는 잡혀져 있는가 ④ 공정변환수의 관리는	1 3 5
12. 인원배치는 적절한가	① 품종별 표준공수(시간)는 정해져 있는가 ② 표준공수에 대한 실적공수를 파악하고 있는가, 차이의 관리방법은 어떤가 ③ 작업의 순서는 명확한가, 그에 따른 훈련지도는 실시하고 있는가	1 3 5
13. 시간분석은 하고 있는가	① 표준작업시간의 설정은 어떻게 하고 있는가 ② 표준시간을 개정하고 있는가, 정하는 방법은 합리적인가 ③ 작업개선을 적극적으로 실시하고 있는가	1 3 5
14. 기계설비의 관리는 어떻게 하고 있는가	① 기계설비 배치(레이아웃)의 검토, 개선은 이루어지고 있는가 ② 기계별 생산능력, 가동상황은 언제, 무엇으로 파악하고 있는가 ③ 공정의 자동화, 기계화를 추진하고 있는가	1 3 5
15. 지그·공구의 활용·관리는 어떤가	① 지그·공구화를 추진하고 있는가 ② 전용 또는 표준지그·공구는 있는가 ③ 지그·공구화에 의해 능률은 향상되고 있는가 ④ 지그·공구대회를 실시하여 좋은 지그·공구의 수평전개를 꾀하고 있는가	1 3 5

심 사 항 목	채 점 요 소	평 점
16. 코스트와의 연결은 어떻게 하고 있는가	① 원가보고제도는 확립되어 있는가 ② 공수절감, 능률향상, 수율향상 등은 어떻게 코스트와 연결되어 있는가 ③ 예산계획과의 대비, 차의 분석, 관리는 어떻게 하고 있는가	1 3 5
17. 재고관리는 어떻게 하고 있는가(제품, 부품)	① 적정재고량이란 무엇인가, 어느 정도인가 ② 재고량의 경제예산을 실시하고 있는가 ③ 재고량과 생산계획이 관련은 명확한가 ④ 재고품의 품질확보는 되어 있는가, 그 시스템은	1 3 5
18. 납기관리는 되어 있는가	① 납기달성률은 어느 정도인가 ② 납기이상원인을 파악하여 개선, 대책을 강구하고 있는가 ③ 수주에서 납입까지의 주요제품, 표준품의 리이드 타임은 어느 정도인가	1 3 5
19. 생산량관리의 효과를 파악하고 있는가	① 생산계획, 판매계획이 달성률은 향상되고 있는가 ② 제품, 재료, 재공품의 재고량은 줄어들고 있는가 ③ 그밖에 어떤 효과가 오르고 있는가	1 3 5
20. 생산량 관리와 품질 관리	① 생산량의 관리와 품질관리의 관계를 어떻게 생각하고 있는가, 또 그 연결은 어떻게 하고 있는가 ② 품질관리를 실시하고 양관리(量管理)의 방법은 어떻게 바뀌었는가 ③ 어떤 통계적 수법을 사용하고 있는가	1 3 5
종 합 점		

기사란

(18) 판매기능 진단 체크리스트

심 사 항 목	채 점 요 소	평 점
1. 판매방침이 명확하며 철저하게 주지되어 있는가	① 판매의 기본방침은 있는가 ② 장기·단기방침이 명확하게 되어 있는가(국내, 국외) ③ 판매방침이 철저하게 주지되어 있는가 ④ 판매관리규정은 있는가	1 3 5
2. 수요예측을 정확하게 하고 있는가	① 수요예측의 중점은 명확한가 ② 장기방침(계획)에 어떻게 반영되고 있는가 ③ 수요예측은 언제, 어디에, 어떤 방법으로 하고 있는가, 그 시스템은 ④ 구체적인 예를 2~3가지 제시하여 주십시오	1 3 5
3. 판매예측을 위해 시장조사, 타사동향조사를 정확하게 하고 있는가	① 조사의 목적이 명확하게 되어 있는가. 또 정기적으로 중요도를 매겨 실시하고 있는가 ② 판매계획에 어떻게 반영시키고 있는가 ③ 판매시책이 어떻게 바뀌어 왔는가	1 3 5
4. 판매계획이 정확하게 세워져 있는가	① 판매계획 수립방법의 사이클이 돌고 있으며 달성률이 향상되고 있는가 ② 계획과 실적의 차에 대해 어떤 조처를 취하고 있는가 ③ 계획의 숫자는 근거가 명확하며 정밀도는 좋아지고 있는가	1 3 5
5. 개별수주 문의상품의 관리를 적절하게 하고 있는가	① 규정에 정해진 대로 운영하고 있는가 ② 문의에 대한 수주율은 좋아지고 있는가 ③ 채용되지 않은 것에 대한 요인분석을 하고 있는가. 또 그 대책은 강구되고 있는가	1 3 5
6. 문의단계에 있어서의 관리는 적절한가	① 유우저설계부문과의 연계가 되어 있는가 ② 문의정보를 올바르게 설계부문에 전달하고 있는가 ③ 품종삭감면에서 표준품, 유사품의 판매작전을 시기적절하게 하고 있는가	1 3 5
7. 수주판매에서의 가격결정은 합리적으로 이루어지고 있는가	① 가격결정방법은 표준화되어 있는가 ② 가격결정책임자가 명확히 되어 있는가 ③ 표준품의 메리트를 고려하여 결정하고 있는가, 타사와의 비교는 ④ 가격결정의 실례를 제시하여 주십시오	1 3 5

심 사 항 목	채 점 요 소	평 점
8. 납기의 결정방법은 명확히 되어 있는가	① 납기는 어느 시기의 것이 분명하게 되어 있는가, 그것으로 좋은가 ② 생산여력이 확실하게 파악되어 납기회답이 되어 있는가 ③ 현재의 납기결정방법이 상대방에게 만족을 주고 있는가	1 3 5
9. 표준품은 명확하게 되어 있는가	① 메리트가 명확하게 되어 있으며 상대방에게 충분히 전달되고 있는가 ② 표준품의 판매가 신장되고 있는가 ③ 표준품에 대한 반응이 충분히 파악되어 판매 시책에 반영되고 있는가	1 3 5
10. 적정재고는 정확하게 파악되어 있는가	① 표준재고량이 정해지고 있는가 ② 적정재고량의 근거가 명확하게 되어 있는가 ③ 재고코스트와 기대이익과의 손익검토가 충분히 이루어지고 있는가 ④ 재고량의 개선사례를 제시하여 주십시오	1 3 5
11. 창고관리가 엄격하게 이루어지고 있는가	① 검사유효기간과의 관련이 지어지고 있는가, 선입선출(先入先出)은 ② 진부화(陳腐化)재고의 처분은 틀림없이 이루어지고 있는가 ③ 수량관리가 적절하게 그리고 틀림없이 이루어지고 있는가	1 3 5
12. 출하관리(발송)에 대해	① 생산계획, 출하계획의 정보를 유효하게 활용하고 있는가 ② 오품(誤品), 오납입(誤納入)의 체크는 어떻게 하고 있는가, 또 그 조처는 ③ 납기지연의 요인이 분석되고 그 조처를 철저하게 하고 있는가	1 3 5
13. 판매조성에 대해	① 판매조성에 대해 표준화되어 있는가, 그 효과는 파악되어 있는가(선전 등) ② ○○판촉작전의 효과가 계속되고 있는가 ③ 기술조성을 어떻게 하고 있는가, 그 효과는	1 3 5
14. 서비스에 대해	① 보수부품의 납기지연은 없는가 ② 올바른 사용, 취급에 있어 주의사항은 어떻게 철저를 기하고 있는가 ③ 포장, 수송에 따른 클레임은 없는가, 그 개선의 예는	1 3 5

<table>
<tr><th>심 사 항 목</th><th>채 점 요 소</th><th>평 점</th></tr>
<tr><td>15. 유우저의 만족도 파악은</td><td>① Q, C, D의 각 면에 걸쳐 파악하고 있는가
② 타사제품과의 비교는 되어 있는가, 그 액션은
③ 어떤 점이 가장 불만인지 파악되고 있는가</td><td>1 3 5</td></tr>
<tr><td>16. 세일즈맨 교육은</td><td>① QC교육, 제품지식의 교육 및 세일즈맨 교육이 시스템화되어 있는가
② 영업소 세일즈맨에 대한 교육이 실시되고 있는가
③ 교육프로그램, 매뉴얼이 있는가</td><td>1 3 5</td></tr>
<tr><td>17. 시장품질의 파악과 그 액션은</td><td>① 시장품질은 누가, 어디서, 언제, 어떻게 파악하는가, 그 체제는 되어 있는가
② 파악한 정보가 올바르게 필요부서에 전달되어 활용되고 있는가
③ 액션의 결과가 제 1 선에까지 철저하게 침투하도록 되어 있는가</td><td>1 3 5</td></tr>
<tr><td>18. 유우저로부터의 품질상의 요구를 적절하게 파악하고 있는가</td><td>① 유우저로부터의 품질요구를 어떻게 파악하고 있는가
② 설계부문에의 피이드백 루트는 명확한가
③ 유우저설계부문과 기업설계부문과의 연계는 되어 있는가, 판매부문의 역할은</td><td>1 3 5</td></tr>
<tr><td>19. 각 부문간의 조정에 대해</td><td>① 각 판매담당부문(부내)과의 조정은 누가, 언제, 어떻게 하고 있는가
② 대(對)영업소, 지점, 지사와의 조정은 누가, 언제, 어떻게 하고 있는가
③ 설계부문에 대한 조정은 누가, 언제, 어떻게 하고 있는가</td><td>1 3 5</td></tr>
<tr><td>20. 판매(영업)부문의 QC란 무엇인가</td><td>① QC수법이 활용되어 있는가
② QC적으로 본 문제점은 무엇인가
③ QC적으로 가장 잘 활동한 사례는 무엇인가
④ 구체적인 성과사례를 몇가지 제시하여 주십시오</td><td>1 3 5</td></tr>
<tr><td colspan="2">종 합 점</td><td></td></tr>
<tr><td colspan="3">기사란</td></tr>
</table>

(19) 해석 · 통계적수법의 활용기능 진단 체크리스트

심 사 항 목	채 점 요 소	평 점
1. 문제점의 해석은 충분한가	① 중요문제의 비중에 등급을 두고 있는가 ② 해석에 통계적수법을 사용하고 있는가 ③ 조처를 취할 수 있는 요인과 취할 수 없는 요인을 구별하여 해석하고 있는가, 해석사례를 몇 가지 제시하여 주십시오	1 3 5
2. 해석을 조직적으로 하고 있는가	① 해석의 목적에 따른 조직화를 하고 있는가 ② 데이터의 해석순서, 절차를 표준화하고 있는가 ③ 관련부서와 조정하고 있는가 ④ 해석순서를 제시하여 주십시오	1 3 5
3. 해석결과를 충분히 활용하고 있는가	① 해석데이터를 축적하는 시스템이 있는가 ② 해석결과가 개선이나 표준화에 연결되고 있는가 ③ 해석불충분에 따른 불필요한 개선활동은 없는가	1 3 5
4. 목표설정에 통계적 수법을 사용하려는 노력을 하고 있는가	① 목표설정에 과거의 데이터를 통계적으로 해석하여 사용하고 있는가 ② 목표를 양적으로 나타내고 있는가 ③ 목표설정에 통계적수법을 사용함으로써 달성률에 차이가 있는가	1 3 5
5. 통계적수법은 충분히 보급되고 있는가	① 통계적수법을 중시한 특별한 교육계획이 있는가, 그 실시상황은 ② 새로운 통계적수법의 도입 · 보급을 위한 시스템이 있는가 ③ 통계적수법의 스페셜리스트는 있는가	1 3 5
6. 통계적수법을 어느 정도 이해하고 있는가	① 톱은 통계적수법을 이해하고 있는가, 또 활용을 추진하고 있는가 ② 스타프는 통계적수법을 사용하여 성과를 올리고 있는가 ③ 직 · 반장은 간단한 통계적수법을 사용하고 있는가, 또 작업원은 통계적으로 사물을 보고 있는가	1 3 5
7. 기업의 특질에 알맞는 통계적수법을 사용하고 있는가	① 통계적수법과 고유기술의 결합은 충분한가 ② 목적에 따라 통계적수법을 사용하고 있는가 ③ 기업의 특질에 맞추어 개발 또는 응용한 통계적수법이 있는가	1 3 5

심 사 항 목	채 점 요 소	평 점
8. 특성치는 적절한가	① 해석의 목적을 단적으로 표시하는 특성치인가 ② 특성치를 양적으로 나타내려는 노력을 하고 있는가, 타나낼 수 있는 특성치를 고르고 있는가 ③ 특성치와 대용특성의 관련이 분명한가, 산포에 대한 고려는	1 3 5
9. 특성요인도를 충분히 구사하고 있는가	① 결과와 요인의 혼동은 없는가 ② 조처를 취할 수 없는 요인은 분명히 되어 있는가 ③ 특성요인도에는 데이터의 뒷받침이 있는가	1 3 5
10. 공정해석에 통계적수법을 충분히 사용하고 있는가	① 과거의 데이터를 정리하여 통계적인 판단을 내리고 있는가 ② 데이터는 대응, 층별, 해석하기 쉽게 잡고 있는가 ③ 군(群)내는 되도록 균일한 데이터가 되도록 군별(群別)을 하고 있는가	1 3 5
11. 공장실험의 절차를 성문화하고 있는가	① 톱이 공장실험을 승인하고 있는가 ② 기술부문, 기타의 관련부서가 참여하고 있는가 ③ 유의차(有意差)가 없었던 공장실험을 포함하여 데이터가 축적되어 있는가	1 3 5
12. 샘플링을 충분히 검토하고 있는가	① 모집단의 무엇이 알고 싶은지, 명확히 되어 있는가 ② 샘플링오차(誤差)와 측정오차를 기술적으로 또 통계적으로 분리하고 있는가 ③ 적은 비용으로 필요한 정밀도를 얻을 수 있도록 검토하고 있는가	1 3 5
13. 산포를 어떻게 관리하고 있는가	① 군 내, 군 간 변동과 샘플링, 측정오차를 분리하고 있는가 ② 샘플링오차, 측정오차의 산포가 로트 간의 산포보다 크지 않은가 ③ 경시적(經時的)으로 산포의 변화를 파악하고 있는가	1 3 5
14. 공차(公差)를 어떻게 결정하고 있는가	① 공차를 결정하는 경우, 통계적수법을 사용하고 있는가 (실험계획법 등) ② 공차를 정하는 경우 공정능력, 평균치의 변동을 고려하고 있는가 ③ 좋은 공차의 결정사례가 있으면 제시하여 주십시오	1 3 5
15. 실험계획법을 충분히 활용하고 있는가	① 실험계획법을 짜는 경우의 인자(因子), 수준의 결정은 적절한가 ② 실험계획법과 과거의 데이터의 활용과는 어느쪽이 유용성이 높은지 검토하고 있는가 ③ 실험계획법 중 가장 자신이 있는 실시의 예를 제시하여 주십시오	1 3 5

심 사 항 목	채 점 요 소	평 점
16. 컴퓨터를 충분히 사용하고 있는가	① 컴퓨터의 활용에 대한 방침, 장기계획이 있는가 ② 기술계산, QC해석을 위한 프로그래머가 있는가 ③ 컴퓨터에 의해 공정해석을 실시한 예가 있는가	1 3 5
17. OR을 어떻게 활용하고 있는가	① OR그룹이 있는가, 또 어떻게 활동을 하고 있는가 ② OR의 스페셜리스트는 있는가 ③ OR을 가장 잘 사용한 실시의 예가 있는가	1 3 5
18. MR을 어떻게 활용하고 있는가	① MR은 어느 부서가 하는가 ② MR에 통계적수법을 활용하고 있는가, 구체적인 예가 있는가 ③ MR의 결과를 어떻게 활용하고 있는가, 그 사례를 제시하여 주십시오	1 3 5
19. PERT를 어떻게 활용하고 있는가	① PERT의 응용범위는 ② 프로젝트의 마스터플랜이 있는가 ③ 조건변화에 따라 경제적인 방법으로 변경할 수 있도록 되어 있는가 ④ 사례를 몇 가지 제시하여 주십시오	1 3 5
20. 정보의 수집·전달은 충분한가	① 데이터, 정보의 수집목적이 명확한가 ② 데이터, 정보가 관련 부서에 피이드백되어 있는가 ③ 정보에서 사실과 통계적수법에 따른 판단을 하고 있는가	1 3 5
종 합 점		

기사란

(20) QC분임조활동 추진기능 진단 체크리스트

심 사 항 목	채 점 요 소	평 점
1. QC분임조의 목적은 무엇인가	① 어떤 통기로 QC분임조활동을 하게 되었는가 ② 품질의 유지, 향상을 위해 분임조 활동을 중시하고 있는가 ③ 자기계발을 위한 분임조활동은 어떻게 하고 있는가	1 3 5
2. QC분임조의 편성·등록은 되어 있는가	① 한국공업표준협회 및 회사에 등록하고 있는가 ② 상사가 승인하고 있는가 ③ 편성·등록의 체크는 되어 있는가, 또 그 액션은 ④ 편성·등록시스템은 있는가	1 3 5
3. QC분임조활동의 내용은 어떻게 되어 있는가	① 사업계획이 실시사항과 연결되어 있는가 ② 자주적으로 하는 활동이 많은가. 또 상사의 지시와 합치되어 있는가 ③ 상사의 지시에 의존한 활동으로 되어 있지 않은가	1 3 5
4. QC분임조의 운영은 명확하게 되어 있는가	① 기간·월간의 실시계획을 세우고 상사의 지도를 받아 실시하고 있는가 ② 운영의 체크는 되어 있는가 ③ QC분임조의 운영(회합·교류회·대회)의 연구는, 그 사례는	1 3 5
5. QC분임조를 어떻게 활용하고 있는가	① 공장장, 과장은 QC분임조활동을 어떻게 육성하고 있는가 ② 직·반장은 QC분임조활동을 어떻게 업무에 활용하고 있는가 ③ 사무·서비스부문에서는 어떤가	1 3 5
6. 테마의 선정방법은 적정한가	① 사업계획과의 연결이 잘 되어 있는가 ② 통계적수법을 활용해서 해석하고 있는가 ③ 상사는 어떻게 지도하고 있는가 ④ 테마의 선정방법에 대한 학습회를 실시하고 있는가, 그 사례는	1 3 5
7. 활동계획을 작성하고 있는가	① 분임원과 자주적으로 작성하고 있는가 ② 상사가 승인하고 있는가 ③ 달성상황은 어떻게 파악하고 있는가 ④ 계획서를 작성하는 시스템은 있는가	1 3 5

심 사 항 목	채 점 요 소	평 점
8. 분임조회합을 개최하고 있는가	① 분임조회합을 어떻게 개최하고 있는가(시간내, 시간외, 기타) ② 분임원은 어떤 방법으로 뽑고 있는가 ③ 상사는 어떻게 지도하고 있는가 ④ 정기적으로 개최하고 있는가	1 3 5
9. 분임조활동의 추진 방법은 적절한가	① 유지 · 개선활동의 밸런스를 잡고 있는가 ② 다른 활동과 관련되어 있는가(QC팀, 태스크포스 등) ③ 상사는 어떻게 지도하고 있는가	1 3 5
10. 분임조활동에 관리도가 사용되고 있는가	① 분임원은 관리도를 이해하고 있는가 ② 분임원은 관리도를 활용하고 있는가 ③ 이상이 발생했을 경우 분임조회합에서 검토하고 있는가	1 3 5
11. 조처대책은 취해져 있는가	① 자부서에서 해야 할 것에 대한 조처는 충분히 되어 있는가 ② 다른 부문에의 의뢰사항은 명확히 되어 있는가 ③ 재발방지의 내용은 충분한가 ④ 쐐기박기로서 시스템화하고 있는가	1 3 5
12. 활동의 체크는 되어 있는가	① 어떻게 활동을 체크하고 있는가 ② 체크표(자기체크, 상사의 체크)는 있는가 ③ 정기적으로 체크하고 있는가	1 3 5
13. 효과는 확인되고 있는가	① 효과는 어떻게 파악하고 있는가 ② 금액으로 평가하고 있는가 ③ 효과의 예는 있는가 ④ 무형의 효과도 중시하고 있는가 ⑤ 사례로 설명하여 주십시오	1 3 5
14. 활동결과에 쐐기박기는 되어 있는가	① 작업지시서, 체크리스트, 관리도의 개정, 추가는 되어 있는가 ② 유사한 일에 대해서도 쐐기를 박도록 되어 있는가 ③ 유지한 예는 있는가, 그 실례를 제시하여 주십시오	1 3 5
15. QC분임조와 개선제안의 연결은 어떻게 되어 있는가	① 어떤 제도(절차)로 하고 있는가 ② 일반적인 개선제안과의 취급은 어떻게 구별하고 있는가 ③ 평가기준은 명확하게 되어 있는가	
16. QC분임조를 만들기 전과 만든 후와는 어떻게 달라졌나	① 품질면에서는 어떤가 ② 코스트면에서는 어떤가 ③ 능률 · 납기면에서는 어떤가 ④ 안전 · 사기면에서는 어떤가 ⑤ 직장은 명랑해졌는가	

심 사 항 목	채 점 요 소	평 점
17. 부내 QC분임조 간의 교류는 어떻게 하고 있는가	① 교류의 상대는 어떻게 정하여 실시하고 있는가 (전·후 공정, 공장간, 사내 유우저 등) ② 상사는 어떻게 지도하고 있는가 ③ 분임장회의 운영은 어떤가	1 3 5
18. 사외의 QC분임조 교류회에 참가하고 있는가	① 교류회참가의 목적은 무엇인가 ② 상사는 어떻게 지도하고 있는가 ③ 교류회 참가의 효과를 어떻게 분임조 내에 반영시키고 있는가 ④ 교류회의 횟수는	1 3 5
19. 사외의 QC분임조 대회에 참가하고 있는가	① 대회참가의 목적은 무엇인가 ② 상사는 어떻게 지도하고 있는가 ③ 대회참가의 효과를 어떻게 분임조 내에 반영시키고 있는가 ④ 사외에서 발표한 건수는	1 3 5
20. QC분임조를 어떻게 발전시켜 나갈 것인가	① 계속 QC분임조를 해 나갈 의지가 있는가(문제점 등에 대해서는 활동계획을 갖고 있는가 ② QC분임조를 전개하여 서브분임조 등을 만들어서 분임조를 발전시켜 나갈 의지가 있는가 ③ 앞으로도 분임조지를 구독하여 한국공업표준협회에 등록시켜 나갈 의지가 있는가	1 3 5
종 합 점		

기사란

3. 핵심 50문항의 자가진단 모형

(1) 핵심 50문항 평가집계표

평가항목 \ 사업장별 또는 진단자별, 진단일시별							
직장환경	(1)	정리, 정돈					
	(2)	청소, 청결					
	(3)	안전					
	(4)	정비					
	(5)	작업태도					
생산계획	(6)	일정계획의 주지					
	(7)	생산실행상태의 확인					
	(8)	생산변경의 빈도와 대응					
	(9)	계획작성의 타이밍					
자재관리	(10)	외주처의 경영 상황 및 관련자산의 관리					
	(11)	외주처의 정기진단과 육성 평가					
	(12)	신재료, 신부품의 정보수집					
	(13)	발주시스템과 재고 통계					
	(14)	외주처의 품질력의 파악					
	(15)	납기관리					
	(16)	구입단가 인하노력					
재고계획	(17)	재고계획					
	(18)	검수					
	(19)	보관상태					
	(20)	입출고					
	(21)	재고조사					
	(22)	이상처리					
생산계획통제	(23)	표준시간의 설정·유지					
	(24)	비작업 시간 관리					
	(25)	각종 데이타의 관리					
	(26)	모델교체 개선					
	(27)	라인 바란스					
	(28)	책임자의 관리 포인트 명확화					
	(29)	정기점검					

평가항목		사업장별 또는 진단자별, 진단일시별					
설계 비측 치기 공관 구리	(30)	관리시스템의 설정과 관리					
	(31)	점검 시스템					
	(32)	정비상태					
	(33)	계측기 관리					
	(34)	설비 도입					
	(35)	관리표의 첨부					
품 질 관 리	(36)	품질목표의 설정과 관리					
	(37)	품질 보증체계					
	(38)	품질검토회의					
	(39)	크레임의 대응					
	(40)	신제품의 라인 도입					
	(41)	제조표준서					
	(42)	검사시스템					
	(43)	데이타의 통계처리					
	(44)	이상처리와 재발방지책					
	(45)	교육훈련					
	(46)	표준화					
경영 관리	(47)	경영계획					
	(48)	결산검토					
인사 관리	(49)	교육훈련					
	(50)	직장의 활성화					
합계							
순위							

(2) 핵심 50문항 자가 진단표

구분	NO	항 목	구체적 평가내용	실태별 평가점수 기준			평가점	개 선 포인트
				5점	3점	1점		
환경관리	(1)	정리, 정돈	부품, 반제품, 불량품, 공구등 여분이 없고 구분되어 보관, 처리되고 있는가.	여분의 것이 보이지 않고 아주 깨끗이 되어 있다.	곳곳에 불량품이 여기저기 보이고 좀더 관리가 필요.	불량품의 구분정도는 명확히 되어 있다.		
	(2)	청결, 청소	개인용 사물, 먼지 등이 없고 청소의 습관도 되어 있는가.	작업종료후, 또는 로트 완료후 반드시 청소가 되며 여분의 것도 보이지 않는다.	현장 구석은 약간 부족함.	개인의 판단으로 때때로 청소가 행해짐.		
	(3)	안전	안전기준이 정해져서, 정기 확인등에 의해 안전이 확보되어 있는가.	정부의 법규에 일치하는 기준이 있고, 정기점검도 행해지고 있다.	안전기준은 있으나 실행면에서 부족함.	불안전한 곳이 여기저기 보인다.		
	(4)	정비	설비, 치공구, 계측기 등의 관리는 항상 확보되어 있는가.	매일 관리기준에 따라 확실히 운영되고 있다.	관리 기준은 있으나 실행 준수 확인이 잘 안되고 있다.	설비, 치공구, 계측기가 여기저기 방치되어 있음.		
	(5)	작업 태도	복장, 탁자, 의자 등이 정리되어 있고, 작업자세도 무리없이 되어 있는가.	각자가 통일된 복장으로 무리없이 자연스런 태도로 물건이 흐르고 있다.	개인에 따라 차이가 보여서 통일성이 부족.	규정외의 복장, 기구가 여기저기 보인다.		
생산계획	(6)	일정계획의 주지	생산실적, 진도상황, 내일의 계획을 각 라인의 작업자가 알 수 있도록 되어 있는가.	일정 계획을 생산관리 판 등에 의해 전원이 알 수 있게 되어있다.	월간 예정은 있으나, 실제와의 차이는 머리로만 관리.	계획표에 의한 지시는 없고, 제조명령서에 의한 지시.		

구분	NO	항 목	구체적 평가내용	실태별 평가점수 기준			평가점	개 선 포인트
				5점	3점	1점		
생산계획	(7)	생산 실행	직장내에서 매일의 진도상황이 타인 또는 개인에게 확인되고, 대책이 취해지도록 되어 있는가.	시간별로 전원이 알수 있도록 되어 있다.	진도는 알고 있으나 특별히 대책은 되어 있지 않다.	특별한 확인 방법이 없다.		
	(8)	계획변경의 빈도에 대응	변화에 대응하여 월간 예정, 주간예정, 내일의 예정등이 확실히 명시되어, 생산 대응이 가능하도록 되어 있는가.	주간예정,내일의 예정이 현장에 명시되어, 사전 조치가 가능.	계획 변경으로 대기가 가끔 발생.	변경에 대하여 책임자만이 계획을 알고 있다.		
	(9)	계획작성의 시기	월간예정, 주간예정, 개인예정 등의 일정계획이 있고 실행되고 있는가.	월간의 행사예정으로서 일정이 정해져 있고 실행되고 있다.	일정 계획은 있으나 지연되는 경우가 많다.	담당자에게 맡겨져서 매월 발행일이 다르다.		
	(10)	외주의 경영 상황 및 관련 자산의 관리	외주의 경영내용을 정기적으로 파악하므로서, 자사의 관련자산의 관리 상태가 파악되고 있는가.	정기 확인 규칙이 있고 충분히 관리 되고 있다.	주요외주처는 실시되고 있다.	문제가 있는 경우에 확인하고 있다.		
	(11)	외주의 정기진단과 육성, 평가	품질, 비용, 납기에 의한 외주 평가 제도가 있어서, 정기적으로 진단, 육성되고 있는가.	월별 평가를 실시하여 정기적으로 진단, 육성 등을 한다.	매월 외주 사장회 등에서 지도, 육성 한다.	문제가 발생한 경우에 손을 댄다.		
	(12)	신재료, 신부품의 정보수집	거래처에서 신소재, 재료, 부품등의 정보를 적극적으로 파악하여 제조에 피드백을 하고 있는가.	년간계획등을 작성하여 적극적으로 활동하고 있다.	구매 활동중 입수 된 것은 관계 부서에 전달한다.	거래처에서 소개가 있을 때는 전달한다.		

구분	NO	항 목	구체적 평가내용	실태별 평가점수 기준			평가점	개 선 포인트
				5점	3점	1점		
생산계획	(13)	발주시스템과 재고통제	MRP등의 수법을 기본으로 정기 발주 또는 발주점 방식등으로 적정 재고 보증 체제가 되어 있는가.	발주방식이 명확하고, 적정재고를 확인하고 있다.	방식은 일부 정해져 있으나, 특급, 지연이 많다.	리드타임, 로트 사이즈, 불량률 등이 때때로 발생.		
	(14)	외주처의 품질력 파악	외주처의 품질 상태 파악은 충분한가.	주요외주처 데이타를 정기적으로 입수하고 정기 품질회의를 실시.	이상발생시 회합을 하고, 데이타를 제출시킨다.	외주에서 때때로 와서 받거나 방문하여 이야기 한다.		
	(15)	납기 관리	발주내용대로 납품되는가의 확인이 가능한 시스템으로 되어 있는가.	미납이 사전에 판명되는 구조로, 외주에서의 사전 연락으로 대응.	간판등을 사용하여 미납방지를 행하고 있다.	현장에서의 결품 연락에 의한 사후 관리.		
	(16)	구입 단가	월간 모델별로 변경계획이 있고 월간 확인도 되고 있는가.	계획 확인도 실시하고, 원가테이블도 갖추고 있다.	상사지시에 의한 프로젝트 활동.	단가인하 요망표에 의한 활동.		
재고관리	(17)	재고 계획	사업계획으로 재고 계획이 정해져서, 매월 차 이에 대한 확인이 행해지고 있는가.	부문별로 수량이 정해져서, 차이의 검토가 매월 행해짐.	계획, 실적은 파악 되었으나, 특별한 대응은 불가능.	특별히 계획이 없다.		
	(18)	검수	입고품 별로 첨부 장표, 수량확인이 되고, 기록으로 남아있는가.	업무기준이 정해져 그대로 실시되고 있다.	일부 장표 및 내용은 확인되어 있으나, 차이가 발생한다.	납품서의 검인이 불충분하고 내용 확인도 불충분.		
	(19)	보관상태	환경, 번지지정, 정리정돈 등이 정기 확인되는 체제로 되어 있는가.	환경은 정비되고, 번지지정, 정리정돈도 양호.	선반에는 적재되어 있으나, 정돈 불충분으로 출고에 시간이 걸린다.	바닥에 놓은 물건도 있고 정리 정돈이 필요.		

구분	NO	항 목	구체적 평가내용	실태별 평가점수 기준			평가점	개 선 포인트
				5점	3점	1점		
재고관리	(20)	입출고	선입선출, 창고장표, 담당자의 결정등 규칙이 정해져서 실시되고 있는가.	기준이 정해져 있고 담당자가 규칙에 따라 처리하고 있다.	각 작업장 담당자가 출고, 인출한다.	특히 출고자의 지정 없이 창고명찰의 내용도 부정확.		
	(21)	재고조사	정기적으로 재고조사가 실시되며, 차이도 그때마다 처리되고 있는가.	수시 또는 정기 재고조사가 되고, 현물과의 차이도 즉시 처리.	년 2회 정도는 현물 재고 조사,다른달은 선반표만 확인.	선반표만의 재고조사로 종료.		
	(22)	이상처리	반품, 비사용품, 개인사물등이 없고, 정기 확인이 행해지고 있는가.	불용품은 없고, 반품도 납품일에 되고 있다.	불용품은 없으나, 반품의 체류가 눈에 뜨인다.	불용품, 필요품의 구분이 불명확하고, 정리불충분.		
생산관리통제	(23)	표준시간의 설정, 유지	표준시간이 과학적으로 설정되어, 작업자마다 이해되고, 유지 관리도 충분한가.	과학적 방법으로 표준시간이 설정되어, 유지 관리 되고 있다.	처음은 과학적방법으로 설정되어, 유지 관리 되고 있다.	과거의 경험으로 설정되고, 유지도 불충분.		
	(24)	무작업 관리	무작업 내용을 구분관리하여 각각에 목표를 정하며, 향상을 위한 노력을 하고 있는가.	관리무작업, 돌발무작업을 항목 분류하여, 각각 관리하고 있다.	항목전개는 하고 있으나, 기타가 많은 체제로서 불충분.	무작업으로서 일괄 관리하고 있다.		
	(25)	각종 자료의 관리	생산량, 출근률, 능률, 무작업률, 공정불량률, 등생산통제의 기본.	공장의 자료항목을 정하여 각 직장이 동일 항목을 관리.	직장에 따라 관리 항목이 각각이다.	능률, 불량률 정도는 통계처리하고 있다.		
	(26)	교체준비 작업의 개선	모델 변경, 준비등의 체계적 파악과 목표의 설정, 개선 활동이 행해지는가.	품종별, 설비별 로스의 파악, 계획적 개선 실시.	품종별 설비별 과거 경험에 의한 관리.	준비작업이 이루어 지고 있지 않다.		

구분	NO	항 목	구체적 평가내용	실태별 평가점수 기준			평가점	개 선 포인트
				5점	3점	1점		
생산관리통제	(27)	라 인 바 란 스	공정의 신설, 변경 등에 대하여 라인 바란싱이 적절히 대응되고 있는가.	공정변경에 따른 라인바란싱을 하는 시스템으로 실행.	년1회 정도는 라인바란싱을 실시하고 있다.	신제품 투입시는 라인 바란싱을 한다.		
	(28)	책임자의 관리 포인트 명확화	과장에서 리더까지의 관리 포인트가 명확화되어, 각각 관리싸이클이 실시되고 있는가.	관리 포인트가 명시되어 있고, 자기 확인, 상기 논평이 되고 있다.	2-3 개는 지시되어 있으나 관리사이클은 실행되고 있지 않음.	특히 정해진 것이 없고, 개인에게 맡겨진다.		
	(29)	정기 검토	각 작업장이 경영의 한 단위로서, 종합원가관리가 시스템으로서 실시되고 있는가.	월 기별로 관리자 회의에서 검토를 한다.	각 항목은 검토하고 있으나, 원가와의 연결은 작다.	특히 문제가 있는 경우만 검토.		
설비·치공구·계측기관리	(30)	관리시 스템의 설정과 정착	설비, 치공구, 계측기 등의 관리기준이 있고, 운용되고 있는가.	기준이 있고 기준대로 운용된다.	기준은 있으나 운용면이 부족.	기준은 있으나 운용이 불충분.		
	(31)	점검 시스템	점검기준, 점검 카드등에 의해 점검되고, 기록이 남겨져 있는가.	정기, 일상의 점검 시스템이 있고, 그대로 운용된다.	점검기준은 있으나 운영면이 부족.	일상점검은 행하고 기록하고 있다.		
	(32)	정비 상태	정비되어 언제라도 사용할 수 있는 상태로 관리되고 있는가.	정비표도 첨부되고 보관상태도 양호.	보통때 사용하지 않는 설비는 상태가 미흡하다.	관리담당자에게 일임.		
	(33)	계측기 관 리	계측기의 교정기준이 있고, 기록이 남겨져 있는가.	일람카드로 잘 기록하고 있다.	1년에 1회 정도 실시하고 있다.	고장,수리기록은 남아있다.		

구분	NO	항 목	구체적 평가내용	실태별 평가점수 기준			평가점	개 선 포인트
				5점	3점	1점		
설비 · 치공구 · 계측기관리	(34)	설비 도입	장래전망에 입각한 설비계획이 있고, 도입시 채산성 계산, 안전 확인이 행해지는가.	투자계획에 의해 도입되고 있고, 순서도 명확하다.	일부 계획 도입하나, 검토 불충분한점이 있다.	필요시 계획하나 체계적이지 않다.		
	(35)	물류	물류는 유연하게 일정한 리듬이 느껴지고, 불용품도 없이 합리적이며, 안전면에 대한 배려도 충분한가.	불용품도 없고 유연한 인상이다.	불량품, 중간재고가 보인다.	운반자, 대차등이 보인다.		
품질관리	(36)	품질목표의 설정과 흐름	전사, 부문, 부서의 체계적 품질 목표가 설정되어, 매월 확인과 대책이 행해지고 있는가.	전사 부문과 체계적 목표가 있고 확인대책도.충분	부문별로 목표는 있으나, 상하의 연결성이 결여됨.	작업자는 구체적 목표치를 모르고 있다.		
	(37)	품질보증 체계	품질보증체계가 스텝별로 명확하고 각 부문의 책임 분담도 명확한가.	조직도, 체계도대로 운용되고 있다.	체계도는 있으나 운용면이 미흡하다.	체계도는 있으나 운용상태는 나쁘다.		
	(38)	품질검토 회의	정기 품질검토회의에서 간부를 포함하여 품질 확보의 검토, 확인을 행하는가.	월 1회 이상 실시하고 의사록도 남아 있다.	부분별로는 실시하고 있으나 간부에게는 보고만 함.	회의시에 때때로 품질을 이야기 함.		
	(39)	클레임에의 대응	외부 크레임의 처리 경로가 명확하고, 탑에게까지 보고되는 시스템이 되어 있는가.	회답서는 톱이 확인하고 월 1회 집계 결과 확인.	처리경로는 정해져 있으나, 확인이 불충분한 경우 있음.	크레임을 받은 부서가 중심이 되어 처리한다.		
	(40)	신제품의 라인도입	신제품양산까지 각 부문에서 시작품 평가, 도면 검토, 제조 검사 사양이 작성되어, 톱결재 사항으로 있는가.	규칙대로 실시되어 반드시 톱의 확인이 행해진다.	제조 공정별 평가는 되어 있지 않고 완제품 검사만 실시.	각 부문별 사양이 정확히 이루어지고 있지 않다.		

구분	NO	항 목	구체적 평가내용	실태별 평가점수 기준			평가점	개 선 포인트
				5점	3점	1점		
품질관리	(41)	제조 표준서	관리공정도, 작업 지도서 등이 정비되어 게시되고 변경에 따라 개폐가 행해지는가.	내용도 정비되어 작업자가 보기쉬운 곳에 게시되어 있다.	개폐가 충분하지 않고 미비점이 보인다.	표준서가 있지만 활용되고 있지 않다.		
	(42)	검사 시스템	출하까지 합리적으로 품질보증이 행해지는 검사 시스템이 되어 있는가.	완성, 부품이 체계화된 시스템 구성이 되어 있다.	검사내용은 정비되어 있으나 항목에 부족함이 있다.	검사방식, 내용은 담당부분에서 정하고 있다.		
	(43)	데이터의 통계처리	각 데이타는 일주, 월간으로 집계, QC 수법에 의해 대책도 취해지는가.	통계처리되어, 대책, 추이도 명확하다.	집계하지만, 문제의 명확한 대응에는 부족.	집계표에 그치고 있다.		
	(44)	이상처리와 재발방지책	각 품질불량 사항의 처리경로가 명확하고, 재발 방지책도 확인되어 있는가.	경로도 명확하고 재발방지책도 빠짐없고 피드백되고 있다.	이상의 원인을 규명되고 있으나 처리가 늦다.	이상의 내용을 아는데 그치고 대책이 없다.		
	(45)	교육 훈련	계층별로 QC 교육 체계가 있고, 사내외의 교육 과정에 참가하고 있는가.	특히 QC 담당에게는 계획적으로, 또한 적극적으로 실시함.	일반 작업자는 과정을 준비하여 실시하고 있다.	QC 써클 시간등에서 한다.		
	(46)	표준화	제품, 공법, 업무의 표준화를 계획적으로 추진하는가.	년간 계획을 작성하여 추진하고 있다.	중요도에 따라 추진함.	소집단 활동에서 추진하고 있다.		
경영관리	(47)	경영 계획	공장운영의 기본으로서 년차, 월차의 경영계획을 작성하고 달성도의 평가 시스템도 구축되어 있는가.	연간, 월차 수정과 계획을 작성하고 사전 검토, 대책을 실시한다.	년, 월차로 작성하나, 차이가 커서 곤란하다.	년차 계획은 작성하나, 월차는 미작성.		

구분	NO	항 목	구체적 평가내용	실태별 평가점수 기준			평가점	개 선 포인트
				5점	3점	1점		
경영관리	(48)	결산 검토		월차, 년차의 결산검토회를 하여, 차이분석, 대책을 실시한다.	월차 결산 검토회는 하고 있으나, 내용이 불명확한 것이 많고 대책이 불충분.	경리부서로부터 연락을 기다린다.		
인사관리	(49)	교육 훈련	제조에 필요한 QC, IE, VE 관리자 교육등의 교육계획과 공평한 실등 인재육성을 목적으로 한 훈련의 실시.	체계적, 정기적 계획을 세워서 실시한다.	안내가 올때마다 검토하고, 실적은 기록한다.	인사에 일임.		
	(50)	직장의 활성화	활성화를 위한 소집단 활동, 제안활동 등에 대한 이해와 지원을 하고 있다.	간부 자신이 참가하여 활성화에 노력한다.	관련 조직에서 검토.	담당자에게 맡겨짐.		

4. 공장진단 체크 포인터 – 경영종합

(1) 경영일반

직장(공정) :	진단자 :	진단일시 :

평가기준 : 잘 이행되고 있을 경우 YES란에 ○표, 이행되지 않을 경우 NO란에 ○표

진단항목	진 단 내 용	결 과		개 선
		YES	N O	포인트
1. 경영자	(1) 경영 이념이 확립되어 있고 장기 경영 비젼이 명확한가.			
	(2) 자사의 장점, 약점에 대하여 충분히 분석하고 있는가.			
	(3) 의사결정 기관이 명확하며 신속히 이루어지는 가.			
	(4) 리더쉽을 발휘하며 조직을 관리하고 있는가.			
	(5) 외부 환경변화에 대하여 적응력을 갖고 있는가.			
2. 경영계획	(6) 중·장기 경영계획, 년도 경영계획은 구체적으로 수립하고 있는가.			
	(7) 3개월, 6개월, 1년의 단기적 판매, 생산, 이익계획을 수립하고 있는가.			
	(8) 자금계획을 구체적으로 세우고 있는가.			
	(9) 생산방침은 판매방침과 연계되어 있는가.			
	(10) 경영방침은 종업원에게 철저히 주지시키고 있는가.			
3. 조직	(11) 조직도는 경영의 특징이 잘 표현되고 있는가.			
	(12) 조직은 관리자의 능력, 업무처리능력을 고려하여 편성하고 있는가.			
	(13) 권한의 위임제도가 있고 적극적으로 활용되고 있는가.			
	(14) 조직활성화를 위하여 대책을 강구하고 있고 사기는 높은가.			
	(15) 인원의 배치는 적절한가.			
4. 관리자	(16) 부하의 창조능력을 발휘시켜 업무를 통하여 자기실현의 욕구를 만족시키고 있는가.			
	(17) 젊은층, 중 장년층의 의식 가치관의 차이를 극복하기 위하여 노력하고 있는가.			
	(18) 노사관계의 원활화를 위하여 중심적 역할을 하고 있는가.			
	(19) 문제의 경중을 선별해서 문제해결을 하고 있는가.			
	(20) 폭넓은 정보를 수집해서 문제를 발견하고 있는가.			
	(21) 담당업무의 목표와 실적의 차이를 구체적으로 파악하고 있는가.			

진단항목	진 단 내 용	결 과		개 선
		YES	N O	포인트
5. 방침과 목표	(22) 기본방침을 입안할 때는 모든 업무가 고객중심으로 이루어지고 있는가.			
	(23) 사람, 물건, 자본, 정보, 시간의 총비용에 영향을 미치는 것에 대한 인식은 충분한가.			
	(24) 목표의 우선 순위를 설정하여 명확히 부하에 지시하고 있는가.			
	(25) 상사의 지시를 부하에게 정확히 전달하고 있는가.			
6. 부하지도	(26) 부하가 맡고 있는 일의 중요성에 대해 이해시키고 있는가.			
	(27) 부하의 능력향상을 위해 권한 위양을 하고 있는가.			
	(28) 부하를 방임하는 것이 아니고 적극적으로 지도하고 있는가.			
	(29) 부하의 노력과 업적을 바르게 평가하여 본인에게 전달하고 있는가.			
	(30) 인사이동시 부하의 능력, 취미, 희망등을 충분히 고려하고 있는가.			
7. 커뮤니케이션	(31) 상사의 방침을 토대로 실시계획표를 작성하고 전원에게 주지시키고 있는가.			
	(32) 지시사항에 대하여는 정기적으로 보고 시키고 있는가.			
	(33) 부하의 의견을 적극적으로 수렴 반영하고 있는가.			
	(34) 의사결정을 빨리하는 노력을 하고 있는가.			
	(35) 정형적인 업무는 표준화되어 있는가.			
	(36) 관리자로서 언제나 예스, 노우를 분명히 하고 있는가.			
	(37) 선입견과 편견을 갖고 결정하는 일은 없는가.			
	(38) 자신의 결정해야 될 사항을 상사나, 부하에게 떠맡기지 않는가.			
	(39) 부하에게 일을 맡길 때는 책임과 권한도 동시에 위임하고 있는가.			

(2) 생산부문

직장(공정) :	진단자 :	진단일시 :

평가기준 : 잘 이행되고 있을 경우 YES란에 ○표, 이행되지 않을 경우 NO란에 ○표

진단항목	진 단 내 용	결 과		개 선
		YES	N O	포인트
1. 생산의 계획성	(1) 중·단기의 생산전략, 전술(계획, 방침)이 구체적으로 수립되어 있는가.			
	(2) 생산목표(생산고, 가공, 제조원가) 가 경영목표와 일치하고 있는가.			
	(3) 생산목표, 예산과 실적이 관리되고 차이 분석이 이루어지고 있는가.			
	(4) 월, 주간 생산계획을 수립하고 진도관리가 이루어지고 있는가.			
	(5) 원재료, 부품, 외주품은 납기대로 조달되고 있는 가.			
	(6) 견적원리와 실적원가를 비교하여 차이분석이 이루어지고 있는가.			
2. 상황 분석	(7) 작업측정, 방법연구 등 기본적인 현상분석이 행해지고 있는가.			
	(8) 설비, 기계는 정기적으로 점검되고 있는가.			
	(9) 작업표준, 검사표준등이 체계적으로 정리되어 있는가.			
	(10) 크레임 발생의 원인분석등 크레임 방지책이 강구되고 있는가.			
	(11) 외주처는 지도를 행하고 있고 협력관계를 유지하고 있는가.			
	(12) 표준재고량(원재료, 재공품, 제품)이 정해져 있고 과잉품은 없는가.			
	(13) 5S(정리, 정돈, 청소, 청결, 습관화)는 실시되고 있는가.			
3. 생산성 향상	(14) 생산영역의 문제점은 파악되고 끊임없이 개선하고 있는가.			
	(15) 생력화, 생인화, 효율화에 대하여 적극적으로 추진하고 있는가.			
	(16) 전체적으로 코스트다운을 적극적으로 실시하고 있는가.			
	(17) 회사방침을 토대로 부, 과의 연도별 중점 실시 계획이 추진되고 있는가.			
4.조직 활성화	(18) 관리자는 능력, 행동력 리더쉽이 있고 부하로부터 신뢰받고 있는가.			
	(19) 능력에 따라 적절히 배치 되어 있고 자기 개발, 육성이 계획적으로 이루어지고 있는가.			
	(20) 사기는 높고 생산성 향상에 열의를 보이고 있는가.			

(3) 인사노무

직장(공정) :	진단자 :	진단일시 :

평가기준 : 잘 이행되고 있을 경우 YES란에 ○표, 이행되지 않을 경우 NO란에 ○표

진단항목	진 단 내 용	결 과		개 선
		YES	N O	포인트
1. 노무의 계획성	(1) 조직으로서 인사 노무를 주관하는 부서는 명확히 정해져 있는가.			
	(2) 인사관리와 노무관리의 기본적인 정책이 확립되고 있는가.			
	(3) 사원의 요망과 경영자측의 방침이 잘 조화되고 있는가.			
	(4) 기업의 존속, 발전과 사원의 생활수준향상은 연계되고 있는가.			
	(5) 중장기 연도 노무전략, 전술이 구체적으로 수립되어 있는가.			
2. 상황분석	(6) 연령별, 남여, 성별, 근속년수별 현황은 계속 파악하고 있는가.			
	(7) 경험, 기능, 승진, 승격등의 개인별 데이타는 정리되고 있는가.			
	(8) 노동생산성은 파악하여 분석하고 있는가.			
	(9) 경영방침을 토대로 요원계획은 수립되고 있는가.			
	(10) 임금(급여, 상여, 퇴직금)은 어느 정도 만족하고 있는가.			
	(11) 임금산정은 업계, 지역 데이타를 수집 활용하고 있는가.			
	(12) 이직율은 파악하여 원인분석을 하고 있는가.			
	(13) 직능자격제도는 명확하며 이해시키고 있는가.			
	(14) 인사고과 시스템은 합리적으로 되어 있으며 활용하고 있는가.			
	(15) 능력개발, 인재육성에는 적극적, 계획적으로 추진하고 있는가.			
	(16) 승진, 승격은 객관성 타당성이 있는가.			
	(17) 제규칙은 정비되어 있고 변화에 따라 수정되고 있는가.			
	(18) 각종 고충에 대하여 정보를 수집하여 처리하고 있는가.			
	(19) 노동환경, 사회문화적 변화에 구체적으로 대응하고 있는가.			
	(20) 경영방침을 토대로 연도 중점 실시계획이 수립되어 있는가.			

(4) 재무부문

직장(공정) :	진단자 :	진단일시 :

평가기준 : 잘 이행되고 있을 경우 YES란에 ○표, 이행되지 않을 경우 NO란에 ○표

진단항목	진 단 내 용	결 과		개 선 포인트
		YES	N O	
1. 재무의 계획성	(1) 중, 장기 재무전략, 전술이 구체적으로 수립되어 있는가.			
	(2) 월차 시산표는 적시에 필요자에게 배포 활용되고 있는가.			
	(3) 자사에 적합한 경영분석체계와 중점항목이 정해져 있는가.			
2. 상황 분석	(4) 재무 데이타는 시계열적으로 분석되어 필요부서에 제공되고 있는가.			
	(5) 이상 수치가 발생하였을 경우 즉시 관계자에 제공되고 있는가.			
	(6) 재무자료를 가공하여 알기 쉽게 제공하고 있는가.			
	(7) 목표 재무제표, 목표 손익계산서, 목표제조원가보고서를 작성하고 있는가.			
	(8) 목표, 예산과 실적관리를 하여 차이분석을 실시하고 있는가.			
	(9) 고정자산(설비, 기계등의 활용도) 분석이 행해지고 있는가.			
	(10) 유동자산(의상매출, 재고자산등) 분석이 행해지고 있는가.			
	(11) 특히 재고의 증감분석을 철저히 하고 있는가.			
	(12) 손익분기점 분석은 실시하고 있으며 활용되고 있는가.			
	(13) 자금조달 계획은 정확히 이루어지고 있는가.			
	(14) 거래은행과 밀접한 관계를 유지하고 있는가.			
	(15) 자금조달능력(담보능력, 증자능력) 분석이 이루어지고 있는가.			
	(16) 신용력(금융기관 및 거래처)은 객관적으로 분석하고 있는가.			
	(17) 회계자료는 컴퓨터로 효율적으로 처리되고 있는가.			
	(18) 필요 최소한의 정보, 자료관리체계는 확립되어 있는가.			
	(19) 간접부문으로서 생력, 합리화, 효율화에 대해 적극적으로 추진되고 있는가.			
	(20) 전략책정에 필요한 데이타는 항시 제공되고 있는가.			

(5) 판매부문

직장(공정) :	진단자 :	진단일시 :

평가기준 : 잘 이행되고 있을 경우 YES란에 ○표, 이행되지 않을 경우 NO란에 ○표

진단항목	진 단 내 용	결 과		개 선
		YES	N O	포인트
1. 판매의 계획성	(1) 중, 장기 판매전략 전술이 구체적으로 수립되어 있는가.			
	(2) 판매 목표(매출이익)는 경영목표와 일치하고 있는가.			
	(3) 판매목표에, 예산과 실적 관리가 되고 있으며 차이분석은 실시하고 있는가.			
2. 상황분석	(4) 경제적 환경변화를 포착하여 능동적으로 대처하고 있는가.			
	(5) 고객의 니즈 변화동향을 파악하여 능동적으로 대처하고 있는가.			
	(6) 상품별 공헌도(매상고, 한계이익등)는 분석되고 있는가.			
	(7) 정성적 공헌도(PR효과, 판촉효과등) 는 분석되고 있는가.			
	(8) 경쟁력(품질, 가격, 납기, 고객만족등)은 분석되고 있는가.			
	(9) 성장성 장래성(라이프싸이클, 경합품등)은 분석되고 있는가.			
	(10) 경쟁사와 상품구성, 우열을 비교 분석하고 있는가.			
	(11) 유통채널별 공헌도 분석을 실시하고 있는가.			
	(12) 마아케팅력(1인당 매출, 이익, 방문사수, 신규개척등)을 분석하고 있는가.			
	(13) 영업소별 판매효율 분석을 하고 있는가.			
3. 판매전략	(14) 상품의 경쟁력을 정기적으로 분석하고 신제품개발을 추진하고 있는가.			
	(15) 시장, 고객조사는 충분히 행해지고 필요정보를 수집 정리하고 있는가.			
	(16) 신사업, 신상품, 판매촉진에 대하여 전략을 수립하고 있는가.			
4. 조직 .활성화	(17) 관리자는 능력, 행동력, 리더쉽을 갖고 있고 부하로부터 신뢰 받고 있는가.			
	(18) 타부문과 협력, 협조는 잘 이루어지고 있는가.			
	(19) 마아케팅분야인력은 충분하고 능력개발 육성계획을 수립하고 있는가.			
	(20) 마아케팅요원의 사기는 높고 목표달성에 의욕을 갖고 있는가.			

(6) 기술부문

직장(공정) :	진단자 :	진단일시 :

평가기준 : 잘 이행되고 있을 경우 YES란에 ○표, 이행되지 않을 경우 NO란에 ○표

진단항목	진 단 내 용	결 과		개 선 포인트
		YES	N O	
1. 기술의 계획성	(1) 중·장기 기술전략, 전술이 구체적으로 수립되어 있는가.			
	(2) 고유기술의 향상, 기술개발이 계획적으로 행해지고 있는가.			
	(3) 현장, 현물, 현상에 대해 중점 실시계획을 수립하고 있는가.			
2. 상황분석	(4) 생산 시스템 분석이 이루어지고 있는가.			
	(5) 생산관리수준 분석이 이루어지고 있는가.			
	(6) 기술상의 문제점을 파악하고 적극적으로 대책을 세우고 있는 가.			
	(7) 품질, 가격, 납기면에서 VA, VE가 이루어지고 있는 가.			
	(8) 생산의 합리화를 적극적 계획적으로 추진하고 있는가.			
	(9) 종합적인 제조원가절감 노력을 하고 있는가.			
	(10) 제조부가가치, 가공분석을 행하고 있는가.			
	(11) 설비투자와 그 효과측정이 정확히 이루어지고 있는가.			
	(12) 견적원가와 실제 원가를 비교하여 차이 분석을 실시하고 있는 가.			
	(13) 크레임, 사내불량에 대해 기술적으로 분석하고 있는가.			
	(14) 직접 생산부문의 원가절감이 충분히 이루어지고 있는가.			
	(15) 고객의 니즈파악 애프터서비스는 적극적으로 이루어지고 있는가.			
	(16) 동업 타사와 기술차이에 대하여 적극적으로 이루어지고 있는가.			
	(17) 각자의 능력개발 육성은 계획적으로 이루어지고 있는가.			
	(18) 기술정보의 수집, 정리는 잘 되고 있는가.			
	(19) 부문별, 생력화, 합리화, 효율화를 도모하고 있는가.			
	(20) 기술에 관한 비젼 정책을 명확히 갖고 있는가.			

(7) 관리자 자기개발 부문

직장(공정) :	진단자 :	진단일시 :

평가기준 : 잘 이행되고 있을 경우 YES란에 ○표, 이행되지 않을 경우 NO란에 ○표

진단항목	진 단 내 용	결 과		개 선 포인트
		YES	N O	
1. 직무 달성력	(1) 연도이익계획을 토대로 연도, 부문방침 목표 중점 실시사항을 입안하여 실시하고 있는가.			
	(2) 실시사항은 확인하여 대책을 세우고 있는가.			
	(3) 실시사항은 관리그래프, 도표로 지시되고 있는 가.			
	(4) 현장, 현물, 단싸이클 관리가 되고 있는가.			
	(5) 시점주의를 철저히 하고 있는가.			
	(6) 보고를 제도화하고 있는가.			
2. 지식	(7) 전문지, 관련서적을 읽고 있는가.			
	(8) 자기개발을 하고 있는가.(통신교육, 세미나, 연수 등)			
	(9) 새로운 취미를 만들고 있는가.			
3. 기획력	(10) 신규사업을 기획하여 제안하고 있는가.			
	(11) 이업종교류회에 참가하고 있는가.			
	(12) 프로젝트 팀 리더를 맡고 있는가.			
4. 문제의식	(13) 자사의 수준과 타사와 비교하고 있는가.			
	(14) 경영분석을 하고 있는가.			
	(15) 실천을 하고 이론과 비교하고 있는가.			
	(16) 현장견학을 실시하고 있는가.			

5. 공장진단 체크 포인터 – 공정관리

(1) 공정관리기본

직장(공정) :	진단자 :	진단일시 :

평가기준 : 잘 이행되고 있을 경우 YES란에 ○표, 이행되지 않을 경우 NO란에 ○표

진단항목	진 단 내 용	결 과		개 선
		YES	N O	포인트
1. 생산계획의 입안	(1) 장기계획에서 단기계획으로 단계적으로 입안되고 있는가.			
	(2) 월별계획이 확립되어 있는가 월말에 가서야 겨우 결정되거나 예정변경이 빈번히 행해지고 있지 않은가.			
	(3) 기준일정 등 계획입안에 필요한 기초자료는 정비되어 있는가.			
	(4) 생산의 평균화, 평준화는 실시되고 있는가.			
	(5) 각 부문의 책임자는 입안에 참여하고 있는가.			
2. 종합계획	(6) 생산과 판매부문의 조정은 이루어지고 있는가.			
	(7) 생산계획은 예산에 의해 뒷받침되고 있는가.			
	(8) 생산계획과 외주계획은 조정되어 있는가.			
	(9) 생산계획은 설계와 구매외주의 일정이 무리없이 되어 있는가.			
	(10) 신제품계획은 적당한가(기계, 치공구, 공수계획, 인원계획 등).			
	(11) 공정계획은 무엇을 바탕으로 행하고 있는가 또한 원가절감을 충분히 고려하고 있는가.			
	(12) 재료계획은 어떠한가 견적방법과 상비품의 계획은 합리적인가.			
	(13) 생산계획은 세분화되어 있는가(직장별, 부품별, 공정별, 일별).			
3. 세부적인 생산계획	(14) 순서계획으로부터 가공조립의 순서방식과 싸이클타임을 결정하고 있는가.			
	(15) 라인별, 공정별 공수를 산정하여 계획을 세우고 있는가.			
	(16) 생산예정표는 평준화되어 있는가.			
	(17) 재료 및 외주품에 대해서는 간판에 명시되어 있는가.			
4. 진도관리	(18) 생산예정 또는 제조명령의 지시방법은 간판에 의해 이루어지고 있는가.			
	(19) 공정별로 진도는 알 수 있는가. pop(생산시점 정보관리)는 되고 있는가.			

진단항목	진 단 내 용	결 과		개 선
		YES	N O	포인트
4. 진도관리	(20) 지연작업의 회복대책은 신속히 취하고 있는가.			
	(21) 생산계획대로 이루어지고 있는가.			
	(22) 예정변경 및 지연작업에 대한 조정은 적당한가.			
	(23) 진도표의 기재방법은 적당한가.			
	(24) 진도관리시스템은 적당한가.			
5. 여력관리	(25) 라인별 공정별로 공수계획을 실시하고 있는가.			
	(26) 매일 매일 예정에 대한 기계의 능력과 조정방법은 적당한가.			
	(27) 다능공 교육은 실시되고 있는가.			
6. 현품관리	(28) 재공품의 관리는 간판에 의해 행해지고 있는가.			
	(29) 현품의 양도는 후공정에서 가져가는가.			
	(30) 스토아(적치장)의 보관상태는 양호한가.			
7. 실적자료 관 리	(31) 매일의 생산실적, 작업시간을 기록하고 있는가.			
	(32) 생산실적은 보고되고 있는가.			
8. 관리의 기능과 제도	(33) 생산실적은 생산계획과 원가계산에 이용되고 있는가.			
	(34) 관리자는 현장을 정확히 파악하고 있는가.			
	(35) 계획은 통일적으로 관리되고 있는가.			
	(36) 생산회의와 진행회의는 운영되고 있는가.			
	(37) 사용되는 장표, 서식 운영방법은 적당한가.			
	(38) 사무처리는 간소화되고 있는가.			
	(39) 명령과 보고는 신속히 전달되고 있는가.			
9. 직장의 관리	(40) 작업표준화는 되어 있으며 명문화되어 있는가.			
	(41) 표준화방식은 확립되어 있는가. (부품별능력표, 작업지시서 등)			
	(42) 싸이클타임은 확립되어 있는가.			
	(43) 작업지도가 충분히 행해지고 있는가.			
	(44) 작업개선은 적극적으로 행해지고 있는가.			
10. 작업환경 관리	(45) 정리, 정돈, 청소, 청결운동은 행해지고 있는가.			
	(46) 작업대높이, 재료공구 등 배치는 능률적으로 되어 있는가.			
	(47) 작업환경조건은 3D(더럽고, 힘들고, 위험)을 없애고 있는가.			
	(48) 운반관리의 상황은 적당한가.			
11. 기계 및 공구관리	(49) 기계관리 또는 공구관리책임자는 정해져 있는가.			
	(50) 보수 및 수리는 확실히 되고 있는가.			
	(51) 정기적으로 실시하고 있는가.			
	(52) 공구관리는 되고 있으며 대출공구는 기록하고 있는가.			
	(53) 치구의 유형설계, 구입제작 수준은 확립되어 있는가.			
	(54) 기계, 설비의 이력카드는 있는가.			
	(55) 기계, 설비별로 고장로스, 준비조정로스, 부품교환로스, 속도저하로스 등을 기록하고 있는가.			

(2) 공정분석

직장(공정) :	진단자 :	진단일시 :

평가기준 : 잘 이행되고 있을 경우 YES란에 ○표, 이행되지 않을 경우 NO란에 ○표

진단항목	진 단 내 용	결 과		개 선 포인트
		YES	N O	
1. 품질	(1) 공정불량은 감소하고 있는가.			
	(2) 품질특성이 유지되고 있는가.			
	(3) 제품 크레임이 감소하고 있는가.			
	(4) 제품 품질은 균일한가.			
2. 코스트	(5) 원재료의 단가는 낮아지고 있는가.			
	(6) 공수의 절감 : 다능공화하여 인건비를 절감하고 있는가.			
	(7) 검사비용을 낮추고 있는가.			
	(8) 재고금리는 감소하고 있는가.			
	(9) 직장면적의 적정성을 검토하고 있는가.			
3. 양	(10) 물류의 흐름은 좋은가.			
	(11) 생산량은 증가하고 있는가.			
	(12) 납기지연일수, 건수가 감소하고 있는가.			
	(13) 재공품은 감소하고 있는가.			
	(14) 판매수량이 증가하고 있는가.			
	(15) 리드타임은 단축하고 있는가.			
4. 사기	(16) 품질의식이 향상되고 있는가.			
	(17) 의사소통은 좋은가.			
	(18) 전원이 일에 관심을 갖고 있는가.			
	(19) 무엇이라도 말할수 있는 분위기인가.			
	(20) 개선에 대한 열의는 있는가.			
	(21) 팀워크는 좋은가.			
	(22) 정리정돈 수준은 높은가.			
5.안전	(23) 재해건수는 제로인가.			
	(24) 안전위생에 관한 의식은 향상되고 있는가.			

(3) 제품공정분석

직장(공정) :	진단자 :	진단일시 :

평가기준 : 잘 이행되고 있을 경우 YES란에 ○표, 이행되지 않을 경우 NO란에 ○표

진단항목	진 단 내 용	결 과		개 선 포인트
		YES	N O	
1. 생 략 가능한 공정 파악	(1) 불필요한 작업은 없는가.			
	(2) 치공구, 기계를 이용하면 될 수 없는가.			
	(3) 작업순서를 바꾸면 흐름생산으로 될 수 없는가.			
	(4) 제조설계를 바꿔서 공수를 줄일 수 없는가.			
2. 다른 일과 조합에 의해 개선은 불가능한가	(5) 다능공의 육성에 의하여			
	(6) 치공구, 기계의 사용에 의하여			
	(7) U字형의 레이아웃에 의하여			
	(8) 동작의 순서를 바꿈에 의하여			
	(9) 제품순서를 바꿈에 의하여			
	(10) 부품재료를 바꿈에 의하여			
3. 공정을 보다 간소화, 간이화하는 것은 되지 않는가	(11) 치공구, 기계의 사용에 의하여			
	(12) 치구의 설계를 바꿈에 의하여			
	(13) 부품재료 사양을 바꿈에 의하여			
	(14) 공정분할에 의하여			
	(15) 표준작업에 의하여			
4. 공정을 표준화 안정화 할 수는 없는가	(16) 치공구, 기계의 사용에 의하여			
	(17) 작업미스, 불량등의 자동감지장치에 의하여			
	(18) 자동화에 의하여			
	(19) 작업지도에 의하여			
	(20) 싸이클타임 설정에 의하여			
	(21) 작업자의 적성을 조사하여			
5. 공정의 흐름을 균일화 시킬 수 없는가	(22) 공정의 분할에 의하여			
	(23) 공정의 합병에 의하여			
	(24) 준비작업개선에 의하여			
	(25) 치구화, 기계화에 의하여			
	(26) 다능공을 육성함에 의하여			
	(27) 표준작업에 의하여			

(4) 제품공정분석에 의한 낭비발견

직장(공정) :	진단자 :	진단일시 :

평가기준 : 잘 이행되고 있을 경우 YES란에 ○표, 이행되지 않을 경우 NO란에 ○표

진단항목	진 단 내 용	결 과		개 선 포인트
		YES	N O	
1. 개선의 4원칙	(1) 그만 둘 수는 없을까.(생략 Eliminate)			
	(2) 동시에 할 수는 없을까.(결합 Combine)			
	(3) 순서를 바꿀 수는 없을까.(교환 Rearrange)			
	(4) 간단히 될 수 없을까.(간이화 Simplity)			
2. 가공	(5) 공정의 순서를 바꾸어서 공정수와 싸이클타임을 줄일 수 없을까.			
	(6) 공정의 분할은 적당한가.			
	(7) 공정의 부하는 균일한가.			
	(8) 다른 것을 사용할 유용한 가공방법은 없는가.			
	(9) 치공구의 사용과 자동화의 여지는 없는가.			
	(10) 각 공정은 연결하고 있는가.			
3. 운반	(11) 레이아웃을 가공순서로 바꾸어 운반을 없앨 수 없는가.			
	(12) 올리거나 내리는 방법은 적당한가.			
	(13) 올리는 것과 내리는 것을 없앨 수 없는가.			
	(14) 운반의 자동화는 진행되고 있는가.			
4. 검사	(15) 검사의 라인화를 실시하고 자주 검사는 정착되고 있는가.			
	(16) 자동계측은 추진되고 있는가.			
	(17) 검사규격, 검사방법, 검사기구는 정리되어 있는가.			
5. 정체	(18) 창고를 공정으로 보고 물류의 흐름을 만들고 있는가.			
	(19) 스토아(공정사이의 적치장)의 형상, 높이는 적절한가 관리 방법은 좋은가.			
	(20) 운반기구는 적절한가.			
	(21) 불용품은 정리하고 있는가.			
	(22) 정체 중에 파손, 분실은 없는가.			
	(23) 스토아의 책임자는 결정되어 있는가.			
	(24) 부하와 능력의 불균형으로부터 정체는 발생하지 않는가.			

(5) 물류의 흐름분석

직장(공정) :	진단자 :	진단일시 :

평가기준 : 잘 이행되고 있을 경우 YES란에 ○표, 이행되지 않을 경우 NO란에 ○표

진단항목	진 단 내 용	결 과		개 선 포인트
		YES	N O	
1. 흐름	(1) 운반거리를 단축할 수는 없는가.			
	(2) 물류의 흐름은 역행, 교차하고 있지 않은가.			
	(3) 통로는 확보되어 있는가.			
	(4) 기계설비의 레이아웃은 물류의 흐름에 적합한가.			
	(5) 물류의 흐름은 싸이클타임에 합치하고 있는가.			
2. 정 체	(6) 공작물의 두는 방법은 작업하기에 적절한가.			
	(7) 공정간 적치장소의 제품, 적재방법은 선입선출을 고려하고 있는가.			
	(8) 재고량은 곧 알 수 있는가.			
	(9) 제품(재료, 부품)의 파손, 변질, 분실의 위험성을 줄일 수 없는가.			
	(10) 간판과 현물의 수는 일치하고 있는가.			
	(11) 기준저장량은 항시 유지되고 있는가.			
3. 운 반	(12) 낭비운반을 없애고 있는가.			
	(13) 혼재운반을 실시하고 있는가.			
	(14) 중량 및 거리에 맞는 운반을 하고 있는가.			
	(15) 인력에 의한 운반은 줄이고 있는가.			
	(16) 운반방법은 표준화되어 있는가.			
4. 여력	(17) 각 공정의 바란스는 이루어지고 있는가.			
	(18) 준비공정과 본공정의 바란스는 이루어지고 있는가.			
	(19) 평균화, 평준화생산을 실시하고 있는가.			

(6) 납기 관리

직장(공정) :	진단자 :	진단일시 :

평가기준 : 잘 이행되고 있을 경우 YES란에 ○표, 이행되지 않을 경우 NO란에 ○표

진단항목	진 단 내 용	결 과		개 선 포인트
		YES	N O	
1. 발 주 측	(1) 적정한 리드타임을 설정하여 납기를 설정하고 있는가.			
	(2) 외주공장의 여력관리를 실시하고 능력에 맞게 발주하고 있는가.			
	(3) 내부생산계획 변경시 리드타임을 고려해서 납기를 변경하고 있는가.			
	(4) 정확한 도면, 사양서를 주고 있는가.			
	(5) 변경의 경우 리드타임을 고려한 설계 및 사양서를 변경하고 있는가.			
	(6) 재료, 부품, 치구등의 지급은 신속히 이루어지고 있는가.			
	(7) 외주 공장에 출장하여 진척상황의 파악과 지도를 실시하고 있는가.			
2. 외 주 측	(8) 생산능력을 충분히 파악해서 수주가부납기를 검토하여 회답하고 있는가.			
	(9) 일정계획, 진도관리를 실시하고 있는가.			
	(10) 품질관리체제를 확립하여 작업개선, 공정의 안정화를 추진하고 있는가.			
	(11) 설비보전체제를 확립하여 기계고장을 예방하고 있는가.			
	(12) 노무관리, 직장환경의 개선으로부터 사기 향상을 도모하고 있는가.			
	(13) 자사조달재료, 부품의 납기관리체제와 수입검사체제를 확립하고 있는가.			
	(14) 표준작업의 확립과 작업자에 대한 작업지도 기술지도를 실시하고 있는가.			
	(15) 다능공의 추진 사내응원체제가 확립되어 있는가.			
	(16) 생산관리 담당자, 직장감독자의 납기의식을 향상시키고 있는가.			

(7) 일정 분석

직장(공정) :	진단자 :	진단일시 :

평가기준 : 잘 이행되고 있을 경우 YES란에 ○표, 이행되지 않을 경우 NO란에 ○표

진단항목	진 단 내 용	결 과		개 선 포인트
		YES	N O	
1. 일정계획	(1) 육감이나 개인의 경험에 의존하지 않고 분명한 기준일정이 정해져 있는가.			
	(2) 제품별, 공정별, 수배기일, 완료예정일이 정해져 있는가.			
	(3) 개별 수주생산이라도 공정별로 계획적으로 공정관리를 하고 있는가.			
	(4) 공정지연, 진전을 분명히 파악할 수 있는 시스템으로 되어 있는가.			
	(5) 재료, 부품의 재고량은 적정한가.			
	(6) 타당한 설계일정을 결정하고 도면작성 지연을 방지하고 있는가.			
	(7) 재료 출고에서 제품입고까지 생산기간은 너무 길지않은가.			
	(8) 각 공정에 재공품이 지나치게 적지 않은가.			
	(9) 각 공정에 재공품이 지나치게 많지 않은가.			
2. 로트의 적정성	(10) 로트사이즈가 커서 재공품이나 재고가 늘고 있지 않은가.			
	(11) 로트사이즈가 너무 작아서 준비회수가 많지 않은가.			
	(12) 로트사이즈는 타당한 방법에 의해 결정 됐는가.			
3.기타	(13) 일부 부품의 지연으로 조립이 곤란을 겪고 있지 않은가.			
	(14) 적절한 진도방식을 채택하고 있는가.			
	(15) 애로공정을 파악하고 있는가.			
	(16) 작업자에게 기동성을 지니도록하여 상호응원하고 있는가.			
	(17) 일정계획이 없어 월말생산 증가경향은 없는가.			
	(18) 공정순서의 변경으로 전체적 공정소요 기간을 단축할 수 없는가.			
	(19) 공정간 여유일수는 가공의 성질, 검사, 운반방법을 고려하고 있는가.			
	(20) 수배번수의 단위는 적당한가.			

6. 공장진단 체크 포인터 – 작업관리

(1) 작업관리 기본

직장(공정) :	진단자 :	진단일시 :

평가기준A:매우 잘 실행되고 있음B:실행하고 있음E:실행할 계획임 F:실행계획이 없음

진단항목	진 단 내 용	평 가 결 과				개 선 포인트
		A	B	E	F	
1. 작업방법 관 리	1) 작업표준화는 되어 있으며 명문화되어 있는가.	A	B	E	F	
	2) 작업지도표는 있으며 현장에서 활용되고 있는가.	A	B	E	F	
	3) 작업조건은 표시되어 있는가.	A	B	E	F	
	4) 공구의 표준화는 되어 있는가.	A	B	E	F	
	5) 지정된 치공구는 활용되고 있는가.	A	B	E	F	
2. 작업표준 시 간	6) 작업표준시간 설정방법은 적절한가.	A	B	E	F	
	7) 작업표준시간이 확립되어 있는가.	A	B	E	F	
	8) 표준작업시간에는 준비작업시간의 수량적 조건(공수체감, 수량계수)을 고려하고 있는가.	A	B	E	F	
	9) 여유율은 적절하게 책정하고 있는가.	A	B	E	F	
	10) 작업자는 매일 작업시간, 생산량, 재료사용량, 작업조건 등을 기록, 유지하고 있는가.	A	B	E	F	
	11) 표준시간과 실제시간을 비교, 검토하여 차이의 원인을 분석하고 있는가.	A	B	E	F	
3. 작업자의 지도훈련	12) 작업방법이 작업자에게 적절한가.	A	B	E	F	
	13) 작업자의 지도와 훈련은 정기 또는 수시로 이루어지고 있는가.	A	B	E	F	
	14) 지도자는 특별한 대우를 받고 있는가.	A	B	E	F	
4. 작업환경	15) 공구대 및 재료대는 능률위주로 설치되어 있는가.	A	B	E	F	
	16) 작업대의 높이, 위치, 형상등은 작업자 위주로 고려되어 있는가.	A	B	E	F	
5. 작업개선의 노력	17) 정리정돈 청소상태는 잘되어 있는가.	A	B	E	F	
	18) 작업환경은 안전관리, 위생관리적인 관점에서 정비되어 있는가.	A	B	E	F	
	19) 작업개선의 기법을 활용하고 있는가.	A	B	E	F	
	20) 치공구개선에 의해 작업방법개선 노력을 하고 있는가.	A	B	E	F	
	21) 제안제도는 있으며 적절히 운영되고 있는가.	A	B	E	F	
	22) 주체작업외에 부수작업개선에도 적극적인가.	A	B	E	F	
	23) 기계 운전중 작업자의 대기시간을 적절히 이용하는가.	A	B	E	F	
6. 생력화	24) 생력화 대상 공정을 파악하고 있는가.	A	B	E	F	
	25) 생력화 계획을 수립하여 추진하고 있는가.	A	B	E	F	
	26) 생력화 설비에 대한 자료를 수집하고 있는가.	A	B	E	F	

(2) 현장 관리의 기본

직장(공정) :	진단자 :	진단일시 :

평가기준 A:매우 잘 실행되고 있음 B:실행하고 있음 E:실행할 계획임 F:실행계획이 없음

진단항목	진 단 내 용	평 가 결 과				개 선 포인트
		A	B	E	F	
1. 정리정돈	1) 통로와 작업장, 공정 사이의 적치장은 명확히 되어 있는가.	A	B	E	F	
	2) 작업대 위에 여분의 재료, 부품 공구는 놓여 있지 않는가.	A	B	E	F	
	3) 작업장에 떨어진 부품은 없는가.	A	B	E	F	
	4) 파레트 놓는 방법은 표준화되어 있는가.	A	B	E	F	
	5) 기계, 작업대, 비품의 청소는 되어 있는가.	A	B	E	F	
	6) 선반, 비품대의 정리정돈은 정착되어 있는가.	A	B	E	F	
2. 현품관리	7) 재료, 부품, 재공품은 간판이 있으며 누구나 쉽게 알 수 있도록 되어 있는가.	A	B	E	F	
	8) 사용하지 않는 재고, 불필요한 재고는 명확히 구분하여 적재하고 있는가.	A	B	E	F	
	9) 이 상품을 놓는 장소는 명확한가.	A	B	E	F	
	10) 예비품의 관리가 되어 있는가.	A	B	E	F	
3. 작업관리	11) 생산량, 작업량의 평준화를 도모하고 있는가.	A	B	E	F	
	12) 생산관리판, 생산고 추이표에 의해 일의 능률, 효율을 파악하고 있는가.	A	B	E	F	
	13) 불량 발생시 처리는 신속한가.	A	B	E	F	
	14) 서서 작업을 하며 라인 바란스의 안정화를 도모하고 있는가.	A	B	E	F	
	15) 이상이 발생한 라인을 정지하도록 되어 있는가.	A	B	E	F	
	16) 공정내에서 전수검사를 하고 있는가.	A	B	E	F	
	17) QC활동시간을 계획적으로 주고 있는가.	A	B	E	F	
	18) 라인별 능력 및 생산실적을 게시하고 있는가.	A	B	E	F	
	19) 준비시간을 파악하여 개선을 도모하고 있는가.	A	B	E	F	

진단항목	진 단 내 용	평가결과				개 선 포인트
		A	B	E	F	
4. 품질관리	20) 외주부품의 무검사 수입을 확대하고 있는가.	A	B	E	F	
	21) 불량 발생의 상황이 라인별로 표시되어 있는가.	A	B	E	F	
	22) 불량 발생에 대한 재발 방지는 확실한가.	A	B	E	F	
	23) 깜빡 실수를 없애고 있는가.	A	B	E	F	
	24) 공정능력지수를 파악하고 있는가.	A	B	E	F	
	25) 검사의 자동화를 촉진하고 있는가.	A	B	E	F	
5. 진도관리	26) 간판도입에 의해 너무 많이 제조하는 것을 방지하고 있는가.	A	B	E	F	
	27) 생산관리판에 의해 생산진도를 알 수 있도록 되어 있는가.	A	B	E	F	
	28) 착공순서는 정해져 있는가.	A	B	E	F	
	29) 생산계획은 평준화되어 있는가.	A	B	E	F	
	30) 후공정으로부터 부품인수는 정착되고 있는가.	A	B	E	F	
	31) 리드타임은 확실히 유지되고 있는가.	A	B	E	F	
6. 구매관리	32) 납기지연은 눈으로 보아서 알 수 있고 즉시 처리하고 있는가.	A	B	E	F	
	33) 품질, 납기실적 일람표를 작성하고 개선책을 입안하여 계획대로 실시하고 있는가.	A	B	E	F	
7. 설비 치구관리	34) 치공구, 측정기의 정도, 보전이 실시되고 있는가.	A	B	E	F	
	35) 일상점검, 정기정검에 의해 보전상황이 파악되고 있는가.	A	B	E	F	
	36) 설비 종합효율은 파악되고 있는가.	A	B	E	F	
	37) 트라블 발생시는 확실히 수리되고 있는가.	A	B	E	F	

(3) 낭비 발견

직장(공정) :	진단자 :	진단일시 :

평가기준 A:매우 잘 실행되고 있음 B:실행하고 있음 E:실행할 계획임 F:실행계획이 없음

진단항목	진 단 내 용	평 가 결 과				개 선 포인트
		A	B	E	F	
1. 재작업 낭 비	1) 작업지시의 경우 설명이 불충분하여 불필요한 작업을 하는 경우가 없는가.	A	B	E	F	
	2) 일을 시작할 때 작업자가 부품을 가지러 가거나 찾는 낭비는 없는가.	A	B	E	F	
	3) 작업중에 도면과 도구를 찾는 낭비는 없는가.	A	B	E	F	
	4) 검사규격이 불완전하여 검사원의 의견이 분분하여 낭비를 초래하지 않는가.	A	B	E	F	
	5) 재료의 품질이 나빠서 재작업하는 경우는 없는가.	A	B	E	F	
	6) 도면이 불완전하거나 해독하기 어려워 재작업하는 경우는 없는가.	A	B	E	F	
	7) 게이지류가 부정확하여 재작업하는 경우는 없는가.	A	B	E	F	
	8) 공장내 운반에 의해 제품에 상처가 나는 경우는 없는가.	A	B	E	F	
	9) 주 작업자가 일을 중단하고 운반작업을 하고 있는 경우는 없는가.	A	B	E	F	
	10) 주물, 단조품의 버(바리) 제거 작업을 없애고 있는가.	A	B	E	F	
2. 재료소모품 도 구 류 기 계 류 동력의 낭비	11) 공기, 수도관의 누수현상을 방치하고 있지 않는가.	A	B	E	F	
	12) 공구류의 정비는 충분한가.	A	B	E	F	
	13) 유류를 낭비하고 있지 않는가.	A	B	E	F	
	14) 측정기구가 부족하여 몇 사람이 대기하고 있지 않는가.	A	B	E	F	
3. 정비 정돈의 낭비	15) 도구와 기계류의 불합리를 그대로 방치하고 있지 않는가.	A	B	E	F	
	16) 공구통에 걸려 넘어져 상처를 입는 경우는 없는가.	A	B	E	F	
	17) 전표, 재료, 부품을 분실하여 찾는 일은 없는가.	A	B	E	F	

진단항목	진 단 내 용	평 가 결 과				개 선 포인트
		A	B	E	F	
3. 정비 정돈의 낭비	18) 먼지, 쓰레기로 인해 공작물의 정도가 떨어지거나 녹스는 일은 없는가.	A	B	E	F	
	19) 통로에 물건이 흩어져 있는 경우는 없는가.	A	B	E	F	
	20) 도아의 고장으로 통행시 불안을 느끼거나 상처를 입는 경우는 없는가.	A	B	E	F	
	21) 스위치 박스가 떨어지거나 열려 있지는 않는가.	A	B	E	F	
4. 협력이 없는 낭비	22) 개선방법의 아이디어가 있어도 상호의견 교환을 하지 않는 경우는 없는가.	A	B	E	F	
	23) 좋은 제안과 아이디어를 작업자가 제안해도 채용과 실행되지 않는 경우는 없는가.	A	B	E	F	
	24) 다른 부서에 흔쾌히 지원하고 있는가.	A	B	E	F	
	25) 문제가 발생한 경우 관계자의 의견을 충분히 구하고 있는가.	A	B	E	F	

(4) 작업개선 착안점

직장(공정) :	진단자 :	진단일시 :

평가기준 A:매우 잘 실행되고 있음 B:실행하고 있음 E:실행할 계획임 F:실행계획이 없음

진단항목	진 단 내 용	평 가 결 과				개 선 포인트
		A	B	E	F	
1. 작업개선	1) 공작물과 공구는 한눈에 볼 수 있고 손이 닿는 곳에 있는가.	A	B	E	F	
	2) 편한 자세로 작업을 하고 있는가.	A	B	E	F	
	3) 양손을 동시에 써서 작업을 하고 있는가.	A	B	E	F	
	4) 정확도를 필요로 하는 작업은 간단한 잡는 기구 장치를 사용하여 속도를 낼 수 없는가.	A	B	E	F	
	5) 공구와 기계의 손잡이는 사용하기 쉬운 형태로 되어 있는가.	A	B	E	F	
	6) 무거운 공작물은 미끄름대, 슈트를 궁리하여 사용하고 있는가.	A	B	E	F	
	7) 공동작업(연합작업)은 표준작업조합에 맞추어 불필요한 동작이 일어나지 않도록 하고 있는가.	A	B	E	F	
	8) 설비는 간단히 청소가 되도록 되어 있는가.	A	B	E	F	
	9) 쾌적한 작업복을 착용하고 있는가.	A	B	E	F	
2. 작업의 생 략 경 감	10) 불필요한 작업을 없애고 있는가.	A	B	E	F	
	11) 작업순서를 바꾸어서 불필요한 동작을 없애고 있는가.	A	B	E	F	
	12) 자동기를 사용하는 것은 되지 않는가.	A	B	E	F	
	13) U자형 레이아웃은 되지 않는가.	A	B	E	F	
3. 이동의 생 략 경 감	14) 물건의 보관장소와 스토아의 레이아웃을 바꾸어	A	B	E	F	
	15) 자동화를 통하여	A	B	E	F	
	16) 다능공의 육성에 의하여	A	B	E	F	
	17) 활성지수(운반도구의 측정)의 향상에 의하여	A	B	E	F	
4. 검사의 생략, 경감 조 합	18) 불필요한 검사를 없애고 있는가.	A	B	E	F	
	19) 중복체크를 없애고 있는가.	A	B	E	F	
	20) 순서를 바꾸어	A	B	E	F	
	21) 공정내 검사를 통하여	A	B	E	F	
5. 대기시간의 생 략	22) 다공정을 대기하여	A	B	E	F	
	23) 한가한 작업을 없애	A	B	E	F	
	24) 레이아웃을 바꿈에 의하여	A	B	E	F	
	25) 재료 자동공급장치에 의하여	A	B	E	F	
	26) 가공물 자동 이송장치에 의하여	A	B	E	F	
	27) 자동제거장치 및 슈트 이용에 의하여	A	B	E	F	
	28) 보다 좋은 공구 사용에 의하여	A	B	E	F	
	29) 고속회전, 고속이송장치에 의하여	A	B	E	F	

(5) 서어브릭 개선 착안점

직장(공정) :	진단자 :	진단일시 :

평가기준 A:매우 잘 실행되고 있음 B:실행하고 있음 E:실행할 계획임 F:실행계획이 없음

진단항목	진 단 내 용	평 가 결 과				개 선 포인트
		A	B	E	F	
1. 찾는 동작	1) 재료, 부품, 공구등의 찾는 동작을 없애고 있는가.	A	B	E	F	
	2) 눈의 움직임을 적게 하고 있는가.	A	B	E	F	
	3) 눈의 움직임을 좌우로 하고 있는가.	A	B	E	F	
	4) 눈만 움직이던 것을 고개를 돌려 피로를 줄이고 있는가.	A	B	E	F	
	5) 자동성, 습관성을 이용하고 있는가.	A	B	E	F	
2. 견출색인	6) 형과 색에 의하여 가능한 쉽게 알아볼 수 있는가.	A	B	E	F	
	7) 확인을 정확히 빠르게 가능한가.	A	B	E	F	
3. 선 별	8) 찾고 색인하고 선별함 없는, 보다 좋은 관리방법이 되고 있는가.	A	B	E	F	
	9) 공구, 부품의 표준화는 되고 있는가.	A	B	E	F	
	10) 부품과 재료에 기호를 표시하여 색으로 선별하는 것을 줄이고 있는가.	A	B	E	F	
	11) 부품과 재료, 공구 등의 관리, 정돈은 실시되고 있는가.	A	B	E	F	
	12) 무더기로 넣는 것이 아니라 하나씩 밀어, 뺄 수 있는 용기를 이용하고 있는가.	A	B	E	F	
	13) 호환성이 있는가.	A	B	E	F	
	14) 광선의 강약, 색조, 색채 등을 고려하고 있는가.	A	B	E	F	
4. 잡는 동작	15) 한번에 여러 개를 쥐어, 잡는 회수를 줄이고 있는가.	A	B	E	F	
	16) 진공, 자석, 고무 등을 이용하여 손 대신 활용하고 있는가.	A	B	E	F	
	17) 오른손의 동작을 왼손이나 다리로 대신 할 수 없는가.	A	B	E	F	
	18) 치구를 넣은 것은 꺼낼 때 잡기 쉽도록 되어 있는가.	A	B	E	F	
5. 운 반	19) 거리를 가장 짧게 하고 있는가.	A	B	E	F	
	20) 콘베어 슈트 등을 활용하고 있는가.	A	B	E	F	
	21) 중력을 이용하고 있는가.	A	B	E	F	
	22) 혼재운반을 실행하고 있는가.	A	B	E	F	
	23) 상자의 위치, 높이, 방향을 궁리하고 있는가.	A	B	E	F	

진단항목	진 단 내 용	평 가 결 과				개 선 포인트
		A	B	E	F	
	24) 경로는 무리없이 되어 있는가.	A	B	E	F	
	25) 중량과 거리는 무리가 없는가.	A	B	E	F	
	26) 양손은 동시에 대칭운동을 하고 있는가.	A	B	E	F	
	27) 작업면의 높이와 넓이는 적당한가.	A	B	E	F	
6. 위 치	28) 준비는 완전히 하고 있는가.	A	B	E	F	
	29) 공구, 부품을 정리하여 위치, 방향은 일정하게 되었는가.	A	B	E	F	
	30) 가지런히 쌓은 물건은 무너지지 않도록 다음 공정에 운반하고 있는가.	A	B	E	F	
7. 사 용	31) 치구, 자동장치, 자동기계를 사용하고 있는가.	A	B	E	F	
	32) 다능공으로부터 다공정대기를 실행하고 있는가.	A	B	E	F	
	33) 사용하기 쉬운 공구를 사용하고 있는가.	A	B	E	F	
	34) 절단중의 스크랩은 제거방법을 궁리하고 있는가.	A	B	E	F	
	35) 동력공구를 활용하고 있는가.	A	B	E	F	
8. 조 사	36) 조사하는 것을 가능한 없애고 있는가.	A	B	E	F	
	37) 여러개를 동시에 조사하고 있는가.	A	B	E	F	
	38) 견본은 정비되어 있는가.	A	B	E	F	
9. 준 비	39) 공구의 상자는 다루기 쉽게 놓여 있는가.	A	B	E	F	
	40) 공구관리판은 설치하고 있는가.	A	B	E	F	
	41) 자동화를 실시하고 있는가.	A	B	E	F	
	42) 작업의 표준화는 되어 있는가.	A	B	E	F	
	43) 모를 경우 물어볼 사람은 정해져 있는가.	A	B	E	F	

(6) 동작 낭비 배제

직장(공정) :	진단자 :	진단일시 :

평가기준 A:매우 잘 실행되고 있음 B:실행하고 있음 E:실행할 계획임 F:실행계획이 없음

진단항목	진 단 내 용	평 가 결 과				개 선 포인트
		A	B	E	F	
1. 불필요한 동 작	1) 동작의 수를 줄이고 있는가.	A	B	E	F	
	2) 두 개 이상의 동작을 하나로 조합하고 있는가.	A	B	E	F	
	3) 동작의 배열순서를 바꾸어 동작의 크기를 줄이고 있는가.	A	B	E	F	
	4) 양손 또는 발을 동시에 사용하고 있는가.	A	B	E	F	
	5) 대기시간을 분석해서 그 원인을 찾아 개선하고 있는가.	A	B	E	F	
	6) 준비작업 시간은 10분 이내인가.	A	B	E	F	
	7) 동작의 수를 줄이기 위한 용구를 개발하고 있는가.	A	B	E	F	
	8) 사람과 기계를 완전히 분리하고 있는가.	A	B	E	F	
	9) 업무와 기능은 조화되어 있는가.	A	B	E	F	
	10) 연합작업으로 대기시간을 없애고 있는가.	A	B	E	F	
	11) 동작의 거리 및 경로를 가장 짧게 하고 있는가.	A	B	E	F	
	12) 동작의 방향과 진행방향을 원할히 하고 있는가.	A	B	E	F	
	13) 눈을 가능한 움직이지 않고 있는가.	A	B	E	F	
	14) 중력을 이용하고 있는가.	A	B	E	F	
	15) 공구, 도구류는 형태와 길이를 개선하고 있는가.	A	B	E	F	
	16) 운반, 이동에는 가능한 저항을 줄이고 있는가.	A	B	E	F	
	17) 부자연스런 자세는 없애고 있는가.	A	B	E	F	
	18) 양손작업량은 균형화되어 있는가.	A	B	E	F	
	19) 용기의 개선은 이루어지고 있는가.	A	B	E	F	
	20) 작업대의 높이는 작업자의 키에 맞추고 있는가.	A	B	E	F	

(7) 레이아웃 개선

직장(공정) :	진단자 :	진단일시 :

평가기준 A:매우 잘 실행되고 있음 B:실행하고 있음 E:실행할 계획임 F:실행계획이 없음

진단항목	진 단 내 용	평 가 결 과				개 선 포인트
		A	B	E	F	
1. 운 반	1) 재료는 파레트, 랙크 등을 이용하여 유니트로드 단위로 입하, 발송되고 있는가.	A	B	E	F	
	2) 반입재가 많은 것은 무검사로 현장라인에 투입되고 있는가.	A	B	E	F	
	3) 재료는 1회 운반되고 있는가. 왜 운반이 필요한가. 운반자체를 없앨 수 없는가.	A	B	E	F	
	4) 혼재 운반은 실시하고 있는가.	A	B	E	F	
	5) 운반은 입고, 가공, 조립, 발송 공정으로 되어 있는가.	A	B	E	F	
	6) 손 운반은 없애고 있는가.	A	B	E	F	
	7) 운반작업의 총 공수가 최소로 되어 있는가.	A	B	E	F	
	8) 서브라인과 총 조립라인의 동기화가 되어 있는가.	A	B	E	F	
	9) 통로는 확보되어 있는가.	A	B	E	F	
	10) 콘베아와 기계는 종업원의 안전을 고려해서 카바 등으로 씌워져 있는가.	A	B	E	F	
	11) 작업의 교대는 순조롭게 이루어지고 있는가.	A	B	E	F	
	12) 전수검사가 가능하도록 레이아웃은 되어 있는가.	A	B	E	F	
	13) 지연과 애로 원인을 파악하여 제거하고 있는가.	A	B	E	F	
	14) 공정간 적절한 장소에 스토어가 설치되어 있는가.	A	B	E	F	
	15) 리프트, 트럭 자동설비가 유효하게 이용되고 있는가.	A	B	E	F	
2. 생산관리	16) 제품의 품질은 안정되어 있는가.	A	B	E	F	
	17) 바닥은 충분히 활용하고 있는가.	A	B	E	F	
	18) 기계는 가공순서에 따라서 배치하고 있는가.	A	B	E	F	
	19) 기계는 재료의 공급, 수리 등이 쉽도록 설치되어 있는가.	A	B	E	F	
	20) 작업자는 다능공인가.	A	B	E	F	
	21) 통로와 입구의 장애물을 제거하고 있는가.	A	B	E	F	
	22) 공구실은 작업장소 가까이 있는가.	A	B	E	F	
	23) 감독자와 직장은 부분, 전체 감독이 가능한가.	A	B	E	F	
	24) 설비보전은 실시되고 있는가.	A	B	E	F	
	25) 소음방지를 위한 수단을 강구하고 있는가.	A	B	E	F	
	26) 싼 기계와 설비를 잘 활용하고 있는가.	A	B	E	F	

진단항목	진 단 내 용	평 가 결 과				개 선 포인트
		A	B	E	F	
3. 건 물	27) 바닥이 지탱할 수 있는 중량은 계산하고 있는가.	A	B	E	F	
	28) 배선은 탄력성이 있고 설비에 쉽게 결합이 가능한가.	A	B	E	F	
	29) 출구, 비상구의 위치, 폭은 적당한가.	A	B	E	F	
	30) 조명은 적절하며 자연광을 충분히 이용하고 있는가.	A	B	E	F	
	31) 난방, 환기, 공기 조절 장치는 고려되어 있는가.	A	B	E	F	
	32) 바닥은 평평하며 수평으로 되어 있는가.	A	B	E	F	
	33) 에너지와 비용에 대해 연구되어 있는가.	A	B	E	F	
	34) 인근의 공장으로부터 매연 및 오물에 의한 피해를 없애고 있는가.	A	B	E	F	
	35) 설비배치는 정리정돈이 쉽도록 되어 있는가.	A	B	E	F	
	36) 통로와 문의 폭은 짐을 적재한 파레트 운반을 고려하고 있는가.	A	B	E	F	
	37) 문은 자동적으로 개폐가 되고 있는가.	A	B	E	F	
	38) 소화 설비는 충분한가.	A	B	E	F	
4. 제품설계	39) 기계 배치는 제품의 흐름을 중점적으로 고려하고 있는가.	A	B	E	F	
	40) 제품의 변경, 개량, 재설계 등의 경우에 레이아웃 변경은 간단한가.	A	B	E	F	
	41) 설비의 개조는 간단한가.	A	B	E	F	

7. 공장진단 체크 포인터 – 코스트 다운

(1) 코스트 다운의 기본

직장(공정) :	진단자 :	진단일시 :

평가기준 A:매우 잘 실행되고 있음 B:실행하고 있음 E:실행할 계획임 F:실행계획이 없음

진단항목	진 단 내 용	평가결과				개 선 포인트
		A	B	E	F	
1. 제 도	1) VE 기법을 전사적으로 실시하고 있는가.	A	B	E	F	
	2) 시간은 원가라는 인식을 전직원이 갖고 있는가.	A	B	E	F	
	3) 총 손실비용(정보, 관리, 생산, 제조, 물류)등을 절감하고 있는가.	A	B	E	F	
	4) 제조원가 계산이 가능한 라인이 되어 있는가.	A	B	E	F	
	5) 코스트다운을 위해 년, 월, 계획을 세워 실행하고 있는가.	A	B	E	F	
	6) 수주품의 원가견적시 원가테이블을 잘 이용하고 있는가.	A	B	E	F	
	7) 예산 통제는 실시되고 있는가.	A	B	E	F	
	8) 손익분기점 도표는 작성되고 있는가.	A	B	E	F	
	9) 계획단계에서 원가와 실제의 차이분석을 하고 있는가.	A	B	E	F	
	10) 차이분석으로부터 경영활동을 개선하고 있는가.	A	B	E	F	
	11) 원가보고서를 작성 경영자 및 관리자에 보고하여 코스트 다운을 검토하고 있는가.	A	B	E	F	
	12) 현장의 감독자는 이익에 대한 관심을 갖고 있는가.	A	B	E	F	
	13) 작업자에게 원가의식을 넣어주고 있는가.	A	B	E	F	
	14) 제품을 싸게 만들려는 궁리를 하고 있는가.	A	B	E	F	
2. 재료비	15) 설계단계에서 재료비 코스트다운과 수율향상을 연구하고 있는가.	A	B	E	F	
	16) 구입단계에서 재료비 절약대책을 세우고 있는가.	A	B	E	F	
	17) 복수구매 방식 채용, 장기계약구매방식, 신규업자개척 발주로트사이즈 연구	A	B	E	F	
	18) 불량재료의 절감을 추진하고 있는가. (외주공장의 QC 진단, 주검사제도 도입)	A	B	E	F	
	19) 가공불량의 절감을 추진하고 있는가. • 작업표준의 확립 • 전사적 품질관리 도입 • 플루르프, 게이지화 • 치공구의 개선 • 자동화	A	B	E	F	

진단항목	진 단 내 용	평 가 결 과				개 선 포인트
		A	B	E	F	
2. 재료비	20) 가공단계에서 수율향상을 도모하고 있는가(표준작업의 확립, 도면의 정리)	A	B	E	F	
	21) 재료품질열화를 방지하고 있는가(과잉 재고, 유휴재고의 방지)	A	B	E	F	
	22) 설계단계에서 불량재료 발생을 방지하고 있는가. (설계변경처리 수속의 설정, 디자인 등)	A	B	E	F	
3. 노 무 비	23) 가공방법의 공통화, 단순화를 통하여 가공방법을 개선하고 있는가.	A	B	E	F	
	24) 내외작방침, 계획을 확립하고 있는가.	A	B	E	F	
	25) 표준작업조합표, 생산관리판, 생산추이판, 간판에 의한 공정관리 시스템을 확립하고 있는가.	A	B	E	F	
	26) 단품생산을 중지하고 로트생산, 흐름생산을 도모하고 있는가.	A	B	E	F	
	27) 능률관리를 하고 있는가.	A	B	E	F	
	28) 재료, 부품의 결품을 없애 대기시간제거, 교체시간을 줄이고 있는가.	A	B	E	F	
	29) 작업방법, 레이아웃, 운반방법, 보관방법을 개선하고 있는가.	A	B	E	F	
	30) 6대 로스 추방에 의한 설비보전체제가 확립되어 있는가.	A	B	E	F	
	31) 표준작업 확립에 의해 가공불량을 없애고 있는가.	A	B	E	F	
4. 제조재고	32) 판매계획, 생산계획, 재고계획의 등기화를 도모하고 있는가.	A	B	E	F	
	33) 소로트 1개 흐름 생산을 실시하고 있는가.	A	B	E	F	
	34) 제품 창고의 스페이스를 축소하고 있는가.	A	B	E	F	
5. 재공품	35) 준비작업 시간을 줄여 소로트 흐름 생산을 하고 있는가.	A	B	E	F	
	36) 스토아(적치장)을 축소하고 있는가.	A	B	E	F	
	37) 스토아를 폐지하여 U자라인까지 개선하고 있는가.	A	B	E	F	
6. 재료부품 재 고	38) 평준화 생산을 실시하고 있는가.	A	B	E	F	
	39) 다수회 납입을 실시하고 있는가.	A	B	E	F	
	40) 설계변경에 의한 불요재고를 없애고 있는가.	A	B	E	F	
	41) 불요 유휴재고 처분수속을 설정하고 있는가.	A	B	E	F	
	42) 보관방법을 개선하고 있는가.	A	B	E	F	
7. 설 비 가동율	43) 설비투자계획은 확립하고 있는가.	A	B	E	F	
	44) 설비보전체제는 확립하고 있는가.	A	B	E	F	
	45) 준비작업을 개선하고 있는가.	A	B	E	F	
	46) 설비가동율 향상을 도모하고 있는가.	A	B	E	F	

8. 공장진단 체크 포인터 – 품질관리

(1) 품질관리의 기본

직장(공정) :	진단자 :	진단일시 :

평가기준 A:매우 잘 실행되고 있음 B:실행하고 있음 E:실행할 계획임 F:실행계획이 없음

진단항목	진 단 내 용	평 가 결 과				개 선
		A	B	E	F	포인트
1. 기본 방침	1) 품질관리의 기본방침은 정해져 있는가. (표준화, 규정등)	A	B	E	F	
	2) 품질관리의 중점은 정해져 있는가(품질 향상, 불량감소 등).	A	B	E	F	
	3) 검사기준 및 품질표준은 명확히 정해져 있는가.	A	B	E	F	
2. 교 육	4) 최고경영자에서 작업자에 이르기까지 QC교육은 충분한가.	A	B	E	F	
	5) 작업자는 QC에 대해 충분히 이해하고 있는가	A	B	E	F	
	6) 신입사원에 대한 교육은 이루어지고 있는가.	A	B	E	F	
	7) QC교육자료는 충분히 이루어지고 있는가.	A	B	E	F	
	8) 모범 기업에 대해 견학은 실시하고 있는가.	A	B	E	F	
	9) 통계적 수법은 활용되고 있는가.	A	B	E	F	
3. 검 사	10) 검사의 기본 방침, 부문별 역할은 명확한가.	A	B	E	F	
	11) 검사의 판정기준은 명확한가.	A	B	E	F	
	12) 검사방법, 시험방법은 구체적이고 명확하게 되어 있는가.	A	B	E	F	
	13) 검사의 간략화, 생략화의 방침으로 합리화를 추진하고 있는가.	A	B	E	F	
	14) 검사작업의 기계화, 자동화를 추진하고 있는가.	A	B	E	F	
	15) 수입검사의 간략화를 도모하고 있는가.	A	B	E	F	
	16) ZD운동, QC써클 등에 의한 자주적 검사를 하고 있는가.	A	B	E	F	
	17) 불합격로트, 불량품의 처리는 적절한가.	A	B	E	F	
	18) 무검사품의 관리는 적절한가.	A	B	E	F	
	19) 검사데이타를 잡는 목적, 기록, 정리방법이 분명한가.	A	B	E	F	
	20) 공정별, 품목별, 불량률을 조사하고 있는가.	A	B	E	F	
	21) 검사원은 반드시 검사규격, 도면, 견본등에 의해 판정하고 있는가.	A	B	E	F	
	22) 검사원은 이상 불량에 대해 신속히 검사 책임자에게 보고하고 있는가.	A	B	E	F	
	23) 불량내용을 급성불량과 만성불량으로 분류하고 있는가.	A	B	E	F	

진단항목	진 단 내 용	평 가 결 과				개 선 포인트
		A	B	E	F	
4. QC 활동	24) QC활동은 정기적으로 개최하고 발표회는 전원참가하고 있는가.	A	B	E	F	
	25) QC활동은 공장은 물론 사무 영업, 서비스 부문을 포함하고 있는가.	A	B	E	F	
	26) QC활동과 개선제안의 연결은 잘 되고 있는가.	A	B	E	F	
	27) QC활동시간은 근무시간내에 별도로 책정되어 있는가.	A	B	E	F	
	28) QC활동계획, 실적을 게시판에 게시하고 있는가.	A	B	E	F	
	29) 사외의 QC분임조 대회에 참여하고 있는가.	A	B	E	F	
	30) QC활동전과 후를 비교 평가하고 있는가.	A	B	E	F	
5. 품질계획	31) 품질관리계획을 작성하고 있는가.	A	B	E	F	
	32) 품질관리의 목표(KS획득, 원가절감, 크레임해소)는 정해져 있는가.	A	B	E	F	
	33) 방침과 기본계획, 실시계획과 연결되어 있는가.	A	B	E	F	
6. 통 계 적 기법활용	34) 통계적기법(히스토그램, 층별, 관리도, 특성요인도, 파레트 등)은 충분히 이해하고 있는가.	A	B	E	F	
	35) 공장실험의 절차를 성문화하고 있는가.	A	B	E	F	
	36) 특성요인도를 충분히 구사하고 있는가.	A	B	E	F	
	37) 컴퓨터를 충분히 활용하고 있는가.	A	B	E	F	
	38) 히스토그램, 산포도 등은 품질특성에 따라 사용하고 있는가.	A	B	E	F	
	39) 일상검사의 데이타는 활용되고 있는가.	A	B	E	F	
	40) 샘플링은 충분히 검토하고 있는가.	A	B	E	F	
7. 표 준 화	41) 표준화의 추진계획은 명확한가.	A	B	E	F	
	42) 작업표준의 내용은 적절한가.	A	B	E	F	
	43) 업무메뉴얼은 정비되고 있는가.	A	B	E	F	
	44) 작업표준은 작업자가 알기 쉽도록 되어 있는가.	A	B	E	F	
	45) 표준의 타당성에 대해 검토하고 있는가.	A	B	E	F	
8. 사내구격	46) 사내규격은 정비되어 있는가.	A	B	E	F	
	47) 사내규격은 활용되고 있는가.	A	B	E	F	

(2) 크레임 관리

직장(공정) :	진단자 :	진단일시 :

평가기준 A:매우 잘 실행되고 있음 B:실행하고 있음 E:실행할 계획임 F:실행계획이 없음

진단항목	진 단 내 용	평 가 결 과				개 선 포인트
		A	B	E	F	
1. 크레임 관 리	1) 크레임 정보를 토대로 불량재발 방지대책을 추진하고 있는가.	A	B	E	F	
	2) 고객의 제품사용의 불만, 불평을 조사하여 관리하고 있는가.	A	B	E	F	
	3) 크레임의 집계, 분석, 제품의 취약점을 파악하여 개량에 활용하고 있는가.	A	B	E	F	
	4) 고객의 신뢰를 쌓기 위한 A/S를 실시하고 있는가.	A	B	E	F	
	5) 설계미스, 검사미스, 작업미스를 없애고 있는가.	A	B	E	F	
2. 크레임 접 수	6) 설계담당자는 종종 현장을 방문하여 의견을 듣고 있는가.	A	B	E	F	
	7) 도면변경관리는 정비되어 있는가.	A	B	E	F	
	8) 외주공장의 품질보증체제를 확인하고 있는가.	A	B	E	F	
	9) 품질을 고려하여 포장, 운반방법을 선택하고 있는가.	A	B	E	F	
	10) 조작방법이 어려워 크레임은 발생하지 않는가.	A	B	E	F	
3. 크레임 처 리	11) 크레임 접수창구는 정해져 있는가.	A	B	E	F	
	12) 취급설명서는 있는가.	A	B	E	F	
	13) 크레임은 기민하게 처리하고 있는가.	A	B	E	F	
	14) 크레임의 처리기준을 설정되어 있는가.	A	B	E	F	
4.크레임 접 수	15) 크레임 내용에 따라 수리, 교환, 보상, 출하정지 등의 기준은 정해져 있는가.	A	B	E	F	
	16) 중요크레임은 위원회에 회부 책임추궁을 하고 있는가.	A	B	E	F	
	17) 크레임에 대하여는 반드시 응답하고 있는가.	A	B	E	F	
	18) 크레임의 내용은 설계, 제조, 검사, 판매부분에 통보되고 있는가.	A	B	E	F	
	19) 크레임처리의 비용, 공수 등은 원가계산에 포함하고 있는가.	A	B	E	F	
	20) 잠재크레임을 파악하기 위해 사용자, 수리자, 판매점으로부터 정보를 입수하고 있는가.	A	B	E	F	

9. 공장진단 체크 포인터 – 설비관리

(1) 설비관리의 기본

직장(공정) :	진단자 :	진단일시 :

평가기준 A:매우 잘 실행되고 있음 B:실행하고 있음 E:실행할 계획임 F:실행계획이 없음

진단항목	진 단 내 용	평가결과				개 선 포인트
		A	B	E	F	
1. 보 전	1) 설비의 예방보전은 실시하고 있는가.	A	B	E	F	
	2) 청소점검은 정착되고 있는가.	A	B	E	F	
	3) 모두 설비에 애착을 갖고 있는가.	A	B	E	F	
	4) 점검 포인트는 설비별로 정해져 있는가.	A	B	E	F	
	5) 점검 수리의 기록은 있는가.	A	B	E	F	
	6) 보수재료, 보수부품 등의 상비량은 충분한가.	A	B	E	F	
	7) 계측기의 점검 및 교정은 충분한가.	A	B	E	F	
	8) 중요설비에 대하여 담당자를 정하고 있는가.	A	B	E	F	
	9) 설비의 이상 판단기준은 명확한가.	A	B	E	F	
2. 고 장	10) 고장의 원인은 3現주의(현장, 현물, 현시)로 실시하고 있는가.	A	B	E	F	
	11) 고장의 원인, 형태 등을 분석하여 대책을 수립하고 있는가.	A	B	E	F	
	12) 사고의 원인과 설비자체모순과의 연관성은 없는가.	A	B	E	F	
3. 기계설비의 활용도	13) 각 설비의 가동률은 파악하고 있는가.	A	B	E	F	
	14) 기계, 설비배치는 공정순서와 일치하고 있는가.	A	B	E	F	
	15) 각 설비의 능력은 균형잡혀 있는가.	A	B	E	F	
	16) 기계, 설비, 장치의 높이, 간격은 작업성, 방진을 고려하고 있는가.	A	B	E	F	

진단항목	진 단 내 용	평 가 결 과				개 선 포인트
		A	B	E	F	
3. 기계설비의 활용도	17) 기계, 설비, 장치의 이동배치가 쉽도록 동력배선, 배관을 고려하고 있는가.	A	B	E	F	
	18) 작업자의 적정담당대수를 고려하여 배치하고 있는가.	A	B	E	F	
	19) 작업 스크랩의 정리, 운반을 고려한 장치는 있는가.	A	B	E	F	
	20) 고장주기, 고장부분 등을 주의깊게 관찰하고 있는가.	A	B	E	F	
	21) 고장 다발부위의 분석을 통해 개량 보전하고 있는가.	A	B	E	F	
	22) 기계설비의 등급변경 및 폐기의 기준은 있는가.	A	B	E	F	
	23) 기계의 조립도 및 메뉴얼은 있는가.	A	B	E	F	
4. 동력, 열관리 등	24) 자가발전시설은 있는가.	A	B	E	F	
	25) 전동기, 열처리로, 용해로, 건조로 등 전기기기의 용량은 파악하고 있는가.	A	B	E	F	
	26) 스위치의 위치, 안정성, 정비상황은 좋은가.	A	B	E	F	
	27) 전력사용량은 부문별로 기록하고 있는가.	A	B	E	F	
	28) 코드의 파손, 전선의 노출, 배선기구가 파손된 채 방치되고 있지 않는가.	A	B	E	F	
	29) 여열, 배출열의 이용은 적절히 하고 있는가.	A	B	E	F	
	30) 열경제의 관점에서 연속작업, 로트작업을 하고 있는가.	A	B	E	F	
	31) 배관계통 및 밸브 등에서 누출은 정기점검을 하고 있는가.	A	B	E	F	
	32) 물의 필요량과 필요한 수질은 파악하고 있는가.	A	B	E	F	
	33) 배수시설의 정기점검, 청소는 하고 있는가.	A	B	E	F	
	34) 공업용수의 재생사용 등 절수대책은 세우고 있는가.	A	B	E	F	
	35) 급유장치에 대한 연구 급유 위치는 표시되어 있는가.	A	B	E	F	
	36) 설비별 윤활유의 사용량은 기록 유지되고 있는가.	A	B	E	F	
	37) 각 윤활유의 저장고 및 보관방법은 적절한가.	A	B	E	F	
	38) 폐유의 회수, 보관 및 폐기 등의 처리는 적절한가.	A	B	E	F	

(2) 자주보존 전개방법

직장(공정):	진단자 :	진단일시 :
평가방법 A : 매우양호 B : 양호 C : 보통 D : 불량 F : 매우불량		

진단항목	진 단 내 용	부 서 명		
제 1 스텝 잠재결함의 도 출	1) 다음의 결함, 불합리의 개소를 찾아내어 없애고 있는가.			
	a. 미세한 결함 : 녹, 먼지, 균열, 마모, 변형, 누수			
	b. 불요물 : 부품, 공구, 테이프, 배선, 밸브, 호스, 기기			
	c. 발생원 : 분말, 액, 증기, 가스, 물, 기름			
	d. 곤란개소 : 조작, 청소, 점검, 급유			
	e. 품질 불량원 : 이물 혼입, 공정불량			
	f. 운전중 불합리 : 이상음, 과열, 진동			
제 2스텝 발 생 원 대 책	2) 휴지, 먼지의 분산을 막고 있는가.			
	3) 휴지, 먼지 오염의 발생원인에 대하여 대책을 수립하고 있는가.			
	4) 청소곤란 개소대책을 세우고 있는가.			
	5) 다음 절차에 의하여 추진되고 있는가.			
	a. 조사단계 : 적출한 불합리개소를 정리하여 원인을 열거한다.			
	b. 불합리점의 기술 : 발생부위, 정상시 상태 등의 기술			
	c. 불합리 현상을 명확히 한다.			
	d. 정상상태와 상이점을 명확히 한다.			
	e. 불합리의 원인을 규명한다.			
	f. 구체적으로 개선책을 세운다.			
	g. 개선의 4원칙(배제, 결합, 교체, 간소화)에 따라 아이디어를 낸다. 원인과 결과의 양면으로부터 아이디어를 낸다.			
	h. 재발방지를 궁리한다.			
	i. 대책의 실시, 조작, 준비순서를 이해시킨다.			

진단항목	진 단 내 용	부 서 명		
제 3 스텝 청소급유의 기준 작성	6) 점검상태는 눈으로 봐서 알 수 있는가.			
	7) 급유기준에는 급유개소, 유종, 유량, 주기, 시기 등이 기재되어 있는가.			
	8) 급유개소는 그림으로 나타내고 있는가.			
제 4스텝 자주점검	9) 기준서는 점검항목을 나열해서 정리하고 있는가.			
	10) 청소, 급유의 기본조건은 정비되어 있는가.			
	11) 진동의 발생원인을 규명하고 있는가.			
	12) 조작에 대한 지식, 기능 교육은 행하고 있는가.			
제 5스텝 자주관리	13) 설비의 일상점검, 이상의 발견, 수리를 실시하고 있는가.			
	14) 자신의 설비는 자신이 관리하고 있는가.			
	15) 품질보증이 되도록 설비상태를 유지하고 있는가.			
	16) 전원 참가로 고장제로를 추구하고 있는가.			
	17) 설비의 기본조건을 정비하여 정상상태를 유지하고 있는가.			

(3) 안전관리

직장(공정):	진단자 :	진단일시 :
평가방법 A : 매우 양호 B : 양호 C : 보통 D : 불량 F : 매우 불량		

진단항목	진 단 내 용	부 서 명		
1. 안전관리	1) 법으로 정해진 안전관리자를 선임하고 있는가.			
	2) 위험작업을 무자격자에 시키고 있는 일은 없는가.			
	3) 작업장 계단의 폭, 경사, 층계 사이의 여유, 난간은 충분한가.			
	4) 통로가 교차되어 위험은 없는가.			
	5) 안전기준에 의한 조기정비 및 예방점검방법은 정해져 있는가.			
	6) 적재제한, 탑승제한은 엄수하고 있는가.			
	7) 모든 작업에 안전작업표준이 정해져 있는가.			
	8) 안전작업표준은 자동안전장치(fool-proof)정신으로 작성되어 있는가.			
2. 재해대책	9) 시설의 파손처치, 피해자의 구조 등 재해 발생시 대책은 수립되어 있는가.			
	10) 재해에 대한 책임은 그 원인을 조사하여 밝히고 있는가.			
	11) 사고 빈발자에 대한 원인탐구 및 대책을 수립하고 있는가.			
	12) 재해방지를 위한 안전표식은 명확한가.			
3. 교육훈련	13) 배치전환을 한 종업원에 대한 안전기준의 교육훈련을 하고 있는가.			
	14) 신입종업원에 대한 안전교육을 실시하고 있는가.			
	15) 설비, 작업환경, 생산방식 등의 예방점검에 대한 안전관리교육은 실시하고 있는가.			

진단항목	진 단 내 용	부 서 명		
4. 위생관리	16) 건강진단은 적시에 적절히 하고 있는가.			
	17) 직업적 질환에 대해 파악하고 있는가.			
	18) 위생시설의 정기적인 점검, 소독. 청소는 하고 있는가.			
	19) 구급시설 및 구급용구의 배치는 되어 있는가			
	20) 작업표준의 준수, 보호구의 사용 등은 잘 이루어지고 있는가.			
5. 화재예방	21) 페인트 및 신나가 바닥에 흘러 있지 않는가.			
	22) 위험물질은 과다 적재하지 않는가.			
	23) 위험물이 구석진 곳에 방치된 곳은 없는가.			
	24) 정전기 발생위험은 없는가.			
	25) 화기책임자의 선임, 소방대 등은 편성되어 있는가.			
	26) 소화기는 충분히 확보하고 있는가.			
	27) 젖기 누전 위험은 없는가.			
	28) 화재 예방교육은 정기적으로 실시하고 있는가.			
	29) 집진지 내분진은 주기적으로 제거하고 있는가.			
	30) 집진지 내분진은 주기적으로 제거하고 있는가.			
	31) 집진지 주위에서 용접하는 일은 없는가.			
	32) 전열기 사용은 위험한 곳이 없는가.			
	33) 전원접촉 불량은 없는가.			
	34) 소화전 사용법은 숙지하고 있는가.			
	35) 소화전에는 부식 또는 손상이 없는가.			
	36) 소화전의 표시램프는 이상이 없는가.			
	37) 소방호스 건조상태는 양호한가.			
	38) 호스는 이상이 없으며 조임나사는 이상이 없는가.			
	39) 화재 발신기의 작동상태는 이상이 없는가.			

10. 공장진단 체크 포인터 - 자재관리

직장(공정) :	진단자 :	진단일시 :

평가기준 : 잘 이행되고 있을 경우 YES란에 O표, 이행되지 않을 경우 NO란에 O표.

진단항목	진 단 내 용	결 과		개 선 포인트
		YES	NO	
1. 구매관리	1) 주요 자재 구입방법의 중점은 정해져 있는가. (품질, 비용, 납기)			
	2) 자재의 구매방침은 명확히 되어 있는가.			
	3) 구매부문의 조직구조상 지위는 명확한가.			
	4) 집중구매, 분산구매의 기준은 명확한가.			
2. 자재계획	5) 재료계획에 있어 수량이나 납기 결정은 구매 계획에 적합한가.			
	6) 상비품과 비상비품의 구분은 적당한가.			
	7) 상비품에 대해서는 적당한 관리시스템을 채용하고 있는가.			
	8) 상비품의 관리기준은 명확히 정해져 있는가.			
	9) 신재료 및 대체재료의 이용에 대해 연주하고 있는가.			
	10) 사용자재는 표준화가 되어 있는가.			
	11) 각 자재의 자재 소요량은 확실하게 산출되고 있는가.			
	12) 자재의 수율은 파악하고 있는가.			
	13) 경제적 구입로트를 정하고 있는가.			
3. 재고계획	14) 재고기준은 정해져 있는가(최대, 최소, 평균, 발주점)			
	15) 재고량의 파악은 확실히 하고 있는가.			
	16) 재고량의 통제 및 충당을 하고 있는가.			
	17) 재고품의 관리기준은 되어 있는가.(ABC 분석)			
	18) 재고는 계절적, 주기적 변동을 고려하고 있는가.			
	19) 재고대장과 현품은 일치하고 있는가.			
	20) 재고대장은 단가, 구입일, 금액 등이 기재되어 있는가.			

진단항목	진 단 내 용	결 과		개 선 포인트
		YES	NO	
4. 발주업무	21) 구매처의 결정기준은 정해져 있는가.			
	22) 구매시기			
	23) 계약조건, 납입방법(납기, 지불조건, 인도장소 등)은 조정하고 있는가.			
	24) 구매가격의 인하를 도모하고 있는가.(신 재료 연구 등)			
	25) 구매절차의 간소화를 도모하고 있는가.(일괄구매, 년간 계획 등)			
	26) 간이 구매 제도는 명확히 되어 있는가.			
	27) 구매 및 외주 사무에 쓰이는 장표류는 표준화되어 있는가.			
5. 창고업무	28) 물품의 보관장소는 명확히 정해져 있는가.			
	29) 물품의 보관수량은 확실히 파악하고 있는가.			
	30) 출고는 계획적으로 미리 창고에서 준비하고 있는가.			
	31) 보관장소는 유효하게 활용되고 있는가.			
	32) 보관선반 및 용기 등은 표준화되어 있는가.			
	33) 상비재와 비상비재는 따로 보관하고 있는가.			
	34) 귀중품, 독극물, 위험물 등은 특별한 보관방법을 강구하고 있는가.			
	35) 재고실사는 주기적으로 하고 있는가.			
	36) 사장품은 어느 정도이며 처리는 즉시 하고 있는가.			
	37) 폐품처리는 명확히 하고 있는가.			
	38) 방화, 도난에 대한 설비 및 대책은 충분한가.			
	39) 창고위치는 각 생산부문에 불편이 없는가.			

11. 공장진단 체크 포인터 – 외주관리

직장(공정) :	진단자 :	진단일시 :

평가기준 : 잘 이행되고 있을 경우 YES란에 O표, 이행되지 않을 경우 NO란에 O표.

진단항목	진 단 내 용	결 과		개 선 포인트
		YES	NO	
1. 외주관리 계 획	1) 생산계획과 외주관리의 동기화를 도모하고 있는가.			
	2) 외주 방침은 명확히 명시되어 있는가.			
	3) 신규 외주공장의 개척, 지도 육성이 계획적으로 실시되고 있는가.			
	4) 외주, 사내 제조의 기준은 명확히 되어 있는가.			
	5) 외주 공장의 선정수준은 정해져 있는가.			
	6) 외주 공장의 실태조사 자료는 수시로 보완하고 있는가.			
	7) 외주공장의 등급산정을 하여 활용하고 있는가.			
2. 외주단가	8) 외주단가 결정을 위하여 기초자료는 정비되어 있는가.			
	9) 특급, 시작품 등의 단가는 결정하고 있는가.			
	10) 유상, 무상 결정기준은 명확한가.			
	11) 재료 계산 기초자료는 정비되어 있는가.			
	12) 외주단가의 처리방식은 합리적인가.			
	13) 외주공장의 지불방법은 합리적인가.			
	14) 계약조건은 상대방에게 철저하게 주지시키고 있는가.			
3. 재료지급	15) 재질은 규격에 맞는가.			
	16) 지급재의 관리는 납기관리와 결부시켜 신속, 확실히 하고 있는가.			
	17) 지급이 늦어져 납기가 지연되고 있지는 않는가.			

진단항목	진 단 내 용	결 과		개 선 포인트
		YES	NO	
4. 공정관리	18) 사내공정과 외주공정은 평준화되어 있는가.			
	19) 납기는 준수되고 있는가.			
	20) 외주공장의 여력을 파악하고 있는가.			
	21) 기준일정자료는 정비되어 있는가.			
	22) 납기지연 원인을 찾아 재발방지대책을 세우고 있는가.			
5. 외주공장 관 리	23) 외주공장의 납입성적, 공장실태를 조사하고 있는가.			
	24) 납기, 품질 및 협력도에 의해 평가하여 등급을 매기고 있는가.			
	25) 외주공장의 기준일정을 파악하고 그 일정을 참고하여 주문하고 있다.			
	26) 외주 관리부문에서 납입까지 진도관리를 하고 있는가.			
	27) 외주 공장별로 불량원인 파레트를 작성해서 지도하고 있는가.			
	28) 외주관리부문은 주문에서 납입까지 진도관리를 하고 있는가.			
	29) 외주공장의 대해 수시로 지도교육을 실시하고 있는가.			
	30) 외주공장의 제안을 적극적으로 받아들이고 있는가.			
	31) 외주공장의 품질책임자는 지정되어 있는가.			
6. 무검사 제 도	32) 검사규격은 확실히 정해져 있는가.			
	33) 검사성적을 활용하고 있는가.			
	34) 도면은 정비되어 있는가.			
	35) 무검사품 확대를 위해 노력하고 있는가.			
	36) 무검사 실시 요령을 작성하고 있는가.			
	37) 무검사의 취지를 외주공장에 설명 협정서를 체결하고 있는가.			

12. 공장진단 체크 포인터 – 운반관리

직장(공정) :	진단자 :	진단일시 :

평가기준 : 잘 이행되고 있을 경우 YES란에 O표, 이행되지 않을 경우 NO란에 O표.

진단항목	진 단 내 용	결 과		개 선 포인트
		YES	NO	
1. 공정분석	1) 운반조건, 운반방식의 현상파악을 위해 공정분석, 가동분석을 하고 있는가.			
	2) 운반공정분석 결과, 공운반, 운반력의 부족, 운반기구 등을 검토하고 있는가.			
	3) 직접공이 운반작업을 하는 일은 없는가.			
2. 원가분석	4) 운반설비별 운반원가의 추이는 파악하고 있는가.			
	5) 부문별, 운반설비별, 운반종류별로 단위 중량당 원가 분석을 하고 있는가.			
3. 운반관리	6) 정시운전, 순회코스의 표준화가 되어 있는가.			
	7) 운반기록은 하고 있는가.			
	8) 운반비용을 항상 파악하고 있는가.			
4. 운반용 기 기	9) 운반용 기기의 종류, 사용목적, 수량을 파악하고 있는가.			
	10) 운반용 기기는 그 능력을 명시하고 있는가.			
	11) 운반용 용기는 생산 및 보관에도 편리하게 연구되고 있나.			
	12) 운반용 용기의 개선, 표준화 연구는 어떻게 하고 있는가,			
	13) 콘테이너, 파레트 등의 이용을 꾀하고 있는가.			
5. 물 품 적치장	14) 물품적치장은 생산작업 및 운반에 불편한 일은 없는가.			
	15) 물품의 쌓기, 실어내기 쉽게 도구, 장치를 마련하고 있는가.			

진단항목	진 단 내 용	결 과		개 선 포인트
		YES	NO	
6. 운반경로	16) 물품 적치장의 입체적 이용을 연구하고 있는가.			
	17) 운반경로는 항상 정해져 있는가.			
	18) 운반의 거리, 노력을 적게 하기 위한 설비배치를 고려하고 있는가.			
	19) 이중운반, 공운반, 되돌아 오는 운반은 하고 있지 않는가.			
	20) 운반속도가 생산속도보다 늦는 공정은 없는가.			
	21) 운반로에 물품을 쌓아 놓는다든가, 빠져 나와 운반을 방해하고 있는 일은 없는가.			
	22) 노면은 항상 청소되어 있는가.			
	23) 레일은 기능을 발휘하고 있는가.			
7. 수 송	24) 재료, 부품의 수송에 상자를 사용하고 있는가.			
	25) 수송비용을 항상 파악하고 있는가.			
8. 포 장	26) 포장은 제품의 보호(내습, 내열, 충격 등)를 고려하고 있는가.			
	27) 포장은 운반상의 편리를 고려하고 있는가.			
	28) 포장은 판매점의 편리성을 고려하고 있는가.			
	29) 포장재료의 경제성을 항상 꾀하고 있는가.			
	30) 포장에는 제조 년 월일 및 번호를 표시하고 있는가.			
	31) 포장작업은 기계화되어 있는가.			
	32) 수송비를 절감하기 위해 곤포시방의 개선을 하고 있는가.			
9. 운반방법의 개 선	33) 운반량, 운반거리, 운반시간을 부문별, 설비별, 제품별로 파악하고 있는가.			
	34) 운반방법의 표준화, 기계화를 항상 꾀하고 있는가.			
	35) 운반설비의 근대화를 항상 꾀하고 있는가.			
	36) 운반방법 및 설비 등의 운반기술에 관한 정보를 수집 정리하고 있는가.			
	37) 운반설비의 개선으로 운반시간의 단축, 운반회수를 줄이고 있는가.			
	38) 정체시간의 단축, 정체 회수의 감소, 운반거리의 단축 등을 하고 있는가.			
	39) 운반설비, 작업자의 가동률 및 활성시수 향상을 꾀하고 있는가.			

13. 공장진단 체크 포인터 – 개선제안 체크포인트

직장(공정) :	진단자 :	진단일시 :

평가기준 : 잘 이행되고 있을 경우 YES란에 O표, 이행되지 않을 경우 NO란에 O표.

진단항목	진 단 내 용	결 과		개 선 포인트
		YES	NO	
1. 부 품	1) 이 부품은 없앨 수 없는가.			
	2) 이 부품의 기능은 명확한가.			
	3) 피스를 줄이고 있는가.			
	4) 브라케토류를 줄이고 있는가.			
	5) 코드는 필요없이 길지 않는가.			
2. 기 능	6) 동일기능은 하나로 하고 있는가.			
	7) 2차적인 기능은 하나로 하고 있는가.			
	8) 시브 유니드화를 촉진하고 있는가.			
3. 기구형	9) 작게 하거나 크게 하면 좋지 않은가.			
	10) 얇게 하거나 두껍게 하면 좋지 않은가.			
	11) 역으로 하면 편리하진 않은가.			
	12) 가로나 세트로 한다면 좋지 않은가.			
	13) 축소하거나 크게 한다면 좋지 않은가.			
	14) 조합하면 좋지 않은가.			
4. 공 차	15) 공차의 폭은 너무 크지 않은가.			
	16) 재료 수축률을 고려하고 있는가.			
	17) 가공기계의 정도에 의해 판정하고 있는가.			
	18) 재료의 경로, 확장력, 신장률을 고려하고 있는가.			
	19) 2차 가공에 의한 변형을 없애고 있는가.			
	20) 공차에 의한 변형을 없애고 있는가.			
5. 대용품 대체품	21) 대용품, 대체제는 없는가.			
	22) 시판품, 표준품은 사용할 수 없는가.			
	23) 전에 사용했던 물건은 사용할 수 없는가.			
6. 신가공법	24) 새로운 접착물을 접착하면 좋지 않은가.			
	25) 일체 성형으로 한다면 좋지 않은가.			
	26) 새로운 기계를 만든다면 좋지 않은가.			
	27) 신재료, 신부품은 사용할 수 없는가.			
7. 생산방법	28) 콘베아를 뗀다면 좋지 않은가.			
	29) 공정순수, 레이아웃을 바꾼다면 좋지 않은가.			
	30) 로트수를 바꾸어 흐름작업으로 바꾸면 좋지 않은가.			
	31) 자동화설비를 도입하면 좋지 않은가.			

진단항목	진 단 내 용	결 과		개 선 포인트
		YES	NO	
8. 불용작업	32) 바리제거작업을 없애고 있는가.			
	33) 면취를 없애고 있는가.			
	34) 조정은 없애고 있는가.			
	35) 씻는 것을 줄이고 있는가.			
9. 작업의 복 합	36) 피스를 조여 1회에 끝낼 수 없는가.			
	37) 검인을 1회에 끝낼 수 없는가.			
	38) 날인을 체크로 바꾸고 있는가.			
	39) 작업은 간단히 되지 않는가.			
10. 공정수의 삭 감	40) 서브 유니트화를 추진하고 있는가.			
	41) 재료를 바꾸면 편리하지 않는가.			
	42) 소형 프레스를 사용하고 있는가.			
	43) 나사의 길이를 줄이고 있는가.			
11. 검 사	44) 불요한 검사를 없애고 있는가.			
	45) 선별을 없애고 있는가.			
	46) 하나의 게이지로 몇 개의 검사를 동시에 할 수 있도록 하고 있는가.			
	47) 작업을 개선하여 여자로 대체하고 있는가.			
12. 구 매	48) 좀 더 싸게 구매하는 방법은 없는가.			
	49) 경쟁입찰을 실시하고 있는가.			
	50) 시판품이나 표준품을 사용하고 있는가.			
	51) 업자 신용조사를 하고 있는가.			
	52) 분할납입을 실시하고 있는가.			
	53) 가격의 변동을 조사하고 있는가.			
	54) 업자의 견적가격이 적정한지 조사하고 있는가.			
	55) 견적의 재료비, 간접비, 직접비 이익은 적당한가.			
	56) 구입품의 수송비용, 포장비용을 절감하고 있는가.			
	57) 서류수속을 간소화하고 있는가.			
	58) 보나스, 페널티 방식을 취하고 있는가.			
	59) 협력회사의 계열화를 검토하고 있는가.			
	60) 수입검사의 규격은 타당한가.			
	61) 납기는 타당한가.			
13. 장표류	62) 장표류는 정리되어 있는가.			
	63) 양식의 표준화는 되어 있는가.			
	64) 문서의 접수, 발송, 정리방법은 규정화되어 있는가.			
	65) 전표의 크기를 통일하고 있는가.			
	66) 서류는 불필요한 것에 배포되고 있지 않는가.			
	67) 도장찍는 서류를 줄이고 있는가.			
	68) 한눈으로 알 수 있도록 되어 있는가.			
	69) 정서를 그만둘 수 없는가.			

14. 공장진단 체크 포인터 – 현장의 6하원칙(5WIH)

직장(공정) :	진단자 :	진단일시 :

평가기준 : 잘 이행되고 있을 경우 YES란에 O표, 이행되지 않을 경우 NO란에 O표.

진단항목	진 단 내 용	결 과		개 선 포인트
		YES	NO	
1. 누 가 (WHO)	1) 누가 하는 것이 좋은가.			
	2) 누군가 달리 할 사람은 없는가.			
	3) 누군가 달리 시킬 사람은 없는가.			
	4) 누군가 낭비, 불균형, 무리를 하고 있지 않은가.			
2, 무엇을 (WHAT)	5) 무엇을 하는 것이 좋은가.			
	6) 무엇인가 이밖에 할 수 있는 사람은 없는가.			
	7) 무엇인가 이밖에 해야 할 사람은 없는가.			
	8) 어떤 무리, 불균형, 낭비를 하고 있지 않은가.			
3. 어디서 (WHERE)	9) 어디서 하는 것이 좋은가.			
	10) 어디서 다른 사람이 할 수 있는 것은 없는가.			
	11) 어디서 다른 곳에서 해야 할 것은 없는가.			
	12) 어디서 무리, 불균형, 낭비를 하고 있지 않은가.			
4. 언 제 (WHEN)	13) 언제 하는 것이 좋은가.			
	14) 언젠가 그밖에 할 수 있는 시간은 없는가.			
	15) 언젠가 그 밖에 해야 할 시간은 없는가.			
	16) 시간에 무리, 불균형, 낭비가 없는가.			
5. 왜 (WHY)	17) 왜 거기서 하는가.			
	18) 왜 그 때 하는가.			
	19) 왜 그렇게 하는가.			
	20) 사고방식에 무리, 불균형, 낭비를 하고 있지 않은가.			
6. 어떻게 (HOW)	21) 어떻게 하는 것이 좋은가.			
	22) 다른 곳에 그 방법은 사용할 수 없는가.			

15. 공장진단 체크 포인터 – 5S진단 체크포인트

(1) 공장용

직장(공정) :	진단자 :	진단일시 :

진단항목	진 단 내 용	평 가 결 과					개선 포인트
		A	B	C	E	F	
1. 정 리	1) 재고, 재공품에서 불필요한 것은 없는가.	4	3	2	1	0	
	2) 설비, 기계에서 사용하지 않는 것은 없는가.	4	3	2	1	0	
	3) 치공구, 금형, 절삭공구, 비품류에서 사용하지 않는 것은 없나.	4	3	2	1	0	
	4) 불필요한 물건은 한눈에 알 수 있는가.	4	3	2	1	0	
	5) 필요, 불필요한 물건의 기준은 되어 있는가.	4	3	2	1	0	
2. 정 돈	6) 보관장소 표시는 되어 있는가.	4	3	2	1	0	
	7) 보관장소는 제품별, 기능별, 분야별 등으로 설정되어 있는가.	4	3	2	1	0	
	8) 최대재고량과 최저 재고량은 정해져 있으며 보관장소에 표시되어 있는가.	4	3	2	1	0	
	9) 통로, 작업장 등은 백선 등으로 확실히 구분되어 있는가.	4	3	2	1	0	
	10) 꺼내고 넣기 쉽도록 치공구 등은 보관되어 있는가.	4	3	2	1	0	
3. 청 소	11) 바닥의 쓰레기, 물, 기름 등은 방지하고 있는가.	4	3	2	1	0	
	12) 기계의 먼지, 기름 유출 등은 방지하고 있는가.	4	3	2	1	0	
	13) 설비, 기계의 점검은 잘되고 있는가.	4	3	2	1	0	
	14) 청소당번제와 담당제는 되어 있는가.	4	3	2	1	0	
	15) 쓸고 닦는 청소는 습관화되어 있는가.	4	3	2	1	0	
4. 청 결	1) 작업장의 안전수칙은 부착되어 있는가.	4	3	2	1	0	
	2) 작업장의 조명시설은 작업에 지장이 없는가.	4	3	2	1	0	
	3) 작업자의 작업복, 안전모, 안전화의 착용상태는 좋은가.	4	3	2	1	0	
	4) 소화기는 출입구 가까운 곳에 있는가.	4	3	2	1	0	
	5) 환풍기는 작동하고 있는가.	4	3	2	1	0	
5. 습 관	6) 정해진 복장인가.	4	3	2	1	0	
	7) 인사하는 습관은 되어 있는가.	4	3	2	1	0	
	8) 규칙과 작업방법을 숙지하고 있는가.	4	3	2	1	0	
	9) 휴식, 흡연시간과 장소는 지키고 있는가.	4	3	2	1	0	
	10) 조례 종례는 잘 참석하고 있는가.	4	3	2	1	0	

(2) 사무실용

직장(공정) :	진단자 :	진단일시 :

진단항목	진 단 내 용	평가결과					개선 포인트
		A	B	C	E	F	
1. 정 리	1) 서류함속에 불필요한 서류, 사물은 없는가.	4	3	2	1	0	
	2) 개인책상 위, 서랍에 불필요한 비품, 자료는 없는가.	4	3	2	1	0	
	3) 불필요한 서류, 필요한 서류를 눈으로 알 수 있는가.	4	3	2	1	0	
	4) 서류의 보존기간, 비품의 처리기준은 정해져 있는가.	4	3	2	1	0	
	5) 게시, 전시물의 전시기간 준수, 오염 부착상태는 양호한가.	4	3	2	1	0	
2. 정 돈	6) 서류함과 비품의 장소표시는 모두 눈으로 보아 알 수 있는가.	4	3	2	1	0	
	7) 서류함과 비품의 품명이 표시되어 눈으로 보아 알 수 있는가.	4	3	2	1	0	
	8) 서류함과 비품은 사용하기 쉽도록 놓여져 있는가.	4	3	2	1	0	
	9) 서류함과 비품은 정해진 곳에 놓여져 있는가.	4	3	2	1	0	
	10) 통로, 전시물 등은 한 눈에 알 수 있는가.	4	3	2	1	0	
3. 청 소	11) 바닥에 쓰레기, 휴지 등은 없는가.	4	3	2	1	0	
	12) 유리창, 창틀의 상태는 좋으며 먼지는 없는가.	4	3	2	1	0	
	13) 청소 당번제와 담당제는 되어 있는가.	4	3	2	1	0	
	14) 쓰레기 상자가 넘치고 있지 않는가.	4	3	2	1	0	
	15) 청소는 습관화되어 있는가.	4	3	2	1	0	
4. 청 결	1) 배기와 환기상태는 양호한가.	4	3	2	1	0	
	2) 채광은 충분한가.	4	3	2	1	0	
	3) 작업복은 깨끗한가.	4	3	2	1	0	
	4) 배색, 공기, 빛 등 환경은 좋은가.	4	3	2	1	0	
	5) 정리, 정돈, 청소의 규정은 있는가.	4	3	2	1	0	
5. 습 관	6) 복장은 단정한가.	4	3	2	1	0	
	7) 아침 저녁 인사는 잘 하고 있는가.	4	3	2	1	0	
	8) 정해진 시간을 지키고 있는가.	4	3	2	1	0	
	9) 전화는 친절하게 간단명료하게 하고 있는가.	4	3	2	1	0	
	10) 규칙은 한사람, 한사람 잘 지키고 있는가.	4	3	2	1	0	

16. 작업장 개선방법 체크리스트

작업개선을 위한 체크리스트	현장	공정	작성일	작성자

항 목	체 크 내 용	개 선 착 상
E 배 제 (Eleminate)	① 모든 불필요한 업무, 작업, 작업단계, 동작은 가능한 한 생략한다.(이는 몸, 다리, 팔, 손 및 눈에 적용된다.) ② 작업이 자동적으로 이루어지도록 작업내부의 불규칙성을 없앤다. 물품보관장을 일정하게 한다. ③ 물품을 지지하기 위해 손을 사용하는 것을 배제한다. ④ 하기 어려운 이상한 동작을 피한다. ⑤ 고정된 자세를 유지하기 위해 근육을 사용하지 않도록 한다. ⑥ 기계공구, 동력이송 등에 사용함으로써 근육노동을 생략한다. ⑦ 관성을 무리하게 멈추지 않도록 한다. ⑧ 위험을 피한다.	
C 결 합 (Combine)	① 급격히 방향을 바꾸는 등의 짧은 동작을 조합시켜 길고 완만한 동작으로 한다. ② 몇 가지 정해진 기계 사이클을 조합시켜 그 사이클 안에서 최대의 작업을 하도록 한다. ③ 공구를 조합시킨다. ④ 제어장치를 조합시킨다. ⑤ 동작을 조합시킨다.	
R 재 편 성 (Rearange)	① 작업을 두 손에 균등하게 배분한다. 대칭적인 동시동작이 가장 능률적이다. (이것은 동시에 2개의 부품을 취급할 때 흔히 사용한다.) ② 손에서 눈으로 작업을 옮긴다. ③ 작업순서를 간단한 것으로 한다.	
S 단 순 화 (Simplification)	① 그 업무를 하는데 저위의 근육 그룹을 사용하고, 근육은 필요할 때에만 사용할 것. ② 눈의 이동을 줄이고 주시하는 점의 수를 적게 한다. ③ 작업을 정상 작업역에서 하도록 한다. ④ 동작거리를 짧게 한다. ⑤ 핸들, 레버, 패달, 버튼 등을 사람. 신체의 크기와 근육조직에 맞춘다.	

<table>
<tr><td colspan="2">오스본의 체크리스트</td><td>현장</td><td>공정</td><td>작성일</td><td>작성자</td></tr>
<tr><td>항 목</td><td colspan="2">체 크 내 용</td><td colspan="3">개 선 착 안</td></tr>
<tr><td>1. 이밖에 용도는 없는가</td><td colspan="2">① 현재인 채로는
② 조금 바꾼다면</td><td colspan="3"></td></tr>
<tr><td>2. 외부에서 아이디어를 빌려올 수 없는가</td><td colspan="2">① 이와 비슷한 것은 무엇인가
② 다른 아이디어를 차용할 수 없는가
③ 과거에 비슷한 것은 없었는가
④ 어떤 흉내는 낼 수 없는가
⑤ 누군가의 흉내를 낼 수 없는가</td><td colspan="3"></td></tr>
<tr><td>3. 형태·색깔·운동등을 바꾸면 어떤가</td><td colspan="2">① 새롭게 바꾸어 보면 어떤가
② 의미, 색깔, 운동, 소리, 냄새, 형태를 바꾸어 보면 어떤가</td><td colspan="3"></td></tr>
<tr><td>4. 확대하면 어떤가</td><td colspan="2">① 무엇을 첨가하면
② 좀더 시간을 들인다면
③ 좀더 횟수를 늘인다면
④ 길게 한다면
⑤ 얇게 한다면
⑥ 다른 가치를 부가하면
⑦ 여유있게 한다면
⑧ 서로 합친다면
⑨ 크게 한다면</td><td colspan="3"></td></tr>
<tr><td>5. 축소하면 어떤가</td><td colspan="2">① 무엇을 제거한다면
② 작게 한다면
③ 소형으로 한다면
④ 낮게 한다면
⑤ 짧게 한다면
⑥ 가볍게 한다면
⑦ 유선형으로 한다면
⑧ 분할한다면
⑨ 안에 담기게 한다면</td><td colspan="3"></td></tr>
<tr><td>6. 대용한다면</td><td colspan="2">① 타인을 대신으로 한다면
② 다른 물품을 대신으로 한다면
③ 다른 요소로 한다면
④ 다른 재료로 한다면
⑤ 다른 프로세스로 한다면
⑥ 다른 동력으로 한다면
⑦ 다른 방법으로 한다면
⑧ 다른 음색으로 한다면</td><td colspan="3"></td></tr>
<tr><td>7. 바꾸면 어떤가</td><td colspan="2">① 요소를 바꾼다면
② 다른 형태로 한다면
③ 다른 레이아웃으로 한다면
④ 다른 순서로 한다면
⑤ 원인과 결과를 바꾼다면
⑥ 베이스를 바꾼다면
⑦ 일정을 바꾼다면</td><td colspan="3"></td></tr>
<tr><td>8. 반대로 하면 어떤가</td><td colspan="2">① 포지와 네가를 반대로 한다면
② 반대로 한다면
③ 뒤집어 본다면
④ 상하 거꾸로 한다면
⑤ 역할을 반대로 한다면</td><td colspan="3"></td></tr>
<tr><td>9. 조합시키면 어떤가</td><td colspan="2">① 합금, 조합, 조립은 어떤가
② 유닛을 조합시킨다면
③ 목적을 조합시킨다면
④ 아이디어를 조합시킨다면</td><td colspan="3"></td></tr>
</table>

개선착안 발생방법 체크리스트		현장	공정	작성일	작성자
항 목	체 크 내 용		개 선 착 안		
1. 폐지의 원칙	① 그만둘 수 없는가 ② 목적은 분명한가 ③ 진실로 효과를 올리고 있는가 ④ 대장식 네트워크 노트를 그만둘 수 없는가 (전표만으로 되지 않는가) ⑤ 정서를 그만둘 수 없는가 ⑥ 체크를 그만둘 수 없는가 ⑦ 서비스를 그만둘 수 없는가(차, 커피)				
2. 삭감의 원칙	① 매수를 줄일 수 없는가(장부, 전표, 보고서 등) ② 빈도를 줄일 수 없는가(매일, 주, 월) ③ 좀 더 포괄적으로 할 수 없는가(분류, 항목) ④ 배포부서를 줄일 수 없는가 ⑤ 경유부서를 줄일 수 없는가(→ 직결) ⑥ 보존하는 종이의 볼륨은 좀더 줄일 수 없는가 ⑦ 날인을 줄일 수 없는가 ⑧ 회의를 짧게 할 수 없는가 ⑨ 회의는 좀더 적은 인원으로 할 수 없는가 ⑩ 회의는 좀더 짧은 시간에 할 수 없는가 ⑪ 통화를 짧게 할 수 없는가				
3. 표준화의 원칙	① 좀더 표준화, 규칙화할 수 없는가 ② 오류 등으로 재손질하는 경우는 없는가 ③ 기일(약속)을 지키고 있는가 ④ 서류의 흐름은 빠른가, 원활한가 ⑤ 하나로 집약할 수 없는가(분할하는 편이 좋은가)				
4. 기계화의 원칙	① 손 기록을 줄일 수 없는가(기계화, 인쇄)				
5. 용이화의 원칙	① 자료는 바로 나오도록 되어 있는가				
6. 기계화의 원칙	① 좀더 계획적으로 업무를 할 수 없는가 ② 좀더 짧은 시간에 할 수 없는가 ③ 사람의 움직임은 적절한가(너무 느리지 않은가) ④ 이석을 줄일 수 없는가(왜 이석을 하는가)				
7. 동기화의 원칙	① 좀더 평준화할 수 없는가(좀더 일괄처리할 수 없는가) ② 타이밍은 좋은가 ③ 대기는 좋은가				
8. 분담검토의원칙	① 업무의 부하는 균형이 잡혀 있는가(적정한가) ② 여유가 있는 것은 아닌가 ③ 분담을 바꾸는 편이 좋은가 ④ 좀더 집중화할 수 없는가 ⑤ 여자로 할 수 없는가(담당자의 적정) ⑥ 파트타이머화할 수 없는가 ⑦ 외주화할 수 없는가				

동작 경제의 원칙		현장	공정	작성일	작성자
항 목	체 크 내 용	개 선 착 안			
1. 기본원칙	① 불필요한 동작을 배제할 것 ② 동작은 최적최저 신체부분으로 할 것 ③ 동작은 최단거리로 할 것 ④ 2개 이상 동작은 결합을 생각할 것 ⑤ 동작은 제한이 없는 편한 동작으로 접근시킬 것 ⑥ 동작은 관성력이나 반발력을 이용할 것 ⑦ 동력은 중력이나 다른 힘을 이용할 것 ⑧ 동작방향이나 그 변화는 원활히 할 것 ⑨ 동작에 리듬을 이용할 것 ⑩ 양손은 동시에 움직이기 시작하고 동시에 그칠 것 ⑪ 양손은 동시에 반대, 대상방향으로 움직일 것 ⑫ 눈의 움직임을 적게 할 것				
2. 작업역의 준비	① 작업역은 작업에 지장이 없는 한 좁게 할 것 ② 작업위치의 높이는 최적으로 할 것 ③ 재료와 공구는 작업자의 앞쪽 일정한 장소에 둘 것 ④ 재료, 공구는 작업순서에 맞추어 둘 것 ⑤ 재료, 공구는 작업하기 쉬운 상태로 둘 것				
3. 공구, 기구의 활용	① 재료 꺼내기, 송출에는 중력을 이용한 기구를 이용할 것 ② 재료, 부품을 담기 쉬운 용기나 기구를 이용할 것 ③ 대상물의 장시간 지지에는 지지구를 이용할 것 ④ 간단한 작업 또는 필이 필요한 작업에는 발, 다리를 사용하는 기구를 이용할 것 ⑤ 일정한 운동경로를 규제하기 위해 지그와 가이드를 이용 할 것				
4. 지그·공구 및 기계 설계	① 기계조작위치는 동작이 최적최저 신체부분으로 할 수 있도록 할 것 ② 기계의 이동방향과 조작방향을 같게 할 것 ③ 2개 이상 공구는 하나로 결합시킬 것 ④ 잡는 부위는 잡기 쉬운 형태로 할 것 ⑤ 지그에 대한 죄어붙임에는 동작수가 적은 기구를 이용할 것 ⑥ 보이는 위치에서 편하게 위치를 맞출 수 있는 지그로 할 것				

좀 더 알기 쉬운 작업이나 작업장으로 만들기 위한 체크리스트	현장	공정	작성일	작성자

항 목	체 크 내 용	개 선 착 안
	1) 가공품이나 공구는 언제나 어떤 위치에서나 눈으로 볼 수 있고 손이 닿는 범위에 둔다 2) 적당한 높이에서 가능한 한 편한 자세로 작업한다 3) 가능하다면 두 손을 동시에 사용하여 작업한다 4) 양손작업을 중단하지 않기 위해 기계운전, 정지와 가공품의 설치, 제거 등 발의 동작으로 바꾼다 5) 정확성을 필요로 하는 작업에서는 간단한 장치를 사용하면 일정한 운동경로를 지키기 쉬워진다 6) 공구와 기계를 잡을 때는 잡기 쉬운 형태로 만든다 7) 레버.스위치.핸드볼.다이얼게이지 등은 자세를 바꾸지 않고 쉽게 보거나 다룰 수 있도록 배려한다 8) 레버와 핸드휠 등 조작방향은 의미를 지니게 하고 알기 쉽게 해야 한다 9) 장시간 물품을 지지할 때(이른바 '정적작업')는 지지구를 사용하여 가능한 한 이를 없앤다 10) 무거운 가공품이나 도구취급은 미끄럼틀이나 기타 노동력 절감 고안으로 가능한 한 편하게 한다 11) 중량물 들고 놓기 또는 운반에 운반설비를 사용할 수 없을 경우에는 가장 적합한 근육을 사용하여 가장 적당한 자세를 취하도록 하는 것이 작업자의 노동력절약을 위해 특히 중요하다 12) 중량물 운반은 간단한 운반도구를 사용하면 훨씬 편하게 할 수 있는 경우가 많다 13) 많은 작업자의 공동작업(연합작업)에서 핵심 작업자는 그 동작이 타인을 방해하거나 불필요한 유휴가 발생하지 않도록 주의한다 14) 중량물을 높은 곳에 들어올릴 때는 계단을 이용하여 운반하는 것이 좋다 15) 공장이나 사무소의 개별작업역은 작업자가 상호간에 방해가 되지 않도록 또 자연광이 왼쪽 또는 앞쪽에서 적당히 비치도록 배치한다 16) 모든 작업역은 작업을 지장없이 기분좋게 하는데 가장 적정한 넓이로 한다. 17) 작업역과 작업방법은 상해가 발생하지 않도록 함과 더불어 상해가 발생할지도 모른다는 우려를 지니지 않도록 한다 18) 작업역의 좋은 조명은 작업자의 능률을 높힌다. 19) 설비의 형상은 용이하게 구석구석까지 청소할 수 있도록 하고 만든다	

현장의 5W 1H	현장	공정	작성일	작성자

항 목	체 크 내 용	개 선 착 안
1. 누가	① 누가 하는가 ② 누가 하고 있는가 ③ 누가 하는 것이 좋은가 ④ 누군가 달리 할 사람은 없는가 ⑤ 누군가 달리 시킬 사람은 없는가 ⑥ 누군가 낭비, 불균형, 무리를 하고 있지 않은가	
2. 무엇을	① 무엇을 하는가 ② 무엇을 하고 있는가 ③ 무엇을 하는 것이 좋은가 ④ 무엇인가 이밖에 할 수 있는 사람은 없는가 ⑤ 무엇인가 이밖에 해야 할 사람은 없는가 ⑥ 어떤 무리, 불균형, 낭비를 하고 있지 않은가	
3. 어디서	① 어디서 하는가 ② 어디서 하고 있는가 ③ 어디서 하는 것이 좋은가 ④ 어디서 다른 사람이 할 수 있는 것은 없는가 ⑤ 어디서 다른 곳에서 해야 할 것은 없는가 ⑥ 어디서 무리, 불균형, 낭비를 하고 있지 않는가	
4. 언제	① 언제 하는가 ② 언제 하고 있는가 ③ 언제 하는 것이 좋은가 ④ 언젠가 그밖에 할 수 있는 시간은 없는가 ⑤ 언젠가 그밖에 해야 할 시간은 없는가 ⑥ 시간에 무리, 불균형, 낭비가 없는가	
5. 왜	① 왜 그 사람이 하는가 ② 왜 그것을 하는가 ③ 왜 거기서 하는가 ④ 왜 그 때 하는가 ⑤ 왜 그렇게 하는가 ⑥ 사고방식에 무리, 불균형, 낭비를 하고 있지 않은가	
6. 어떻게	① 어떻게 하는가 ② 어떻게 하고 있는가 ③ 어떻게 하는 것이 좋은가 ④ 다른 곳에 그 방법은 사용할 수 없는가 ⑤ 이밖에 해야 할 다른 방법은 없는가 ⑥ 방법에 무리, 낭비, 불균형은 없는가	

현장의 무리, 낭비, 불균형 체크리스트	현장	공정	작성일	작성자

항목	체크내용	개선착안
1. 무리	① 인원에 무리는 없는가 ② 기능에 무리는 없는가 ③ 방법에 무리는 없는가 ④ 시간에 무리는 없는가 ⑤ 설비에 무리는 없는가 ⑥ 지그·공구에 무리는 없는가 ⑦ 자재에 무리는 없는가 ⑧ 생산량에 무리는 없는가 ⑨ 재고량에 무리는 없는가 ⑩ 장소에 무리는 없는가 ⑪ 기본방식에 무리는 없는가	
2. 불균형	① 인원에 불균형은 없는가 ② 기능에 불균형은 없는가 ③ 방법에 불균형은 없는가 ④ 시간에 불균형은 없는가 ⑤ 설비에 불균형은 없는가 ⑥ 지그.공구에 불균형은 없는가 ⑦ 자재에 불균형은 없는가 ⑧ 생산량에 불균형은 없는가 ⑨ 재고량에 불균형은 없는가 ⑩ 장소에 불균형은 없는가 ⑪ 사고방식에 불균형은 없는가	
3. 낭비	① 인원에 낭비는 없는가 ② 기능에 낭비는 없는가 ③ 방법에 낭비는 없는가 ④ 시간에 낭비는 없는가 ⑤ 설비에 낭비는 없는가 ⑥ 지그·공구에 낭비는 없는가 ⑦ 자재에 낭비는 없는가 ⑧ 생산량에 낭비는 없는가 ⑨ 재고량에 낭비는 없는가 ⑩ 장소에 낭비는 없는가 ⑪ 사고방식에 낭비는 없는가	

피로가 적은 동작의 원칙	현장	공정	작성일	작성자

항 목	체 크 내 용	개 선 착 안
1. 등을 똑바로 하는 원칙	항상 등과 목을 똑바로 유지하도록 할 것(쭈그림, 비틈, 옆으로 옮기는 동작이라도)	
2. 배꼽의 원칙	물품을 들어올리거나 지지할 때 두 손은 배꼽 곁에 둘 것	
3. 팔 흔드는 원칙	팔을 흔드는 것은 자연스런 방법에 따를 것. 팔의 근육으로 멈추게 하기보다 장해물로 멈추는 편이 좋다.	
4. 똑바른 손목의 원칙	항상 손목을 똑바르게 유지하도록 할 것	
5. 피부의 원칙	좁은 피부범위에 압력을 집중하는 것을 피할 것	
6. 둔한 발의 원칙	가능한 한 발을 움직이는 동작이나 보행을 없앨것	
7. 두뇌적이 아닌 원칙	작업의 타이밍이나 안전에 신경을 쓰지 않아도 되도록 한다	
8. 신체대 기계의 원칙	제품의 이동, 기계의 움직임, 돌기물, 열원, 예리한 절삭기구 또는 그 앞부분, 안전장치 버튼의 위치 등	

제2장 실무연습

다음 양식에 의해 QMS자가진단 체크시트를 통하여 문제점을 도출하여 사내 개선의 우선순위에 따라 품질혁신을 하기위한 테마를 선정한다.

<양식>

QMS자가진단 결과보고

기업체: __________

작성부서: __________ 분석대상부서: __________

개선팀	(　　　　)조

체크시트 결과

<table>
<tr><td>1. 개선 체크 분야
(해당분야 ○표)</td><td colspan="4">① 기업체 핵심 50문항 자가진단
1. 경영종합: (1) 경영일반 (2) 생산부문 (3) 인사노무 (4) 재무부문 (5) 판매부문 (6) 기술부문 (7) 관리자 자기개발 부문
2. 공정관리: (1) 공정관리기본 (2) 공정분석 (3) 제품공정분석 (4) 제품공정분석에 의한 낭비발견 (5) 물류의 흐름분석 (6) 납기관리 (7) 일정 분석
3. 작업관리: (1) 작업관리 기본 (2) 현장 관리기본 (3) 낭비 발견 (4) 작업개선 착안점 (5) 서어브릭 개선착안점 (6) 동작 낭비배제 (7) 레이아웃개선
4. 코스트다운: (1) 코스트다운 기본
5. 품질관리: (1) 품질관리의 기본, (2) 크레임 관리
6. 설비관리: (1) 설비관리의 기본, (2) 자주보존 전개방법, (3) 안전관리
7. 자재관리
8. 외주관리
9. 운반관리
10. 개선제안 체크포인트
11. 현장의 6하원칙(5WIH)
12. 5S진단 체크포인트: (1) 공장용, (2) 사무실용</td></tr>
<tr><td rowspan="5">2. 조 명단</td><td>성　명</td><td>부　서</td><td>성　명</td><td>부　서</td></tr>
<tr><td></td><td></td><td></td><td></td></tr>
<tr><td></td><td></td><td></td><td></td></tr>
<tr><td></td><td></td><td></td><td></td></tr>
<tr><td></td><td></td><td></td><td></td></tr>
<tr><td>3. 개선 체크 분야
(해당분야:　　　)

개선 포인트 요약
강점S
약점W
기회O
위기T

*작성된 체크시트 복사 후 뒷장에 첨부</td><td colspan="4"></td></tr>
</table>

주) 작성결과 제출 → 본부 취압 → 경영진 제출

CHAPTER

02 혁신활동

제1장 현장분임조 활동실무

1. 품질관리 분임조 활동의 요점

품질관리 분임조 활동은, 다른 여러 활동에 비해서, 독특한 장점을 몇 가지 지니고 있다. 여기에 게재하는 것은, 이 활동의 요점, 또는 기본어귀라고도 할 수 있는 것이며, 이 요점에서 벗어나지 않도록 운영해 나가는 것이 필요하다.

(1) 근면, 자조, 협동의 새마을 행동강령을 공장 말단에서 구체적으로 행동하는 실천모체이다.

(2) 품질관리 분임조 활동요령을 기준으로 하여 활동하고 있는 것이다.

(3) 그룹 활동이다. - 분임조장만의 활동이 아니라 분임조원 전원의 활동인 것이다.

(4) 일하면서 활동한다. - 작업직 별도로 품질관리 분임조가 존재하는 것이 아니다.

(5) 구체적인 문제와 부딪히면서 활동한다. - 정신만의, 말만의 문제가 아니다. 처음에는 신변에 있는, 작은 문제를 다뤄가면서 실력을 쌓고, 개선의 묘미를 익혀간다.

(6) 관리의 정착 - 안정된 표준에서 벗어나지 않은 작업이 확실히 실시 되도록 제동, 재발방지, 사전에 조처를 취할 수 있도록 한다.

(7) 일의 개선 - 직장에서 할 수 있는 개선은 거듭 추진해 나간다.

(8) 작업자까지도 포함하여 - 감독자나 추진하는 사람들만의 활동이 아니다.

(9) 전원이 참가한다. - 일부 사람, 실력자, 상사, 분임조장들만의 활동이 아니다. 자주적으로 전원 참가한다.

(10) 대화를 통해서 - 전원이 자유롭게, 활발하게, 거리낌 없이 대화를 나누며, 남의 의견을 솔직히 듣는 기회를 마련한다.

(11) 분담하여 - 각자가 한사람도 빠짐없이, 다 같이 문제를 분담하고, 특히 실력에 따라서 분담한다.

(12) 실천을 통해서 - 실시방법을 공부하고, 고안한 것을 나 뿐아니라, 작업과 구체적으로

직장에서 할 수 있는 액션과 연결시킨다.

(13) 일과 개선의 묘미를 익힌다. - 자기자신이 실제로 해보고서 할 수 있다는 자신, 해낸 기쁨, 더욱 더 잘 하려고 하는 의욕을 체득한다.

(14) 공부하여 문제를 없애는 수법을 몸에 익혀 - 단순한 정신운동이 아니라 품질관리수법, IE수법, 개선에 도움되는 수법을 공부하고, 또 공부에 그치지 않고 곧 이를 이용하여, 그 묘미를 맛보아 익히고, 사용하면서 익힌다.

(15) 고유기술, 개선수법을 공부하여 - 자질향상 (레벨 업 levelup)을 위해서 공부한다.

(16) 자주적으로 - 남이 하라고 해서 하는 수 없이 하는 것이 아니다.

(17) 품질관리 분임조 활동에서는 분임조원은 전원이, 그리고 대등하게 - 실력에 따라서, 일을 분담하고, 협력하며, 또 분임조장은 그렇게 할 수 있도록 노력한다.

(18) 좁은 직장에 틀어박혀 있지말고 - 직장 밖(사내, 사외)과의 교류회, 체험발표회, 품질관리 분임조 경진대회, 세미나 등에 적극적으로 참가하여 시야를 넓히고, 의욕을 갖는다.

(19) 일하면서 깊이 생각하고, 지혜를 살린다. - 직장은 노동만 제공하는 장소로만 생각하지 말고, 독창성을 살리는 장소로 한다.

(20) 활동함으로써 인화를 도모하고

(21) 그룹속에서, 인격수양을 하며

(22) 자기자신의 새로운 (국)면을 개발하여, 가능성을 개척하는 기쁨을 맛보며

(23) 일하면서, 보람과 기쁨을 느끼고,

(24) 직제와 양립 - 직제의 테두리 안에서의 자주적인 즐거운 활동

(25) 관리자의 이해 밑에서 - 관리자의 지도육성, 협조, 인간존중의 정신이 있음으로해서 비로소 품질관리 분임조는 자란다. 관리자의 현장 불신감을 깨끗이 씻어버린다.

(26) 참다운 애국심을 기르기 위한 실천도장에 뛰어들어서

(27) 기업을 초월하여 서로 주고 받음으로써 점차 연마하여 서로가 강해지며

(28) 품질관리 분임조는 서로 헌신적으로 협력하고

(29) 전사적인 품질관리활동의 일환으로서 - 경영층 관리자, 스타아프의 활동과 제휴하여

(30) 인간으로서의 도야, 인간개조 활동을 펴나간다.

2. 품질관리 분임조 운영의 기본순서

(1) 품질관리분임조의 편성

① 직조장이 분임조장이 되어 품질관리분임조를 편성한다.

② 분임조원은 부하 작업원

③ 소속과장의 지도. 승인을 받는다.

(2) 품질관리분임조의 등록

① 회사내 품질관리분임조 사무국에 등록을 한다.

② 품질관리추진본부 사무국(한국공업표준협회)에 자주적으로 등록을 한다.

(3) 문제점을 발견한다.

① 각 조장의 책임 권한 범위 내에서 할 수 있는 문제를 선택한다.

② 상사의 지시가 있을 경우에는, 과의 구체적 시책을 달성하기 위해서 상사의 지도를 받고 문제를 고른다.

③ 문제점을 일람표에 정리한다.

(4) 문제점의 승인

① 자주적으로, 상사의 지시활동을 기본으로, 소속 과장의 승인을 받는다.

(5) 계획작성

① 계획을 작성할 때에는 소속과장의 지도를 받는다.

② 활동계획서에 정리한다.

(6) 품질관리분임조 활동의 실시

-1) 계획에 의거하여 실시하고, 계획을 변경할 경우에는 상사와 상담한다.

-2) 분임조장회를 편성하여 실시하는 경우도 있다.

① 품질관리 분임조 회합

원칙적으로 매월 1회 이상 개최하며, 직장 간담회 등을 이용한다.

시간은 1-2시간 정도.

② 아침 · 저녁회합

품질관리 분임조 활동상황의 보고, 설명, 의식의 앙양을 중심으로 철저히 실행한다.

· 『품질관리 분임조』지에 의한 교육 시간은 5~10시간 정도

③ 시간외 활동

구체적인 활동, 관리활동을 특별히 시간을 할애하여 실시한다.

(7) 활동의 체크

-1) 중간체크

소속과장은 진전상황의 지도를 겸하여, 활동의 중간에 활동방법을 지도한다.

-2) 실적의 체크

계획에 실적을 기입하여, 소속장에게 보고한다.

계획대로 실시되어 있는가를 확인한다.

-3) 성과의 확인

성과를 활동성과보고서에 정리하여 소속과장에게 보고한다.

성과가 우수한 것은 품질관리 분임조 대회 등에 발표하여, 성과를 다른 분임조에 알린다.

(8) 활동의 조처

① 소속과장이 지도를 하고, 다음의 활동계획에 반영한다.

② 품질관리 분임조 회합 중에서 반성하고 다음 품질관리분임조 활동계획 속에 반영시킨다.

3. 품질관리 분임조 회합의 개최방법

(1) 품질관리분임조 회합을 개최하는 방법의 기본

품질관리 분임조 회합을 효과적으로 진행시키려면 분임조원 구성인원에 일정한 제약이 있다고 말한다.

일반적으로는 2-7명 정도가 적당하며 10명 이상이 되지 않게 하는 것이 중요하다. 그래서 작은 분임조를 편성하여 적은 인원수로 활동을 할 수 있는 연구가 필요하게 된다.

① 품질관리 분임조 회합은 분임조원이 서로 얼굴을 맞대며 자주적이고 자유스러운 분위기에서 대화를 나누며 운영한다.

② 분임조원은 서로가 협력하면서 서로가 영향을 미치도록 운영한다.

③ 품질관리 분임조 회합에서는 분임조원 한사람 한사람의 인격을 존중하여 선·후배의 사고방식을 버리고 대등한 입장에서 대화를 나누면서 활동한다.

④ 분임조원의 자발성, 주체성을 존중하여 운영한다.

⑤ 한 사람 한 사람이 갖고 있는 정보를 충분히 교환하여 정보를 살려서 더 나은 것으로 성장시키도록 상호 노력한다.

(2) 품질관리 분임조 회합의 개최방법

-1) 품질관리 분임조 회합의 준비를 한다.

① 회합의 요점을 염두에 둔다. (목적, 토의사항, 상사의 허가)

② 필요한 자료를 준비한다.

③ 회합하는 날의 시간을 조정한다.(분임조원 형편을 듣고 전원이 참가 할 수 있도록 연구와 조정을 한다).

④ 회합 진행의 계획을 세운다.

⑤ 회의의 준비를 한다.(장소가 없을 때에는 직장의 한 구석이라도 좋다).

-2) 회합의 운영

① 분임조장은 회합의 목적, 의제의 내용, 의사진행의 방법을 충분히 설명한다.

② 토의 내용이 빗나가지 않도록 서로 주의한다.

③ 결론을 강요해서는 안된다.

④ 발언의 기회를 공평하게 하고 좋은 분위기를 만든다.

-3) 토의의 정리와 폐회

① 회합결과를 명확하게 하고 확인한다.

② 토의 결과 분임조원의 분담사항이 있으면 분담한다.

③ 다음 회합날을 확인해 둔다.

④ 폐회사를 말하고 분임조원의 노고를 위로한다.

⑤ 회합결과를 상사에 보고한다.

이상의 여러 가지를 유의하여 회합을 진행시키는 것이 좋다.

㉠ 회합을 열 때 주의할 점은

ⓐ 회합시간 (목적에 따라 5분, 30분, 1시간, 2시간)

ⓑ 회합을 여는 시기 (시간내, 시간외가 있지만 보통 시간외에 연다.)

ⓒ 회합의 간격 (회합시간이 1시간 정도일 때는 보통 한 달에 2회 정도) 등에 유의하여 진행시키는 것이 중요하다.

4. 제일선감독자(분임조장), 분임원의 역할

품질관리 분임조 활동은, 직제의 품질관리 분임조로서의 작용과 품질관리 분임조의 의욕적인 활동이 잘 결합됨으로써 성공한다. 특히 전사적인 품질관리활동 일환으로서의 품질관리 분임조에 있어서는, 기관차적 존재인 품질관리분임조장(제일선감독자)과 분임조원이 각자의 역할이 충분히 다하고 있느냐 하는 점이 이 활동의 성패의 열쇠를 쥐고 있다고도 할 수 있다.

1) 품질관리분임조의 역할

-1) 자주적으로 연수회를 주최하고, 리더십을 발휘한다. 공부하는 작은 모임으로서 [품질관리 분임조]지(誌) 및 품질관리분임조 운영에 대한 서적을 활용하여 공부한다.

-2) 자주적으로 품질관리 분임조를 편성한다.

-3) 자주적으로 활동할 테에마를 선정하여 활동계획을 작성하여, 상사의 승인을 얻어, 활동을 실시한다. 승인을 받음과 동시에 계획내용의 지도를 받는다.

-4) 자주적으로 품질관리 분임조회합을 개최한다.

-5) 분임조원의 고유기술, 관리기술 등의 교육훈련을 실시하고 관리능력을 드높인다.

-6) 분임조원의 의견을 작업지도서에 기재함과 동시에, 작업지도서를 관리한다. 단, 개정할 때에는 상사의 승인을 얻는다.

-7) 활동결과를 종합하여, 상사에게 보고하기 위한 보고회를 갖는다.
이때에 분임조원에게는 가능한 한 발언을 시키도록 하는 연구가 중요하다.

-8) 작은 분임조장 ; 분임조장의 양성에 힘을 기울인다.

-9) 다른 부분과의 분임조 교류회 등의 기획을 수립하고 솔선수행하여, 다른 분임조와의 유대를 긴밀히 하도록 유의한다.

2) 품질관리 분임조원의 역할

품질관리분임조원의 역할은, 일상활동, 품질관리 분임조회합 등을 통하여, 생산성의 향상과 품질의 유지·향상에 노력하는 것이며 그 결과로서 밝고, 보람있는 직장을 이룩하려고 하는 것이다.

-1) 품질관리분임조 회합에 참가하여, 적극적으로 활동을 한다.

-2) 회합에서는 서로 분임조장을 격려하고 협력하여 활발하게 발언한다.

-3) [품질관리분임조]지 등을 통해서 자주적으로 공부하여 관리능력을 높인다.

-4) 할당된 실시사항을 서로 분담하여 실행한다.

-5) 작업지도서를 지키고, 올바른 작업을 한다.

-6) 자신들의 힘으로 좋은 인간관계를 만들어 낸다.

-7) 직장의 안전과 자신들의 안전을 확보한다.

-8) 품질관리 분임조원의 성과를 교대로 발표한다.(표현능력을 기른다.)

-9) 품질관리 분임조활동을 통하여 품질을 보증한다.

5. 분임조장의 리더십

1) 리더십이란

「통솔력」, 「지도력」, 「지도자」 등의 뜻이 된다. 분임조원의 개성이 충분히 발휘되고 분임조원끼리 다른 분임조원이 분담하고 있는 일에 대해서 깊은 관심을 갖고 공동의 목적을 향하여 행동해 나가는 것이 훌륭한 그룹 활동이다. 이와 같은 그룹활동을 할 수 있도록 하는 것이 분임조장의 역할이다. 간단히 말해서 리더십이란 「그룹을 통솔하는 힘」, 「그룹목표를 향하여 끌고 가는 힘」이다. 품질관리 분임조 활동에서는 좀더 부드럽게 생각하여 「분임조장의 말을 분임조원들이 납득하고 분임조장을 따라가겠다는 의욕을 북돋아 주는 힘」이라고 생각하면 좋다.

2) 리더십을 양성하는 비결

리더십은 분임조장의 성의와 노력에 따라 양성할 수 있다. 다음 점을 유의할 것

(1) 품질관리 분임조의 기본을 이해하고 철저를 기한다.
(2) 분임조 활동의 추진 방법을 공부하여 가르친다.
(3) 분임조 활동의 추진을 위해 성심 성의껏 노력한다.
(4) 분임조원의 능력을 잘 파악해서 교육 지도한다.
(5) 상대적 입장에서 사물을 생각한다.
(6) 자기의 일에 대한 지식을 충분히 양성하여 기능을 연마한다.
(7) 항상 연구하며 자기 계발에 노력한다.
(8) 분임조원을 신뢰하고 인간관계 개선에 노력한다.
(9) 활동의 목표를 명확히 하고 계획적으로 작업을 진행한다.
(10) 하기 싫은 일도 솔선수범하여 끈기있게 해 나간다.
(11) 지시받은 것은 꼭 해낸다.
(12) 객관적으로 평가하고 모든 것을 공평하게 처리하도록 유념한다.
(13) 자기의 과오는 솔직히 인정한다.
(14) 자기 중심적이 아니고 남에게 잘 협력한다.

6. 간접부문의 품질관리 분임조 활동

간접부문의 품질관리 분임조는 한마디로 말해서 대단히 어렵다. 제조부문의 품질관리 분임조만 해도 운영상 여러 가지 문제가 있으며, 간접부문은 그 이상으로 어려운 문제가 많음을 인식하고 추진하는 것이 중요하다. 간접부문을 대별하면 다음 세가지 형으로 구분할 수 있다.

(1) 제조부문을 도와주는 역할을 하는 직장.
(2) 단순 반복 작업적 요소의 일을 하고 있는 2명 이상의 분임조원이 있는 직장. 가령 전화 교환수, 키이펀처, 수위, 자가용 운전사 등이 하는 품질관리 분임조
(3) 경리, 인사, 관리, 조사, 영업, 기술, 자재구매 등의 부문

1은 처음부터 제조부문에 포함되어 있는 경우도 있다.

2는 작업의 내용이 소위 틀에 박힌 요소가 많으므로 조금만 공부하면 제조부문과 다름없는 활동이 된다.

3은 품질관리 분임조 활동보다는 오히려 팀 활동이나 태스크 포오스(Task foce) 활동같은 그룹 활동이 적합하다.

일반적으로 간접부문의 일상업무는 전문적인 일이 많아 자기 분야의 일은 자기자신이 관리 개선을 도모하는 지침이 있어야 한다. 중요한 문제는 아무래도 다른 부문과 협력하여 해결해 나가야 한다. 그래서 직장에서의 자주적인 품질관리 분임조 활동의 활동 범위가 좁아져서 활발하지 않게 되는 것이다. 따라서 작업성격상 아무래도 성과 금액으로 평가하기 어려운 테에마가 많아진다. 이것을 올바로 이해하고 추진하는 것이 중요하다.

(4) 품질관리 분임조 활동의 추진 방법으로서는

-1) 품질관리 분임조는 공부하는 것이라는 생각으로 운영한다. 연구회는 품질관리 분임조의 중요한 테에마이다.

-2) 품질관리 분임조는 대화하는 것이다. 대화도 중요한 테에마이다.

-3) 제조부문에 적응하는 작업을 하기 위한 문제해결.

-4) 품질관리 분임조 활동과 제안 활동을 연관시킨다.

-5) 분임조원 각자가 목표를 갖는다.

-6) 제조부문이나 다른 부문과 연합 운임조 활동을 한다는 등을 포인트로 정하고 활동을 진행하면 테에마가 없어 곤란하다는 문제는 해결될 것이다.

7. 사무부문의 품질관리 분임조 활동

사무부문에서는 각자의 일의 내용이 다르며 품질관리분임조 활동도 현장만큼 활발하지 못한 것도 사실이다. 그러나 사무부문의 일에도 질, 양, 코스트의 문제는 있는 것이므로 이를 개선 향상시킨다든가, 관리하는 주제는 한없이 많다. 또 멤버의 일은 달라도 자기가 하고 있는 일의 내용을 품질관리 분임조회합 등에서 얘기하며 서로 의견을 냄으로써 품질관리분임조 회합도 할 수 있고 활동주제도 선정할 수 있다.

(1) 활동주제를 선정할 때의 주의할 점으로서는

-1) 품질관리활동의 기본을 이해하고 사무부문에의 응용을 연구한다.

-2) 전원이 얘기를 하여 밝은 직장을 만들 것을 목표로 주제를 선정한다.

-3) 일하는 방법을 개선하고 개선결과를 유지해 나간다.

-4) 일의 착오를 없앨 것을 중점주제로 선정한다.

-5) QC 수법의 공부와 활용도 중요한 주제이다.

-6) 활용결과의 평가에는 새로운 일하는 방법을 확립할 것.

다음의 구체적인 활동주제를 제시한다.

① 비서업무의 개선 관리
② 손님용 식대접대의 표준화
③ 접수업무의 간소화
④ 전화 교환, 통화시간의 단축
⑤ 제 업무 미스의 절감
⑥ 사무양식의 간소화
⑦ 계획시간의 단축과 미스방지
⑧ 예산 입안방법의 개선
⑨ 각 사무의 개선과 표준화
⑩ 필요서류를 꺼내는 시간의 신속화
⑪ 타이프 미스방지와 납기관리
⑫ 전화사용회수와 요금의 절감
⑬ 안전계수의 개선
⑭ 직장의 정리 정돈
⑮ 레포트작성납기의 엄수
⑯ 사무량의 집중화의 추진
⑰ 사무용품의 절감
⑱ 남자사무원을 여자로 바꿈
⑲ 상비품 보관량의 절감
⑳ 월말 집계업무의 신속화
㉑ 불요불급비품의 활용
㉒ 파일방법의 개선
㉓ 전화 거는 방법의 간략화
㉔ 출장보고방법의 개선
㉕ 인간관계의 향상

8. 서비스부문의 품질관리분임조 활동

최근에는 은행. 병원. 수송. 수퍼마켓 등의 서어비스업 또는 제조공장의 건강보험업무, 사택관리업무, 전화교환업무 등의 서비스 부문에 있어서도 품질관리분임조 활동이 추진되고 있다. 서어비스업에 있어서의 부문에 있어서도 품질관리분임조 활동은 [같은 일을 매일 되풀이 하고 있는 업무에 있어서 효과적으로 추진할 수 있다.]고 일컬어지고 있다.

서어비스라는 일은 『남을 위해서 하는 일이다』라고 정의된다. 따라서 서어비스의 일의 품질은 『일의 성과가 손님을 만족 시키고 있는가』이다.

(1) 제조부문의 일과 다른 점은

-1) 일이 모두 상대방이 있는 "사람"이 대상인 점.

-2) 기계, 설비, 재료는 없고 모두 "사람"만으로 만들어 내는 일이라고 할 수 있는점.이며 서어비스의 일은 모두 "사람"이고 일을 하는 사람 한사람 한사람의 소양상태가 직접 손님의 만족도에 영향을 준다.

따라서 서어비스의 일에 있어서의 품질관리분임조 활동은 직장전원의 대화의 장소를 만들어 이를 통해서 자기계발, 상호계발을 하여 사람을 길러가는 데 있다.

그래서 다음과 같은 점에 대한 달성이 목표가 되고 있다.

① 되풀이 작업의 단조로움을 깨뜨리고 인간존중의 직장을 만든다.

② 직장에서의 대화의 장소를 만들어 좋은 인간관계를 갖는다.

③ 일의 중요성을 인식시키고 책임감을 높인다.

④ 일 속에 기쁨을 낳고 직장에 활기를 불어 넣는다.

⑤ 규율있는 직장을 만들고 올바른 일이 추진되도록 한다.

⑥ 일의 미스를 없앤다.

⑦ 문제의식, 개선의식을 높이고 일이 효율적으로 추진되도록 한다.

⑧ 손님, 거래처에 대한 서어비스를 향상시킨다.

각 분임조에서 채택하고 있는 주제는 자기가 맡은 일의 개선과 직장환경의 정비가 약 반반이다.

9. 품질관리분임조경진대회, 교류회 참가의 마음가짐

(1) 품질관리 분임조 경진대회

품질관리 분임조 활동에서의 자기계발, 상호계발을 더한층 효과적으로 추진하기 위해 품질관리 분임조 경진대회가 있으며 체험담 발표, 강연, 공장견학, 현장토론회, 공개토론, 공개상담 등이 기획되고 있다. 이 대회의 목적은 대회를 통해 상호 좋은점을 흡수하면서 품질관리분임조 활동에 반영시켜 레벨업을 도모하는 것을 목적으로 하고 있다.

-1) 체험담 발표

품질관리 분임조 활동에 있어서의 체험담(성공담, 실패담, 고심담)을 발표하고 또는 발표를 듣고 문제해결의 방법을 공부하여 서로 토론해서 품질관리 분임조 활동의 레벨업을 도모한다.

-2) 현장토론회

공장견학에서 행해진 행사로 서로 활동의 체험을 토론하여 견학 공장 및 다른 회사의 좋은 점을 흡수해서 품질관리분임조 활동에 반영한다.

-3) 강연, 공개토론(패널 토론)은 각기 대회의 테에마를 중점으로 기획되기 때문에 그 목적을 이해하고 들으며 그것을 각 직장으로 가져가서 품질관리 분임조 활동에 반영한다.

(2) 품질관리 분임조대회 참가요령

-1) 참가준비

품질관리 분임조 대회에는 미리 다음에 말할 것을 준비하여 참가하는 것이 바람직하다.

① 대회의 목적을 이해하고 자기 사고방법을 정리하여 둔다.

② 품질관리분임조활동의 체험(활동상황, 성공, 실패예,문제점 등)을 정리해 둔다.

③ 대회의 장소, 시간, 스케줄을 확인하고 참가계획을 세워둔다.

-2) 참가 전반의 마음가짐

① 대회장엔 늦어도 매회 접수시간 15분전에 도착토록 한다.

② 참가자는 사회자 또는 대회안내인의 지시에 따라 행동한다.

③ 회사를 대표하여 참가한다는 자부심을 갖고 대회에 임한다.

④ 참가자는 전원 가슴에 사장(社章) 또는 네임카드를 붙인다.

⑤ 대회가 끝날 때까지 참가자는 자리를 뜨지 않는다.

-3) 체험발표회. 토론회 참가의 마음가짐

① 개시 10분전에는 반드시 발표장소에 참석한다.

② 발표내용을 잘 듣고 챠트 등을 잘보기 위해 될 수 있는 대로 앞좌석에 앉도록 한다.

③ 질문이나 의견을 말할 때는 손을 들어 먼저 회사명과 성명을 말한 뒤에 하며 질문 등은 적극적으로 행하도록 한다.

④ 질문은 한 가지씩 확실하게 알아듣도록 요점만 줄여서 간결하게 행한다.

⑤ 다음과 같은 질문이나 상대의 의견은 될 수 있는 한 삼가할 것.

㉠ 상대를 곤란하게 만드는 것.

㉡ 고유기술에 관한 것.

㉢ 상대를 비방하는 일 등.

⑥ 질문할 때 상대의 답변이 끝날 때까지 착석하지 않도록 한다.

⑦ 발표중에는 발표자에 대한 에티켓으로서 발표가 끝날 때까지 자리를 일어서지 않게 한다.

⑧ 발표, 강연이 끝나면 크게 박수를 친다.

⑨ 회장 내에서의 흡연은 삼가하여야 한다. 휴식시간 중 휴게실에서 피운다.

⑩ 필기용구, 메모용지를 준비하여 배울 점을 메모하여 직장으로 가져가도록 한다.

-4) 체험담 발표자의 마음가짐

체험담 발표자는 자기회사의 대표로서 발표하는 자부심과 발표를 통하여 많은 것을 배울 수 있다는 태도로 임하는 것이 중요하다.

① 정해진 시간 내에 발표할 수 있도록 미리 잘 연습하고 분임조 활동의 실적을 정리해 둔다.

② 발표당일은 개시 30분 전에는 발표장소에 가서 안내인에게 발표자라는 것을 연락해 주고 자기 발표순서를 확인해 둔다.

③ 발표는 될 수 있는 한 여러 사람이 알 수 있도록 행한다.

④ 참가자의 질문은 끝까지 잘 듣고 질문 내용을 잘 확인한 뒤 간략하게 답변한다.

⑤ 참가자 의견은 어떠한 것이라도 자기에게 플러스가 된다고 생각하고 감사하는 마음가짐을 잊지 않는다.

-5) 공장견학의 마음가짐

① 안내자의 지시에 따라 행동한다.

② 견학중 기계에 닿거나 만지거나 위험물에 가까이 가지 않는다. 또 사진촬영은 안내자의 허가를 얻어 행한다.

(3) 품질관리 분임조 교류회

품질관리 분임조 교류회는 상호 계발하는 하나의 방법이며, 품질관리 분임조 분임조장 몇 사람의 그룹으로 서로의 공장현장을 방문하고 공장견학, 체험발표, 테마를 정한 토론회 등을 행하여 서로 품질관리 분임조 활동운영상 좋은점을 흡수하기 위해 각 공장의 스타아프들로서 기획되는 것이다. 교류회의 목적은 교류회를 통해 품질관리 분임조의 운영, 활동상황, 고심하고 있는 점, 연구하는 점, 효과의 파악, 평가표창 등 서로의 좋은 점을 흡수하여 앞으로의 활동에 반영시키려는 것이다.

-1) 교류회의 계획

① 목적, 참가예정자(목적에 따라 인선)의 희망 등을 고려하여 스타아프가 교류상대를 선정한다.

② 교류처가 결정되면 상대의 사무국과 장소, 일정, 목적, 스케줄에 대해 쌍방간에 조정한다.

③ 교류회는 주고받는 정신이 기본이다. 그러려면 쌍방의 공장에서 전후 2회 실시하는 것이 바람직하다.

④ 인원은 목적에 의해 10-20명 정도의 품질관리 분임 조장과 상사, 스타아프 각 1명 정도의 구성이 좋다.

-2) 교류회 참가의 마음가짐

① 당일의 인솔자의 지시, 교류처의 공장지시에 따라 행동한다.

② 질문할 때는 “기브 앤드 테이크”의 정신으로 먼저 이쪽 실정을 간단하게 설명한 뒤 질문하도록 한다.

(4) 참가 보고

품질관리 분임조 대회나 교류회에 참가할 때는 귀사후 품질관리 사무국의 참가하지 못한 사람들에게 보고한다.

-1) 품질관리 사무국에 대해서는 미리 구두로 회의 개요를 설명하고 대회후 3일 이내에 보고서를 작성하여 제출한다.

체험담 발표 (참고가 된 점)

강연. 토론 (각 내용의 개요를 정리한다)

공장견학 (견학 공장의 좋은 점, 나쁜 점)

전반을 통해서의 감상, 대회나 교류회에 참가하지 못한 직장사람에게는, 조례, 직장 간담회, 품질관리 분임조회합 등에서 체험을 보고하고 상호 의견을 교환한다.

10. 발표하는 방법

분임조 활동에 있어서 체험담 발표는 없을 수 없는 활동의 하나이다. 자기들의 활동을 정리하여 보고함으로써 상사나 타부서의 사람들에게 활동 내용을 평가받거나 자기평가를 하기 위하여 발표를 하거니와 상호계발의 장소로서 활용하는 것이 중요하다.

(1) 훌륭한 발표를 하는 비결

-1) 확고한 내용일 것, 품질관리 수법에 따른 분석을 확실히 하며「계획→실시→검토→조처」의 사이클을 정확하게 돌린 것일 것. 내용이 조잡한 것은 아무리 훌륭한 옷을 입혀도 좋은 발표는 되지 않는다.

-2) 정리 방법을 연구할 것

발표내용은 「자기분임조의 소개→활동의 경과→활동의 실시상황→제동→얻어진 성과→반성과 금후의 추진 방법」 등에 대하여 정리하기 바라며 활동의 내용의 특징을 강조하고 고충담, 분임조원의 활약에도 언급할 것.

-3) 알기 쉬운 발표를 할 것.

무엇을 말하는가를 확실하게 하여 듣고 있는 사람들이 알도록 설득력 있는 발표방법을 연구한다. 원고는 보지 않고 정면을 보고 말한다. 전문용어나 특수용어는 되도록 피하는 것이 좋다.

-4) 괘도나 OHP를 잘 활용할 것.

일반 사람에게 알기 쉽도록 괘도나 OHP 및 PowerPoint를 잘 활용하면 좋다. 뒤에 있는 사람도 잘 볼수 있도록 글자는 크게 쓰고 도면이나 그림을 많이 하여 색깔을 잘 써야 될 것이다.

-5) 발표연습을 할 것

낭독식으로 읽어 나가지 않도록「사이」를 고려하고 말을 명확하게, 즐거움이 넘치게 한다.

-6) 발표시간은 엄수할 것.

-7) 질문의 내용을 잘 확인하고서 요령있게 대답할 것.

11. 품질관리분임조의 자기평가 체크리스트

(1) 자기평가의 목적

품질관리분임조 활동을 하여온 뒤를 돌아보면 여러가지로 반성해야 할 일들이 있다. 품질관리분임조의 자주적, 자발적 활동의 일환으로서 자기들이 했던 활동을 자기들이 체크하여 계획·실시·검토·조처의 사이클을 돌리는 것이 중요하다. 이 일은 다른 사람에게서 평가받는 이상으로 자각하게 되고, 반성을 하게 되며, 다음에의 비약으로 이어진다. 그러기 위해서는 먼저 자기들이 품질관리분임조의 능력, 수준에 따른 체크항목을 선정하여 올바르게 평가하는 것이 필요하다.

(2) 어떠한 평가를 해야 하느냐

-1) 품질관리 분임조활동의 목적에 맞춰 평가하고 자주성, 자발성, 인간성 존중에, 또는 활동 그 자체에 중점을 두고 평가한다.

-2) 활동계획의 달성정도를 확인하고 평가한다.

-3) 계획에서 활동결과의 마무리까지의 일련의 이야기를 평가한다.

-4) 품질관리 분임조 활동에서 얻어진 성과를 활동 테에마마다 금액으로 환산하여 평가한다. 무형효과와 유형효과의 양면에 대해서의 평가가 필요하다.

-5) 품질관리 분임조 활동에 있어 성과의 확인을 회사의 회계연도에 맞춰 연간, 기별 등의 일정기간의 활동을 정리하여 자기평가하고 상사에 보고함과 동시에 분임조원 사이에서도 서로 확인하며 다음 활동에 반영시킨다.

-6) 직장내에서 품질관리 분임조 대회 사례연구회, 발표회를 자주적으로 개최하고 자기평가하여 반영시킨다.

(3) 무엇을 평가항목으로 하느냐

품질관리분임조 분임조원의 협력정도 회합에 있어 운영의 방법 품질관리 수법의 활용정도, 품질의 향상, 불량감소, 코스트다운의 공헌도, 직장환경, 사기앙양, 상사나 분임조원의 만족도, 회합의 참가율, 회수, 상사나 스타아프의 활용도, 금후의 활동 설정 등.

12. 품질관리 분임조 경진대회 체험담 발표 체크리스트(예)

기 본 스 텝	평 가 요 소	비 고
1. 테마의 선정 방법 (10점)	1) 현상을 잘 파악하고 충분히 분석하여 선정하고 있는가 2) 분임조활동으로서, 누구나 참가할 수 있는 비근한 테마인가 3) 상사의 방침과의 관련은 명확한가 4) 채택한 특성치는 명확한가	0 5 10
2. 활동추진 방법 고심도 (20점)	1) 활동은 분임조장과 분임조원이 일체가 되어, 자주적으로 고심하면서 본질을 살린 활동인가 2) 분임조원의 의견에 창의연구가 충분이 반영되어 있는가 3) 분임조회합은 적극적으로 열리고 있는가 4) 활동의 스텝(PDCA)은올바르게 되고 있는가 5) 분임조활동이 계속 추진되어 효과를 올리고 있는가	0 5 10
3. QC수법의 활용 (10점)	1) 간단한 QC수법이라도 이를 연구하여, 특징있고 살아있는 사용방법을 쓰고 있는가 2) QC수법을 잘 이해하여 활용되고 있는가 3) 특성요인도, 파레토 그림, 히스토 그램, 관리도는 효과있게 활용되고 있는가 4) 관리도의 사용방법은 적절하고 틀림이 없는가	0 5 10
4. 조처·대책 (10점)	1) 이상의 요인과 조처할 대책이 연결되어 있는가 2) 저마다의 조처,대책에 대해서 그 효과를 확인하고 있는가 3) 타부서에 의뢰해야 할일을 의뢰하고있는가 4) 재발방지의 내용이 분임조로서 적절한 것인가	0 5 10
5. 효 과 (10점)	1) 목표에 대한 효과가 얻어지고 있는가 2) 유형.무형의 효과가 파악되어 있는가 3) 유형의 효과를 금액으로 평가하고 있는가 4) 단순한 개선의 효과파악에 그치고 있지는 않은가	0 5 10
6. 표 준 화 (10점)	1) 정착이 필요한 것은 표준화하고 있는가 2) 정착의 효과가 파악되어 있는가 3) 유사한 일에 대해서도 표준화하도록 되어 있는가 4) 단순한 개선의 효과파악에 그치고 있지는 않은가	0 5 10
7. 반성과 금후의 계획(10점)	1) 문제의식을 가지고 반성하고 있는가 2) 문제점은 구체적인가 3) 앞으로의 계획은 명확하고 구체적인가 4) 목표를 달성하지 못할 경우에는 간단히 체념하지 말고 넓은 시야로 검토하고 있는가	0 5 10
8. 발표의 연마와 충실 (20점)	1) 이해하기 쉬운 발표였는가 2) 발표내용이 잘 정리되어 앞뒤가 잘 연결되어 있는가 3) 차트, 현물자료 등을 잘 연구하여 활용하고 있는가 4) 규정시간 내의 보고로서 질문에 대한 적절한 답변이었는가	0 5 10

13. 품질관리분임조 활동 자기평가 체크리스트(예)

<table>
<tr><th>평 가 항 목</th><th colspan="2">평 가 요 소</th><th>평점</th></tr>
<tr><td>1. 테에마의 선정
(10점)</td><td colspan="2">(1) 분임조원 전원으로 충분히 검토했는가
(2) 테에마의 배경, 문제점을 잘 파악하고 있었는가
(3) 효과의 정도는 귀중한 것인가</td><td>0 5 10</td></tr>
<tr><td>2. 동원수
(20점)</td><td colspan="2">(1) 분임조원이 협력적으로 참가했는가
(2) 필요할 때마다 관계부서에 잘 협력하고 의뢰할 수 있었는가
(3) 관계부서는 적극적으로 협력해 주었는가</td><td>0 5 10</td></tr>
<tr><td rowspan="6">3. 추진방법의 적절성(30점)</td><td>평 가 항 목</td><td>평 가 요 소</td><td></td></tr>
<tr><td>(1) 활동목표의 달성
(10점)</td><td>(1) 당초의 목표는 충분히 달성할 수 있었는가
(2) 목표설정은 적절했는가</td><td>0 5 10</td></tr>
<tr><td>(2) 해 석(10점)</td><td>(1) 과거의 데이터를 충분히 파악하고 있었는가
(2) 해석방법은 충분히 파고 들어간 것이었는가
(3) 해석에 QC수법을 훌륭히 활용했는가</td><td>0 5 10</td></tr>
<tr><td>(3) 분임조 활동
(5점)</td><td>(1) 팀 웍은 좋았는가
(2) 적극적인 협력을 얻을 수 있었는가</td><td>0 5 10</td></tr>
<tr><td>(4) 확 인(5점)</td><td>(1) 결과의 확인은 빠짐없이 했는가
(2) 확인과 동시에 문제점은 명확히 파악하고 있었는가</td><td>0 5 10</td></tr>
<tr><td>(5) 표 준 화
(10점)</td><td>관리의 정착에 필요한 일은 빠짐없이 실행했는가</td><td>0 5 10</td></tr>
<tr><td>4. 관리기법의 이용도(10점)</td><td colspan="2">(1) 각 스텝(단계)에 있어서 적절한 수법을 써서 해석 되었는가
(2) QC,IE 등의 수법을 적절히 활용했는가
(3) 특징있는 수법의 사용법을 실천했는가</td><td>0 5 10</td></tr>
<tr><td>5. 상사의 만족도
(10점)</td><td colspan="2">(1) 효과로서 상사는 충분히 인정하고 있는가
(2) 분임조 활동으로서 충분한 내용이었다고 인정하고 있는가
(3) 분임조장으로서, 당신이 취한 태도에 만족하고 있는가</td><td>0 5 10</td></tr>
</table>

14. 품질관리 분임조활동 자기진단 체크리스트 (예)

착 안 사 항		평 가			착 안 사 항		평 가		
		상	중	하			상	중	하
1 직장환경	(1) 밝은 직장분위기가 되어 있는가 (2) 교육기술의 수준향상(레벨업)은 되어 있는가 (3) 불량률, 수율, 능률은 향상하고 있는가 (4) 출근율은 향상하고 있는가 (5) 안전에 대해서는 문제가 없는가				6 계획작성과해결	(1) 계획은 분임조원전원에 의해서 검토 되었는가 (2) 실행가능한 계획인가 (3) 역할은 전원에게 분담했는가 (4) 수법은 적절히 활용되고 있는가 (5) 해결을 위한 팀 웍은 짜여 있는가			
2 분임조원의의욕	(1) 멤버가 분임조 활동에 대한 의욕이 있는가 (2) 분임조 활동이 멤버에게 이해되어 있는가 (3) 분임조원은 자기계발에 노력하고 있는가 (4) 문제의식은 향상하고 있는가 (5) 교육은 충분한가				7 결과의체크와전략	(1) 계획대로 활동이 진행되었는가 (2) 효과는 정확하게 평가 되었는가 (3) 개선안은 관계자가 납득해 주었는가 (4) 개선안은 표준화 되었는가 (5) 개선사항에 대해서 분임조원에게 주지시켰는가			
3 품질관리분임조활동의운영	(1) 자주적으로 운영되고 있는가 (2) 분임조장의 통솔은 좋은가 (3) 그룹내의 협조는 잘 되는가 (4) 상사, 스타아프의 지도를 적절히 받고 있는가 (5) 테에마의 검토는 계획대로 진행되고 있는가				8 결과의정리	(1) 결과보고는 QC스토리에 정리되었는가 (2) 결과를 정확하게 평가하고 있는가 (3) 결과를 상사에게 보고했는가 (4) 발표의 기회는 있는가 (5) 발표자가 특정인에 치우치지 않고 있는가			
4 품질관리분임조회합	(1) 회합은 예정대로 열리고 있는가 (2) 결석, 지각은 없는가 (3) 전원의 활발한 발언이 있는가 (4) 회합의 진행에 전원이 협력하고 있는가 (5) 회합의 결론은 전원에게 철저히 침투되어 있는가				9 다음운동에의액션	(1) 분임조원은 자신과 긍지를 갖고 있는가 (2) 먼저 나온 테에마의 문제점에 대책이 세워졌는가 (3) 분임조운영의 문제점이 해결되어 있는가 (4) 신입사원에 대한 교육은 잘 되고 있는가			
5 테에마의선정	(1) 자주적으로 선정하고 있는가 (2) 상사방침의 달성에 따르고 있는가 (3) 분임조원의 능력에 알맞는가 (4) 목표는 명확한가 (5) 타부문과의 관련도 배려되어 있는가				10 운동의반성	(1) 회합시간을 잡는 방법은 이것으로 충분한가 (2) 조례, 석(夕)례, 여가의 활용은 잘 되고 있는가 (3) 회사내회의대회, 기타의 출석자의 보고는 실시되는가 (4) 관련된 다른 분임조의 활동상황을 분임조원에게 알리느냐 (5) 제안은 활발하게 나오고 있는가			

(이 기간을 반성해보고, 어떠한 점이 자기들에게 좋았는가)	합계(A)			
	계 수	2	1	0
(상사, 스타아프에게 요망하고 싶은 일)	합계(B) 총계점			0

15. 회의의 준비와 운영요령

(1) 행동사항

1) 맡은바 직무에 대하여는 책임감을 갖고 수행하는가.

2) 동료간에 협조적이고 자기교정에 노력하고 있는가.

3) 일에 대한 요령 · 처리 · 행동에 있어 과학적이고 창의적인가.

4) 사소한 일에 불평불만을 품고 작업을 기피하는 일이 없는가.

5) 희생정신을 가지고 봉사하고 있는가.

(2) 개인태도

1) 허식 · 허영심을 버리고 사소한 생활을 하고 있는가.

2) 타인에게 책임전가, 모략 · 중상하는 일은 없는가.

3) 가정적으로 화목하고 원만한가.

4) 동료간에 불신, 지탄을 받는 일은 없는가.

5) 공덕심과 준법정신이 투철한가.

6) 자체적으로 건강하고 사상이 온건한가.

7) 자기 주위의 정리정돈은 잘 되어 있는가.

8) 경노, 애향심은 강한가.

(3) 회의의 준비

1) 회의의 내용의 검토 · 분석

-1) 회의의 목적 · 내용 · 요점을 재검토 분석한다.

-2) 사전에 상사와 협의하여 자료를 정비한다.

2) 회의사항에 대한 결정

-1) 회의내용(시간, 장소 등)을 통지한다. (통신 또는 회신)

-2) 회의내용에 필요한 자료를 제공하여 사전에 검토케 한다.

-3) 제안자의 제안설명에 필요한 챠트작성

3) 회의장 준비

-1) 참가자 인원수에 맞는 회의장의 정비(책, 걸상 등의 배열과 마이크장치 등)

-2) 조명·환기 등의 최량 상태

-3) 흡연, 음료 등의 준비

(4) 회의의 운영

1) 토의는 건설적이고 진지하여야 한다.

-1) 회의장은 자기노출이나 싸움의 장으로서 이용되어서는 아니된다.

-2) 찬·반의 태도가 분명하고 야유나 사담은 삼가하며 결례가 되는 일이 없도록.

2) 의장의「지도력」과 참가자의 자세

-1) 의장은 항상 장내의 질서에 유의하여야 한다.

-2) 발언, 제안, 설명, 토의는 회의요령에 따라 질서정연하게 하여야 한다.

-3) 발언자, 제안자의 설명은 어디까지나 성의 있어야 하고 청취자는 진지한 태도로서 판단, 평가하여야 한다.

3) 발언자·제안자의 태도

-1) 말은 될수록 간략하게 요점만을 말한다.

-2) 말을 반복하거나 감정에 사로잡혀 음성을 높이지 않는다.

-3) 청중 표정이나 태도를 살피면서 호흡을 맞춘다.

-4) 주제가 뚜렷하며 설득력이 있어야 한다.

-5) 말의 억양 동작 등을 적절하게 구사한다.

-6) 청중의 주의를 집중시키고 흥미를 일으켜 듣고 싶게 한다.

-7) 서론·본론·결론을 요령있게 전개해 나간다.

4) 정리

-1) 전회기의 회의의 내용을 평가 반성한다.

-2) 회의 내용은 의사록에 기재하여 실천사항은 해당 부서에 배포한다.

-3) 실천내용은 사내통달로서 책임부서에 하달한다.

-4) 결과에 대한 분석 평가자료를 만든다.

16. 문제점의 발견방법

현장인은 언제나 현상태를 충분하다고 만족하지 않고, 항상 의문을 갖고 더 좋은 방법을 생각해 내야 한다.

「문제를 무슨 방법이든지 해결해 낸다. 문제는 어디엔가 있을 것이다」라는 의식 - 즉 「문제의식」을 갖는 것이 중요하다.

직장의 문제점을 찾아내려면 왕성한 문제의식아래 현재의 문제점을 관찰하고 생각하면서 일을 한다는 태도가 필요하다.

문제 발견의 수법으로는 결점열거법, 희망점열거법, 브레인스토오밍, KJ법 및 체크리스트법 등이 있다.

체크리스트를 이용하는 방법은 간단하게 누구나 점검할 수 있으며 필요한 항목을 빠짐없이 확실하게 체크할 수 있다는 이점이 있다. 그러므로 이 방법은 품질관리 분임조활동을 시작해서 얼마 안된 직장이나 분임조 활동이 활발한 직장에도 적합하다.

다음 페이지에 「현장의 문제발견을 위한 체크리스트」를 열거한다. 이것을 써서 자문자답하면서 자기 직장관계나 일하는 방법을 점검하고,

(1) 문제가 없는 것에는 ········ O 표
(2) 문제가 있는 것에는 ········ X 표

를 붙이면 스스로 문제점을 찾아낼 수 있다. 이와 같이 하여 「문제의 색출」이 끝나면 색출된 많은 문제점 중에서 품질관리 분임조 활동에서 취급할 테에마를 정한다.

테에마를 결정하기 위해서는 각 문제점에 적어도 다음 점을 체크하여 중요도를 평가한다.

(1) 데이터를 모아 분석한다.
(2) 문제점을 자기 평가한다.
(평가항목: 기대되는 성과, 활동기간, 테에마의 난이도, QC의 이해도, 협력도 등)
(3) 상사의 평가를 받는다.

이상과 같은 순서를 지나 가장 긴급하고 중대한 테에마를 결정하면 다음에는 「목표에 대한 공격」이 있을 뿐이다.

직장에서의 문제점 발견은 문제점을 고쳐나가는 것보다 더욱더 중요하다고 할 수 있다.

문제점의 올바른 지적만이 문제 해결을 더욱더 잘할 수 있는 계기가 될 것이다.

17. 현장의 문제발견을 위한 체크리스트

Ⅰ. 현장의 5대 임무		체 크	Ⅱ. 현장의 4M		체 크
1 품질	불량은 줄었는가. 재작업량은 줄었는가. 스크랩은 줄었는가. 클레임은 줄었는가. 산포는 크지않는가. 편차는 크지 않는가. 미스를 일으키고 있지 않는가.		1 작업	표준을 지키고 있는가. 작업능률은 좋은가. 문제의식은 좋은가. 기술을 익히고 있는가. 책임감은 왕성한가. 배치는 적당한가. 향상의욕은 있는가. 인간관계는 좋은가. 건강상태는 좋은가.	
2 원가	경비는 절약되었는가. 능률은 올랐는가. 공수는 줄었는가. 작업의 낭비는 없는가. 원단위는 내려갔는가. 시간을 유효하게 이용하는가. 자재의 낭비는 없는가. 생산성은 높아졌는가.		2 설비 공구	생산능력에 부합하는가. 공정능력에 부합하는가. 급유는 적절한가. 점검은 충분한가. 고장정지는 없는가. 정도부족은 없는가. 이상한 소리가 나지 않는가. 배치는 적당한가. 수에 과부족은 없는가. 정리, 정돈이 되어 있는가.	
3 생산량	생산량은 예정대로 되었는가. 과잉재고는 없는가. 수량의 틀림은 줄었는가. 고장은 줄었는가. 작업스피드는 높아졌는가. 공기는 단축되었는가. 순서는 간소화되었는가.		3 원재료	수량은 틀리지 않았는가. 등급은 틀리지 않았는가. 상표는 틀리지 않았는가. 다른 재료의 혼입은 없는가. 재고량은 적절한가. 낭비는 없는가. 취급방법은 좋은가. 제조도중에 방치돼 있지 않은가. 배치는 좋은가. 품질수준은 좋은가.	
4 안전	재해는 줄었는가. 피로도는 줄었는가. 환경은 개선되어 있는가. 정리정돈이 되어 있는가. 안전장비는 착용되고 있는가. 위험물의 취급은 좋은가. 위험구역은 명시되어 있는가. 위생관리는 좋은가.		4 방법	작업표준의 내용은 좋은가. 작업표준은 개정되어 있는가. 안전한 방법인가. 좋은 물품이 나오는 방법인가. 순서는 적정한가. 온도, 습도는 적당한가. 조명, 통풍은 적당한가. 전후 공정의 연결은 좋은가.	
5 인간 성	인간관계는 좋은가. 의욕은 향상되고 있는가. 개선제안은 향상되고 있는가. 출근율은 향상되고 있는가. 직장은 미화되고 있는가. 창의연구는 잘 생각하고 있는가. 일하는 즐거움을 맛보고 있는가				

	Ⅲ. 현장의 3무	체크
1 무 리	인원에 무리가 없는가 기능에 무리는 없는가 방법에 무리는 없는가 시간에 무리는 없는가 설비에 무리는 없는가 치공구에 무리는 없는가 자재에 무리는 없는가 생산량에 무리는 없는가 재고량에 무리는 없는가 장소에 무리는 없는가 사고방식에 무리는 없는가	
2 불 균 형	인원에 불균형은 없는가 기능에 불균형은 없는가 방법에 불균형은 없는가 시간에 불균형은 없는가 설비에 불균형은 없는가 치공구에 불균형은 없는가 자재에 불균형은 없는가 생산량에 불균형은 없는가 재고량에 불균형은 없는가 장소에 불균형은 없는가 사고방식에 불균형은 없는가	
3 낭 비	인원에 낭비는 없는가 기능에 낭비는 없는가 방법에 낭비는 없는가 시간에 낭비는 없는가 설비에 낭비는 없는가 치공구에 낭비는 없는가 자재에 낭비는 없는가 생산량에 낭비는 없는가 재고량에 낭비는 없는가 장소에 낭비는 없는가 사고방식에 낭비는 없는가	

	Ⅳ. 현장의 5W1H	체크
1 누 가	누가 하는가 누가 하고 있는가 누가 하는게 좋은가 그밖에 누군가 할 수 있는 사람은 없는가 누군가, 이밖에 해야 할 사람은 없는가 누가 무리, 불균형, 낭비를 하고 있지 않는가	
2 무 엇 을	무엇을 하는가 무엇을 하고 있는가 무엇을 하는게 좋은가 무엇인가 이밖에 할 수 있는 사람은 없는가 무엇인가 무리, 불균형, 낭비를 하고 있지 않은가	
3 어 디 서	어디서 하는가 어디서 하고 있는가 어디서 하고 있는 것이 좋은가 어딘가 다른곳에서 할 수 있는 곳은 없는가 어딘가 달리해야 할 곳은 없는가 어딘가 무리, 불균형, 낭비를 하고 있지 않은가	
4 언 제	언제 하는가 언제 하고 있는가 언제하는 것이 좋은가 언제 이밖에 할 수 있는 시간은 없는가 언제 이밖에 해야 할 시간은 없는가 시간에 3무(무리, 불균형, 낭비)를 하고 있지 않은가	
5 왜	왜 그 사람이 하는가 왜 그 일을 하는가 왜 거기서 하는가 왜 그때 하는가 사고방식에 3무 (무리, 불균형, 낭비)를 하고 있지 않은가	
6 어 떻 게	어떻게 하는가 어떻게 하고 있는가 어떻게 하는 것이 좋은가 다른 곳에 그 방법은 쓸 수 없는가 무언가 달리해야 할 방법은 없는가 방법에 3무 (무리, 불균형, 낭비)를 하고 있지 않는가	

18. 문제해결의 14가지 KEY

쉽게 풀지 못하는 것이 문제의 생리이고 보면, 여기서 말하는 14가지의 열쇠(Key)는 마치 실(絲)의 매듭을 풀듯 단계적으로 푸는 습관을 통하여 해결능력을 기르는 방법을 말함이다.

Key 1. 먼저 어떤 일에서 기대되는 성과의 기준을 정해두고 실제의 성과와 어떠한 차가 생겼나를 검토한다.

Key 2. 정해둔 기준에서 잘못되어 빠짐이 없는가 하는 문제를 찾아본다.

Key 3. 문제의 정체와 정도 그리고 장소와 기간 등을 보다 구체적으로 규명한다.

Key 4. 문제가 발생하는 것과 그렇지 않은 것을 명확히 구분하는 즉 매개하는 원인을 찾는다.

Key 5. 문제가 발생되는 요인은 과정을 하나 하나 명확히 체크한다.

Key 6. 원인이 풀리지 않은 상태이므로 문제의 원인에 대하여 가설을 세운다.

Key 7. 문제의 원인이라고 짐작되는 모든 인자를 조사하고 그 문제를 완전하게 설명 할 수 있는 인자를 찾아내어 가설에 대한 뒷받침을 세운다.

Key 8. 무엇을 달성할 것인지 그 목표를 세우고 의사결정을 세운다.

Key 9. 절대적인 목표와 희망적 목표로 분류하고 가망성 여부를 재고하여 중요도를 결정한다.

Key10. 활용할 수 있는 모든 수단과 방안을 최대한으로 강구한다.

Key11. 목표와 비교분석 해가면서 그들 수단을 차례로 평가한다.

Key12. 목표달성에 있어서 가장 좋은 수단을 이들 중에서 잠정적으로 선정한다.

Key13. 잠정적 선정으로 말미암아 앞으로 다가올 결과에 대하여도 조사, 검토한다.

Key14. 예상되는 좋지 못한 결과에 대하여 철저한 예방책을 마련하고, 실행을 보장받을 수 있는 행위와 아울러 최종적 결정을 내린다.

19. 문제해결의 순서

기 본 스 텝		실 시 사 항
제 1 단계	문제점을 발견한다	무엇이 문제냐? 예를 들어 밝은 직장을 만들려면 일을 효율적으로 하려면, 상사방침을 달성하려면, 특성요인도에 의해 브레인 스토오밍으로
제 2 단계	목표를 세운다	공격 목표치를 정한다. 어느 정도의 성과를 기대하는가 분임조능력에 맞는 적절한 목표를 파레토그림의 분석에 의한 중점시행을
제 3 단계	분담을 정한다.	분임조 내의 협력체제와 분담을 정한다. 분임조원 전원이 각자의 능력에 맞는 역할을 갖는다. 스타아프에게 해달라고 할 수 있는 것은 무엇인가? 분임조 활동계획을 세운다. 무엇을, 언제까지, 어느 정도, 누가, 어떻게
제 4 단계	현상을 조사한다	문제점을 더욱 세분하여 해석하고 현상분석을 하는 5W1H로 생각한다. 왜, 무엇을, 어떻게, 어디서, 언제, 누가 4M을 조사한다. 사람, 기계, 재료, 방법
제 5 단계	대책을 세운다	현상분석의 결과에 따라 구체적인 개선안을 세운다. 아이디어를 브레인스토밍으로 내게 한다.
제 6 단계	실시한다.	구체적인 개선활동을 전개한다. 과학적으로 진행시킨다. 관리사이클(계획, 실시, 검토, 조처)을 회전시킨다. 사실(데이터)에 의해 말을 한다. 실패도 귀중한 경험으로 끈기있게 활동한다.
제 7 단계	결과를 조사하여 반영한다.	개선결과를 파악하여, 정착화하고 표준화 한다. 분임조 진행방법에 대해서도 반성하고, 다음 활동계획을 짜 넣는다. 결과를 문장으로 정리해서 반영시킨다.

20. 현장 QC수법의 사용방법

<table>
<tr><th colspan="2">목 적</th><th>주된수법</th><th>사 용 법</th><th>주 의 사 항</th></tr>
<tr><td rowspan="8">공정을 개선한다 공정을 관리한다</td><td rowspan="2">문제점을 파악한다.</td><td>파레토 그림</td><td>이 그림에 의해서, 각 불량항목이나 원인 중 무엇을 해결할 것인가를 확실하게 한다.</td><td>건수만이 아니라, 손실 금액에 대해서도 작성해둔다</td></tr>
<tr><td>특성 요인도 관리도 (해석용)</td><td>모든 요인을 모아 특성에 영향을 미치는 요인을 정리한다.
만성불량과 산포가 너무 크지 않는가, 한계외에 점이 있거나 경향이나 주기가 없는가를 조사한다.</td><td>될 수 있는한 많은 사람의 의견을 모은다.
층별방법을 연구할 것.
군 구분에 주의</td></tr>
<tr><td rowspan="5">현상을 분석한다.</td><td>히스토 그램</td><td>기계, 작업자, 원재료, 작업방법에 따라서 층별한 히스토그램을 작성하고 분포의 모습과 규격차와의 관계를 본다.</td><td>데이터 수는 30개 이상 100개정도가 필요하다.</td></tr>
<tr><td>산점도</td><td>원인과 결과의 2조의 데이터를 잡고 산점도에 의해 서로 관계가 있는가를 검토한다.</td><td>데이터 수는 20개 이상 된다면 50개 정도 필요하다.</td></tr>
<tr><td>체크 시이트</td><td>문제가 되는 원인과 불량의 현상을 체크해서 직접 그래프화 하거나 도표화 해 버린다.</td><td>목적을 명확히하고 그에 맞는 시이트를 만들 것</td></tr>
<tr><td>그래프</td><td>데이터의 정리에 쓰인다. 시간에 의한 일은 꺾은선 그래프, 한 시점에서의 비교는 막대그래프, 비율은 원그래프로 한다.</td><td>-, …, ·, × 등을 잘 써서 알기쉽게</td></tr>
<tr><td>2항 확률지</td><td>불량률과 평균치에 관한 층별한 데이터의 비교에 쓴다. 유의차가 있는가를 안다.</td><td>데이터 수가 너무 적으면 안된다.</td></tr>
<tr><td>개선을 실시한다</td><td>개선을 실시한다</td><td>분임조원이 협력하여 아이디어를 서로 내고 개선안을 조사한다.</td><td>수많은 아이디어를 낼 것</td></tr>
</table>

<table>
<tr><th colspan="2">목 적</th><th>주된 수법</th><th>사 용 법</th><th>주 의 사 항</th></tr>
<tr><td rowspan="4">공정을 개선한다</td><td rowspan="4">개선결과를 체크한다</td><td>관리도</td><td>불량률과 산포가 적어지며, 공정은 안정상태인가를 조사한다.</td><td>대책, 조처를 대응시켜본다.</td></tr>
<tr><td>히스토그램</td><td>개선전후에 층별한 히스토그램을 작성하고 비교한다.</td><td>규격치에 대해서 여유가 있는가.</td></tr>
<tr><td>파레토그림</td><td>개선전후의 파레토그림을 비교한다. 불량의 비율은 줄었는가를 본다.</td><td>개선결과를 금액으로 평가한다.</td></tr>
<tr><td>2항 확률지</td><td>개선후는 불량률이 내려갔나를 조사하고 불량률을 추측한다</td><td>객관적인 판정이 얻어진다.</td></tr>
<tr><td rowspan="2">공정을 관리한다</td><td rowspan="2">공정을 체크한다</td><td>관리도 (관리용)</td><td>안정상태의 한계선을 연장하고 점찍는 것을 계속한다. 한계 외로 점이 나가거나, 점의 배열에 버릇이 있으면 이상원인이 있다고 판단한다.</td><td>이상이 있으면 조처를 취하고, 표준화를 시행한다.</td></tr>
<tr><td>체크 시이트</td><td>점검.검사용 체크시이트를 사용하여 작업표준에 의해 점검한다</td><td>적당하게, 체크항목을 개정할 것.</td></tr>
</table>

21. 품질분임조 회합양식과 체크항목

(1) 품질분임조 회합양식

결재			

회합일자		회합시간	: ~ :	차회합	
활동주제					
참 석 자	(계 명)				

차기회합일		회합시간		회합장소	
차기주제					
팀원역할					

건의사항	부서장 및 관계자 의견	조치사항

※ 각 분임조마다 1권씩 갖는 것이 유리하다.

(2) 품질분임조 회합전(前)의 체크리스트

구 분	체 크 항 목	체 크	
		Yes	No
① 회합 내용	· 멤버별 분담내용(숙제사항)의 진행도는 확인되어 있는가?		
	· 회합에서는 무엇을 어느 범위까지 검토하느냐가 명확히 정해져 있는가?		
	· 멤버는 검토하는 의제와 내용을 충분히 이해하고 있는가?		
	· 상사에게 검토하는 의제와 내용을 보고하고 있는가?		
② 회합 자료	· 부득이 결석하는 사람의 의견이나 아이디어 등을 사전에 듣고 있는가?		
	· 검토에 필요한 데이터는 갖추어져 있는가?		
	· 검토하는 의제나 내용을 충분히 이해시키기 위한 자료는 준비되어 있는가?		
	· 회합내용은 게시판에 게시했는가?		
③ 회합 방법	· 회합의 날짜와 시간은 멤버 전원이 출석할 수 있도록 정해졌는가?		
	· 회합장소는 정해져 있는가?		
	· 회합의 집합시간, 종료시간을 전 멤버들에게 설명했는가?		
	· 회합의 일시, 장소는 멤버 전원에게 알렸는가?		
	· 회합장 준비, 사회, 기록의 담당자는 결정되었는가?		
	· 회합에 필요한 비품은 준비되었는가?		
	· 책상, 의자, 칠판 등 회합하기 좋은 분위기 조성이 연구되어 있는가?		
	· 테마에 따라 스태프(staff)와 상사의 참가를 의뢰했는가?		
	· 사회자에게는 사전에 테마의 내용·회합의 진행 방식에 대해 설명했는가?		

(3) 품질분임조 회합중(中)의 체크리스트

구 분	체 크 항 목	체 크	
		Yes	No
① 회합개시판	· 정시에 멤버 전원이 참가하고 있는가?		
	· 멤버 가운데 결석하는 사람으로부터 연락은 있었는가?		
	· 회합내용, 준비자료는 정리정돈 되어 있는가?		
② 회합중	· 멤버의 분담사항이 각각 제대로 진행되고 있는가?		
	· 회합내용에 대한 멤버의 관심은 어떤가?		
	· 옆자리의 사람과 수군덕거리거나 투덜거리거나 하는 일 없이 토의 분위기는 좋은가?		
	· 의견이 다를 때에는 충분히 의견을 나누고 있는가?		
	· 회합 결과, 멤버의 찬성을 얻을 수 있는 결론이 나왔는가?		
	· 멤버 전원의 의견에 따라 내용을 종합했는가?		
	· 멤버는 의문점을 메모하고 자기의 생각을 종합하고 있는가?		
③ 회합 방법	· 분담내용, 기일 등은 멤버의 의견이나 입장을 생각하고 정한 것인가?		
	· 멤버 각자는 자기의 분담사항을 잘 이해하고 있는가?		
	· 다음 회합 예정일은 전원이 결정할 것인가?		
	· 종료 후, 회의장의 정리정돈 및 불조심 등은 완전한가?		

(4) 품질분임조 회합후(後)의 체크리스트

<table>
<tr><th rowspan="2">구 분</th><th rowspan="2">체 크 항 목</th><th colspan="2">체 크</th></tr>
<tr><th>Yes</th><th>No</th></tr>
<tr><td rowspan="8">① 회합 상황</td><td>· 회합은 예정시간에 끝낼 수 있었는가?</td><td></td><td></td></tr>
<tr><td>· 예정된 회합내용(의제)은 전부 끝마칠 수 있었는가?</td><td></td><td></td></tr>
<tr><td>· 회합내용의 진행 등에 무리한 점은 없었는가?</td><td></td><td></td></tr>
<tr><td>· 멤버전원이 자유롭게 의견을 교환할 수 있는 분위기였는가?</td><td></td><td></td></tr>
<tr><td>· 사회자의 회합 진행방법, 대화의 정리방법은 좋았는가?</td><td></td><td></td></tr>
<tr><td>· 회합내용에 유모감각이 있었는가?</td><td></td><td></td></tr>
<tr><td>· 멤버로부터 건설적인 의견이 나왔는가?</td><td></td><td></td></tr>
<tr><td>· 회합의 내용은 의의있는 것이었다고 생각하는가?</td><td></td><td></td></tr>
<tr><td rowspan="6">② 회합 보고</td><td>· 회합 보고서를 작성했는가?</td><td></td><td></td></tr>
<tr><td>· 회합 보고서는 관련 부서에 제출했는가?</td><td></td><td></td></tr>
<tr><td>· 회합내용을 상사에게 보고했는가?</td><td></td><td></td></tr>
<tr><td>· 상사의 의견을 멤버들에게 전했는가?</td><td></td><td></td></tr>
<tr><td>· 결석자에게 회의내용을 연락해 주었는가?</td><td></td><td></td></tr>
<tr><td>· 분담사항에 대해 결석자의 이해와 협력을 얻었는가?</td><td></td><td></td></tr>
<tr><td rowspan="5">③ 앞으로의 방향</td><td>· 다음 회합의 예정일은 확실한가?</td><td></td><td></td></tr>
<tr><td>· 다음 회합의 검토내용은 명확하게 정해져 있는가?</td><td></td><td></td></tr>
<tr><td>· 타부서에 의뢰해야 할 내용에 대해 상사에게 지원을 구하고 있는가?</td><td></td><td></td></tr>
<tr><td>· 다음 회합까지의 분담사항에 대한 협력을 멤버 전원에게 의뢰하고 있는가?</td><td></td><td></td></tr>
<tr><td>· 멤버의 분담내용의 진행상황을 확인하는 방법이 확실하게 정해져 있는가?</td><td></td><td></td></tr>
</table>

분임조 소개

구성 및 연역

분임조명	
소속	
구성	외 명
결성일자	
사내등록번호	
담당업무	

활동현황

주제해결건수		건
제안건수		건
본주제	정기회의	회
	임시회의	회
교류회회수		회
지도사원		

교육현황

구분	과정명	인원
사내교육		
사외교육		
기타		

공정소개

1. 주제선정

1.1 적합성 검정

범례	기호	◎	○	△
	계수	5	3	1

검토항목 / 대상주제						합계	순위
주제							

1.2 선정동기

1.

2.

3.

4.

2. 활동일정표

<table>
<tr><td rowspan="2">활동기간</td><td>계획</td><td>년 월 일 ~ 년 월 일
(개월 주)</td><td rowspan="2">범례</td><td>———— 계획</td></tr>
<tr><td>실시</td><td>년 월 일 ~ 년 월 일
(개월 주)</td><td>▬▬▬ 실시</td></tr>
</table>

월 / 단계									담당	적용 수법
현상파악										
원인분석										
목표설정										
대책수립 및 실시										
효과파악										
표준화										
사후관리										
반성 및 후 계획										

3. 현상파악

3.1 문제항목조사표

순번	항 목	데이터수	비율 (%)	누적 수	누적율 (%)
1					
2					
3					
4					
5					
6					
7					
8					
계					

3.2 파레토그림

							100(%) 50(%)
							%

3.3 중점관리 항목선정사유

중 점 관 리 항 목	
선 정 사 유	

1. 작업공정명 :

2. 데이터수(n) :

3. 수집기간 :

4. 작성자 :

4. 원인 분석

4.1 특성요인도

4.2 중요 요인 정리

특 성	요인1	요인2	요인3

5. 목표설정

5.1 목표치

	개선전	개선후

5.2 목표설정근거

6. 대책수립 및 실시

6.1 대책강구형 계통도

범례 : ○ 채택 △ 검토

목적	문제점	수단 1	수단 2	대책안	타당성 검토			채택 여부
					경제성	기술성	중요성	

6.2 (   )차 대책실시

<table>
<tr><th>구분</th><th colspan="2">내 용</th></tr>
<tr><td>문제점</td><td colspan="2"></td></tr>
<tr><td>개선대책</td><td colspan="2"></td></tr>
<tr><td rowspan="4">실시사항</td><td>계획
(Plan)</td><td></td></tr>
<tr><td>실시
(Do)</td><td></td></tr>
<tr><td>확인
(Check)</td><td></td></tr>
<tr><td>조치
(Action)</td><td></td></tr>
</table>

7. 효과파악

7.1 개선활동 실시결과 조사

순번	항목	데이터수	비율(%)	누적수	누적율(%)
1					
2					
3					
4					
5					
6					
7					
8					
계					

7.2 파레토그림

100(%)
-
-
-
-
50(%)
-
-
-
-

%

〔데이터입력〕

7.3 실시결과치에 대한 의견

	1. 작업공정명 : 2. 데이터수(n) : 3. 수집기간 : 4. 작 성 자 :

7.4 개선전 · 후 파레토그림 비교

《개 선 전》

100(%)
-
-
-
-
50(%)
-
-
-
-

%

《개 선 후》

100(%)
-
-
-
-
50(%)
-
-
-
-

%

《활동결과에 대한 분석》

7.5 유형효과

이익 금액		투자 금액		연간예상 총절감액
항목별 산출근거	금 액	항목별 산출근거	금 액	
계		계		

7.6 무형효과

8. 표준화

항 목	개 선 전	개 선 후	표준 번호	확 인

9. 사후관리

10. 반성 및 향후계획

10.1 분임조 자기평가표

순번	항 목	평점	
		활동전	활동후

레이더 챠트

········· 활동 전
——— 활동 후

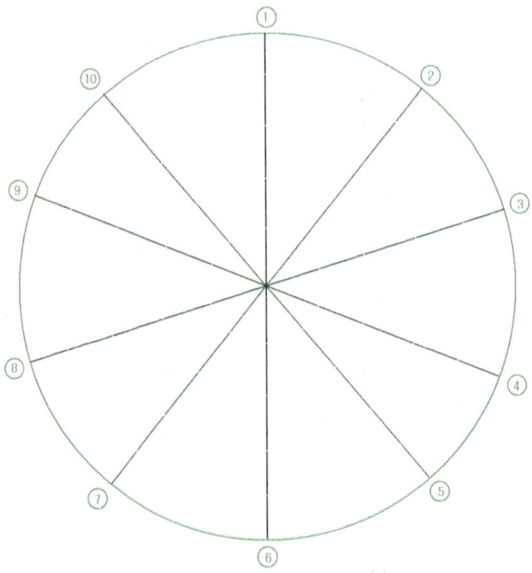

보완 대책

10.2 즐거웠던 일

10.3 어려웠던 일

10.4 향후계획

월 / 주 / 항 목		비 고

차기주제	

제2장 문제해결과 아이디어 발상법

1. 문제란 무엇인가

(1) 문제의 의미

우리생활에서 사소한 사항이라도 흔히 '바로 그것이 문제야'라는 말을 한다. 이 '문제'라는 말의 뜻을 사전에서 찾아보면 다음 세 가지로 나눌 수 있다.

1) 해답을 필요로 하는 물음

1)의 문제는 입학시험 문제라든가 학습에 따른 테스트 같은 것을 가리킨다. 그것은 반드시 일정한 대답이 있다.

2) 해결해야 할 사항

2)의 문제는 해결해야 할 과제로써 회사 속에서 사람· 물건·돈에 관계되는 것이다. 이것이 우리가 다루는 문제이다. 일을 하다가 '그것이 문제입니다'라는 것은'어쨌든 해결해야 할 과제입니다' 또는 '아무래도 잘 되지 않는 원인이 바로 그것입니다'라는 뜻으로 쓴다.

3) 난처한 일

3)의 문제는 해결이 어려운 일이라든가, 단지 세인의 입에 오르내리고 있는 일을 대개는 나쁜 뜻을 지니고' 그가 바로 문제의 인물입니다'하는 식으로 쓰이기도 한다.

사소한 문제라 해도 이처럼 여러 가지가 있는데, 상기 -2)와 -3)은 모두 '어떻게 하지 않으면'이라는 절박감·위기감이 밑바닥에 깔려있는 것이다. 그리고 그 문제는 수학문제와는 달라서 해답은 하나뿐이 아니고 몇 개가 있다. 하나가 안되면 다른 해결법을 생각해야 한다.

(2) 눈에 보이는 문제와 눈에 보이지 않는 문제

1) 눈에 보이는 문제

'판매량이 계속 감소하고 있다', '재료비와 인견비가 급격히 증가하고 있다'하는 식으로 숫자로 확인할 수 있는 일이다.

2) 눈에 보이지 않는 문제

'아무래도 커뮤니케이션이 좋지 않다', '아래로부터 의견이 없다', '사기가 저하되어 있다' 하는 식의 느낌으로 파악되는 것이다.

이것은 사람에 따라서 느낌이 다를 수 있으므로 누군가가 문제라고 느끼더라도 한편에서는 이정도면 문제가 없다고 생각하는 사람도 있으므로 정량화(定量化)하여 공통인식(共通認識)을 갖게 하는 노력이 필요하다.

(3) 직장 내의 문제

① 자신이 담당하고 있는 일 그 자체에 있는 문제	② 자신의 일과 관계가 있는 문제	③ 회의에서의 문제	④ 자신과 직접 관계는 없지만 중요한 문제

이상의 직장 내의 문제 중에서 몇 가지는 당신의 업무에서 발생하고 있으며, 이제까지 드러나지 않은 것도 있을 것이다. 모두가 해결해야 할 과제들로써, 이런 것들을 방치해두면 기업의 체질은 악화하여 경쟁력이 떨어지게 된다.

(4) 문제는 가까이에 있다.

직장 내에의 문제에서 예를 들었지만 자신의 주위에는 헤아릴 수 없을 정도의 문제가 있다. 문제를 발견하기 위해서는 항상 문제의식을 가지고 있어야 한다.

문제의 발견은 먼저 자신의 일에서부터 시작하는 것이 원칙이다. 자신의 일이 실한 것을 덮어 두고 다른 문제점만 지적한다면 긁어부스럼이 될 뿐 아니라, 신뢰관계를 해치게 된다. 자신의 일의 문제점을 발견하면 자연히 자기주위의 문제점도 눈에 띄게 된다. 문제의 관련성, 크기 등을 파악할 수 있게 되고 자연히 해결방안도 알 수 있게 된다. 문제는 우선 내 업무(발밑)에서부터 시작하는 것임을 명심해야 한다.

(5) 문제의 공유화(共有化)가 필요

우선 문제를 해결할 때는, 관계자 전원이 '그 문제는 당연히 해결되어야만 할 문제이다'라는 공통인식을 갖는 것이 중요하다.

정상상태와 현상간에 어떤 차이가 있다면 관계가 모두가 그것을 인식하고 이것은 잘못된 일이다. 해결해야만 하는 일이다라는 것을 자각한다. 보다 큰 목표, 새로운 목표달성을 과제로 정할 때는 그 목표를 반드시 달성해야 하며 이를 위해 노력하는 것은 자기들의 의무라고 인식한다. 전원이 이런 상태에 이르는 것을 '문제를 공유한다'고 한다.

직장에서의 문제는 공유화됨으로써 비로소 문제가 될 수 있는 것이다.

2. 문제의 발견방법

(1) 문제를 보는 방법

문제의식만 있으면 바로 문제를 발견할 수 있는가 하면 그런 것도 아니다.

문제의식 외에도 문제를 발견하는데 필요한 사물의 관찰방법, 테크닉이 필요한 것이다.

〈문제를 보는 방법〉

> 1) 쫓기는 문제 → 쫓아가는 문제
> 2) 즉흥적인 문제 → 중점적인 문제
> 3) 방법적인 문제 → 목적적인 문제
> 4) 결과의 문제 → Process의 문제
> 5) 수치로 평가할 수 없는 문제 → 수치로 평가할 수 있는 문제
> 6) 보이는 문제 → 숨어있는 문제
> 7) 일상의 문제 → 방침관리의 문제

(2) 문제발견의 포인트

1) Q · C · D · S · M, 4M, 무리 · 낭비 · 산포, 5W 1H에 의한 문제발견

이것은 분임조의 테마 선정 체크리스트로서, 문제발견을 위한 기본적 체크항목이다.

2) 관리항목에 의한 문제발견

관리항목은 관리를 위해 불가결한 것이며, 관리의 대상인 공정(Process)이나 작업의 적절 · 부적절 정도를 평가하는 척도가 되는 것이다. 따라서, 문제발견을 위한 착안점으로서 중요한 요점이라고 할 수 있다.

관리항목(관리특성)이 관리한계를 넘어서거나 목표를 밑돌거나 할 경우에는 즉각 개선이 필요한 문제를 발견할 수 있다.

문제발견을 위해서는 우선 관리항목의 정비부터 손을 대어야 한다. 이를 위해 자기 부문의 역할을 명확히 함과 아울러 일상관리이든, 방침관리이든 관리목적을 명확히 해야만 한다.

3) 비교에 의한 문제발견

'우물안 개구리'라는 말이 있듯이 자기 부문만 들어다 보아서는 문제를 깨닫지 못하지만 다른 것과 비교함으로써 비로소 문제를 발견하게 되는 경우가 있다.

자기부서와 타부서, 자사와 타사의 업무방식, 점유율, 기술력, 영업력, 코스트, 조직, 인재 등을 비교하면 좋다.

4) 중·장기목표에 의한 문제발견

기업발전을 위하여 3년 또는 5년 후에는 반드시 달성해야 할 중·장기경영목표를 설정하는 기업이 많다.

이들 중·장기 목표와 현상과의 격차가 문제인 것이다.

반드시 기업이라는 범위뿐 아니라. 부문, 부, 과, 개인의 수준에서도 중·장기적 전망을 지니고 현상의 어디를 어떻게 개선해야 목표에 도달할 수 있는가를 생각한다면 그야말로 도처에서 문제점이 나타날 것이다.

5) 업무의 간소화효율화에 의한 문제발견

생산에 직접 관여하지 않는 간접부문이나 서비스부문에서는 업무의 간소화, 효율화가 큰 과제이다.

조직이 커질수록 간접부문은 비대지고 불필요한 서류나 업무가 증대되며 이 때문에 다시 조직이 비대화하게 된다.

업무의 간소화, 효율화를 위해 해결해야할 문제는 산적해 있을 것이다.

3. 문제의 해결

(1) 문제해결의 원칙

1) 제1원칙 - 합리성의 일관

관리방법은 조직의 목표를 효과적으로, 경제적으로 달성하는 것이어야 한다.

이를 위해서는 무엇보다도 합리성과 능률성이 중시되어야 한다.

문제를 해결할 때 합리성으로 일관하려면 사실을 파악하고 사실에 따라 생각하는 것이 최선의 방법이다. 이렇게 해야 합리적인 결론을 얻을 수 있는 것이지, 만약 그렇지 않으면 실패, 파국으로 줄달음 칠 뿐이다.

2) 제2원칙 - 합의하에 추진

기업은 구성원 공공생활의 터전이 되며 전인격발휘의 만족이 얻어지는 곳이 되어야 한다.

이를 위해서는 합의성, 납득성, 참여관리 등이 존중되어야 한다.

합의성의 착안점으로는, 상호간의 관계를, 신뢰와 협조를 바탕으로 하는 참여관리와 이를 통한 커뮤니케이션의 도모를 꼽을 수 있다.

(2) 문제의 해결

1) 문제해결의 과정

우리들의 생활은 널리 해석하면 문제해결의 연속이다. 가족동반으로 해수욕장을 떠나는 것도, 공장에서 제품을 생산하는 것도, 사외에서 방문판매 활동을 하는 것도 모두 문제해결이라고 할 수 있다.

목표와 현상과의 차이를 문제라고 하는 반면에 그 갭을 메우고 문제를 해결로 이끄는 것을 문제해결이라고 한다.

문제해결의 과정을 분해하면 문제선정, 문제해석, 문제해결 행동의 3가지 단계로 대별할 수 있다.

문제의 선정 ↓	· 문제점을 포착한다. · 목표를 세운다. · 현상과의 차이를 알아낸다.
문제의 해석 ↓	· 원인을 조사한다.
문제해결의 행동	· 대책을 세운다. · 해결을 위한 행동을 취한다.

2) 문제해결의 사고방식

문제를 해결할 때는 QC적으로 추진하는 것이 중요하며 이것을 가리켜 QC적 문제 해결법이라고 부른다. 즉, QC적 사고방식과 창조성을 활용하여 문제를 합리적, 과학적, 효율적으로 해결하는 것을 말한다.

QC적으로 문제를 해결을 할 수 있다는 것은,

① 테마 선정의 이유, 관리특성(관리항목),목표가 명확하며

② QC수법을 활용하여 충분한 해석이 이루어져 있으며

③ 여기서 도출된 문제발생 원인과 그 결과의 관계가 충분히 납득될 수 있는 것이며

④ 대책을 폭넓게 검토한 다음에 나온 것이며

⑤ QC적 사고방식에 따라 문제해결이 도모되고 있다.

는 것이다.

그러면 QC적이란 무엇을 뜻하는 말인가? 이것을 한마디로 말한다면, 품질에 대한 사고방식과 관리에 대한 사고방식에 철저를 기하는 것이라고 할 수 있다.

문제해결을 위한 사고방식으로는 다음과 같은 내용을 꼽을 수 있다.

〈문제해결의 사고방식〉

① 의욕을 지닌다.
② 문제해결은 가능하다고 생각한다.
③ 겸허함과 솔직한 마음을 지닌다.
④ 정리 · 정돈 · 청소 · 청결은 문제해결의 전제이다.
⑤ 코스트와 균형을 취한다.
⑥ 3현주의를 원칙으로 한다.
⑦ 그룹사고를 한다.

4. 아이디어 발상법

아이디어를 짜내기 위해서는 뭔가 기본이 되는 요령과 같은 것이다. 예를 들면 아이디어의 양을 늘리고, 여러 각도에서 생각하고, 추정하는 상상력을 발휘하는 …… 등, 이러한 기본을 발상의 목적에 맞추어 구성시키는 일이 창조성을 개발하는 것이라 할 수 있다.

〈여러 가지 아이디어 발상법〉

① 문제발견 기법
· 체크리스트(5w1h, GE사, GM사, MIT의 체크리스트 등)
· 특성열거법, 결점열거법, 희망점열거법, 연상법
· 브레인스토밍(문제점 열거에 쓰일 경우)

· KJ법, 트럼프 KJ법

② 문제해결기법

· 유추법(類推法)

- 고든법
- 시넥틱스(창조공학)

· 기타문제해결기법

- 브레인스토밍
- 강제관련법
- 투입산출법

(1) 브레인 스토밍

1939년 오스본에 의해서 창시된 집단적인 사고기술로 여기에 참가하는 집단에는 ① 비판엄금 ② 자유분방 ③ 양을 추구한다. ④ 결합개선의 4가지 룰이 적용된다. 비판을 금지시킨 것은 그로 말미암아 정신적으로 주저하게 되어 아이디어가 유창하게나오지 않을 우려가 있기 때문이며 직감적인 착상을 망설임없이 내놓으라는 것이 자유분방의 의미이다. 이 2가지로부터 여러 가지 관점에서의 아이디어가 상당한 양으로 얻어지게 될 터이므로 그것을 결합하여 보다 질을 높아지는 것이 결합개선의 의미이다.

▣ 브레인 스토밍 4원칙

1. 비판엄금

모두의 아이디어가 몽땅 나오기 때문에 비판적 발언을 금지한다. 그것은 다른 사람의 생각에 대해서만이 아니고 자신의 생각에 대해서도 마찬가지다.

2. 자유분방

어떤 시시한 생각이라도 좋다. 힌트라도 좋다. 직감적인 착상을 주저없이 내놓아야 한다. 다소의 결점이나 조잡함도 허용된다.

3. 양을 추구한다.

아이디어의 양은 질을 낳는다. 질좋은 아이디어를 얻기 위해서는 설사 질이 나쁘더라도 우선 양적으로 풍부한 아이디어를 얻는 일이 중요하다.

4. 결합개선
타인의 아이디어에 편승하는 것도 환영한다. 내놓은 아이디어로 다른 아이디어를 결부시켜, 조금 바꾸어 보거나 확대하고, 축소하고, 반대로 생각하거나 하여 새로운 아이디어를 창출한다.

(2) 체크리스트

어떤 문제를 생각할 때 그저 막연히 계획성 없이 생각해서는 능률이 오르지 않고 생각을 빠뜨릴 가능성도 있다. 그래서 생각을 빠뜨리는 일이 없도록 대조해야 할 점을 일람표로 정리한 것이 체크리스트이다.

다음에 있는 오스본의 체크리스트는 대표적인 해결형 기법이다.

▣ 오스본의 체크리스트

① 다른 용도는 없는가
-그대로
-조금손질을 해서

② 뭔가 비슷한 것에서 아이디어를 빌릴 수 없는가
-이것과 비슷한 것은 없는가
-앞으로 어떤 아이디어를 생각할 수 있는가
-과거에 비슷한 것이 없는가
-다른데서 아이디어를 빌릴 수 없는가
-그밖에 모방할 수 있는 것은 없는가

③ 바꿀 수 없는가, 대체할 수 없는가
-새롭게 바꾸면
-모양, 색채, 소리, 냄새, 동작 등을 바꾸면
-있는 것을 없애면, 없는 것을 붙이면

④ 확대하면
-뭔가를 더하면
-좀 더 시간을 소비하면
-회수를 늘리면
-좀 더 강하게 하면
-좀 더 길게 하면

-좀 더 두껍게 하면
-다른 가치를 첨가하면
-다른 요소나 성분을 첨가하면
-배로 하면
-2중으로 하면
-증가시키면
-과장하면

⑤ 축소한다면
-무엇인가를 제거한다면
-좀더 작게 한다면
-좀더 시간을 줄인다면
-좀더 얇게 한다면
-좀더 짧게 한다면
-생략한다면
-분할한다면
-배열을 바꾼다면
-일정을 바꾼다면
-성분을 바꾼다면
-원인과 결과를 바꾼다면

⑥ 대용한다면 어떨까?
-다른 것으로 바꾸면
-남을 대신 시킨다면
-다른 요소나 성분으로 한다면
-다른 재료로 한다면
-다른 공정으로 한다면
-다른 방법으로 한다면
-다른 장소에서 한다면

⑦ 바꾸어 넣으면 어떨까?
-다른 모양으로 바꾼다면
-순서를 바꾼다면

⑧ 반대로 하면 어떨까?
-반대로 한다면
-기능을 역으로 한다면
-뒤집는다면

-상하를 거꾸로 한다면

⑨ 연결하면 어떨까?
-혼합한다면
-몇 가지를 합하면
-서로 합친다면
-목적을 결합한다.

(3) 특성열거법

특성열거법은 문제발견기법의 하나로 네브래스카대학의 클로포드 교수가 고안한 것이다. 개선하고자 하는 것에 대하여 그 특성을 명확하게 열거하고, 그 하나하나에 관해서 본래의 필요성을 보다 좋게 만족시키도록 개선을 시도한다는 방법이며, 특히 「물품」의 분석에 사용하면 편리하다.

▣ 진행순서

① 그 제품, 또는 부품이 갖는 특성을 전부 열거한다.
② 다음에 그 특성 또는 특성군을 계통적으로 검토한다.
③ 가능한 한 그것을 바꾸어 보아, 제품 본래의 요구를 더욱 만족시키거나 새로운 요구에 부응하도록 한다.

특성은 다음과 같은 관점에서 분석한다.

① 명사적 특성 - 전체, 부분, 재료, 제법
② 형용사적 특성 - 성질, 색채, 중량, 형(型)
③ 동사적 특성 - 기능

이렇게 구분하면 그것이 가진 문제점을 모두 들추어 낼 수가 있고, 문제는 보다 좁아지고 구체적으로 되어 아이디어가 나오기 쉬워진다는 메리트가 있다.

1) 결점 열거법

문제가 있다는 것은 거기에 결점이 있기 때문이므로 제품이나 일의 결점을 열거하고 그 결점을 제거하려면 어떻게 하면 되는가를 생각하는 방법을 결점열거법이라 부른다.

2) 희망점열거법

특성열거법이나 결점열거법은 어느 것이나 현재 있는 것을 바탕으로 개선을 강구하는 방법이지만 희망점열거법은 현재의 상태에 일체 구애받지 않고 「이런 것이 있다면」 「그런 것을 할 수 있다면」 하는 꿈이나 희망을 열거한다. 이 방법에 의한 테마로서는 「당사의 5년 후의 모습은 어때야 하는가」 「이상적인 판매체제란 어떤 것인가」하는 형태가 된다.

(4) 강제관련법

창조라는 것은 이미 있는 것을 새로이 고쳐서 구성하는 일이다. 그렇다면 사물속에서 새로운 관계를 발전한다고 하는 것은 아이디어를 탄생시키는데 있어 매우 큰 의미를 갖는다. 그래서 생각해내어진 것이, 2개 이상의 서로 관계가 없는 사람 사이에 연상력을 작용시켜서 강제적인 관계를 만들어 내어, 거기서 새로운 착상을 얻으려고 하는 것이 강제관련법이다.

1) 카탈로그법

가장 간단한 방법은 카탈로그나 잡지를 임의로 펴서 2개의 말을 골라내어 그것을 연결짓는다고 하는 방법, 구체적으로는,

① 카탈로그를 펴고 임의로 말, 항목 등을 골라낸다.

② 다음, 두 번째 말, 항목 따위를 역시 같은 방법으로 고른다.

③ 2개의 것의 관련성을 찾아내어 거기에서 새로운 착상을 찾는다.

말하자면 순전한 우연에 기대하는 방법이다.

2) 리스트법

카탈로그보다는 다소 현실적인 방법으로

① 강제적으로 관련 지운다.

② 그 중의 임의의 2개, 또는 그 이상을 선택하여 강제적으로 관련지운다.

3) 초점법

2개의 것을 관계 지울 때, 한쪽은 목적에 맞는 것을 선택하고 다른 한쪽은 임의로 추출

하는 방법.

① 일정한 사물(물건이든 생각이든 상관없다)을 선택한다. 이를테면 의자의 디자인

② 다른 사물(눈앞에 있는 무엇이든 상관없다)을 정한다. 이를테면 전구

③ 이 2가지를 관련 지운다. 이를테면 유리의자, 얇은 판으로 만든 의자, 구형의 의자, 전기장치 의자… 착안이나, 실행할 수 없는 생각 같은 것이라도 좋다. 맨 처음에 선택한 「전구」는 아이디어를 끌어내는 계기에 지나지 않는다.

(5) 투입산출법(입출력법)

GE사에서 개발되어 신제품 개발과 기술적인 문제 해결에 사용되고 있다.

사고의 근본은, 단계적으로 문제를 분석해 나가서 착실하게 해결방법을 찾아내는 방법이다. 즉,

① 종점(산출)

우선 원하는 결과(문제의 해결점, 목표)를 세운다.

② 기점(무입)

다음. 현재의 문제의 상황, 현상(종점에 접근하기 위해 이용할 수 있는 에너지나 계기가 포함된다)을 분명히 한다.

③ 기점에서 출발해서 종점에 도달하기 위해 종점에 적합한 제한조건(필요한 조건, 기준, 시방명세 등)을 지키도록 한다. 단, 처음 단계에서 시방명세에 구애받는 것은 좋은 아이디어를 내는데 방해가 된다.

이 ②의 기점을 분석하면서, ①의 종점에 창조적 아이디어를 탄생시키면서, ③의 제한조건 범위에서 접근하는 방법이다. 이를테면,

(종점) 거래처의 카드가 나온다.

(기점) 내객 또는 전화로 거래처의 이름이 전해 졌을 때

(제한조건) 거래처의 이름이 전해지고 나서 10초 이내에 카드가 나온다.
비용은 백만원 이하, 스페이스는 사무책상 1개분 정도로 1만건쯤 카드를 수납할 수 있을 것. 앉은 채로 조작이 가능할 것.

등을 분명히 하고 다음과 같은 질문에 대답하면서 기점에서 일어나는 힘과 상태를 이용하여 종점에 접근시키는 방법을 생각한다.

① 기점에서 곧바로 생겨나는 산출은 무엇인가

② 그것은 종점을 산출하는데 직접 도움이 되는가

③ 그러면 기점의 산출에서 어떠한 반응이 생기는가

④ 앞으로의 반응은 종점에 도달하는데 도움이 되는가

여기서 얻어진 개선안의 하나하나에 관해, 재차 종점과 연결할 것을 생각하며 종점에 이를 때까지 몇 단계나 반복한다.

투입산출법의 예 – 빌딩안의 화재경보의 방법

종 점

화재의 발생을 알리는 일

기 점

화재

제한 조건

화재가 일어난 후, 2Km 이내 떨어진 곳에 2~3초 이내에 경보가 전달될 것

· 비용은 40만원 이하

· 장치는 1주간 동안은 밤낮으로 연속 자동할 것

· 장치는 되도록 사고가 생기지 않고 보수 손질이 쉬울 것

4가지 질문

1 기점에서 곧바로 생기는 산출은?

화재의 특성은 어떤 양의 열과 빛과 연소에 의한 가스 발생과 연기가 나는 일이다

2 그것은 종점을 산출하는데 직접 도움이 되는가?

제한조건에 구애받지 않는다면, 화재가 일어나면 빛과 연기와 열이 경보의 역할을 한다. 그러나 그렇게 되면, 화재에 의해 빌딩이 전소되므로 이 문제의 목적에 맞지 않는다. 따라서 직접 도움이 되지는 않는다.

3 그렇다면 기점의 산출에서는 어떤 반응이 생기는가?
열은 여러 가지 금속, 액체, 가스를 팽창시키며 금속을 녹이고 모종의 약품의 성질을 변화시킨다. 빛과 연기도 또한 물리적, 화학적 반응을 야기한다.

4 이런 반응들은 종점에 도달하는데 도움이 되는가?
물의 비등점 이하의 온도에서 녹는 합금(Wood's metal과 같은 것)은 회로를 끊거나 밸브를 여는데 사용할 수 있다. 빛은 셀렌막(전기노출계)에 감응한다. 연기는 여러 종의 약품으로 발견할 수 있다.

⇩

이들 중에서 몇 가지, 후보가 되는 안을 찾아낸다.

개선의 제 2단계

안의 하나하나에 대해 종점과 연결지우는 아이디어를 생각한다. 이를 반복하여 종점에 이른다.

(6) KJ법

카와키다 지로 씨의 창안에 의한 발상법 또는 문제정리 법으로 관찰 데이터에서 새로운 문제점, 상항, 가설을 포착하기 위한 수법이며 이질의 데이터 속에서 의미있는 맥략과 결합을 발견하여 새로운 발상을 촉진하는 방법이다.

■ 진행순서

① 카 드 작 성 - 주제에 관련된 자료, 정보를 카드에 기입한다. 카드는 1페이지에 1장씩 사용하며 되도록 피부로 느낀 실감을 표현하도록 한다.
② 카 드 펴 기 - 카드를 한장한장 분류하고, 이것을 취재시의 논리적 맥락따위와는 되도록 무시하고 편다.
③ 카드 모으기 - 카드를 잘 읽고 친근감이 느껴지는 카드를 모은다. 고정관념에 사로잡히지 않고 분류하는 것이 요점이다.
④ 표찰만들기 - 카드군을 손에 들고 그 그룹이 말하려고 하는 바를 압축해서 표현표찰

을 만든다. 표찰이 되면 그것을 맨 위로해서 고무줄로 묶는다.

⑤ 그 룹 편 성 - [카드펴기 → 카드모으기 → 표찰만들기]가 한 순배 돌아서 소그룹이 몇 개 생기면 그것을 원래 카드와 같은 것으로 생각하여 같은 작업을 반복해서 중그룹, 대그룹을 편성한다.

⑥ 공 간 배 치 - 그룹 편성의 최종단계에서 얻은 몇 다발의 라벨을 모조지 위에 펴고 의미 맥락상으로 납득이 가는 공간배치를 정한다. 첫단계가 끝나면 다음은 차원이 높은 그룹부터 차례로 고무줄을 풀고 마찬가지로 공간배치를 한다. 이때, 그린 그룹과의 사이의 의미구성을 생각한다. 모든 배치가 확정되면 종이위에 카드를 붙인다.

⑦ 도 해 화 - 소그룹은 빨강, 중그룹은 청색, 대그룹은 흑색 매직으로 에워싸고 각각의 상호관계를 화살표 등의 관련기호로 잇는다. 끝으로 그림 전체의 타이틀을 붙인다.

⑧ 문 장 화 - 그림 전체를 스토리로서 연결하여 그 과정에서 생겨난 아이디어를 문장화한다.

(7) 고 든 법

W. J. 고든이 창안한 아이디어발상법으로 브레인스토밍과 비슷하다. 브레인스토밍과의 차이는 문제와 목적을 리더만이 알고 있으며 참가자에게는 문제에 밀접한 관계가 있는 테마만이 제시된다. 진짜 문제를 모르고 있는 참가자들이 이야기하는 도중에 마침내 무제의 핵심에 닿는 아이디어가 나오면 리더는 즉시 채택한다. 마치 리더가 참가자에게 둘러싸여 자기의 문제에 관해 의논하고 있는 듯한 형태가 된다.

집단은 목적이 알려져 있지 않기 때문에 자유롭게 얘기할 수가 있으며 평범하고, 틀에 박힌 결론이 아니라 널리 변화있는 생각을 얻을 수 있다.

▣ 진행순서

① 그룹의 인선 -지정된 문제의 성질, 그 문제의 해결에 필요한 지식, 숙련을 갖고 있는 사람들을 모은다.

② 리더 1명, 기록자 1명을 둔다. 여기서 처리하는 문제는 리더에게만 알려진다. 리더는 참가자의 의견이 문제 해결의 핵심에 다가왔다고 생각될 때까지 참가자에게 문제를 알려 주어서는 안된다.

③ 테마는 다음과 같이 문제를 추상화하고 본질만을 제시한다.

(예) 새로운 장난감의 개발 - 오락

어업 방법의 개선 - 설득

새로운 깡통따개의 발명 - 연다

주차의 새로운 방법 - 고정

④ 토의시간 - 어느 만큼 길어도 좋다. 단, 3시간 이상은 걸려야 한다. 이는 피로가 창조적 사고의 저해요인(공포 등)을 제거하는데 도움이 되며 또한 피상적인 기억에서만 생기는 아이디어가 다 나오고 난 뒤에 참된 창조적 아이디어가 나오기 때문이다.

※ 이 토의는 매우 피로하므로 1주에 2회 이상 하여서는 안된다.

제3장 5S

1. 5S란?

(1) **정리**: 작업현장에는 필요한 물건과 불필요한 물건을 구분하여 불필요한 물건을 제거한다.

(2) **정돈**: 필요한 물건을 지정된 위치에 정연하게 두고 표지를 부쳐서 관리한다.

(3) **청소**: 필요없는 물건을 제거하여 작업현장의 정결한 상태를 유지한다.

(4) **청결**: 상기 정리, 정돈, 청소 후의 상태를 유지하여 임직원에게 청결하고 상쾌한 느낌을 준다.

(5) **습관화**: 상기 4S 활동을 통해 임직원마다 스스로가 여러 가지 규칙제도를 준수하는 양호한 작업 습관을 양성하여 "회사를 집으로 생각하고 회사를 영광으로 생각하는 경지"에 이르러야 한다.

2. 5S의 기원

5S관리는 일본에서 기원하였다. 5S란 생산현장에서 자재, 설비,인원 등 생산요소에 대한 필요한 정리, 정돈, 청소, 청결, 수양 등 활동을 실시하여 기타 관리활동에 양호한 기반을 구축하는 것을 말하며 이는 일본 제품 품질이 급속히 향상되고 전 세계에 널리 퍼져있는 비결이다.

정리, 정돈, 청소, 청결, 수양의 일본 외래어의 로마어 정서법에 의한 단어는 전부 s로 시작하기 때문에 일본사람들은 5S활동이라고도 한다.

3. 5S에 대한 해석

(1) 정리정돈의 개념

정리정돈은 좋은 작업환경을 창조하는 방법이다.

"작업환경"은 아래와 같은 내용을 포함한다.

1) 공장 주변과 외곽
2) 공장 건축물
3) 사무실
4) 공지, 도로
5) 기계, 설비와 그들의 배치
6) 작업장소
7) 창고장소
8) 통풍
9) 조명
10) 온습도

이렇게 보면 작업환경은 공장내외에 모든 유형설비와 무형조건의 총칭이다 그래서 정리정돈은 될수록 모든 수법을 써서 상기 작업환경을 정리하고 청결하게 해주며 모든 물품들이 질서있게 배열되어 근무하는 임직원들에게 쾌적한 분위기를 느끼도록 하여 사람들의 심리요구를 만족시키며 효율을 향상시키는 게 목적이다.

(2) 일본의 정리정돈에 대한 해석

정리, 정돈 활동을 전개할 때 그의 내용이 구체적이고 확실하기 때문에 정리정돈을 5개 단어로 약칭했고 의미가 명확한 정의를 내려줬다. 임직원들이 알아듣기 쉬울 뿐만 아니라 실행하기도 쉽다.

4. 5S간의 관계(도표1 참고)

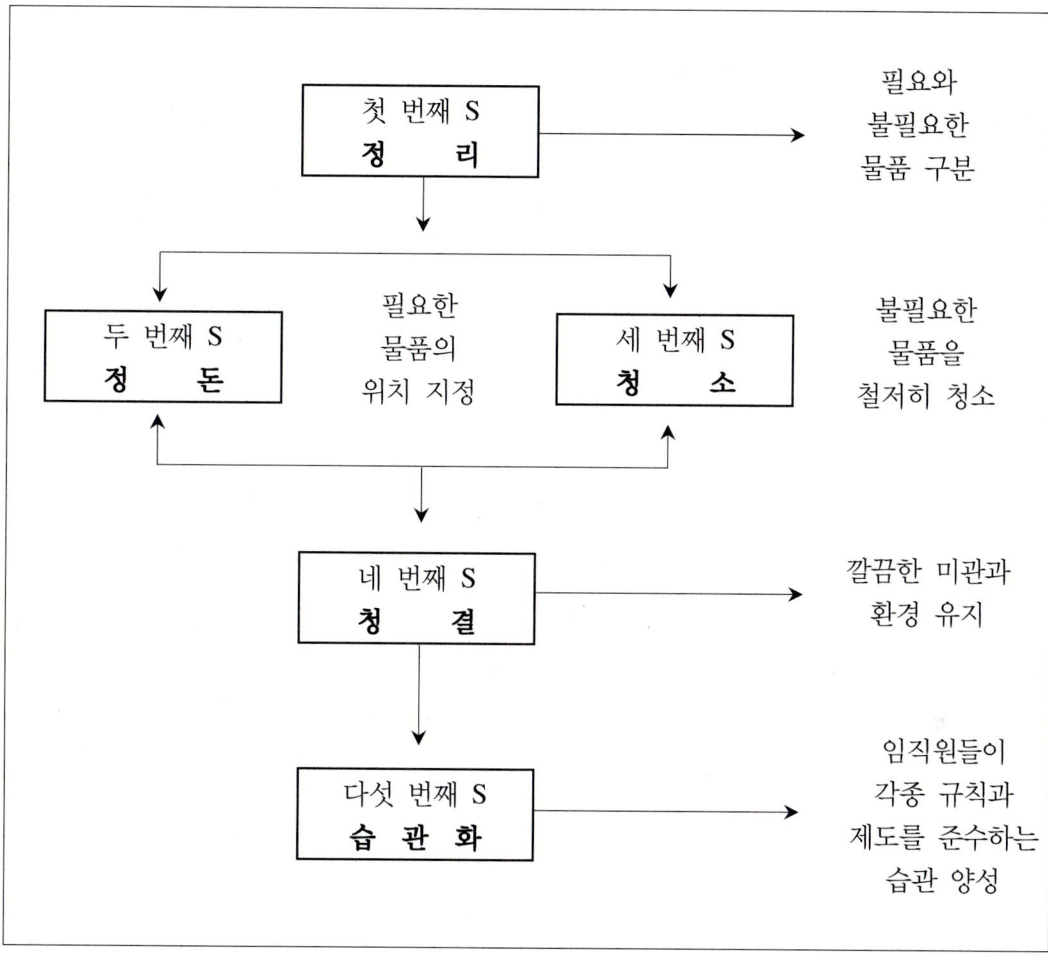

5. 5S(行) 활동 목적

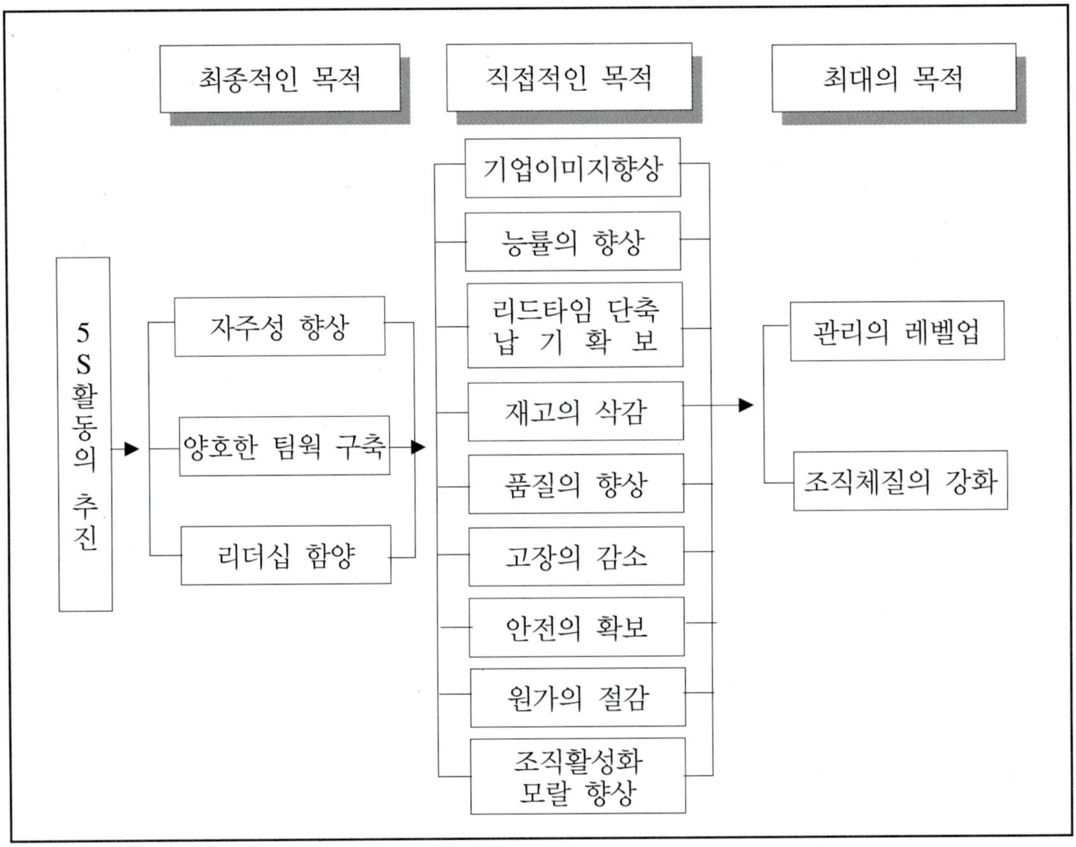
최종적인 목적
직접적인 목적
최대의 목적
5S활동의 추진
자주성 향상
양호한 팀웍 구축
리더십 함양
기업이미지향상
능률의 향상
리드타임 단축
납 기 확 보
재고의 삭감
품질의 향상
고장의 감소
안전의 확보
원가의 절감
조직활성화
모랄 향상
관리의 레벨업
조직체질의 강화

6. 3정5S 활동의 3대 목표

목표	규율있는 일터만들기	깨끗한 일터만들기	눈으로 관리되는 일터만들기
방향	관리의 수준을 높인다 •결정한 일을 전원이 지킬 수 있도록	사람 · 설비 · 환경(주위)을 깨끗이 바꾼다. •사람·설비, 일터 구석까지 손과 눈이 닿는 상태	착오를 일으키지 않게 한다 •눈으로 보아 착오를 바로 알 수 있고 도와 줄 수 있게 연구 •5S의 표준화
구체적 활동 테마	• 집중 5S타임(3分 3S, 5分 5S 등) • 개인 분담계 • 직선·직각 운동 • 즉시 바로 잡기 운동 • 無열쇠, 無뚜껑 • 30초 인출·수납 • 오아시스 운동 • 청소 타임제 • 싱글(10분 이내) 재고 조사 • 일제히 체조 • 안전화·모자 착용 운동 • 공동 장·소 관리 • 담배 꽁초 줍기(안버리기) • 나의 PM 책임 • 나의 행동 계획표 • 이상 조치 훈련 • 재해, 지진 대책 비상훈련	• 불필요 물건의 제거 운동 • 누출 발생원 대책 • 색별 관리 운동 (color conditioning) • 대청소 주간 • 반짝반짝 운동 • 옥의 잡초 제거 • 누출·비산 방지 커버 • 청소 도구 연구 • 통로 확보 운동 • 투명화 개선 • 글자 쓰는 법 • 게시물 표시 방법 개선 • 소음 진동 방지 연구 • 미관, 센스 연구 • 한번 쓰고 한번 닦기 운동	• 온도 라벨 • 방향·회전 표시 • 벨트 사이즈 • 개폐 표시 • 점검 마크 • 배관색 • 윤활라벨 • 전압 표시 • 와이어 관리 • 안전색·위험색 • 소화기 표시 • fool proof 표시 • 관리 한계 표시 • 책임자 라벨 • 금긋기 통로선, 구획선, 정돈선, 코너선 • 물품 보관, 공구, 인구, 측정구 표시 간판 • 파일링

7. 5S 활동의 기대 효과

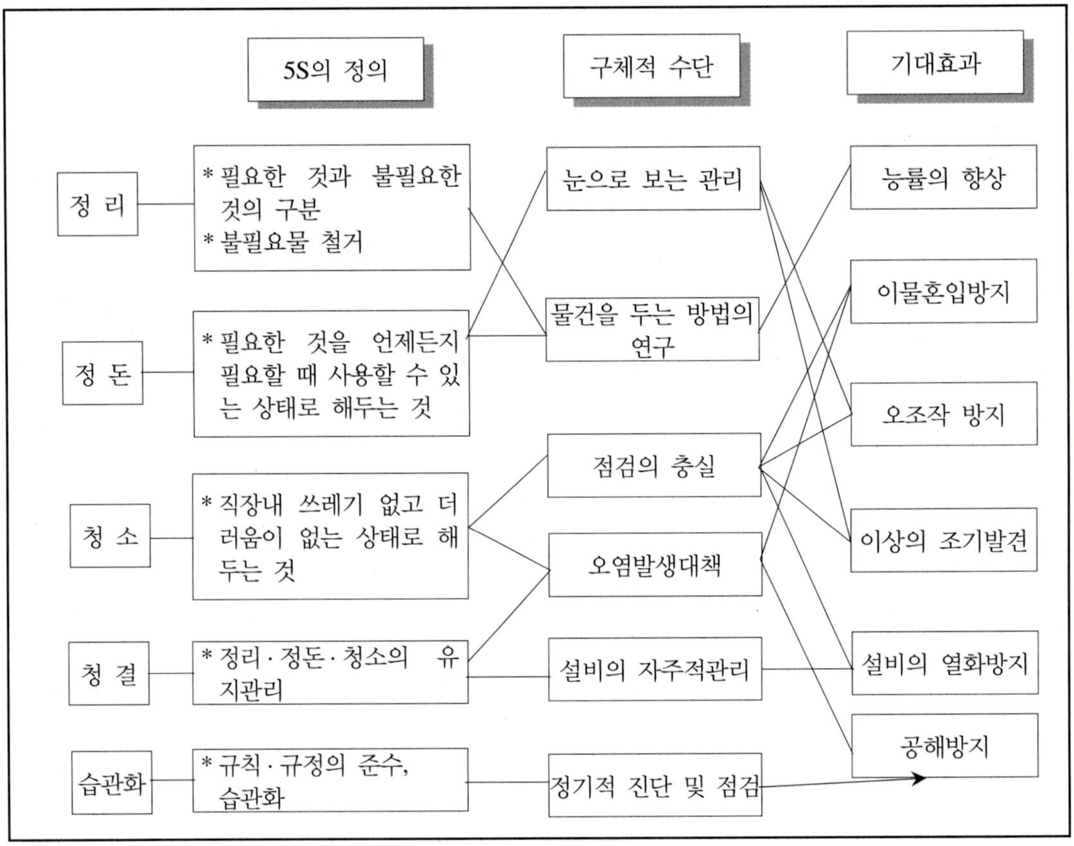

5S의 정의
구체적 수단
기대효과
정 리
* 필요한 것과 불필요한 것의 구분
* 불필요물 철거
정 돈
* 필요한 것을 언제든지 필요할 때 사용할 수 있는 상태로 해두는 것
청 소
* 직장내 쓰레기 없고 더러움이 없는 상태로 해두는 것
청 결
* 정리·정돈·청소의 유지관리
습관화
* 규칙·규정의 준수, 습관화
눈으로 보는 관리
물건을 두는 방법의 연구
점검의 충실
오염발생대책
설비의 자주적관리
정기적 진단 및 점검
능률의 향상
이물혼입방지
오조작 방지
이상의 조기발견
설비의 열화방지
공해방지

(1) 청결(3S)의 3단계

버리지 않는 정리	흐트러지지 않는 정돈	더러워지지 않는 청소	
불필요물이 발생하지 않는 구조 불필요한 물건이 있으니까 ↑ 「왜, 버리는가?」	되돌려 놓지 않아도 좋은 구조 되돌려 놓으니까 ↑ 「왜 흐트러지는가?」	더러워지지 않는 구조 더러우니까 ↑ 「왜 청소를 하는가?」	청결의 상단 계급 무너지지 않는 5S
불필요한 물건을 버린다.		더러워진 곳을 청소한다.	청결의 초급단계 3S습관화
불필요한 물건의 방치	어디에, 무엇이 있는지 불명확	더러움에 무관심	청결의 전단계 무 3S
정리	정돈	청소	

(2) 정돈 활동의 필요성

항 목	왜 정돈을 하지 않으면 안되는가?		
	안 전	품 질	능 률
부품·재료 재 공 품 제 품	• 위험하다. • 비상시 즉시 피난 곤란 • 주변 환경의 산만	• 다른 물품의 혼입 • 선입선출 미준수로 품질변화 • 넘어짐에 따른 품질 변화 • 다른 물품 혼입사용	• 어디에 있는지, 어디에 둘 것인지 찾는다. • 꺼내는 시간이 걸린다. • 찾는데 시간이 걸린다. • 열화부품, 손상부품의 재손질하는데 시간이 걸린다. • 상기 조건에 따른 작업시간 대기 발생
공구·치구 검사지그 측정기기	• 위험발생 • 주변환경의 산만	• 다른 물품의 혼재 사용으로 부적합 발생 • 변형·변질·결함 발생으로 정도 저하 • 열화에 따른 부적합품 발생	
윤 활 유 (급유)	• 위험하다.	• 타종류기름의 혼입으로 설비 상태의 손상	
서류·양식 사무용품	-	-	
소 화 기 소 화 전	• 초기 소화기구 불비 우려 있다.	-	

(3) 눈으로 보는 정돈 실시 방법

1) <현장 페인팅 작전(바닥 도색)>

작업장지역 : 녹색, 통로 : 고동색, 휴게실 : 청식, 창고 : 회색

<선 긋기(현장의 라인 마킹)>

구 분		색 상	폭(mm)	선 긋 기
구 획 선		황 색	50	실 선
출 입 구 선		황 색	30	점 선
문 개 폐 선		황 색	30	점 선
통 행 선		백 색	50	화살표
타 이 거 마 크		황색/흑색	50	황색과 흑색의 얼룩
적치장선	재 공 품	황 색	5	실 선
	작 업 대		5	코너라인
	재 떨 이		3	선
	부 적 합 품		5	실 선
<원칙>「황색선은 밟지 말고 넘지마라」「구획선은 생명선이다」				

2) <현장의 라인 마킹규격(예)>

위치	생 산 현 장	자재/제품창고		통로의 코너 및 크로스 부문
주통로	흰색표시, 폭 50mm	주통로	좌동	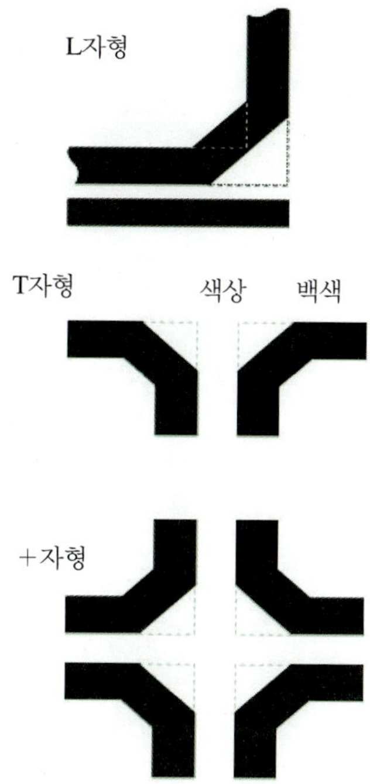
공정통로	흰색표시, 폭 50mm	보조통로		
운반구·휴지통장소위치	• 흰색표시 폭 15mm • 위치지점 선긋기 규격은 실제 규격보다 크게 표시 (예) 쓰레기통 위치 표시 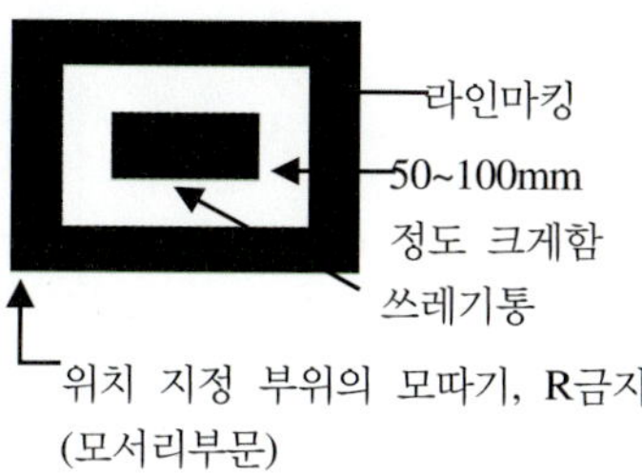	운반구·출하대기장소위치		

3) 배관 계열의 색별정돈

* 표시 : KS A 0503에 따름

구	분	색 상	구 분	색 상	구 분	색 상
용수	냉 수*	청 색	연 료 (방카시유, 열매유)	고동색	산·알카리	흰보라
	온 수	분홍색	LGP	황 색	Oil	어두운 주황
	폐 수	검정색	수 소	주황색	위험물	보라색
Steam*		어두운 적색	질 소	회 색	원 료	녹 색
Air*		백 색	가 스*	연한 황색	전선관*	연한주황

주의사항
• 배관(Steel)은 전체 페인팅 한다. SUS, PVC 재질배관은 규정된 위치에 색상 밴드 표시한다.

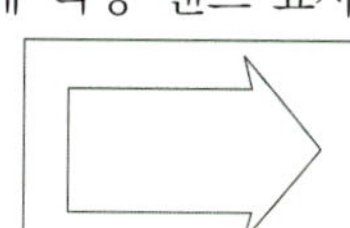

• 보온처리된 배관은 규정된 위치에 색상 밴드 표시를 한다.
• 전선관은 규정된 위치에 색상 밴드 표시를 한다.

• 유체의 흐름방향 표시가 있는 모든 부위 및 여러 배관이 집결되어 있는 부문에 실시한다.

4) 유류의 흐름방향 표시(예)

표시대상	표 시 기 준	표 시 방 법
▶유 류 세 척 유 작 동 유 절 삭 유 윤 활 유	1. 표시 스티커의 규격은 다음을 기준으로 한다.  : 50mm(가로)×15mm(세로) : 85mm(가로)×25mm(세로) : 120mm(가로)×35mm(세로) 2. 색상의 표시 어두운 주황색(MUNSELL No. : 75YR 5/6) 3. 기입방법 상 단 : 유 종 하 단 : 품 명 4. 부착방법 • 유류의 흐름방향대로 부착한다. • 지면으로부터 1m위치에 부착함을 원칙으로 하며 정면에서 보아 쉽게 볼 수 있는 개소에 부착한다. 5. 벽, FLOOR 등을 관통하는 경우 그 전후에 각각 표시한다. 6. 기기의 입구 및 PUMP, DISC VALVE로 부터 500mm 이내의 위치에 부착한다. 7. 중요한 부분에는 DISC측에 표시한다. 8. 표시 스티커는 다음과 같은 기준으로 부착한다. 배관의 외경이 1.3 Inch 이하일 때 : 소 1.3~2.5 Inch일 때 : 중 2.5 Inch일 때 : 대	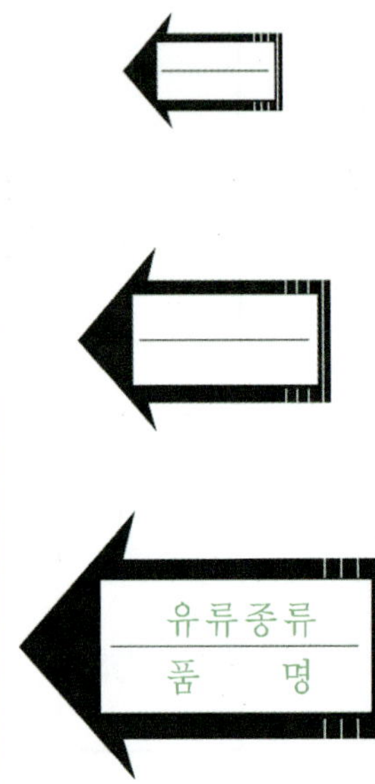

(4) My Machine활동

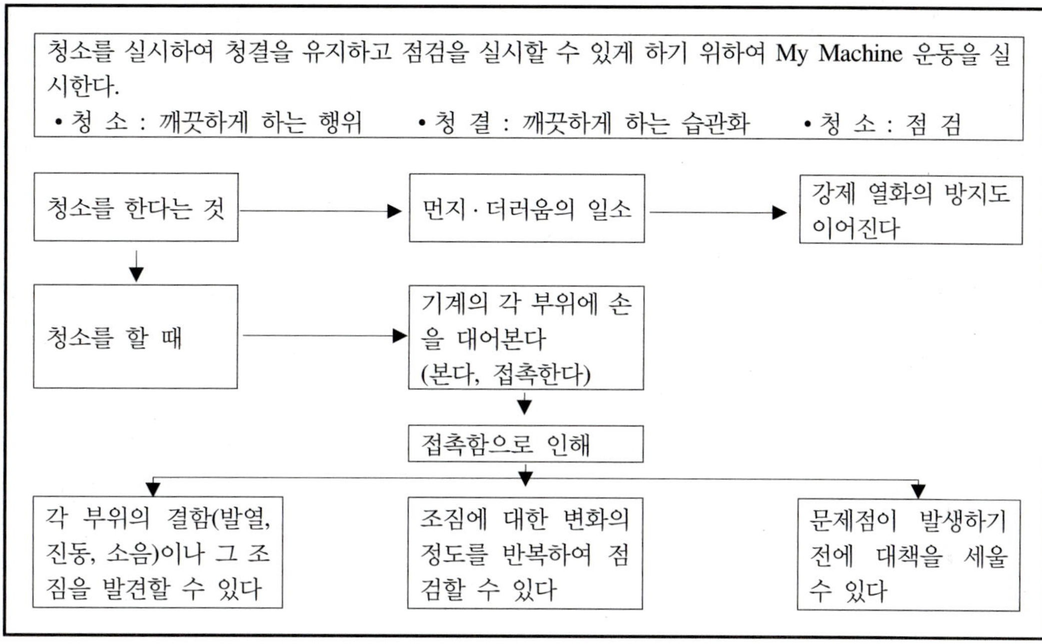

(5) 5S와 My Machine과의 차이점

단 계	5S(시설)	My Machine(장비)	비 고
정 리	• 붉은 표찰 작전	• My Machine 초기 청소	• 1차 : 초기청소 (경영관리자) • 2차 : 곤란개소 (현장사원)
정 돈	• 정위치 운동	• My Machine 정위치 운동	
청 소	• 환경미화 운동	• My Machine 각종표시 및 총점검	• 총 점검 • 청소도구 경진대회
청 결	• 청소 담당자 및 구역 설정	• My Machine 담당자 설정	
생활화	• 3정5S 체크리스트 평가	• My Machine 활동평가	
3정	• 정품(표준용기) • 정량(표준량) • 정위치(지정장소)	• ONE POINT PM	
눈으로 보는 관리	• 정보간판 • 안 전	• ONE POINT PM	

8. 5S 활동의 반성

(1) 왜(why) 誤(오)S가 되는가?

첫째, 돈을 들이려 한다.
둘째, 보기 좋게 정렬하려 한다.
셋째, 마지못해 함으로 지속성이 없다.
넷째, 나는 잘하고 있다고 생각한다.
다섯째, 어렵게 진행하려 한다.

(2) 5S는 Oh! Yes의 긍정적 자세로

「벌써 반이나 먹었구나」와 「아직 반이나 남았구나」는 부정적인 마음을 긍정적인 자세로 바꿔나가는 기본정신이 5S실천의 원동력

1. 고정 관념을 버리자
2. 되는 방법을 생각해보자
3. 변명하지 말고 현상을 부정하자
4. 잘못된 것은 즉시 고치자
5. 돈이 들지 않는 개선부터 먼저 하자
6. 궁하면 통한다
7. 개선은 무한하다
8. 한사람의 지식보다 열사람의 지혜를
9. 근본원인을 추구하여 "왜"를 5번 반복하라
10. 완벽을 기하지 말고 60점이라도 좋으니 실행해보자

5S활동은 예방적 차원에서 근원적으로 발상의 전환을 해야 한다.
왜(why) 라는 의문점을 갖는 사고를 생활화 해야 하고, 왜 그런지를 분석하여 사용하기 쉽도록, 청소 점검을 습관화하여 깨끗한 직장을 만들자.

(3) 5S 활동 저항의 12항목

저항1 :「이제와서 정리 · 정돈 이라니!」
저항2 :「3정5S 활동 위원장을 사장인 내가 한단 말인가?」
저항3 :「어차피 금새 더러워질 테니까」
저항4 :「정리 · 정돈을 했다고 해서, 품질 또는 생산량이 높아지는 것은 아니다」
저항5 :「그런 시시한 일로 이러쿵 저러쿵 얘기 하는 것은 아무래도」
저항6 :「정리 · 정돈 따위는 이미 되어 있다」
저항7 :「이 정도로 서류가 흩어져 있다 해도, 나는 알 수 있으니까」
저항8 :「그런 것은 이미 몇 년 전에 했던거야」
저항9 :「3정5S 활동은 현장의 문제이다」
저항10:「바빠서, 정리와 청소를 할 여유가 없다」
저항11:「당신에게 명령받는 것은 싫다」
저항12:「그래도 이익이 남으니까 상관없다. 내 마음대로 한다」

(4) 5S 활동을 정착시키는 8가지 요령

요령1 사장이 책임자
; 부서(팀)나 중간간부에게 맡기지 않는다.

요령2 회사에서 공식화
; 비공식적인 3정5S 활동은 확산되지 않는다.

요령3 전원실행의 추진
; 극히 일부 사람만으로는 하지 않는다.

요령4 주된 취지의 철저함
; 참된 취지와 의지로 설명을 충분히 한다.

요령5 실행 방법을 끈기있게
; 귀찮아 하지 말고 정성스럽게.

요령6 붉은 표찰, 간판은 한꺼번에 해치운다
; 오래 시간을 끄는 것은 의욕을 상실하게 한다.

요령7 사장 자신이 3정5S 활동 현장 순시(3現주의)
; 현장 책임자를 꾸짖으라.

요령8 3정5S 활동은 회사 생존의 징검다리
; 3정5S 활동을 통하지 않은 개선은 없다.

9. 5S 활동 단계별 추진 및 운영

(1) 추진절차

단계	추 진 항 목	추 진 수 단	추 진 내 용
제1단계 준비단계	1) 5S 추진의 필요성 및 방법 설명 2) 5S 활동 담당 구역 설정 3) 5S 추진 일정 계획서 작성	–5S 추진매뉴얼 작성 –Lay out도 작성 –사진 촬영 (현시점에서) –항목별, 장·단기 세부 추진 계획서	• 공장 3정5S 추진 분위기 조성 • 작업자에 대한 바른 전달 교육 실시 • 사무국에서 MASTER PLAN을 작성 최고 경영자에게 보고
제2단계 정리단계	(필요품과 불요품의 구분 및 처분) 1) 필요품, 불요품, 불급품의 구분 원칙 수립 2) 불급품과 불요품의 파악 구분(현장 실시) 3) 불요(급)품의 현황 목록 작성 4) 불요(급)품의 처분(폐기, 반납) 5) 처분 여부 사후관리	–전사 구분 원칙에 준함 –적색 카드 부착 –등록 대장 작성 –처분(철자)기준에 준함	• 공장 Lay out 검토 및 분석실시 불요(용)품의 판정 플로우 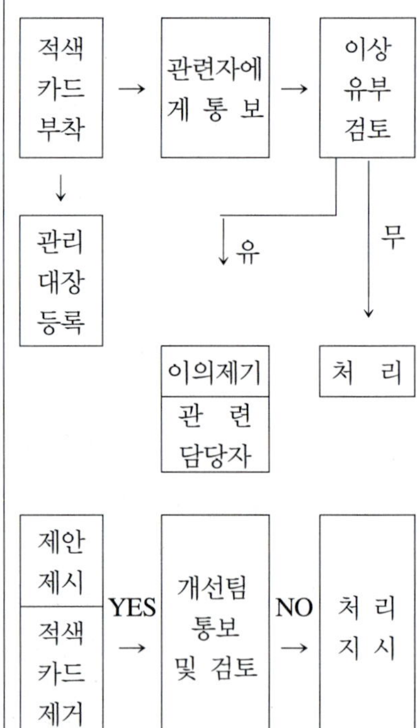 • 적색카드의 처리는 카드 부착후 24시간 이내, 폐기처분은 7일이내 원칙

<table>
<tr><th>단계</th><th>추 진 항 목</th><th>추 진 수 단</th><th>추 진 내 용</th></tr>
<tr><td>제
3
단
계

정돈
단계</td><td>(필요품의 보관구역, 보관수량의 지정과 보관방법의 결정)
1) 작업자별, 구역별, 보관물품 및 보관수량의 결정

2) 물품보관 방법과 놓는 방법의 결정
• 보관방법 : Rack, 상자 대차활용
• 놓는방법 : 최적, 최단의 거리 유지
3) 물품 현황판의 부착실시
• 선반 • 물품
4) 표준화 준수 여부 사후관리 실시(현장실사)</td><td>–작업자별, 구역별 필요품 보관 등록 대장 작성
–물품보관 구역표기
–Lay out 도표 작성 실시

–현황판 제작
–필요품, 불요품</td><td>• 전 공장 Lay out 확정, 변경
• 정위치의 표기 방법
–색상 : 황색
–재료 : 1차는 테이프로 실시 확정후는 페인트칠
–폭(너비) : 5~10㎝</td></tr>
<tr><td>제
4
단
계

청소
청결
유지</td><td>(주변 환경 및 설비의 청소와 청결상태 유지)
1) 청수구역과 점검설비의 지정
2) 청소(일,주)방법의 표준화
3) 청소 및 설비 점검 지침서 작성 배포
4) 5S 활동을 주제로 한 전사원 참여하의 분임조 활동 실시</td><td>–청소 담당구역 표시
–Lay out 작성</td><td></td></tr>
<tr><td>제
5
단
계

생
활
화
단
계</td><td>(의식고취 및 지도 점검에 의한 생활화 유도)
1) 5S 관련 교육의 실시

2) 지도 점검반 구성 및 운영

3) 개선활동 : 진척상황이 "눈"으로 보는 관리 실시
4) 활동 결과 점검 회의 정기 개최
5) 5S 추진 우수 부서 시상
6) 5S 추진 사례 발표</td><td>–전사원 대상교육 실시(책자, VTR)
–적색 카드 부착
–사진 및 VTR 촬영
–점검체크리스트 작성
–불량사진 전시회 개최
–월단위 추진 (결과보고)</td><td>물품 현황판의 형태(예)
<table><tr><th colspan="4">물 품 현 황 판</th></tr><tr><td>장소번지</td><td></td><td>최대수용</td><td></td></tr><tr><td>물 품 명</td><td></td><td>보 충 점</td><td></td></tr><tr><td>모 델 명</td><td></td><td>용 도</td><td></td></tr><tr><td>관리부서</td><td></td><td>납 입 처</td><td></td></tr><tr><td>책 임 자</td><td></td><td>입 고 일</td><td></td></tr></table>
<table><tr><td>품 명</td><td>볼트</td></tr><tr><td>최대수용</td><td>100개</td></tr><tr><td>보 충 점</td><td>20/100</td></tr><tr><td>책 임 자</td><td>000</td></tr></table>
<table><tr><th colspan="2">임시허가(보관) 표지판</th></tr><tr><td>품 명</td><td></td></tr><tr><td>이 유</td><td></td></tr><tr><td>기 간</td><td></td></tr><tr><td>책임자</td><td></td></tr></table></td></tr>
</table>

(2) 5S 활동시 기본 유의사항

<table>
<tr><th colspan="4">표 준 작 업 조 건</th></tr>
<tr><th>조 건</th><th colspan="3">기 준</th></tr>
<tr><td rowspan="2">1. 작업장 조명</td><td colspan="2">전반적 조명</td><td>200±100Lux</td></tr>
<tr><td colspan="2">국부적 조명</td><td>600±200Lux</td></tr>
<tr><td rowspan="2">2. 작업장 온도</td><td colspan="2">육 체 작 업</td><td>16±1℃</td></tr>
<tr><td colspan="2">정 신 작 업</td><td>20±3℃</td></tr>
<tr><td>3. 습 도</td><td colspan="3">55±5%</td></tr>
<tr><td>4. 소 음</td><td colspan="3">50±10dB</td></tr>
<tr><td>5. 진 동</td><td colspan="3">0.02 m/m~0.2 m/m</td></tr>
<tr><td rowspan="4">6. 환 기</td><td colspan="2">제 조 현 장</td><td>7회/시간</td></tr>
<tr><td colspan="2">표면처리공정</td><td>10~15회/시간</td></tr>
<tr><td rowspan="2">조립
공정</td><td>납땜공정</td><td>5~10회/시간</td></tr>
<tr><td>일반조립</td><td>1~3회/시간</td></tr>
</table>

<table>
<tr><th colspan="4">표 준 작 업 조 건</th></tr>
<tr><th colspan="2">조 건</th><th colspan="2">기 준</th></tr>
<tr><td rowspan="4">통
로</td><td>대 통 로</td><td>(기계운반)</td><td>2~2.5m</td></tr>
<tr><td>중 통 로</td><td>(부품 · 제품운반)</td><td>1.5~1.8m</td></tr>
<tr><td>소 통 로</td><td>(작업자 통행)</td><td>0.9~1.2m</td></tr>
<tr><td>작업대간격</td><td colspan="2">0.6~1.0m</td></tr>
<tr><td colspan="2" rowspan="4">기 계 간 격</td><td>일반공작기계</td><td>2~3m</td></tr>
<tr><td>소형일반프레스</td><td>2~2.5m</td></tr>
<tr><td>대형일반프레스</td><td>3~3.5m</td></tr>
<tr><td>고속프레스</td><td>4~4.5m</td></tr>
<tr><td colspan="4">※ 통로 설정시 유의사항
• 폭은 몇 m이며 급하게 돌아가야 할 곳은 없는가
• 바닥에 凹凸은 없는가
• 배선, 배관이 돌출되어 있지 않는가
• 통로에 장애물(장비, 기둥)이 설치되어 있는가</td></tr>
</table>

(3) 5S 활동 실시 요령(제조부문)

1) 목 적

「공장의 5S를 추진하여 작업능률, 기계가동률을 개선하며, 결과로서 생산성 향상을 도모한다」

2) 목 표

「한국 제일의 깨끗한 공장으로 만든다」

3) 항목별 목표와 활동

항 목	목 표	활 동
정리 · 정돈	○ 현장에는 일상 작업에서 사용하는 물건 이외에는 놓지 않는다 ○ 모든 물건의 정품 · 정량 · 정위치의 3정(定)을 결정하여, 누구나 한눈에 알 수 있도록 한다	○ 장치 · 환경 정비 • 기계 부품의 2S • 유지류의 2S • 공구 · 비품의 2S • 청소용구의 2S • 제작품 · 재료의 2S
청소	○ 직장에 먼지, 쓰레기, 더러움이 없도록 한다	○ 이벤트(강화의 달 운동) • 기계 · 청소 강화의 달 • 직장청소 · 위생강화의 달 ○ 월요일 아침, 위치교체시에 청소하기
청결	○ 정리 · 정돈 · 청소된 상태 유지 ○ 청소가 흐트러지지 않는 장치 만들기	○ 일상순회, 사장순회에 의한 지적 ○ 월요일 아침 반단위로 회의를 하여 지적사항 개선에 대해 얘기한다.
예절	○ 청결이 자주적으로 지켜지는 직장을 만든다 ○ 복장, 차림새, 인사가 질서정연한 직장을 만든다 ○ 정해진 것을 지키며, 보고, 연락이 정확한 직장을 만든다 ○ 5S 사고 방법을 회사 전체가 통일한다	○ 장치 · 환경정비…사무실 정리 · 정돈 ○ 이벤트… 직장의 청소 · 위생 강화의 달 서류장 3S 지키기 달 복장 · 인사하기의 달 ○ 일상순회 · 사장순회…반 회의 · 평가에 의해 자주활동을 이끌어 낸다→발표회에 의해 동기 향상 ○ 월요일 아침 회의에서 5S 집합교육 (10분 5S/월1회) ○ 5S 추진위원 교육(기본동작 · 사고방식 · 지식) 반과 반지도자의 교육(5S 지식) · 기본은 순회→회의 중심의 현장에서 교육

(4) 5S 활동 진단 운영

1) 진단목적

본 진단은 3정5S 활동의 추진 단계별 상태와 성과를 확인하고 유지관리 하는데 그 목적이 있다.

2) 진단구분

진단은 각 분임조(팀별)에 대한 정기진단과 이 진단에서 불합격된 분임조(팀)를 대상으로 실시하는 진단으로 구분한다.

-1) 정기진단

분임조(팀별)의 3정5S 추진 활동의 등급을 높이려고 정기적으로 진단을 실시하는 경우

-2) 2차진단

정기적인 진단에 의해 불합격된 모든 분임조(팀)에 대하여 비정기적으로 진단함으로써 사내 전체 등급을 조정하여 일정한 수준에 이르게 하여 전체가 일관된 3정5S 활동을 추진하기 위하여 실시하는 진단이다.

3) 5S 활동 평가 일람표(사례)

항 목	산 식	기 준	주 기	담 당		관리 자료 양식
				주 무	관 련	
정기진단점수	각항목 집계	100점 만점	매진단시	진단팀	전부서	진단체크시트(정리, 정돈, 청소, 청결)
청결도	정리, 정돈, 청소 3항목 합계	15점 만점	정기진단시	사무국	〃	청결도 5점 체크리스트
붉은 표찰 부착/조치 건수	조치율=(조치건수/부착건수)×100	95% 이상	매월(정리 활동시)	〃	〃	정리대상물·정돈대상물 LIST
5S 개선사례 실시(작성)율	작성제출건수 합계		매 월	〃	〃	개선사례 LIST 개선사례 SHEET

4) 5S 진단처리 방법 및 절차

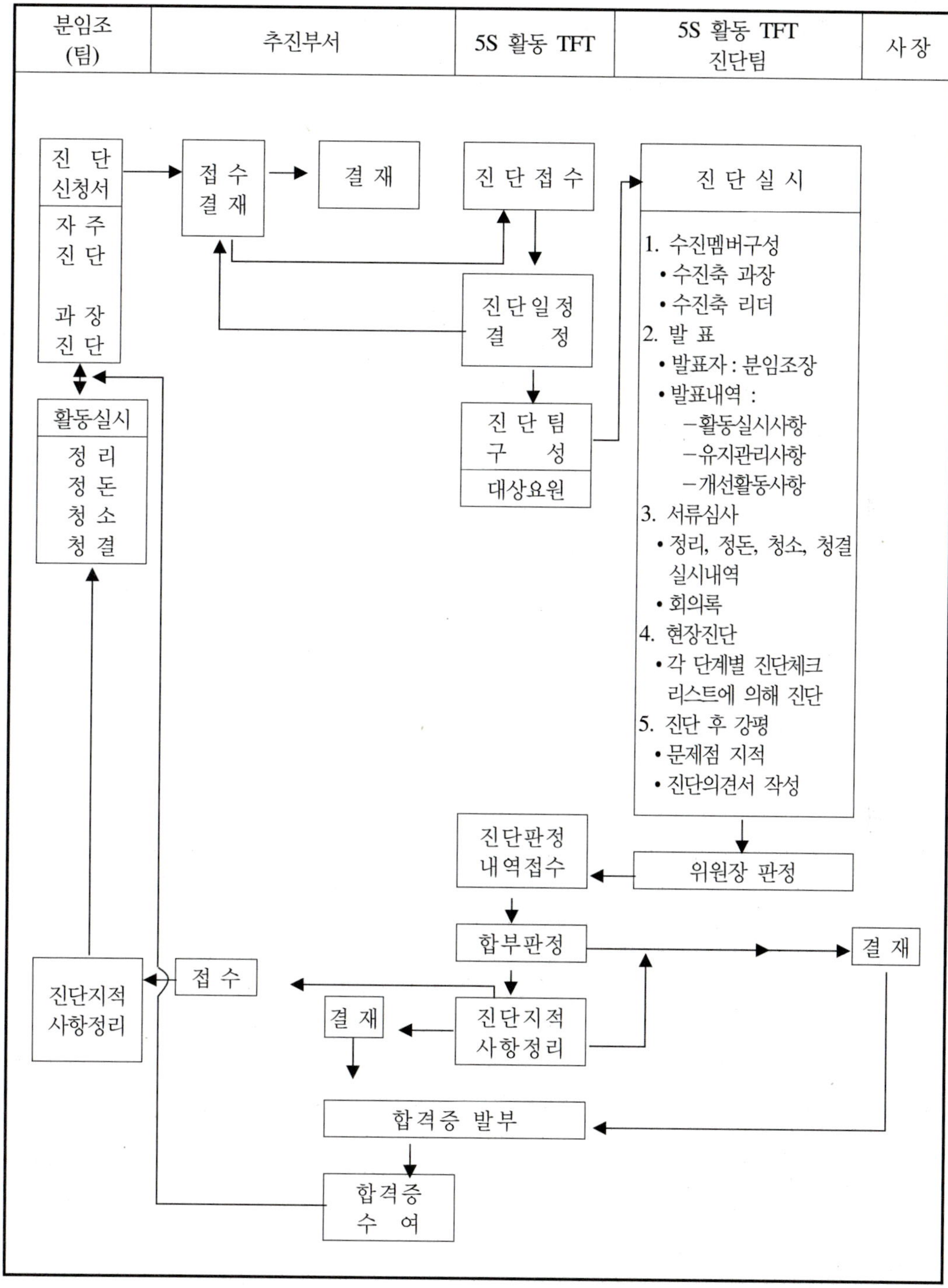

5) 5S 활동 준비 단계 진단 시트

진단대상	진단자명	진단일자	판정	합 격		평가	( ) 점
	㊞	20 . . .		불합격			

준비단계의 진단 항목		※평가시 득점란에 ○ 표					
전개항목	진단 Point	평 가 치					진단 Coment
		양호	우수	보통	불량	문제	
1. 현황판 작성	1. 작업장의 현황판은 작성되어 있는가?	5	4	3	2	1	
	2. 작성된 현황판은 먼지 오물이 없는가?(기록유지 상태는?)	5	4	3	2	1	
	3. 작성된 현황판은 정성이 들어있는가?(규격 색사용)	5	4	3	2	1	
2. 교육 전개	1. 리더의 전달교육에 대한 실시상황은 잘되고 있는가?	5	4	3	2	1	
	2. 각 작업자들의 5S에 대한 필요성에 대한 인식상태는 양호한가?	5	4	3	2	1	
	3. 리더의 교육참가 상태는 양호한가?	5	4	3	2	1	
3.분임조의 활성화	1. 분임조의 미팅을 잘 추진하고 있는가?	5	4	3	2	1	
	2. 분임조의 멤버의 출석률은 양호한가?	5	4	3	2	1	
4. 문제점 돌출	1. Group내의 문제점이 잘 노출되고 있으며 List up되고 있는가?	5	4	3	2	1	
	2. 5S에 대한 문제점이 사진으로 촬영되어 있는가?	5	4	3	2	1	
	3. 사진촬영은 문제점이 방치되어 있는 곳을 철저히 지적하였는가?	5	4	3	2	1	
	4. 촬영되어 있는 사진은 잘 보이도록 보관되어 있는가?	5	4	3	2	1	
5.전개계획 작성	1. Group내의 5S 전개계획이 작성되어 있는가? (사무실 등록요)	5	4	3	2	1	
	2. 5S 전개계획은 지연됨이 없이 잘 정리되고 있는가?	5	4	3	2	1	
	3. 5S 전개계획은 누가봐도 알기 쉽게 작성되어 있는가?	5	4	3	2	1	
	4. 5S 전개계획은 열심히 노력하도록 정성이 들어 있는가?	5	4	3	2	1	
	5. 5S 전개계획은 역할의 분담이 잘 되고 있는가?	5	4	3	2	1	
6.차후활동	1. Group전원이 차후에는 무엇을 할 것인가, 의지가 통일 되어 있는가?	5	4	3	2	1	
	2. 현황판 기록유지 상태는	5	4	3	2	1	
	3. 지적분야에 대한 대책 실시 상태	5	4	3	2	1	
※ 합격 Line은 80점 이상, 전원 참가하여 목표를 달성하자!							

6) 5S 체크리스트(공장용)

대상현장 : 년 월 일 점검자: (인)

장 소	체 크 항 목	체 크 내 용						T
옥 외 전 반	불필요물은 없는가?	①옥외전반						
	배치장소는 정해져 있는가?	①주차장, 팔레트, 재료 배치 장소, 구입품 수취장						
	통로는 정해져 있는가?	①백색선 · 황색선은 그어져 있는가?						
		②교통 표식은 세워져 있는가?						
		③배선 · 배관은 나와 있지 않은가?						
	청소는 되어 있는가?	①재털이, 쓰레기통, 정원, 현관, 창, 통로						
사 무 전 반	불필요물은 없는가?	①게시물, 카피, 도로						
	배치장소는 정해져 있는가?	①소화기, 구급상자						
	청소되어 있는가?	①벽은 더럽지 않은가?						
		②창살에 먼지는 없는가?						
		③유리창은 흐려 있지 않은가?						
		④꽃은 장식되어 있는가?						
지 정 부 문	사무실	①책상 위에 불필요한 사무용품은 없는가?						
		②책상위에 서류가 쌓여있지 않은가?						
		③책상아래에 물건이 놓여있지 않은가?						
		④비품 배치장소는 정해져 있는가?						
		⑤전화벨이 3회 이상 울리고 있지 않은가?						
		⑥등을 쭉 펴고 앉아 있는가?						
		⑦서류장에 서류위치가 정해져 있는가?						
		⑧통로에 쓰레기통, 의자가 비어져 나와있지 않은가?						
		⑨책상 위, 재떨이, 바닥은 청소되어 있는가?						
	회의실	①불필요물은 없는가?						
		②책상, 의자 위치는 정해져 있는가?						
		③책상 위, 재떨이, 바닥은 청소되어 있는가?						
		④불필요한 게시물은 없는가?						
		⑤관리자명이 명시되어 있는가?						
	화장실	①불필요물은 없는가?						
		②슬리퍼는 정돈되어 있는가?						
		③비누, 화장지 등은 준비되어 있는가?						
		④바닥, 화장실은 청소되어 있는가?						
		⑤낙서는 없는가?						

장 소	체 크 항 목	체 크 내 용						T
현 장 전 반	통로는 정해져 있는가?	①작업장소와 통로는 구분되어 있는가?						
		②작업자와 보행자가 부딪힌 적은 없는가?						
		③백색, 황색 테이프는 똑바로 그어져 있는가?						
		④배선, 배관이 뻗쳐 있지 않은가?						
		⑤책상, 선반, 기계가 불거져 나와 있지 않은가?						
		⑥상자류가 방치되어 있지 않은가?						
		⑦꽃은 장식되어 있는가?						
	선반, 스토어(Store)	①선반에 품명, 주소가 표시되어 있는가?						
		②선반, 칸막이는 분명하게 되어 있는가?						
		③표시와 다른 것이 놓여 있지 않은가?						
		④물품은 꺼내기 쉬운 곳에 놓여 있는가?						
		⑤쌓은 짐을 내리는 일없이 물품을 꺼낼 수 있는가?						
		⑥물품이 불거져 나와 있지 않은가?						
		⑦선반 사이의 통로에 물건을 놓지 않았는가?						
		⑧먼지, 쓰레기가 쌓여 있지 않은가?						
		⑨선반은 손으로 밀어서 흔들거리지 않는가?						
	작업대, 작업장	①작업대 위, 아래에 불필요한 물건은 놓여 있지 않은가?						
		②물품 배치장소는 정해져 있는가?(재료, 치구, 공구 완성품, 불량품, 대차, 청소용구, 부품)						
		③물품 배치장소는 품명, 수량 등이 표시되어 있는가?						
		④배선, 배관이 뻗쳐 있지 않은가?						
		⑤청소되어 있는가?						
	설비, 기계	①불필요한 기계, 치구는 없는가?						
		②동결기계는 정비되어 보관되어 있는가?						
		③무슨 기계인지 표시되어 있는가?						
		④점검 담당자, 보전담당자는 명기되어 있는가?						
		⑤보전, 절차용치공구, 부품은 정비되어 있는가?						
		⑥급소가 명기되어 있는가?						
		⑦부적합품이 떨어져 있지 않은가?						
		⑧재료 부스러기, 토막이 떨어져 있지 않은가?						
		⑨먼지, 기름 등이 쌓여 있지 않은가?						
		⑩불필요한 부품, 재료가 놓여있지 않은가?						
합 계								

7) 진단용 체크 시트

(1) 정리 진단 체크 시트		소속명		일 자	. . .
		구역명		체크자	(인)

진단항목	진 단 포 인 트	평가점수	진 단 의 견
1.공통 항목	1. 모든 정리대상물에 대하여 붉은표찰이 부착되어 있는가?	10 8 6 4 2	
	2. 붉은표찰의 부착 결과에 대한 집계가 되었는가?	5 4 3 2 1	
	3. 불용품으로 판정된 물품은 처리기한내에 폐기장으로 이동되어 있는가?	5 4 3 2 1	
	4. 불용품(1회정도/6개월) 중 지정보관장소가 있는 품목은 처리기간 내에 반납 및 이동되어 있는가?	5 4 3 2 1	
	5. 불용품(1회정도/6개월) 중 지정보관장소가 없는 품목은 처리기간 내에 면책구역으로 이동되어 있는가?	5 4 3 2 1	
2.재료 제품 부품에 대한	1. 작업대, 콘베어, 공구함, 서랍 등에 불용품이 들어 있지 않은가?	4 3 2 1 0	
	2. 관리구역내 구석진 곳에 사용하지 않는 제품, 가공품, 부품, 재료 등이 들어 있지 않은가?	4 3 2 1 0	
	3. 공상자, 공병, TEST품, SAMPLE, 가공품등이 무질서하게 방치되어 있지 않은가?	4 3 2 1 0	
	4. 녹이슨 제품, 불량품 등이 관리구역내 방치되어 있지 않은가?	5 4 3 2 1	
3. 기계 치공구 계측기에 대한	1. 사용하지 않는 기계설비, 계측기 등이 작업장내에 방치되어 있지 않은가?(그 공정에 사용되지 않는 치공구, 비품, PIPE 등이 방치되어 있지 않은가?	4 3 2 1 0	
	2. 파손 및 수명이 다 된 물건, 수리불가능한 기계, 치공구, 계측기가 작업장내 방치되어 있지 않은가?	5 4 3 2 1	
	3. 관리구역내 구석진 곳에 사용하지 않는 기계, 치공구, 계측기 등이 방치되어 있지 않은가?	4 3 2 1 0	

<table>
<tr><td colspan="3">(1) 정리 진단 체크 시트</td><td>소속명</td><td></td><td>일 자</td><td>. . .</td></tr>
<tr><td colspan="3"></td><td>구역명</td><td></td><td>체크자</td><td>(인)</td></tr>
<tr><th>진단항목</th><th colspan="2">진 단 포 인 트</th><th colspan="2">평가점수</th><th colspan="2">진 단 의 견</th></tr>
<tr><td rowspan="2">4. PALLET 대차제품 BOX에 대한</td><td colspan="2">1. PALLET, 대차, 상자, 제품, BOX 등 사용하지 않는 용기, 비품 등이 방치되어 있지 않은가?(불필요한 BOX, 드럼통이 작업장 내 놓여 있지 않은가?</td><td colspan="2">5 4 3 2 1</td><td colspan="2"></td></tr>
<tr><td colspan="2">2. 불필요한 케비넷트, 락카, 작업대 등이 놓여 있지 않은가?</td><td colspan="2">5 4 3 2 1</td><td colspan="2"></td></tr>
<tr><td>5.서류사무용품, 공구함, 청소도구</td><td colspan="2">1. 작업대, 케비넷트, 락카, 공구함 등에 개인 사물이 놓여 있지 않은가?(장갑, 작업복 등 결정된 수량 이외의 것이 보관되고 있지 않은가?)</td><td colspan="2">5 4 3 2 1</td><td colspan="2"></td></tr>
<tr><td>6. 기 타</td><td colspan="2">1. 방치되고 있는 공사용 자재는 없는가?</td><td colspan="2">4 3 2 1 0</td><td colspan="2"></td></tr>
<tr><td rowspan="4">7.분임조 활동 활성화</td><td colspan="2">1. 분임조/팀 화합 (목표:월 2회)</td><td colspan="2">4 3 2 1 0</td><td colspan="2"></td></tr>
<tr><td colspan="2">2. 회합출석률 (목표:월 90%이상)</td><td colspan="2">4 3 2 1 0</td><td colspan="2"></td></tr>
<tr><td colspan="2">3. 작업장 개선 제안 활동상태는 (목표:인/월 1건)</td><td colspan="2">4 3 2 1 0</td><td colspan="2"></td></tr>
<tr><td colspan="2">4. 분임조/팀 테마 선정후 진척상황은 잘 되고 있는가?</td><td colspan="2">4 3 2 1 0</td><td colspan="2"></td></tr>
<tr><td rowspan="2">점 수</td><td rowspan="2">(　　)/100점</td><td rowspan="2">판 정</td><td colspan="2">합 격(　　)</td><td colspan="2" rowspan="2">비 고</td></tr>
<tr><td colspan="2">불합격(　　)</td></tr>
</table>

(2) 정리 진단 체크 시트		소속명		일 자	. . .
		구역명		체크자	(인)

진단항목	진 단 포 인 트	4	3	2	1	0	진 단 의 견
1.정리 상태	1. 전 STEP(정리)의 상태가 유지되고 있는가?						
2.일상 청소	1. 바닥, 벽, 천장, 설비, 치공구 등에서 먼지, 오물 등이 나타나고 있지 않는가?						
3.보관 장소에 관하여	1. 보관장소의 표시는 설정되어 있는가?						
	2. 보관장소는 제품별, 기능별, 기계별, 종류별, 분야별 등으로 설정되어 있는가?						
4.보관 하는 물건에 대하여	1. 필요한 것을 원칙적으로 사용장소에 가까이 보관 하였는가?						
	2. 필요한 수량(표준량)은 설정되어 있는가?						
	3. 파손품은 수리나 보수가 되어 있는가?						
5.보관 하는 방법에 대하여	1. 운반이 용이하도록 놓여 있지 않은가?						
	2. 잡기 쉽도록 놓여 있지 않은가? (수량을 쉽게 파악할 수 있도록 놓여 있는가?)						
	3. 물건은 녹이나 먼지가 오염되지 않도록 보관되어 있는가?(물건이 지저분하지 않도록 보관되어 있는가?)						
	4. 보관방법에 안정성이 포함되어 있는가? (예) 1) 소화기 앞에는 물건을 놓지 않는다. 2) 위험물 보관시에는 위험표시판을 부착한다. 3) 회전물이 있는 곳에는 카바를 부착한다. 4) 물건을 세워놓거나 겹쳐 놓지 않는다.						

진단항목	진 단 포 인 트	4	3	2	1	0	진 단 의 견
6.표시류에 관하여	1. 보관장소는 표기가 알기 쉽도록 되어 있는가?(보관물 자체에 품종 표시가 되어 있는가?)						
	2. 보관물의 BOX, CASE, 서랍, 케비넷트 등에 무엇을 놓는 곳인가에 대한 표시가 되어 있는가? (명칭 및 책임자 명)						
	3. 수량의 표시가 필요한 장소에 표시가 쉽게 되어 있는가?						
	4. 기능별, 기계별, 품종별, 종류별 놓는 장소, 놓는 방법, 불량품 등이 색별로 구분되어 있는가?(설비, 보관대, 케비넷트 등에 책임자명이 부착되어 있는가?						
	5. 설비 및 안전통로의 선이 색별로 표시되어 있는가?						
	6. 기타 표지판(점검중, 사용중 등)등의 표시가 되어 있는가?						
	7. 위험한 곳이나 주의를 요하는 곳에 (위험), (주의)라는 표시가 되어 있는가?						
7.기 타	1. 가연성, 위험물 등이 구분된 상태로 보관되어 있는가?						
	2. 부적합품이나 수리품의 놓는 장소가 설정되어 구분되고 있는가?						
	3. 통로나 놓는 장소의 벽이나 바닥의 표시에 대한 보수 작업은 잘 되어 있는가?						
8.분임조 활동 활성화	1. 분임조/팀 회합(목표:월2회)						
	2. 회합출석률(목표:월90%이상)						
	3. 개선 제안 활동상태는 양호한가? (목표:월 1건 이상)						
	4. 정돈의 세부 실시 기준에 대한 전달 교육 실시상태는 양호한가?						

점 수	(　　) /100점	판 정	합 격(　　) 불합격(　　)	비 고

(3) 청소 진단 체크 시트		소속명					일 자	. . .
		구역명					체크자	(인)
진단항목	진 단 포 인 트	4	3	2	1	0	진 단 의 견	
정 리	1. 불필요한 재료, 부품, 제품은 없는가?							
	2. 불필요한 설비, 기계는 없는가?							
	3. 각종 함내 불필요품은 제거되었는가?							
	4. 불필요한 치구, 공구, 금형, 계측기는 없는가?							
	5. 기타 불필요한 것이 명확하게 제거되어 있는가?							
	6. 불필요, 필요물에 대한 기준은 있는가?							
정 돈	7. 정돈 명판(정품, 정량, 정위치)는 되어 있는가?							
	8. 공구의 형적정돈상태는 양호한가?							
	9. 각종 색별정돈(배관유체흐름표시, 윤활유 등)상태는 양호한가?							
	10. 페인팅(개폐선, 정돈선, 통로선, 구획선 등) 상태는 양호한가?							
	11. 각종 계장류(온도계, 압력계, 레벨게이지 등)의 한계표시는 양호한가?							
	12. 현장안전확보를 위한 안전장비 정돈상태는 양호한가?							
	13. 각종 관리자료의 부착 및 관리상태는 양호한가?							
청 소	14. 바닥의 먼지, 물, 기름 등은 비산되어 있지 않은가?							
	15. 설비 및 주변에 먼지, 병조각, 포장끈은 없는가?							
	16. 청소도구연구는 되고 있으며 활용되고 없는가?							
	17. 각종 급유구에 급유후 잔재물에 대한 조치상태는 양호한가?							
	18. 청소도구 걸이대와 청소도구의 관리상태는 양호한가?							
	19. 분리수거 쓰레기차의 관리상태는 양호한가?							
	20. 배관의 이음부분, 플랜지부분, 설비하부의 녹발생은 없는가?							
	21. 녹발생에 대한 조치사항은 잘 이루어지고 있는가?							
	22. 청소곤란개소에 대한 개선은 이루어지고 있는가?							
	23. 설비하부 받침대에 오물은 정기적으로 이루어지고 있는가?							
	24. 효율적인 청소작업을 위해 분임원간의 담당구역을 선정하고 관리되고 있는가?							
	25. 청소는 작업 사이클표에 의거 적절한 주기로 실시하고 있는가?							
점 수	(　　)/100점	판 정	합 격(　　) 불합격(　　)				비 고	

(4) 청결 체크 시트

소속명		일 자	. . .
구역명		체크자	(인)

진단항목	진 단 포 인 트	4	3	2	1	0	진 단 의 견
정 리	• 필요한 것과 필요하지 않은 것이 현장에 혼재되어 있다						
	• 필요한 것과 필요하지 않은 것을 어쩐지 알 수 있다						
	• 필요하지 않은 것을 누가 보아도 한눈에 알 수 있다						
	• 필요하지 않은 것이 항상 이외의 장소에 놓여 있다						
	• 정말로 불필요한 것이 버려져 있다						
정 돈	• 어디에, 무엇이, 몇 개 있는지 알 수 없다						
	• 어디에, 무엇이, 몇 개 있는지 알 수 있다						
	• 장소표시와 물품목표시 정도는 있다						
	• 장소표시와 품목표시, 구획선이 그어져 누구라도 한눈에 알 수 있다.						
	• 선입선출이 장치화되어 있어, 양표시도 한눈에 알 수 있다						
정 돈 (치공구류)	• 어디에, 무엇이, 몇 개 있는지 알 수 없다						
	• 어디에, 무엇이, 몇 개 있는지 알 수 있다						
	• 장소표시와 치공구표시가 있다						
	• 되돌려 놓기 쉽게 고려되어 있다 <색깔, 형태, 목표치수 등>						
	• 치공구의 공통화, 미사용화가 실시되고 있다						
청 소	• 현장이 더러워진 채이다						
	• 때때로 생각난 듯이 청소한다						
	• 청소는 매일하고 있다						
	• 청소와 점검이 결부되어 있다						
	• 더러워지지 않는 장치가 되어 있다						

점 수	(　　) /100점	판 정	합 격(　　)	비 고
			불합격(　　)	

10. 5S 활동 관련 체크시트

1) LAY-OUT 및 5S CHECK SHEET

<table>
<tr><th rowspan="2">항 목</th><th rowspan="2">세 부 내 용</th><th colspan="5">평가결과</th></tr>
<tr><th>5</th><th>4</th><th>3</th><th>2</th><th>1</th></tr>
<tr><td><u>1. LAY-OUT배치상태</u>
1) LAY-OUT배치</td><td>A) 공정순 흐름식 LAY-OUT이며 공정간 설비간은 최단거리이다.</td><td></td><td></td><td></td><td></td><td></td></tr>
<tr><td>2) 제품의 방향전환</td><td>A) 원자재에서 완성품까지 제품 이동시 방향전환이 거의 없다.</td><td></td><td></td><td></td><td></td><td></td></tr>
<tr><td>3) 설비 및 작업대 높이</td><td>A) 적당하다(750~850㎜)</td><td></td><td></td><td></td><td></td><td></td></tr>
<tr><td>4) 공정간 M/HANDL'G</td><td>A) 적정용기, 대차를 사용하며, 15㎏이상의 대차운반이 없다.</td><td></td><td></td><td></td><td></td><td></td></tr>
<tr><td>5) 작업공구 및
GAUGE 위치</td><td>A) 작업공구 및 GAUGE 놓은 위치가 정해져 있고 잘 놓여져 있다.</td><td></td><td></td><td></td><td></td><td></td></tr>
<tr><td>6) 개선업무 추진상태</td><td>A) 생산성 향상과 품질향상을 위한 개선반이 별도로 운영되며 그 개선실적이 있는 경우</td><td></td><td></td><td></td><td></td><td></td></tr>
<tr><td><u>2. 3정 실시상태</u>
1) 용기의 양과 청결</td><td>A) 충분한 양의 용기 및 파렛트가 준비되어 있고 청결이 잘 된 경우
B) 파손된 용기 및 파렛트가 구분이 잘 된 경우</td><td></td><td></td><td></td><td></td><td></td></tr>
<tr><td>2) 규정된 양</td><td>A) 일정한 용기에 규정된 양을 담고 있는 경우</td><td></td><td></td><td></td><td></td><td></td></tr>
<tr><td>3) 정해진 장소 배치</td><td>A) 용기나 파렛트가 정해진 위치에 정리가 잘 된 경우</td><td></td><td></td><td></td><td></td><td></td></tr>
<tr><td><u>3. 5S 실시상태</u>
1) 통로의 구분</td><td>A) 숫벽을 따라 통로가 있고, 각 통로에는 LINE이 있으며 통로에 설비, 제품 등이 없는 경우</td><td></td><td></td><td></td><td></td><td></td></tr>
<tr><td>2) 설비의 밑</td><td>A) 설비의 밑은 청결하고 제품, 청소구, 장갑, 신발등 기타가 없는 경우</td><td></td><td></td><td></td><td></td><td></td></tr>
<tr><td>3) 위치 결정 상태</td><td>A) 제품 담은 용기, 대차, 소화기, 재떨이, 청소도구, 소공구, 장갑 등을 놓아두는 위치가 정해져 있고 놓여진 상태</td><td></td><td></td><td></td><td></td><td></td></tr>
</table>

항 목	세 부 내 용	평가결과				
		5	4	3	2	1
<u>3. 5S 실시상태</u> 1) 통로의 구분	A) 순벽을 따라 통로가 있고, 각 통로에는 LINE이 있으며 통로에 설비, 제품 등이 없는 경우					
2) 설비의 밑	A) 설비의 밑은 청결하고 제품, 청소구, 장갑, 신발등 기타가 없는 경우					
3) 위치 결정 상태	A) 제품 담은 용기, 대차, 소화기, 재떨이, 청소도구, 소공구, 장갑 등을 놓아두는 위치가 정해져 있고 놓여진 상태					
4) 불용설비 및 제품처리	A) 불용장비 및 제품이 현장에서 완전히 정리되어 작업현장 이외의 일정한 장소에 보관되고 있는 경우					
5) 결정위치에 대한 이용상태	A) 결정된 위치에 결정된 제품, 용기, 대차, 설비, 재떨이, 청소도구, 소공구, 장갑 등이 있는 상태					
6) 용기, 대차의 사용 상태	A) 계획된 용기, 대차에 계획목적에 맞도록 정량을 담아 사용하고 있는 경우					
7) 설비 배치	A) 정해진 구획선내에 다른 설비와 줄을 맞추어 놓은 경우					
8) 제품 관리	A) 다른 공정의 작업자가 사용하기 쉽도록 용기에 담겨져 있고, 정해진 위치에 다른 용기, 대차 등과 줄이 맞추어져 있는 경우.					
9) 설비 관리	A) 생산 설비의 밑, 위의 먼지, 생산작업시 발생하는 SCRAP, 더러운 기름 등을 깨끗하게 제거한 경우					
10) 바닥 청결상태	A) 구획선이 깨끗하게 나타나도록 되어있고, 설비밑통로등에 흙, 먼지, SCRAP, 기름 등이 없는 경우					
11) 청결상태	A) 공장내 햇볕용의 SUN LIGHT가 깨끗하고 건물의 기둥, 벽 등이 매끈하고 구획선, 설비, 배관 등의 PAINT가 벗겨져 있지 않은 경우					
<u>4. 공정관리</u> 1) 생산공정도 유·무 및 활용상태	A) 생산공정에 작업방법 및 자주검사 항목이 잘 설정되어 있고 시방변경, 공정개선 및 품질 개선에 의해 수정유지가 잘되고 있는 경우					

항 목	세 부 내 용	평가결과				
		5	4	3	2	1
2) 공정별 작업표준 유·무 및 활용상태	A) 표준작성시 작업자 의견이 반영되어 있으며 그 내용을 해당작업자가 이해숙지하고 잘 이행하는 경우					
3) Q.C공정도에 준한 중간검사 실시여부	A) 공정별 주요 점검항목에 준하여 작업자(또는 관리자나 Q.C요원)가 점검하고 있으며 그 실적을 보관 활용되고 있을 때					
4) 공정관리로 공수설정 정원제 운영상태	A) 품목별 공수를 정하여 적정인원을 배치하고 그결과를 분석 후 조치한 실적이 있는 경우					
5) 생산능력 판단 유·무 및 활용상태	A) 현설비의 생산능력을 확실히 알고 증설시 필요한 주요장비를 정확히 판단하고 있는 경우					
6) 중점관리 항목의 설정 및 관리	A) 중점관리 항목을 설정하고 이에 대한 추진책임자 및 추진일정 계획을 수립하여 개선시킨 실적이 있으며 현재 추진중인 경우					
7) 작성된 표준의 활용 및 준수도	A) 표준에 관한 주요사항이 현장에 부착되어 있으며 그 표준에 준하는 작업이 진행되고 또 현실에 맞도록 수정되어 있는 경우					
<u>5. 재고 관리상태</u> 1) 원재료 보관상태 및 불출상태	A) 재질별 규격별, 용도별 등으로 구분 적치 및 명찰이 부착되어 있으며 입불출시 선입선출이 명확할때					
2) 공정간 재고관리 상태	A) 공정간 재고에 대한 표준이 있고 공정간 재고가 표준대로 실시되고 있는 경우					
3) 완제품 보관 및 적치관리 상태	A) 완제품에 대한 보관은 명찰이 부착되어 있으며 외부손상에 보호될 수 있는 파렛트를 사용하고 있을 때					

<table>
<tr><td colspan="4" rowspan="2">2) 청소 점검 실시 요강</td><td>부 문</td><td></td><td></td><td></td></tr>
<tr><td>체크자</td><td></td><td>년월일</td><td>. . .</td></tr>
</table>

1 기계 · 습동계통

<table>
<tr><th>구분</th><th>No.</th><th>청 소 내 용</th><th>점 검 내 용</th><th>이 유</th><th>채용</th></tr>
<tr><td rowspan="2">기계본체</td><td>1</td><td>테이블면의 청소</td><td>표면의 기스 녹슬음의 점검</td><td>불안정한 운동을 초래한다</td><td></td></tr>
<tr><td>2</td><td>기계설비부의 청소</td><td>조정용 볼트, 너트, 와셔의 느슨함 점검</td><td>레벨이 잘못되어 진동의 원인이 된다</td><td></td></tr>
<tr><td rowspan="4">습동부</td><td>3</td><td>접동부의 청소</td><td>마모에 의한 단차와 패임의 점검</td><td>불안정한 접동을 초래한다</td><td></td></tr>
<tr><td>4</td><td>접동부의 오물제거</td><td>와이퍼 손상 점검</td><td>습동면의 마모를 촉진한다</td><td></td></tr>
<tr><td>5</td><td>볼트, 너트의 더러움 제거</td><td>볼트, 너트의 느슨함 점검</td><td>습동 원인으로 마모된다</td><td></td></tr>
<tr><td>6</td><td>비녀장에 관련된 것 청소</td><td>회전방지 열쇠, 비녀장과 덜컹거림 점검</td><td>진동 발생과 열쇠손상을 초래한다</td><td></td></tr>
<tr><td rowspan="3">구동부</td><td>7</td><td>벨트부 청소</td><td>벨트의 느슨함과 마모, 손상 점검</td><td>미끄러짐이 발생하여 동력 전달이 제각기 된다</td><td></td></tr>
<tr><td>8</td><td>체인부 청소</td><td>체인의 느슨함과 손상점검</td><td>소음발생과 마모를 촉진한다</td><td></td></tr>
<tr><td>9</td><td>이송부 기어 청소</td><td>이송부, 기어의 마모, 손상 점검</td><td>나사의 느슨함과 덜컹거림에 의해 전달이 불안정해진다</td><td></td></tr>
<tr><td rowspan="2">위치결정부</td><td>10</td><td>위치 결정부 청소</td><td>위치 결정면, 결정판의 손상, 변화 점검</td><td>위치 결정도가 나빠진다</td><td></td></tr>
<tr><td>11</td><td>볼트, 너트의 더러움 제거</td><td>볼트, 너트의 느슨함 점검</td><td>접동 원인이 된다</td><td></td></tr>
</table>

2) 청소 점검 실시 요강

부 문			
체크자		년월일	. . .

② 공압계통

1 에어 3점세트 — 2 제어판 — 3 Actuator — 4 배기부

구분	No.	청 소 내 용	점 검 내 용	이 유	채용
에어 3점세트	1	에어 필터 청소	필터 내부에 물과 오물이 없는가 점검	수분은 윤활유를 산화시켜 점도를 저하시킴과 함께 밸브 등에 부식을 초래한다	
	2	콘트롤부, 압력계 제로점 점검	압력계 제로점 점검	정기적 압력 공급이 불안정하게 된다	
	3	oiler 청소	oiler 내부의 오물과 유량 점검	에어 실린더의 포장(packing)과 내벽에 마멸이 생겨 부하 발런스가 깨진다	
배관	4	배관 접속부 청소	비눗물을 이용해 접속부의 에어 누출 점검	에너지의 낭비·압력의 저하를 초래한다	
제어판	5	콘트롤 밸브류의 청소	lock nut의 느슨함 점검	이송 속도가 불안정하게 된다	
	6	방향 제어 밸브 청소	에어 누출 점검	작동의 불안정을 초래한다	
작동부	7	작동부 청소	에어 누출 점검	압력 저하로 작동이 불안정해 진다	
	8	볼트, 너트의 더러움 제거	볼트, 너트의 느슨함 점검	진동 발생에 의한 마모	
배기부	9	배기부 청소	배기소음 방지와 부의 막힘 점검	에어 배출 저항이 커져서 잔류 압력 작동 이상이 발생한다	
위치결정부	10	위치 결정부 청소	위치 결정면, 결정판의 손상, 변화 점검	위치 결정도가 나빠진다	
	11	볼트, 너트의 더러움 제거	볼트, 너트의 느슨함 점검	접동 원인이 된다	

2) 청소 점검 실시 요강	부 문			
	체크자		년월일	. . .

3 윤활 · 유압계통　　1 작동유 탱크 — 2 배 관 — 3 제어판 — 4 Actuator

구분	No.	청 소 내 용	점 검 내 용	이 유	채용
윤활유 · 작동기름탱크	1	급유구 청소	급유구의 더러움 점검	오물, 먼지 혼입	
	2	유량계 청소	유량의 점검	유량 부족을 초래한다	
	3	탱크내 청소	탱크내 기름(색, 투명도) 점검	마멸의 원인이 된다	
	4	탱크 청소	탱크내 빈틈 점검	오물, 먼지 혼입으로 필터가 막힌다	
	5	필터 청소	오일필터의 더러움 점검	부하가 오버되어 공동 · 파동현상을 초래한다	
배관	6	배관 연결부 청소	기름의 누출 점검	기름 사용의 낭비	
	7	배관 청소	배관의 손상, 꺽임 점검	기름 공급이 나빠진다	
오일컵	8	오일컵 청소	뚜껑 부착 점검	오물과 먼지 혼입	
	9	위와 같음	오일컵 내의 심지 점검	기름이 흘러 나온다	
제어판	10	방향 제어 밸브 청소	기름 누출 점검	작동 불량을 일으킨다	
	11	유량 제어 밸브 청소	위와 같음	속도가 불안정해진다	
	12	압력 제어 밸브 청소	기름 누출 점검	압력이 불안정해진다	
작동부	13	작동부 청소	위와 같음	압력이 유량 저하를 초래한다	

2) 청소 점검 실시 요강			부 문			
			체크자		년월일	. . .

4 전기계통

구분	No.	청 소 내 용	점 검 내 용	이 유	채용
제어반	1	표시등의 청소	램프 점검	표시등 역할이 저하된다	
	2	조작 스위치 청소	스위치류의 덜컹거림 점검	위험 방지	
	3	메터 청소	제로점 점검	수치, 기준 미확인	
	4	물 뚜껑 청소	클리닝고무의 점검	오물, 먼지 등에 의한 기능 저하	
리미트(Limit) 스위치	5	리미트 스위치 청소	볼트의 느슨함 점검	오물, 느슨함 등으로 동작이 불안정하게 된다	
	6	위와 같음	도그(dog) 마모 점검	접점 타이밍이 악화된다	
	7	회전부 청소	회전 레버 점검	위와 같음	
	8	연결선 청소	연결선부 점검	오물과 먼지로 전기저항이 높아진다	
와이어(wire)	9	선의 더러움 청소	표피 점검	Short 위험	
모터	10	냉각 fan 청소	Fan 점검	냉각효과 저하	
	11	터미널부 청소	커버의 벗겨짐과 손상 점검	이물에 의한 접촉 불량을 초래한다	
	12	모터 전체 청소	발열, 타는 냄새, 이상음 점검	모터 고장	

2) 청소 점검 실시 요강	부 문			
	체크자		년월일	. . .

5 치공구 · 측정구류

구분	No.	청 소 내 용	점 검 내 용	이 유	채용
금·치구	1	부착면 · 가공면 · 기본면의 청소	기스, 상처, 녹슬음, 마멸 점검	제품 불량이 된다	
절삭구	2	절삭날 주위, 부착부의 청소	잠금과 느슨함 점검	가공 불량이 된다	
공구	3	드라이버 청소	끝의 비뚤어짐. 빠짐 점검	사용하기 어렵고, 효율이 나쁘다	
	4	스패너 청소	변형, 마모 점검	위와 같음	
	5	멍키 스패너 청소	조정부의 덜컹거림 점검	위와 같음	
	6	뺀지 청소	도구 끝의 마멸과 덜컹거림 점검	위와 같음	
측정구	7	마이크로 미터 측정면의 더러움 청소	손상, 제로점의 점검	불량의 양품화와 손해 배상 증가	
	8	다이얼 게이지 더러움 청소	본체 손상과 스핀들 작동의 점검	위와 같음	

3) 5S 레이더 챠트

부서명	
년월일	

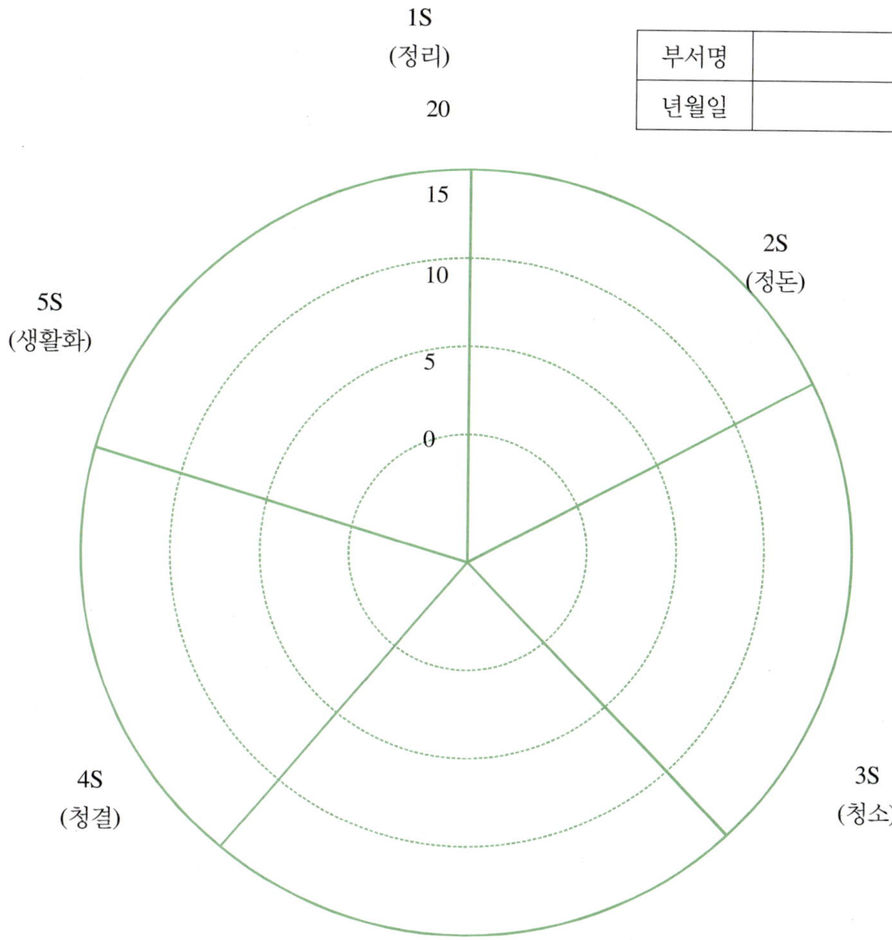

그래프													
	100												
	80												
	60												
	40												
	20												
채 점													
월													

제4장 구 QC기법 및 사례

1. QC 7가지 도구 (QC 7 Tools)

(1) 품질관리 기법 (도구)은 왜 필요한가?

제조업을 중심으로 생산현장에서 불량, 에러(Error)나 실수를 관리하기 위하여 QC시대에는 파레토도, 특성요인도, 히스토그램등으로 대표되는 'QC 7가지 도구'가 사용되었고, TQC/TQM 시대에는 연과도, 친화도법, 매트릭스도 등으로 대표되는 '신QC7가지 도구'가 사용되었다. 일반적으로 현장/현업에서 QC 수법을 사용하는 것은 수집된 Data를 좀더 올바르게 분석하고 해석해서, 여기에서 얻어진 중요한 정보를 개선활동에 이용하기 위함이다.

(2) QC 7가지 도구는 무엇인가?

① 특성요인도 : 품질특성에 영향을 주는 원인과의 관계를 나타낸 그림

② 파레토그림 : 문제의 중점화, 우선순위 파악을 위한 도구

③ 히스토그램 : 테이터의 산포상태를 파악하기 위한 도구

④ 체크시트 : 데이터 수집, 문제분석을 효율적으로 실시하기 위한 도구

⑤ 그래프 및 관리도 : 숫자를 시각화하여 정보전달을 용이하게 하는 도구, 공정이 일정한 품질수준을 유지하는가를 판정하는 도구

⑥ 층별 : 불량요인(4M)마다 데이터를 구분해서 잡는 도구

⑦ 산점도(산포도) : 영향을 주는2개의 인자간의 관계를 파악하는 도구

2. QC 7가지 도구 연습

(1) 특성요인도 연습

[문제] 1. 다음을 읽고, 특성을 「불량이 줄지 않는 것은 무슨 까닭일까?」로 하여 특성요인도를 작성하라. 원인은 생각치도 않은 곳에 있다.

「어떤 유명한 직물공장의 이야기, 그 직물공장에서는 매일 몇 백필 씩이나 많은 직물을 짜고 있지만, 여태까지 직물에 줄줄이 긴 얼룩이 져서 불량이 된 제품이 많이 나와 곤경에 처해 있었다. 그래서 회사에서는 그 불량을 없애려고 전력을 다하여 조사키로 결정하고, 천에 얼룩을 낼만한 원인을 모조리 조사하여, 원인이라 생각되는 것을 하나하나 제거해 봤지만 별반 불량은 감소되지 않았다. 회사측은 이 조사에 1년이란 긴세월과 많은 비용을 썼지만, 그 효과는 전연 없었기 때문에 하는 수 없이 외부에서 품질관리의 전문가를 초빙하여 조사를 의뢰했다. 조사의뢰를 받은 컨설턴트는 먼저 좁고 긴 천에 어떻게 얼룩이 나고 있는지를 종업원들에게 물어본즉, 얼룩은 여기저기 아무렇게나 나온다는 이야기였다. 그러나, 그는 천을 좌우로 구별하여 어느 쪽에 많이 발생하고 있는지를 조사해 본즉 당연히 좌우 같은 정도일 것이라고 생각되던 것이 뜻밖에도 오른쪽에 많이 나고 있는 것을 알아 내었다. 이것은 지금까지 미처 생각치도 않았던 것이다. 그러고선 그는 작업중인 여자 종업원을 집합시켜 달라 하고는 우측에 관계있는 것, 우측과 좌측에서 다른 점에 관하여 생각나는 것을 모두 말하게 하였다. 여러 가지 얘기가 나왔지만, "바로 이거다!"라고 생각될만한 것은 없었다. 맨 나중에 어떤 여자종업원 한 사람이 부끄러운듯이 "오른손과 왼손과는 다르잖아요"라고 말했다. 여자 종업원은 기계를 움직일 때 주로 오른손을 쓰고 있다. 그는 "옳거니" 하고 무릎을 치고는 "그렇지요." 하고 맞장구를 쳤다. 더욱더 조사해본 결과 여자 종업원이 오른손을 앞으로 내밀 때 앞치마자락이 천의 오른쪽에 닿는 것을 알았다. 그런데 그 앞치마자락은 물감 등으로 더러워져 있어, 그것이 스칠 때 천에 얼룩이 묻게 되는 것임을 알았다. 대책은 뻔하다. 더러워진 앞치마를 깨끗한 것으로 바꾸었다. 또 기계를 조작하는 부분에 비닐 시이트를 덮었다. 그 후로는 얼룩에 의한 불량은 전연 없어졌다.」

목 적	큰가지	5W1H	중요도	12가지 체크포인트	
○개선, 해석용 ○표준작성용 ○관리용 ○교육도입용 ○기타(　　)	○기계장치에 관하여 ○사람에 관하여 ○원재료에 관하여 ○작업방법에 관하여 ○지그공구에 관하여 ○측정에 관하여	○왜 필요한가 ○목적은 ○어디서 하는가 ○언제 하는가 ○누가 하는가 ○어떤 방법으로	○중요인 (◎) ○경요인 (○) ○미요인	○그만둔다면 ○반대로 한다면 ○그것은 이상인가 정상인가. ○변하는 것만 예외 처리한다면. ○순서를 바꾸면 ○추가하여 본다면	○제거 해 버린다면 ○합쳐본다면, 때어본다면 ○크게 하면 작게 하면 ○다른 점을 강조해 본다면 ○다른데 쓴다면, 다른 것으로 바꾼다면 ○동시에 한다면, 따로 한다면

[문제] 2. 당신 직장에서는 노동재해가 일어난 적은 없는가? 우리가 매일 작업하는 직장은 정리 정돈이 깔끔하게 되어 있어, 기분이 좋고, 안심하고, 일할 수 있도록 해두고 싶다. [안전한 작업을 하기 위해서는]을 특성으로 하여 특성요인도를 작성하라.

목적	큰가지	5W1H	중요도	12가지 체크 포인트	
○개선, 해석용 ○표준작성용 ○관리용 ○교육도입용 ○기타(　)	○기계장치에 관하여 ○사람에 관하여 ○원재료에 관하여 ○작업방법에 관하여 ○지그공구에 관하여 ○측정에 관하여	○왜 필요한가 ○목적은 ○어디서 하는가 ○언제 하는가 ○누가 하는가 ○어떤 방법으로	○중요인 (◎) ○경요인 (○) ○미요인	○그만둔다면 ○반대로 한다면 ○그것은 이상인가 정상인가 ○변하는 것만 예외 처리한다면 ○순서를 바꾸면 ○추가하여 본다면	○제거 해 버린다면 ○합쳐본다면, 때어본다면 ○크게 하면 작게 하면 ○다른 점을 강조해 본다면 ○다른 데 쓴다면, 다른 것으로 바꾼다면 ○동시에 한다면, 따로 한다면

[문제] 3. 당신 직장의 팀워크는, 잘 되고 있는 것일까? 우리는 하루의 대부분을 직장에서 보내고 있다. 직장에서는 모두가 일치 협력하여, 기분좋게, 일할 의욕이 나게, 즐겁게 일을 해 나가고 싶은 것이다. 이런 뜻에서 『일해 보겠다는 의욕을 생기게 하는 직장을 만들기 위해서는』을 특성으로 하여 특성요인도를 작성하라.

목적	큰가지	5W1H	중요도	12가지 체크 포인트	
○개선, 해석용 ○표준작성용 ○관리용 ○교육도입용 ○기타(　)	○기계장치에 관하여 ○사람에 관하여 ○원재료에 관하여 ○작업방법에 관하여 ○지그공구에 관하여 ○측정에 관하여	○왜 필요한가 ○목적은 ○어디서 하는가 ○언제 하는가 ○누가 하는가 ○어떤 방법으로	○중요인 (◎) ○경요인 (○) ○미요인	○그만둔다면 ○반대로 한다면 ○그것은 이상인가 정상인가. ○변하는 것만 예외 처리한다면. ○순서를 바꾸면 ○추가하여 본다면	○제거 해 버린다면 ○합쳐본다면, 때어본다면 ○크게 하면 작게 하면 ○다른 점을 강조해 본다면 ○다른데 쓴다면, 다른 것으로 바꾼다면 ○동시에 한다면, 따로 한다면

(2) 파레토그림 연습

[문제] 1. 카메라 조립공정에서 최근 2개월간의 불량발생상황을 조사한즉 다음 표와 같은 체크시이트가 되었다. 이 데이터를 파레토그림으로 만들어라. 또 불량을 저감시키려면 어디서부터 손을 대면 좋을까를 생각하라. (『쇼오트』『간격불량』『부품누락』『작동불량』은 기타로 일괄하여도 좋다)

공정	불량항목	2월 제 1 주	제 2 주	제 3 주	제 4 주	3월 제 1 주	제 2 주	제 3 주	제 4 주	합 계
A1	배선과오		2	1	4	3		1		11
	납땜불량		1	2		8	8	2		21
	쇼 오 트	1		1				1	2	5
A2	나사풀림	6	15	11	7	10	7	7	5	68
	간격불량	2		1	1		4			8
	부품누락				1				2	3
	접착불량	1	2	3		3		2	3	14
B1	작동불량	2								2
	거리계먼지	3	6	5	8	3	5	2	9	41
	흠	6	9	5	2	2	2	1	2	29
합 계		21	35	29	23	29	26	16	23	202

(1) 체크시이트의 집계

불량항목	불량갯수	불량률	누적불량계수	누적불량률

(2) 파레토 그림

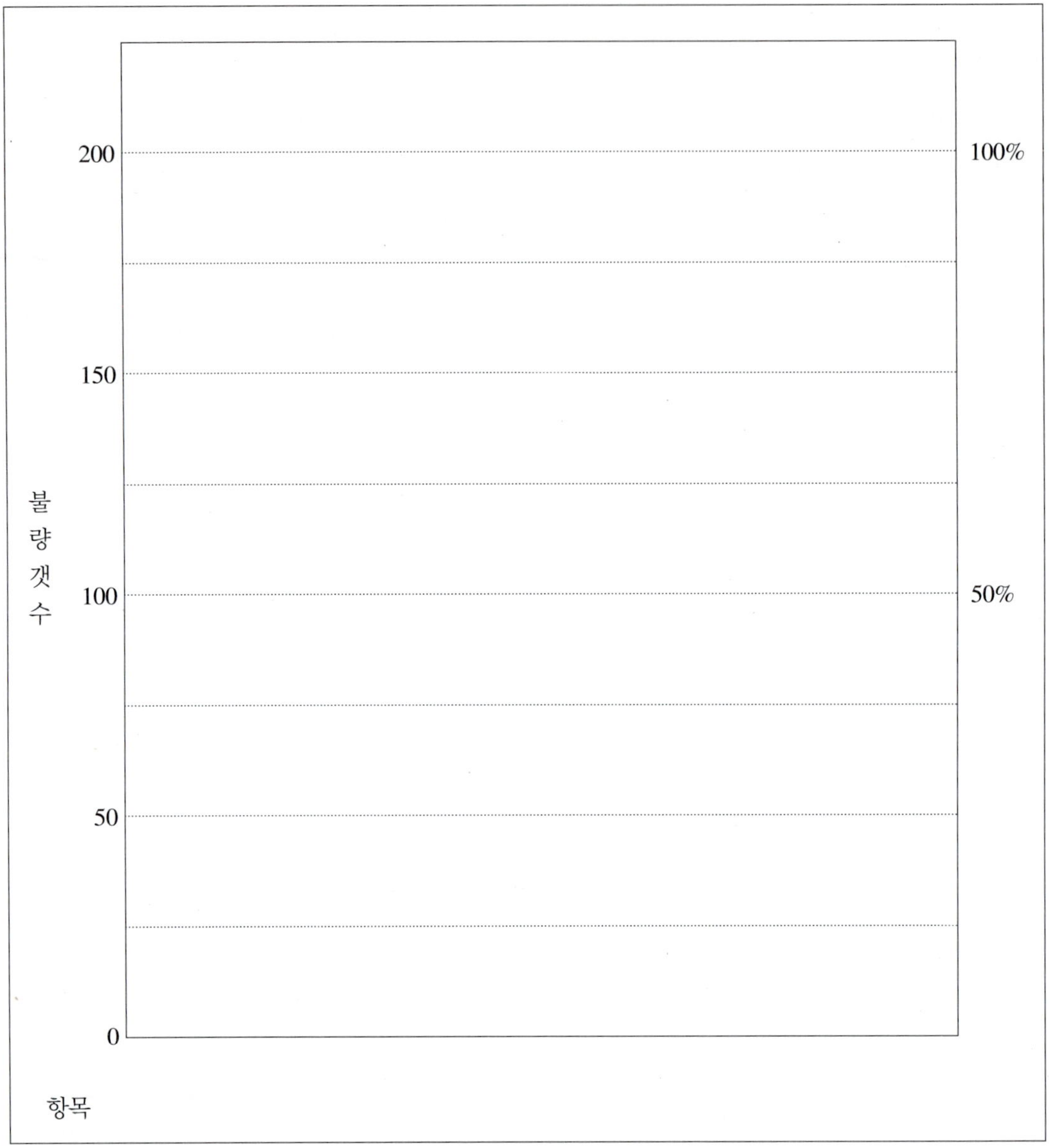

(3) 고 찰(불량저감활동은 어떤 항목부터 손을 댈까?)

[문제] 2. 금속 가공품을 제조하고 있는 공장에서 QC사이클이 있다. 꼭 반년전의 1로트당의 불량갯수와 이번달 가공분의 1로트당의 불량갯수를 구해, 이 불량으로 인한 손실금액을 조사한 결과는 아래 표와 같다. 손실금액에 의한 파레토그림을 그리고, 이 반년 간의 QC서어클 활동의 성과를 손실저감액으로 평가해 보라.

불량항목	불량갯수(반년전)	불량갯수(이달)	1개당손실금액
재료	24	23	700원
치수	35	33	1,500
거칠음	115	54	100
형상	56	7	300
기타	10	12	200

[반년전]

불량항목	불량갯수	개당손실액	손실금액
재료	24	700원	
치수	35	1,500	
거칠음	115	100	
형상	56	300	
기타	10	200	

[금월]

불량항목	불량갯수	개당손실액	손실금액
재료			
치수			
거칠음			
형상			
기타			

손실금액이 큰 차례대로 정리하면

불량항목	불량갯수	개당손실액	손실금액
재료			
치수			
거칠음			
형상			
기타			

손실금액이 큰 차례대로 정리하면

불량항목	손실금액	누적실금액

손실금액이 큰 차례대로 정리하면

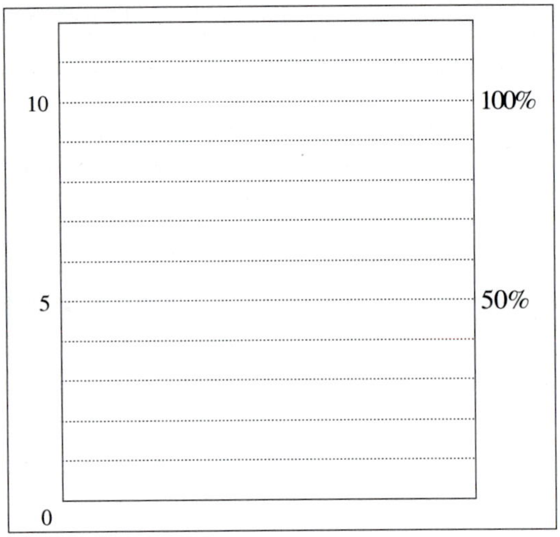

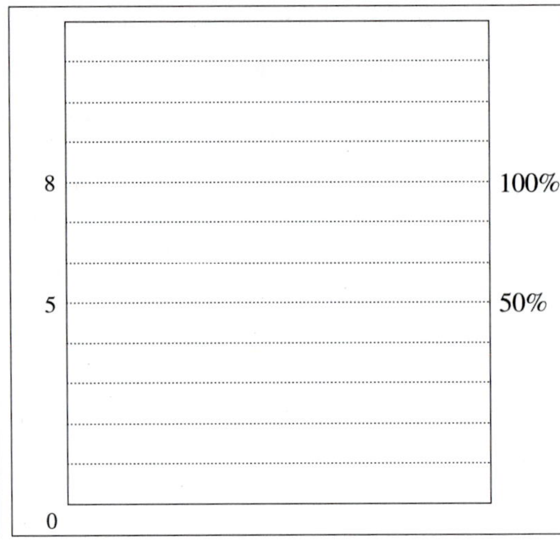

고 찰(얼마나 손실금액이 저감되었는가?)

(3) 히스토그램 연습

[문제] 1. A씨 직장은 어떤 농약 제조회사의 분말 제품의 충전공정이다. 분포가 문제가 되어, 어떤 상태로 분포하고 있는지 조사하기로 하였다. 그래서 아래 표와 같이 100개의 데이터를 취했는데 이 데이터를 사용하여 히스토그램을 작성하여 보라.

N=100 (측정단위 g)

55	64	62	52	50	55	49	32	37	32
63	60	73	53	50	56	54	28	50	44
55	54	57	41	53	38	49	51	48	30
53	64	70	42	50	40	56	44	53	43
85	60	46	46	49	50	54	47	61	69
63	52	59	75	57	60	46	59	48	50
43	63	50	38	55	53	37	46	82	55
54	21	54	41	45	37	39	57	75	49
62	50	51	57	43	48	57	56	59	63
59	16	64	45	49	32	47	60	63	60

순서 1. 데이터를 수집한다. N=100

순서 2. 각열의 극대(◯) 극소(△)에서 전체의 최대(L)와 최소(S)를 구하여 범위(R)를 계산한다.

순서 3 계급의 폭(h)을 결정한다.

순서 4 계급의 경계치를 결정한다.

순서 5 계급의 중심치를 계산한다.

순서 6 데이터를 마크한다.

	[순서 4]	[순서 5]	[순서 6]	
no	경 계 치	중 심 치	체 크 마 아 크	돗 수
합계				

순서 7 돗수표로부터 히스토그램을 작성한다.

순서 8 목적, 데이터의 종류, 기간, 측정자 등을 기입한다.

(4) 체크시트 연습

[문제] 1. 자동차 라디오 최종검사 공정에서는, 그 검사결과에 따라 간단한 손질을 하여서 출하하고 있다. 최근 2주간에 고친 기록은 다음과 같이 되어있음을 알았으므로, 이것을 체크시트를 사용하여 정리하고 싶다. 적당하다고 생각되는 체크시트를 작성 데이터를 기록하여 보자. 또 이 결과로 어떤 것을 알 수 있는가?

3월 2일	더러운청소 7 파이럿램프교환 2	나사조음 1 기타 1	화장판위치고정 1
3일	화장판위치고침 6 파이럿램프교환 1	나사조음 3 기타 1	더러운청소 2
4일	파이럿램프교환 3 결품보충 1	나사조음 2 더러운청소 1	화장판위치고정 2
5일	더러운청소 4 결품보충 1	파이럿램프교환 3	화장유위치교정 1
6일	기타 3	나사조음 2	더러운청소 1
3월 9일	파이럿램프교환 5 더러운청소 3	화장판위치교정 3	
10일	파이럿램프교환 7 화장판위치교정 1	더러움청소 5	기타 2
11일	파이럿램프교환 7 기타 2	나사조음 5 화장판위치교정 2	더러움청소 3 결품보충 1
12일	더러운청소 6 기타 3	파이럿램프교환 4 나사조음 1	화장판위치고정 4
13일	파이럿램프교환 6 나사조음 2	화장품위치교정 4	더러운청소 4

(1) 체크시이트의 작성과 데이터의 기록

(2) 고 찰

어떤 손질이 많은가?

날짜에 따라 어떻게 변하는가?

(5) 그래프 연습

[문제] 1. 어떤 공장에서는, A형, B형, C형, D형의 4종의 기계제품을 만들고 있다. 조립공정에서는 수리에 상당한 공수를 잡아먹고 있다. 다음에 표시한 숫자는 금년 4월의 공장 생산실적과 수리건수이다.

내 용 \ 품 종	A형	B형	C형	D형
생 산 수 량	5.510	1.903	4.322	3.115
수 리 건 수	513	224	429	483

이것으로 부터 공장의 생산상황을 다음과 같은 그래프로 만들어 보라.

(1) 품종별 생산량을 막대 그래프로 그려라.

(2) 품종별 수리발생상황을 막대그래프로그려라.

(3) 품종별 수리비율을 막대그래프로 그려라.

(4) 최초에 그린 막대그래프에서 간단한 수리명세를 알 수 있도록 그려라.

(5) 이상 4가지의 그래프를 보고 알 수 있는 것은 무엇인가?

(1) 품종별 생산량을 막대그래프로 그린다.

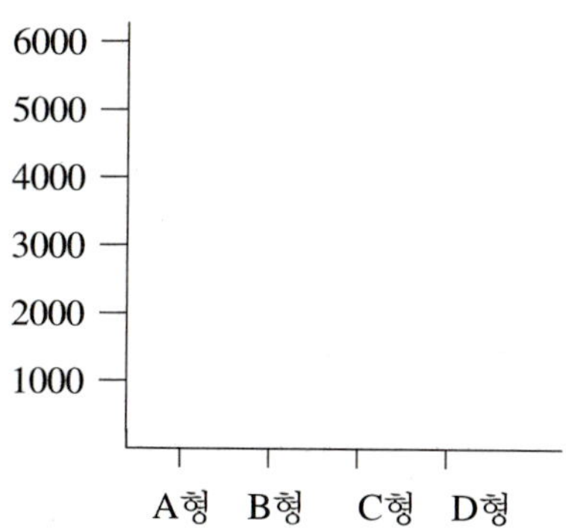

(2) 품종별 수리발생상황을 막대그래프로 그린다.

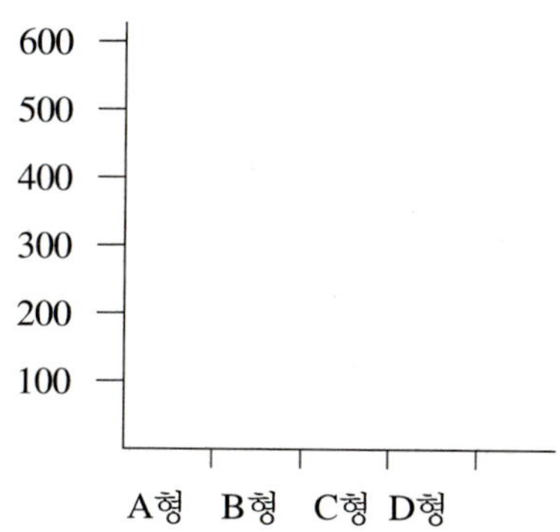

(3) 품종별 수리비율을 막대그래프로 그린다.

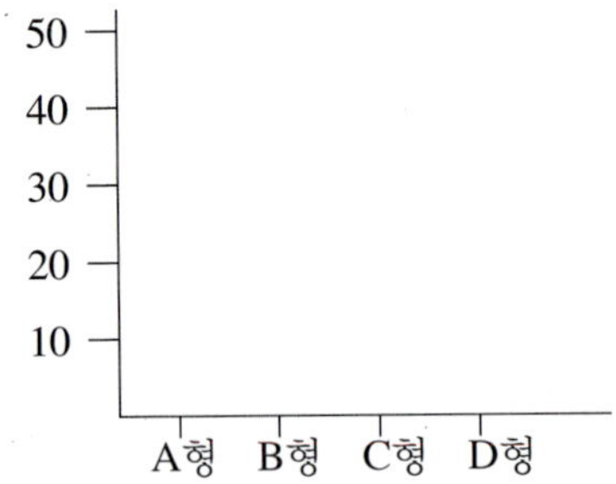

(4) 최초에 그린 막대그래프에서 수리명세를 알 수 있도록 그린다.

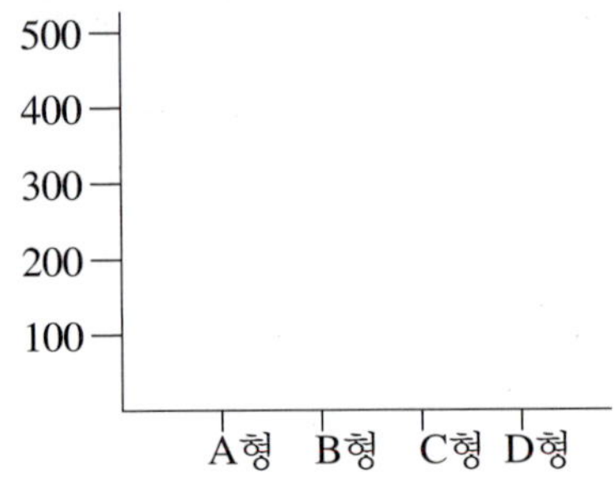

(5) 이상 4가지의 그래프를 보고 알 수 있는 것은 무엇인가?

[문제] 2. 어떤 전기부품 공장에서 생산되고 있는 부품 A-2는, 작년부터 생산을 개시한 A-1과 유사한 신제품이다. 지난 4월에 금년 6월 이후 연말까지의 예정출하수량이 다음과 같이 지시되었다.

부품명 \ 일	6월	7월	8월	9월	10월	11월	12월
A-1	2.760	2.310	2.820	2.390	2.860	2.880	2.870
A-2	1.050	1.260	1.560	1.470	1.840	1.910	2.450
합 계	3.810	3.570	4.380	3.860	4.700	4.790	5.320

이것은 다음과 같은 꺽은선그래프로 그려보라

(1) 매달 예정납품전량의 추이그래프

(2) 부품 A-1 및 A-2의 예정납품량 추이그래프

(3) 매달 납품전량과 그 명세 추이그래프

(4) 처음에 그린 납품전량 추이그래프에 양 부품이 각각 차지하는 비율을 막대그래프로 함께 기입하라

(5) 이상 4가지 그래프를 견주어 보아 어떤 것을 알 수 있는가?

(1) 매달 예정납품전량의 추이 그래프

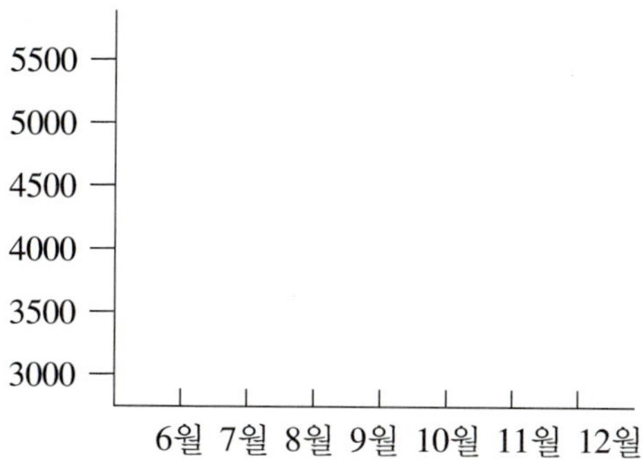

(2) 부품 A-1 및 A-2의 예정납품량 추이 그래프

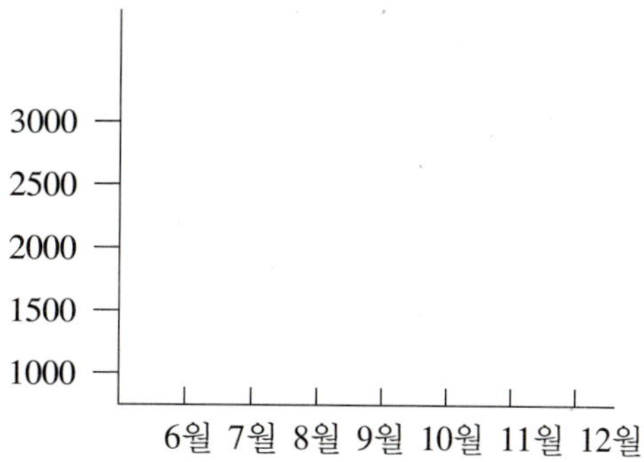

(3) 매달 납품전량과 그 명세 추이 그래프

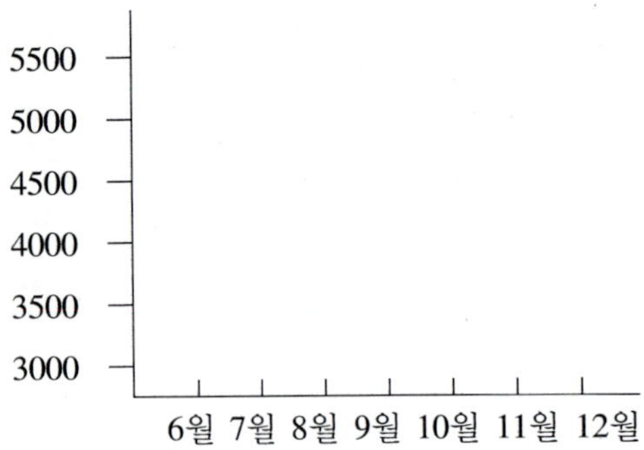

(4) 처음에 그린 납품전량 추이 그래프에, 양 부품이 각각 차지하는 비율을 막대그래프로 기입한다.

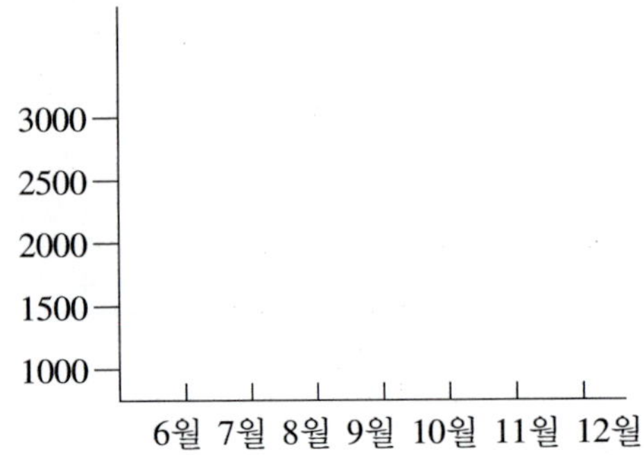

(5) 이상 4가지 그래프를 견주어 보아 어떤 것을 알 수 있는가?

(6) 층별 연습

[문제] 1. 어떤 부품을 만들고 있는 공장이 있다. A, B 두 기계를 쓰고 있는데, 최근에 불량이 많아졌다. 그래서 조립 공정으로 1시간에 4개씩 샘플을 취하고, 치수측정과 함께, 어느 기계에서 만들어진 것인가도 알아볼 수 있게 체크하였다. 다음 표의 데이터는 측정치로부터 75mm를 빼고, 100배한 값이다. 그리고 규격한계는 75 ± 0.06(mm)로서, 동그라미로 둘러싼 것은 기계 A로써 만들어진 것이고, 그 밖의 것은 기계 B로써 만들어진 것이다.

NO	데이터				NO	데이트				NO	데이터			
1	⑨	-2	0	④	10	-3	⑤	1	⑤	19	④	④	⑦	⑤
2	0	0	⑥	-2	11	⑥	-1	5	0	20	⑥	-2	1	⑥
3	③	②	1	⑦	12	④	③	⑤	②	21	0	⑩	⑤	1
4	④	1	⑥	④	13	-2	-3	4	③	22	⑥	-2	0	8
5	①	⑥	-1	⑧	14	-2	-3	⑤	2	23	0	2	4	⑤
6	⑦	2	⑥	-1	15	⑥	0	1	3	24	⑩	2	③	②
7	-①	⑤	⑤	0	16	0	0	3	0	25	⑤	1	⑤	⑦
8	-1	-1	③	-1	17	⑤	③	1	3					
9	⑥	⑥	0	0	18	0	2	2	⑤					

(1) 전체의 품질의 분포를 알아본다.

(2) 기계별로 층별하여 본다.

1) 전체의 데이터(N=100)의 돗수표를 만든다. 데이터는 (측정치-75)×100으로 표시한다.

데 이 터	마 크	돗 수
합계		

2) A, B의 기계별로 히스토그램을 만들고 규칙한계를 기입한다.

기계 A

N=

기계 B

N=

3) A, B 기계별로 돗수표를 만든다.

데이터	기 계 A		기 계 B	
	마크	돗수	마크	돗수
합 계				

돗수의 총계 N=

(3) 고 찰

(7) 산점도 연습

[문제] 1. 어떤 도장공장에서 스프레이퍼티의 점도를 $70_{sec}+5_{sec}$로 매일 배합하고 있음에도 불구하고, 가끔 사용 중에 60_{sec}이하로 되어, 이것이 핀 호울 발생의 원인 되고 있음을 알았다. 그래서 왜 점도가 떨어지는가를 규명하기 위하여, 실온변화와의 관계를 조사하여 보았다. 그 결과, 다음과 같은 실측치가 얻어졌다. 실온과 점도사이에 어떤 관계가 있는가, 산점도로 그려보라.

시료 NO	조사 월 일 시분	실 온	점 도	시료 NO	조사 월 일 시분	실 온	점 도
1	02-08, 08:30	6℃	70sec	17	02-12, 08:30	9℃	71
2	09:30	10.5	65	18	09:30	12	66
3	10:30	14	61	19	10:30	15	63
4	11:30	18	58.5	20	11:30	18	62
5	02-09, 08:30	10	68.5	21	02-13, 08:30	12	69
6	09:30	13	66	22	09:30	14	67
7	10:30	16	62.5	23	10:30	16	66
8	11:30	18.5	60.5	24	11:30	18	65
9	02-10, 08:30	13	72	25	02-15, 08:30	10	70
10	09:30	15	69	26	09:30	13	65.5
11	10:30	17	67	27	10:30	16	64
12	11:30	19	65	28	11:30	18.5	62
13	02-11, 08:30	8	69.5	29	02-16, 08:30	5	69
14	09:30	12	65.5	30	09:30	10	63
15	10:30	15	64	31	10:30	14	60
16	11:30	18	60.5	32	11:30	18	56.5

(1) 산 점 도

(2) 고 찰 : 실온과 점도간에 상관이 있는가?

[문제] 2. 연습문제 72에 1의 온도와 실온의 산점도에서, 아침 배합시의 실온이 특히 낮은 날 보통 날, 따뜻한 날의 3그룹으로 층별하여 보면 어떻게 될까? 층별한 산점도를 그려 보라.

(1) 층 별(빈 칸에 기입하라.)

층별 그룹	월 일	배합시의 실온	플로트의 마아크
A 그 룹 (따뜻한 아침)	02-10		
	13		
B 그 룹 (보통 아침)	09		
	11		
	12		
	15		
C 그 룹 (추운 아침)	08		
	16		

(2) 산 점 도

(3) 고 찰 : (무엇을 알았는가?)

[문제] 3. 연습문제 72의 실측치로, 배합시의 실온과 그 후의 온도변화의 차를 구하고, 점도와 온도상승치와의 관계를 산점도로 검토하라.
만약, 상관이 있다면 회귀선을 그려보라.

(1) 온도 상승치의 산출(빈 칸에 기입하라.)

시료 No	실 온	온도상승치	점 토	시료 No	실 온	온도상승치	점 토
1	6℃	0℃	70sec	17			
2	10.5	4.5	65	18			
3	14	8	61	19			
4	18	12	58.5	20			
5	10	0	68.5	21			
6	13	3	66	22			
7	16	6	62.5	23			
8	18.5	8.5	60.5	24			
9				25			
10				26			
11				27			
12				28			
13				29			
14				30			
15				31			
16				32			

(2) 산점도와 회귀선

(3) 고 찰(핀호울 발생, 방지를 위한 관리조건이 판명되었는가?)

3. 신QC 7가지 수법

신QC 7가지 도구는 방침관리를 추진하는데 있어서의 계획수립 과정, 부문간 제휴 문제점 설정, 계획적 어프로치를 위한 수단 등에 언어 정보 즉, 언어 데이터를 정리하는 기법을 체계화한 신QC 7가지 도구가 주로 활용된다.

신QC 7가지 도구의 목적은 언어 데이터를 바탕으로 한 수법을 적용함으로써 보다 효율적으로 품질경영을 추진하려는데 있다.

이와 같이 신QC 7가지 수법은 방침의 전개나 관리에 주로 쓰이는 수법이나, 품질분임조 활동에서도 종종 쓰이고 있다. 이들에 대한 개략적인 사항만 기술한다.

(1) 연관도법(Relations diagram)

문제가 되는 사상(결과)에 대하여 요인(원인)이 복잡하게 엉켜 있을 경우에 그 인과관계나 요인상호 관계를 명확하게 함으로써 원인의 탐색과 구조의 명확화를 가능케 하고 문제해결의 실마리를 발견할 수 있는 방법이다.

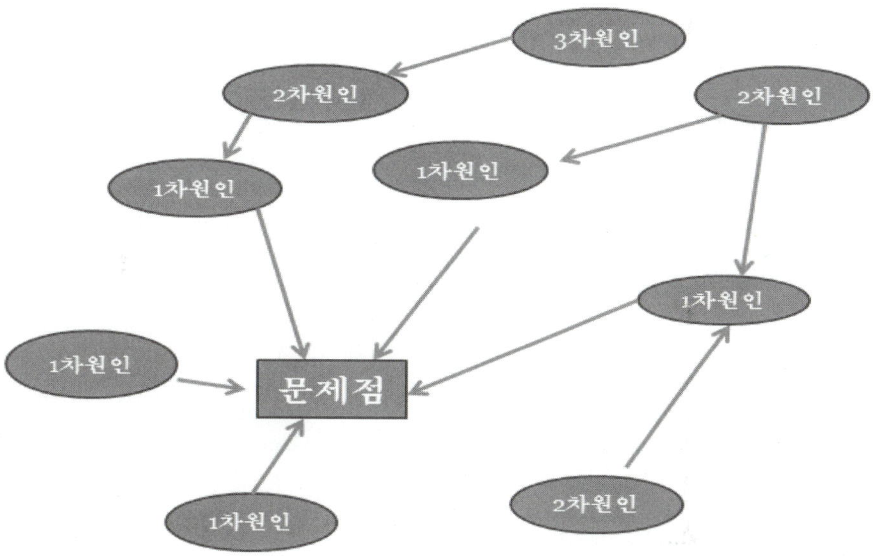

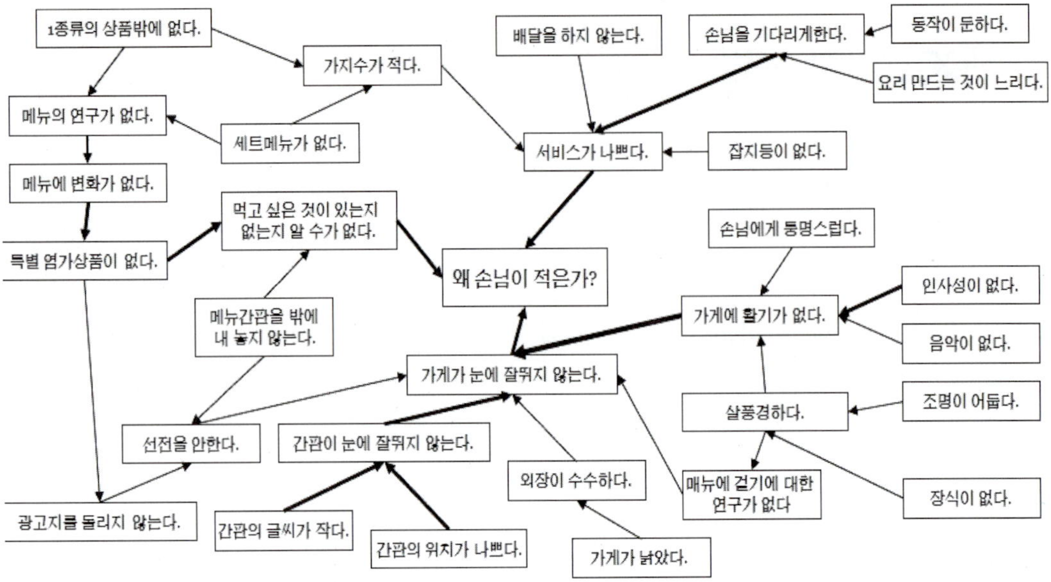

전제조건 : 1) 부부가 가게를 운영
2) 맛은 결코 나쁘지 않다.
3) 가격은 보통
4) 입지조건은 좋다.

결론 : 1) 메뉴의 연구부족
2) 인사성이 부족하다.
3) 간판의 위치가 나쁘다.
4) 간판의 글씨가 작다.
5) 손님을 기다리게 한다.

〈그림 2-1〉 연관도법의 예제 – 손님이 적다.

(2) 친화도법(Affinity diagram)

미지·미경험의 분야 등 혼돈된 상태 가운데서 사실·의견·발상 등을 언어 데이터에 의하여 유도하여 이들 데이터를 친화법에 바탕하여 친화도가 큰 것끼리 묶어서 정리함으로써 문제의 본질을 파악하고 문제해결과 발상을 이끌어내는 방법이다.

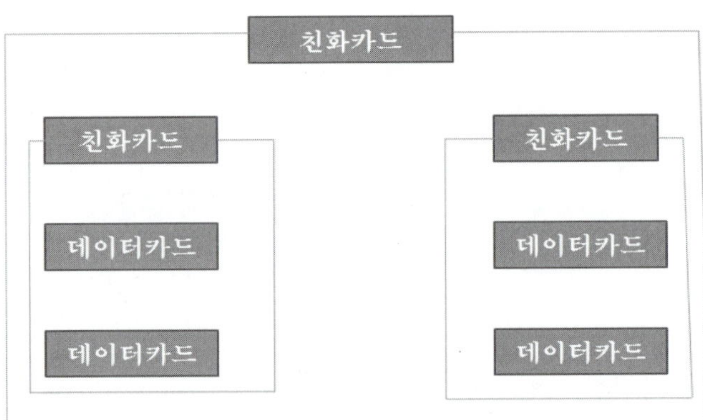

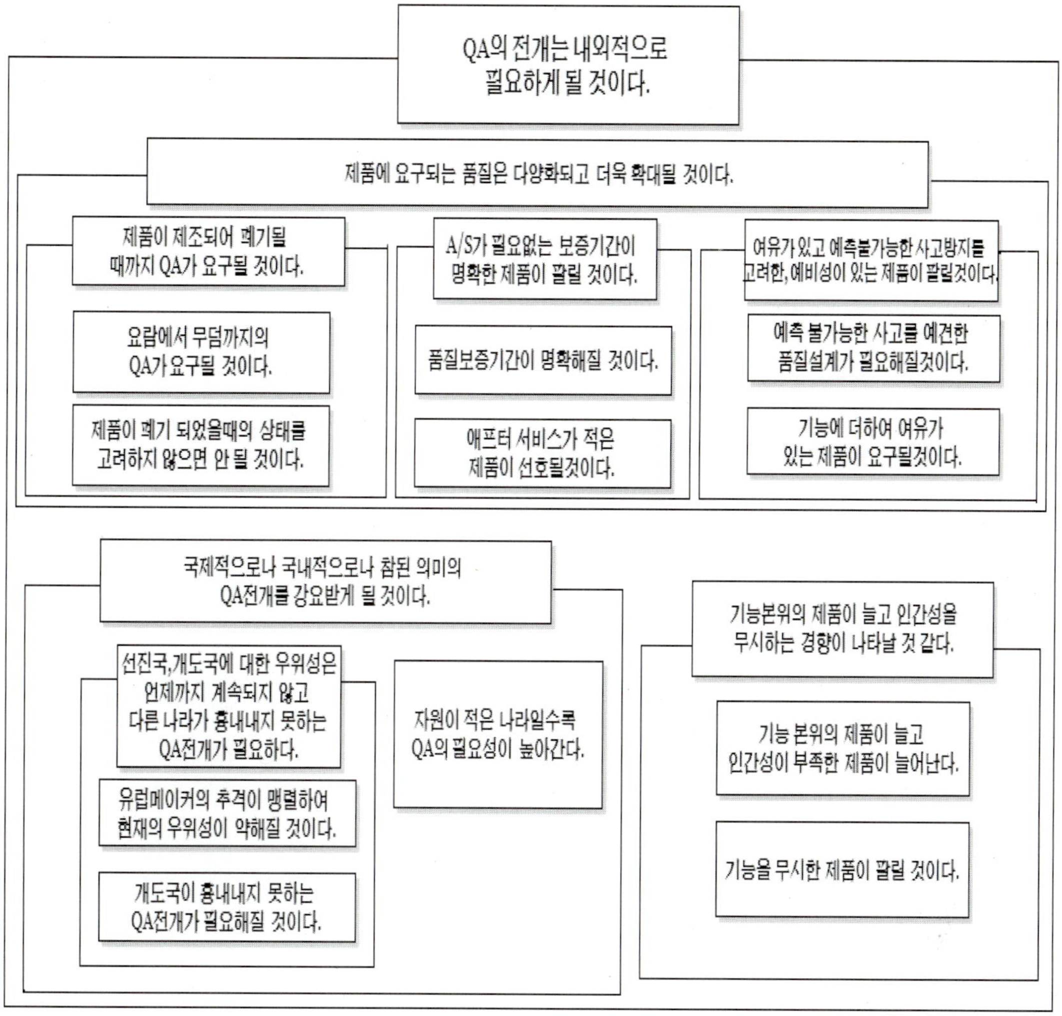

〈그림 2-2〉 친화도법의 예제

(3) 계통도법(Tree diagram)

목적·목표를 달성하기 위한 수단·방책을 계통적으로 전개함으로써 문제(사상)의 전모에 대하여 일람성(visibility)을 부여하고, 그 문제의 중점을 명확히 하는 것으로, 목표·목적을 달성하기 위한 최적의 수단·방책을 추구해 가는 방법이다.

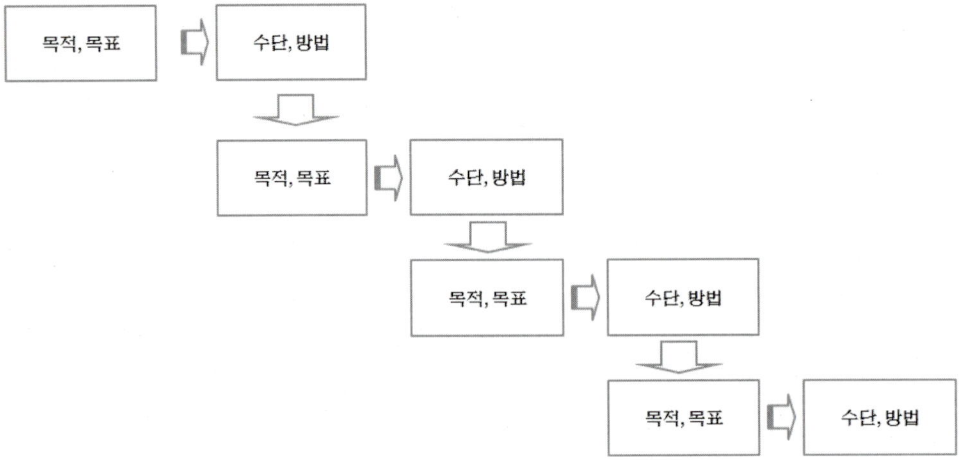
목적, 목표
수단, 방법
목적, 목표
수단, 방법
목적, 목표
수단, 방법
목적, 목표
수단, 방법

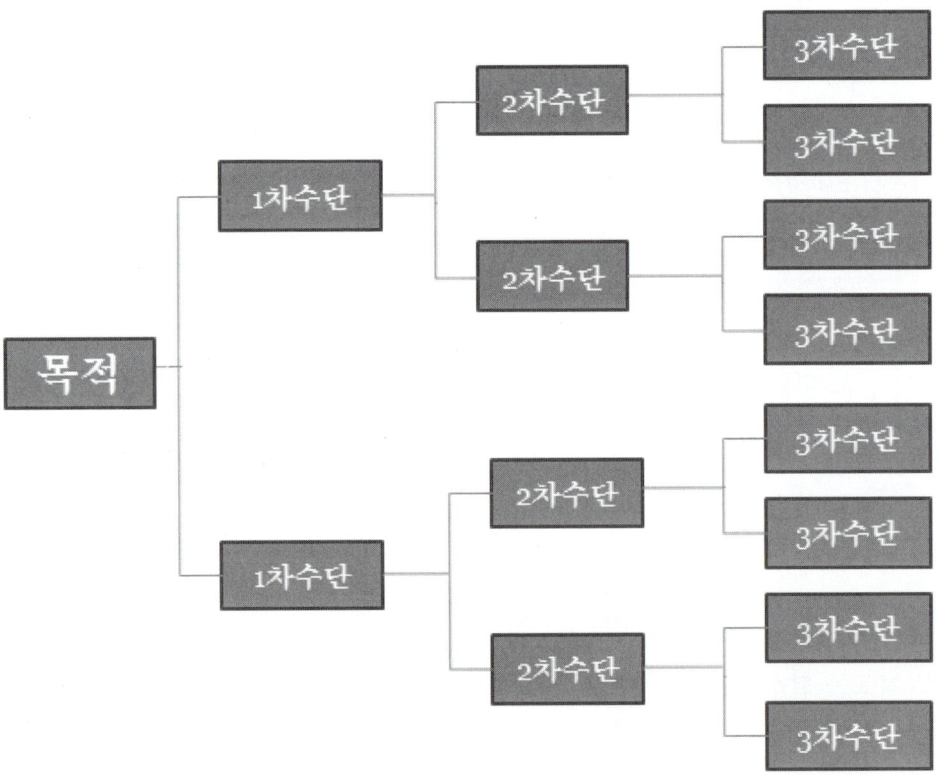
목적
1차수단
2차수단
3차수단
3차수단
2차수단
3차수단
3차수단
1차수단
2차수단
3차수단
3차수단
2차수단
3차수단
3차수단

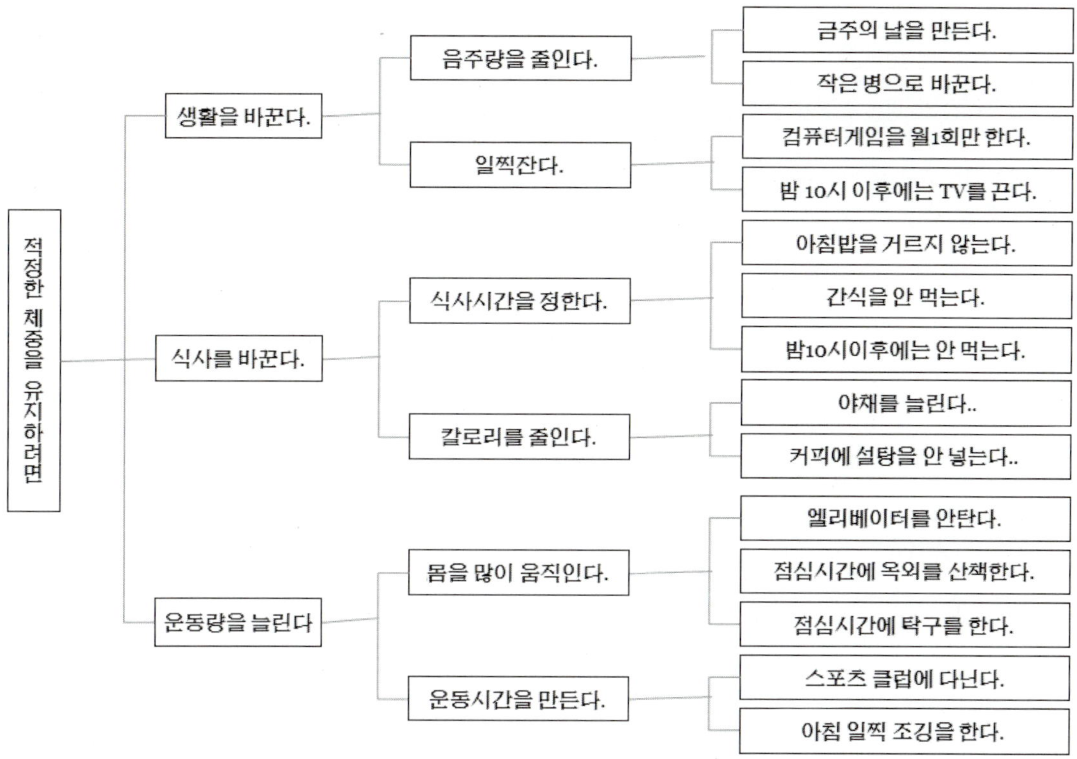

〈그림 2-3〉 계통도법의 예제 – 방법 전개형

(4) 매트릭스도법(Matrix diagram)

문제가 되고 있는 사상 가운데서 짝이 되는 요소를 찾아내어 이것을 행과 열로 배치하고 그 교점에 각 요소 간의 연관 유무나 관련 정도를 표시함으로써

㉮ 2원적인 배치 가운데서 문제의 소재나 문제의 형태를 탐색한다.

㉯ 2원적인 관계 가운데서 문제해결에의 착상을 얻는다. 등, 이 상호 교점을 「착상의 포인트」로 하여 문제 해결을 효과적으로 추진해 가는 방법이다.

요인 ＼ 대책 / 구체적 실시 사항	재발방지대책의 충실	재발방지대책의 재점검강화	품질개선회의의 충실	제조단계에서의 품질개선 강화	품질기준의 명확화
품질 판정 기준이 없다.					◎
제조 단계에서의 네크 항목이 불명확하다.				◎	
클레임 대응의 질이 나쁘다.			◎		
클레임 현상과 요인이 충분히 파악되지 않고 있다.	◎		○		
대책이 그때뿐이다.	○	◎			
클레임에 관한 정보 교환이 나쁘다.			◎		
클레임 절감의 추진 체제가 약하다.	○	○	◎		
미대책 클레임을 목표로 한 중점 대책 항목의 추출	◎				
'중점 대책 플로업 시트' 작성에 의한 재점검 강화	○	◎			
제조 부문을 포함한 제조, 판매, 기술, 서비스 일체가 된 품질개선회의	○	○	◎	○	○
품질개선회의의 기능 강화(클레임을 포함한 품질 전반에 대한 검토)			◎	○	○
'클레임 전개표' 에 의한 대책의 수평 전개	◎				
'만들기 어려운 개선 시트' 에 의한 제조단계에서의 네크 항목의 추출				◎	
'품질 기준 불명확 항목' 에 의한 불명확항목의 추출				○	◎
'품질특성표' 에 의한 품질 기준의 명확화				○	◎

〈그림 2-4〉 매트릭스도법의 예제 – 제품클레임 절담 대책

(5) 매트릭스 데이터 해석법(Matrix data analysis)

L형 매트릭스의 각 교점에 수치데이터가 배열되어 있는 경우 그들 데이터간의 상호관계를 실마리로 하여, 그 데이터가 지닌 정보를 한꺼번에 가급적 많이 표현할 수 있도록 합성득점(중요도 합계점)을 구함으로써 전체를 알아보기 쉽게 정리하는 방법이다.

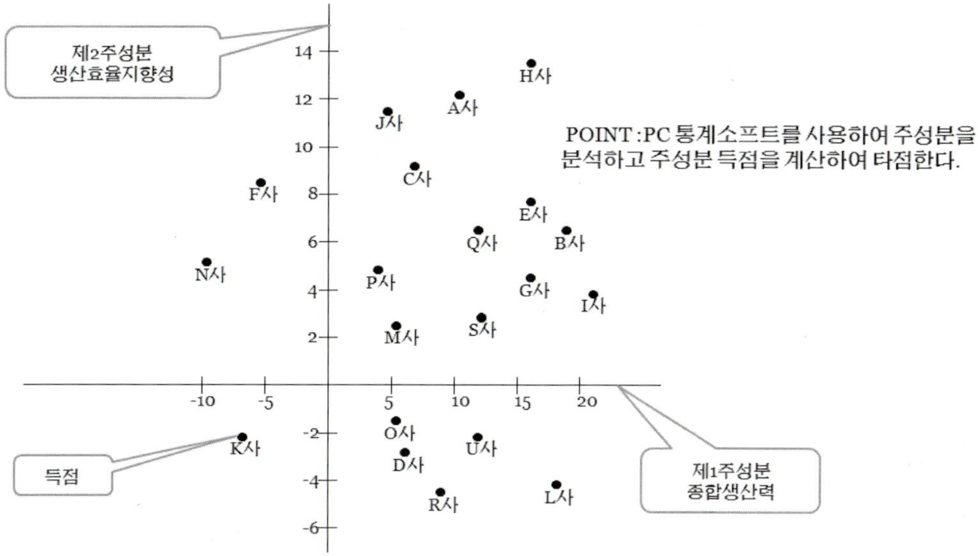

〈그림 2-5〉 매트릭스 · 데이터 해석법의 예

(6) PDPC법(Process Decision Program Chart)

신제품 개발이나 제품책임 문제의 예방 등과 같이 최초의 시점에서는 최종 결과까지의 행방을 충분히 짐작할 수 없는 문제에 대하여 그 진보과정에서 얻어지는 정보에 따라 차례로 시행되는 계획의 정도를 높여 적정한 판단을 내림으로써 사태를 바람직한 방향으로 이끌어가거나 중대사태를 회피하는 방책을 얻게 되는 방법이다.

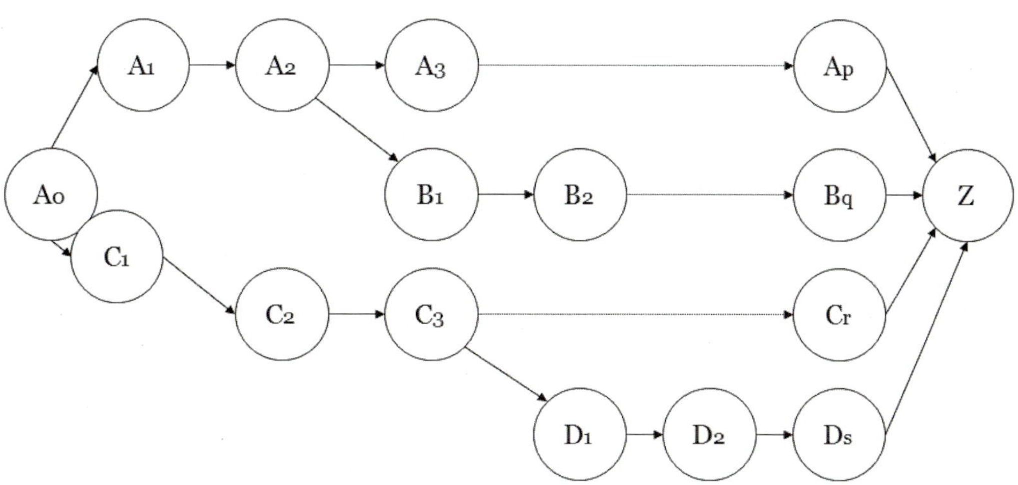

(7) 애로우다이어그램법(Arrow diagram)

PERT(Program Evaluation &Review Technique)나 CPM(Critical Path Method)에서 쓰이는 일정계획을 위한 네트워크 그림으로 최적의 일정계획을 세워 효율적으로 진척을 관리하는 방법이다.

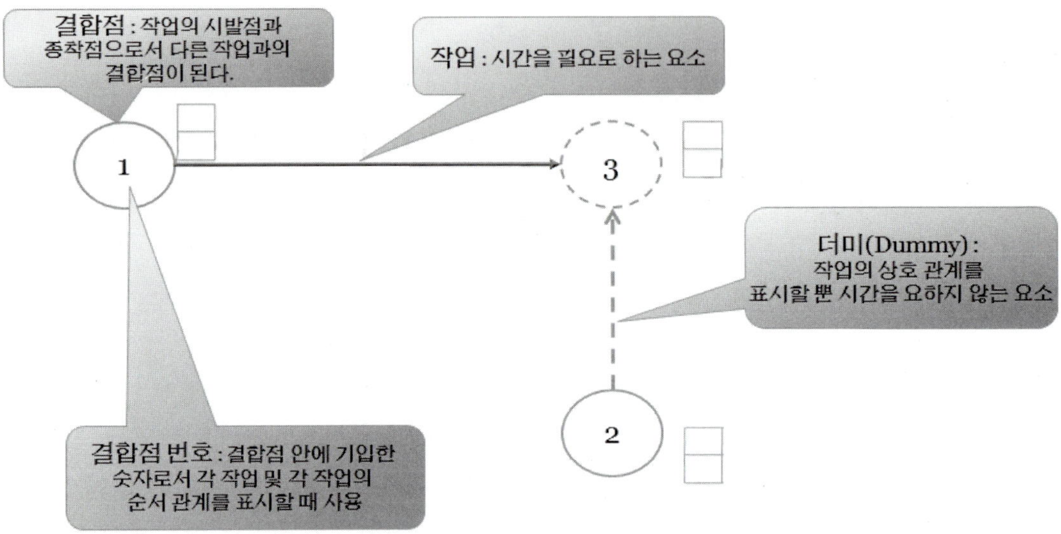

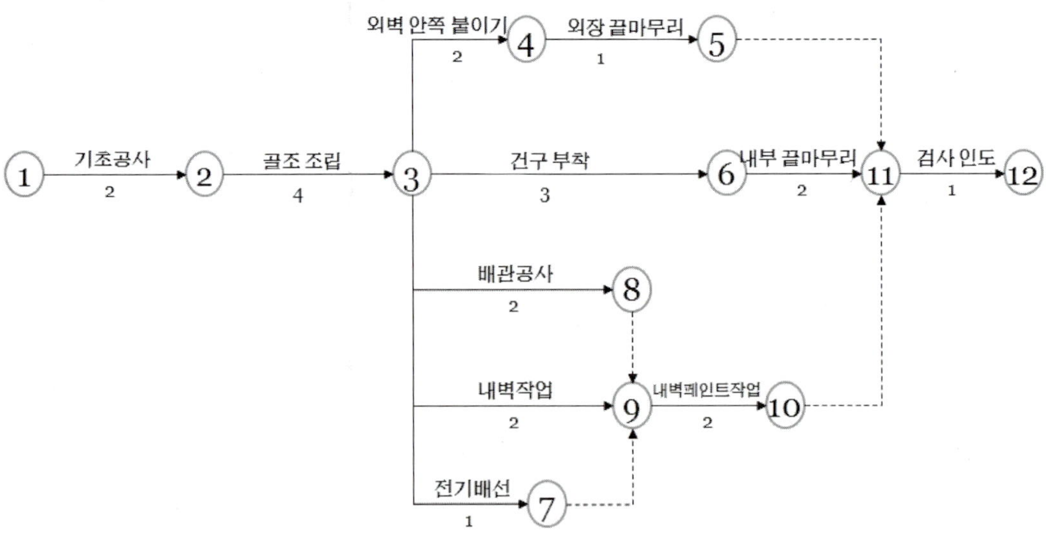

〈그림 2-6〉 애로다이어그램의 예제(주택의 일정관리)

제5장 품질비용

1. 품질비용 개념

기업에 있어서 품질관리란 제품의 질적인 면 뿐 만아니라 경제적인 면이 반드시 고려되어야 한다. 소비자의 요구에 합치하는 제품을 가장 경제적으로 생산하려면 품질에 관련된 모든 cost를 관리하지 않으면 안 된다.

품질 코스트는 품질관리 활동을 비용 면에서 평가할 수 있는 경제적이고 합리적인 관리 척도가 될 수 있다.

품질 코스트(quality cost)란 소비자가 요구하는 품질을 실현하기 위해서 발생되는 비용을 말한다. 따라서 제품 그 자체의 원가인 재료비나 직접노무비를 제외한 제조경비로서 제조원가의 부분원가라 할 수 있다.

품질코스트란 불량품과 관련되어 발생되는 비용, 즉 불량품의 생산비용, 불량발견 및 개선대책 비용이며, 양품의 생산비용은 품질 코스트에서 제외된다고 정의하고 있다.

이러한 품질 코스트는 ① 품질관리 시스템의 운영비용과, ② 불량, 고장으로 인한 손실비용 등 두 가지 부문의 원가를 가지고 구성된다고 할 수 있다.

2. 품질 코스트 분류

(1) 제조자 품질 코스트

품질 코스트란 「요구된 품질을 실현하기 위한 원가」이다. 따라서 그 자체의 원가인 재료비나 직접노무비는 품질 코스트 안에 포함되지 않으며, 주로 제조경비로서 제조원가의 부분원가라 할 수 있다. 이 품질 코스트는 예방 코스트, 평가 코스트, 내부 실패 코스트, 외부실패 코스트로 나누어진다.

① 예방 코스트(prevention cost)

품질시스템의 설계 도입 및 유지활동에 발생하는 비용 교육훈련의 비용, 시스템에 대

한 감사를 포함하는 품질시스템의 유지비용

② 평가 코스트(appraisal cost)

품질표준 및 성능상의 요구조건에 대한 적합성을 보장하기 위해 제품, 부품 그리고 구입자재에 대해 실시되는 측정 평가 및 감독행위에 수반하여 발생하는 비용

③ 내부 실패 코스트(internal failures cost)

품질상의 요구조건에 맞지 않기 때문에 제조공정에서 손실을 가져오는 불량제품, 부품 및 자재에 수반하여 발생하는 비용

④ 외부 실패 코스트(external failures cost)

불량제품을 소비자에게 출하했기 때문에 발생하는 비용

이러한 품질 코스트를 세부항목별로 구분하면 다음과 같다.

예 방 :

① 품질계획과 공정관리계획

ⓐ 품질계획 — 품질관리기술과 같은 업무

ⓑ 공정품질관리 — 품질계획을 실시하는데 수반되는 비용

② 품질측정과 품질기기의 설계와 개발

③ 품질관리이외의 다른 기능에 의한 품질계획

④ 품질훈련

⑤ 다른 예방적인 활동에 수반하는 비용

평 가 :

① 수입자재에 대한 검사와 시험

② 실험실에서의 합격판정 시험

③ 검사와 시험

④ 점검인원

⑤ 검사와 시험준비

⑥ 검사와 시험자재

⑦ 품질감사

⑧ 외부에 대한 보증 또는 승인

⑨ 검사와 시험기기의 보전 교정

⑩ 시험과 검사데이타의 검토

⑪ 현장시험

⑫ 내부시험과 분해

⑬ 현장에 저장된 제품과 예비부품의 평가

내부실패 :

① 스크

② 재작업, 수리

③ 고장진단

④ 재검사, 재시험

⑤ 파는 사람의 과실에 의한 재작업 및 수리

⑥ 자재심사활동

⑦ 등급저하

외부실패 :

① 불만

② 제품 또는 소비자에 대한 서비스

③ 반납자재의 처리

④ 반납자재의 수리

⑤ 제품의 보증을 위한 교환

⑥ 기술적인 과실

⑦ 공장 또는 설치과정의 과실

또한 쥬란(Juran)박사는 기업이 사용적합성(fitness for use)을 달성하기 위해 필요한 코스트로서 ① 사용자의 품질요구를 발견하기 위한 시장조사비 ② 품질요구에 합치하기 위한 연구개발비 ③ 품질설계의 비용 ④ 제조계획비 ⑤ 기계와 공정의 정도유지의 비용 ⑥ 공정관리를 위한 비용 ⑦ 판매를 위한 선전훈련등의 비용 ⑧ 품질정보를 제공하기 위한 비용등도 넓은 의미로 앞서 언급한 예방 코스트, 평가 코스트, 내부실패 코스트, 외부실패 코스트까지의 코스트를 합해서 제조자 품질 코스트 범위에 넣고 있다. 특히 예방 코스트, 평가 코스트, 내부실패 코스트, 외부실패 코스트는 피해야할 코스트이므로 이것을 저감하려고 노력해야 한다.

이상의 품질 코스트에서 화이겐바움(Feigenbaum)은 미국에서는 일반적으로 전체품질 코스트 중에서 예방 코스트가 5%, 평가 코스트가 25%, 실패 코스트가 70%를 점하고 있다고 추측하여도 잘못은 없다고 하고 있으며, 키크페트릭(Kirkpatrick)은 대체로 전체 품질 코스트 중에서 예방 코스트는 10%, 평가 코스트는 25%, 실패 코스트는 50~75%를 점하고 있다고 한다.

또한 제조원가에 대한 품질 코스트의 비율은 대체로 6~7%가 적당하다는 것이 일반적인 견해라고 하고 있다.

쥬란이 실시한 조사결과는 생산작업원 1인당의 년간 피할 수 있는 품질 코스트가 보통 $500~$1,000이 된다고 보고하고 있다. 다른 말로 하면 생산작업원을 2,000명 정도 고용하고 있는 공장에서는 피할 수 있는 품질 코스트로 인한 년간 손실액이 100~200만불이나 된다.

또 다른 조사연구는 품질 코스트에 관한 표준으로서 다음 <표 2-1>과 같이 수치를 제시하고 있다.

〈표 2-1-a〉 산업별 품질코스트의 구성비

산 업	매출액에 대한 백분율
정밀한 작업을 요하지 않는 간단한 공업	0.5~2
보통의 기계공업	1~5
정밀공업	2~10
복잡한 전자공학	5~25

〈표 2-1-b〉 품질코스트의 항목별 구성비

코스트 항목	품질비용에 대한 백분율
내부실패	25~40
외부실패	20~40
실패합계	50~90
평가	10~50
예방	0.5~5

이들 품질 코스트의 특질과 품질과의 관계를 곡선으로 나타내면 <그림 2-1>과 같다.

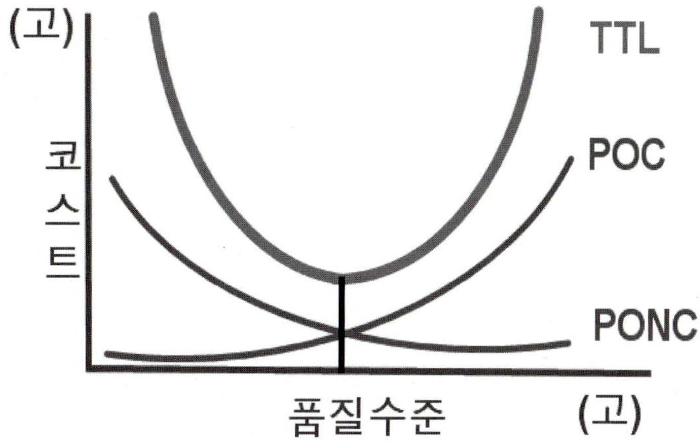

〈그림 2-7〉 전통적 품질코스트 모형

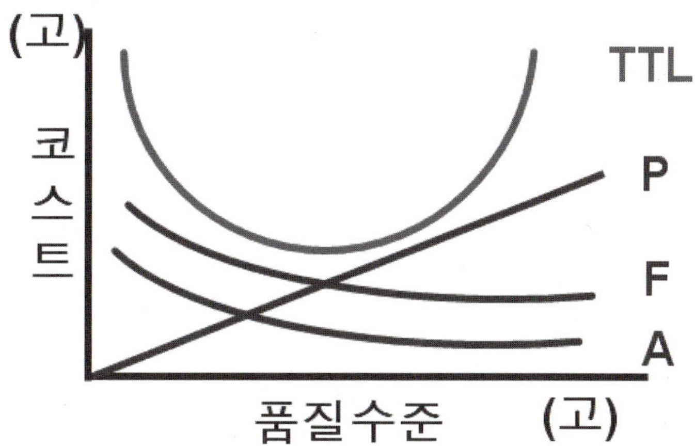

〈그림 2-8〉 새로운 품질코스트 모형

<그림 2-7>은 품질코스트에 관한 전통적인 모형을 반영한 그림이고 <그림 2-8>는 새로운 품질모형으로 품질비용에 간접적이며 무형적인 요소까지 포함하여 예방 및 평가비용에 강조를 둔 것이다.

(2) 사용자 품질 코스트

제조자 품질 코스트에 대해서 사용자가 제품의 사용에 해당하는 필요한 코스트를 「사용자 품질 코스트」라고 한다.

사용자 품질 코스트는 제품의 사용에 해당하는 사용자의 손실 중 품질에 관한 것이다. 이것은 사용자의 손에 들어온 제품의 품질과 서비스가 좋으면 저감해지는 손실로 ① 수리보전의 비용 ② 수리보전 때문의 휴지손실 ③ 잘못 사용하는 손실 ④ 불량탐구의 비용 ⑤ 소음등의 공해처리를 위한 비용 ⑥ 사용 때문에 필요한 연료 보급부품 등의 비용이 있다.

3. 사회적 품질코스트

제조자의 기업내부의 코스트에서 발전해서 사용자 품질코스트를 고려해야 한다는 것은 앞에서 서술했지만 파는 사람 사는 사람의 문제 뿐 아니라 제삼자를 고려한 경우의 품질코스트를 사회적 품질코스트라고 한다.

제조책임의 추구에 있어서 미국에서는 이미 엄격 책임으로서 제품의 결함에 의한 배상책임의 대상이 제삼자에 까지 미치는 것이라고 하고 있다. 예를 들면 언던길에 주차중의 자동차의 기아가 빠졌기 때문에 길 밑에 있는 사람에게 해를 끼친 사건으로 자동차의생산자는 사용자가 아닌 제삼자에게 배상지불을 하라고 재판소는 명령한다. 이와 같이 생산자의 품질코스트 중에는 당연히 제품책임(Product Liability)대책의 코스트를 포함해야할 것이다. 시더(seder)는 이와 같은 코스트로서 다음과 같은 코스트를 종래의 품질 코스트에 가산한다.

① 법정재판의 비용 보험금
② 결함제품의 회수비
③ 회수, 재판 등에 대한 회사의 악평을 회복하는 코스트
④ 수리 서비스 등 사용자의 불만을 해소하기 위한 코스트
⑤ 정부의 규제에 적합하다고 하는 것을 증명하기 위한 시험비용 등이 그것이고 제품책임에 대해서는 예방 코스트가 종래의 품질 코스트보다도 유효하다고 한다.

4. 품질 코스트의 문제점

품질 코스트는 기업의 경영에 있어서 매우 쉽게 도입될 수 있는 듯 하나 실시할 때 몇 가지의 문제점을 포함하고 있다.

(1) 품질이 좋지 않는 상품이 출하된 경우에 상표가치의 저하(Brandish down)에 대해 전혀 고려하고 있지 않다.

확실히 크레임이라고 해서 나타나면 내부 실패 코스트에 포함되어져 어느 정도는 포착할 수 있지만 크레임이 나타나지 않을 경우에는 품질 코스트에 전혀 반영이 안 된다. 크레임이 나타나느냐 안 나타나느냐는 제품의 가격과 밀접한 관계가 있다. 싼 제품에 있어서 고객에 불만을 주는 경우에 품질 코스트는 최소로 되지만 소비자들이 말없이 구입 거부라는 사태에 직면하고 있는 일이 발생한다.

경영자가 품질관리를 도입하여 검사를 실시하는 것은 이러한 일이 일어나지 않도록 하려고 하는 것이라 할 수 있다. 영국의 제니(Jenney)는 이 점을 지적하고 무형 외부 코스트(intangible external falure cost)라고 하고 있다.

(2) 쥬란(Juren)은 실패 코스트, 평가 코스트, 예방 코스트의 합을 총합 품질 코스트라 하고 이 총합 품질 코스트가 최소로 되도록 하는 불량률로서 거기에 대하여 최적품질수준으로 하고 있지만 공차 혹은 규격의 폭을 어떻게 설정하는 것이 좋은 것이 되는 가는 전혀 고려하고 있지 않다.

(3) 평가 코스트에 포함된 것은 검사비용, 시험비용, 등으로 되어 있고 이 코스트의 산출과 운용에 있어서 큰 문제는 없으나 자주검사와 같은 어떻게 취급 되어야 할 것인가가 검토되어야 한다.

(4) 예방 코스트로서 포함되는 것은 품질관리부문 및 품질관리를 위한 교육훈련의 비용 등이지만 라인과 스텝과의 관계가 애매하고 QC서클을 운영하여 여러 측면에서 공정개선을 행하기 위해서는 비용을 요하는데 이것은 보통 일반경비 혹은 제조직접원가 중의 인건비 등에 넣고 있다. 물론 이와 같은 비용을 제대로 찾아내어 집계할 수 있으나 많은 사무공수를 필요로 하고 있다.

(5) 품질관리를 위한 교육, 훈련비용은 예방 코스트에 포함하고 있고 계산에 있어서 비용항목은 곤란한 점이 없다. 그러나 산출된 결과의 운용에는 충분한 주의를 요한다. 어떤 기업들은 사내 세미나에 사원을 파견하기도 하고 사내 세미나를 개최하기도 해서 품질관리 교

육을 열심히 하고 있다.

이와 같은 교육을 왜 하느냐 하면 장기적인 관점에서 실패를 예방하기 위해서 이며, 또한 보다 좋은 품질의 제품을 만들기 위한 수단으로서 교육을 한다고 생각 할 수 있다. 이들 비용을 예방 코스트에 포함하게 하는 것은 타당하다. 그러나 이 비용을 검토할 때에는 내용을 잘 음미할 필요가 있다.

예를 들면 세미나에 있어서 졸고 있는 자나 성실하게 듣고 자기의 직장에 응용할 것을 항상 생각하고 있는 자나 교육비용은 모두 동일하기 때문이다. 이것으로서도 알 수 있는 것과 같이 실패를 예방한다고 하는 것은 실패의 코스트가 크다고 교육비용을 들인다고 해결될 단순한 문제는 아니다. 오히려 어떠한 사람에게 교육을 받게 해야 좋을 것인가가 훨씬 중요한 것이다.

(6) 실패를 예방하기 위해서는 인간적인 측면도 중요하지만 설비개선 혹은 신설비 투자의 측면도 잘 고려하지 않으면 안 된다. 많은 설비투자는 양산화 성력화 품질개선을 동시에 바라면서 행해지는 것이 보통이다. 이러한 경우에 예방 코스트를 어떻게 계산하는 것이 좋은가 의문을 제기하고 있다.

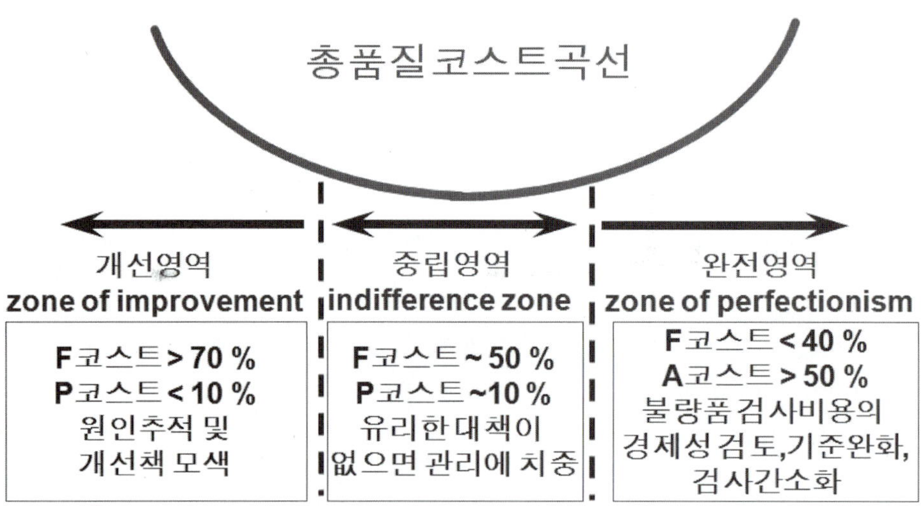

〈그림 2–9〉 쥬란의 최적분배 이론

5. 품질 코스트 도입 및 절차

앞에서 언급된 것과 같이 화이겐바움의 품질 코스트는 여러 가지 문제점이 있다. 이들의 문제점은 현실의 기업활동이 질, 량 코스트의 상호 밀접한 관련이 있음에도 불구하고 품질 시스템만을 따로 분배하려고한 시도에 의한 것이라 하겠다. 그러면 이러한 여러 가지 문제점이 있는데 품질 코스트를 어떻게 해야 할 것인가? 많은 기업에서는 QC를 도입한 이래 품질관리부문의 신설, 품질검토회의 품질관리교육 등에 많은 투자를 하고 있다. 그런데 이러한 투자에 비하여 얼마나 효과가 발생했다고 할 수 있을까 효과의 척도가 문제가 되겠는데 앞의 문제점을 충분히 이해한 후에 품질 코스트를 도입하고 종래부터 잘 하고 있는 계정과목을 설정함에 있어서 각 비용의 내용을 잘 이해하고 각 기업의 실태에 맞게 결정해 가야한다. 품질 코스트의 핵심은 실패 코스트이다. 실패 코스트를 저감시켜야되는 것이다. 실패 코스트에 대해서 많은 기업이 크레임 처리비용 또는 불량처리비 라는 명칭으로 품질보고서에 정리하여 Top 관리자에게 보고해서 활용하고 있다. 품질 코스트는 먼저 실패 코스트에서 시작하여 다음에 평가 코스트 예방 코스트로 넓혀가며 저감하는 것이 현명할 것이다.

또한 Masing은 1965년에 BMI(British Institute of Management)가 최고경영자를 위해 제시한 일련의 건의사항을 다음과 같이 요약하고 있다.

(1) 자기 회사의 손실액이 얼마나 되는가 파악하여 보라.

(2) 예방이 가능한 손실비용 즉 피할 수 있는 품질 코스트의 규모를 기초로 예방 및 평가활동에 어느 정도의 금액을 투자할 수 있는가를 결정하라.

(3) 품질관리 부장으로부터 자기 회사의 특수한 여건하에서 손실비용을 체계적으로 절감하기 위해서는 어떠한 배치들이 필요한가에 대한 보고를 받아보라.

(4) 품질관리 부장이 제시한 시정조치를 하나하나 실천에 옮길 경우 손실비용을 어느 정도나 절감시킬 수 있는가를 평가해 보라.

(5) 시정조치 하나하나를 실천에 옮길 경우 소요되는 예상원가 즉 설계변경에 소요되는 경비라던가 새로운 시험기기를 구입하는데 소요되는 비용 등을 산출해 보라.

(6) 투자보수율이 가장 큰 시정조치 한·두 가지를 선정하라.

(7) 품질관리부서에 이러한 시정조치를 실천에 옮기고 또 기대되는 성과를 거둘 수 있도록 감독하는 책임을 부여하라.

이 단계에서는 특히 다음과 같은 사항에 유의할 필요가 있다.

① 너무 많은 업무를 동시에 부여하지 말라.

② 확고한 최종일자를 정해 주라. 최종일자는 불가능할 정도로 짧아도 안되지만 가능한 한 여유를 두지 않도록 정하라.

③ 모든 일이 계획대로 빠짐없이 진행되고 있는가를 확인하라.

④ 비용으로 나타낸 정기적인 진행상황에 관한 보고서를 받되 이미 이양한 권한에 대해서는 간섭을 하지 말라.

(8) 처음 실천에 옮긴 시정조치로부터 그 성과가 나타나기 시작하면 다음 조치를 실천에 옮기고 이러한 활동이 계속될 수 있도록 원가절감의 잠재력이 있는 새로운 시정조치들을 계획사항에 추가하라.

(9) 평가 코스트에 관한 현상을 파악해 보고 위와 마찬가지 방법으로 예방활동의 개선을 통한 특정한 평가 코스트를 절감시키기 위해 계획된 활동을 실천하라.

이와 같이 품질 코스트를 도입하기 위해서는 기업의 상황을 검토하여 계획하여야 한다.

6. 품질 코스트의 계산

(1) 품질 코스트의 분류

여기에서 언급될 품질 코스트는 화이겐바움의 제조자 품질 코스트의 분류방법을 기초로 한 것만을 다루고자 한다. 품질 코스트의 분류는 여러 가지 회사의 실정에 적합한 방법으로 결정하여야 한다. 종래의 원가계산을 위한 자료를 그대로 이용하는 것은 어려운 경우가 많다. 그래서 분류방법의 결정에 있어서는 경리담당부문 또는 원가계산담당부문과 품질관리담당부문과 잘 협의하여 결정해야 한다.

다음 표는 품질 코스트 분류표의 한 예이다.

<table>
<tr><th colspan="2">구분</th><th>항목</th><th>비용의 내용</th><th>집계 단위</th></tr>
<tr><td rowspan="10">1. 예방 코스트 (소정의 품질수준을 유지하기 위하여 또한 불량품의 발생 예방에 요하는 비용)</td><td rowspan="7">품질관리 활동에 관한 비용</td><td>품질관리위원회 회의비</td><td>노무비</td><td>부별</td></tr>
<tr><td>기술표준 및 품질 관리 자료 작성비</td><td>노무비, 등사인쇄대, 복사비용, 용지대</td><td>부별</td></tr>
<tr><td>제품의 품질유지 예방을 위한 시작비</td><td>품질시험, 성능조사</td><td>부별</td></tr>
<tr><td></td><td>품질개량, 제조기술개선의 시험제작비</td><td>부별</td></tr>
<tr><td>제품의 품질유지 예방을 위한 연구비</td><td>연구부내의 품질시험, 성능조사, 품질개량, 제조기술, 개선의 연구비</td><td>공통</td></tr>
<tr><td>제품의 품질유지 예방을 위한 원가 검사비</td><td>원료품계부문비</td><td>공통</td></tr>
<tr><td>제품의 품질유지예방을 위한 공정 시험비</td><td>공장시험부문의 부문비</td><td>부별</td></tr>
<tr><td rowspan="3">교육훈련비</td><td>품질관리에 관한 교육에 대한 수강비</td><td>수강자 임금비, 교육 참가비 출장여비</td><td>공통</td></tr>
<tr><td>외부 훈련 지도자에의 지도비 지불</td><td>지도비 지불액</td><td>공통</td></tr>
<tr><td>도서기타</td><td>도서비</td><td>공통</td></tr>
<tr><td colspan="2">2. 평가 코스트(소정의 품질 수준을 보지하기 위하여 요하는 비용)</td><td>제품의 검사선별비, 검사 측정비</td><td>검사부문비</td><td>부별</td></tr>
<tr><td colspan="2" rowspan="3">3. 실패 코스트 (소정의 품질수준을 유지 하는데 실패했기 때문에 발생한 불량제품, 불량원료에 의한 손실비용)</td><td>폐각손실액</td><td>품질의 불량 때문에 폐각에 의한 손실액</td><td>부별</td></tr>
<tr><td>수리손실액</td><td>품질의 불량 때문에 수리에 의한 손실액</td><td>부별</td></tr>
<tr><td>크레임 처리비</td><td>조사비(임금비, 출장여비), 품질 불량의 원인으로 납기가 늦어졌기 때문에 발생한 벌금</td><td>부별</td></tr>
</table>

(2) 품질 코스트의 계산방법

품질 코스트 분류방법이 결정되면 다음은 여러 가지 비용 항목에 대해서 계산방법을 규정하여야 한다. 다음 표는 앞의 품질 코스트 분류방법에 의한 계산방법의 예이다.

구분	항 목	비 용 항 목	계 산 방 법
예방코스트	품질관리 위원회 회의비	노무비	(평균임율×위원인원×시간)×회수 담당과와 협의하여 결정
	표준자료 작성 및 품질관리 자료작성	노무비 인쇄대 복사비 용지대	평균임율×1건당 평균시간 1건당 평균 인쇄대 1건당 평균 복사비 1건당 평균 용지대 합계 ※ 1건당 평균비용 ※ 1건당 평균비용×건수
	시험제작비		시작품완료통지표에 의해 시험제작비 계산을 한다. 이 경우 시험제작품 청구표의 용도분류를 보고(A) 품질개량(B) 품질시험 성능조사 (C) 제조기술 개선의 분류에 있어서 계산자료의 비고란에 (A)(B)(C)를 기입하고 집계한다.
	연구비		연구부와 연구내용 내의 품질개량, 품질시험, 성능조사, 분석측정, 제조기술개선에 관한 것의 연구작업량 등을 과별로 그 비율을 결정한다.
평가코스트	교육훈련수강비	노무비 교육비 출장여비	평균임율×시간×인원 교육비 지불액 출장여비 지불액
	훈련지도비	지도비	
	도서비	도서비	구입금액
	검사선별 검사측정비	검사부문비	평균임율×검사시간×인원 검사시간=검사준비시간+검사작업시간+검사종결시간
	원료검사비	검사부문비	〃
	공정시험비	검사부문비	〃
	완성품 검사비	검사부문비	검사작업비 중 입회검사비포함

<table>
<tr><th>구분</th><th>항　목</th><th>비 용 항 목</th><th>계　산　방　법</th></tr>
<tr><td rowspan="3">실
패
코
스
트</td><td>폐각손실비

수리손실비</td><td></td><td>관리자료의 책임별 집계에 의한다. (계산예)
①작업검사와 간접비의 계산 :
(직접비+부문비)× $\frac{\text{불량발생이 점유한 시간(분)}}{\text{60분}}$
②손실재료비의 산출 :
구입단가+(구입단가×평균구입 경비율)</td></tr>
<tr><td rowspan="2">크레임
처리비</td><td>노무비

출장여비</td><td>크레임 처리 정보에 의한다.
(여기에 조사인원, 조사일수, 또는 출장일수를 기입한다)
출장여비 지불액</td></tr>
<tr><td>품질불량에 의한 납기가 늦어진 이유로 발생된 벌금, 기타</td><td>연체벌금</td></tr>
</table>

제6장 실무연습

1. 1장의 QMS자가진단 체크시트를 통하여 선정된 테마에 대한 품질혁신 개선 사례를 제출하라.

CHAPTER

03 산업기사공식요약

실무QM

제1장 통계적 품질관리

1. DATA 처리 (통계량의 정의) 기초

의미	기 호	용어이름	정의(공식 설명)	E:기대치	D:표준편차
중심적 경향	$\bar{x}$	평균치 산술평균(mean)	$\bar{x}=(x_1+\cdot\cdot\cdot\cdot+x_n)/n$ $=(\sum_{i=1}^{n}x_i)/n$	μ	$\sigma/\sqrt{n}$
	$\tilde{x}$	중위수(median)	DATA 홀수 : DATA의 순(대·소)에서 가운데값 DATA 짝수 : $(x_i+x_{i+1})/2$	μ	$m_3\cdot\frac{\sigma}{\sqrt{n}}$
	M	중심치 (계급의 중심)	$\frac{(X_{\max}+X_{\min})}{2}$	μ	$M_3\cdot\frac{\sigma}{\sqrt{n}}$
	m_0	최빈수(mode)	돗수표에서 돗수가 가장 많은 곳의 중앙값	돗수가 가장 많은 DATA	
흩어짐 또는 산포	S	편차 평방합, 변동 (Sum of Square: SS)	$S=\sum_{i=1}^{n}(x_i-\bar{x})^2$ $=\sum_{i=1}^{n}x_i^2-\frac{(\sum_{i=1}^{n}x_i)^2}{n}$ $=\left\{\sum_{i=1}^{n}X_i^2-\frac{(\sum_{i=1}^{n}X_i)^2}{n}\right\}\frac{1}{h^2}$ 수치변환: $X_i=(x_i-a)\times h$	$\nu\sigma^2$	$\sqrt{2\nu\sigma^2}$
	s^2	분산 평균 편차 제곱합 (mean of Square:m.s)	$s^2=\frac{S}{n-1}$	σ^2	$\sqrt{\frac{2}{n-1}}\sigma^2$
	s	표준편차 데이터 1개당 산포 (standard deviation)	$s=\sqrt{s^2}=\sqrt{\sum x_i^2-(\frac{\sqrt{x_i}}{n-1})^2}$	$c_4\sigma$	$c_5\sigma$
	V	불편분산 σ^2의 추정치 (Unbiased Variance)	$V=\frac{S}{\nu}=\frac{\sum(x_i-\bar{x})^2}{(n-1)}$	σ^2	$\sqrt{\frac{2}{n-1}}\cdot\sigma^2$

의미	기 호	용어이름	정의(공식 설명)	E:기대치	D:표준편차
흩어짐	$\sqrt{V}$	불편분산의 제곱근 σ의 추정치	$\hat{\sigma}_e = \sqrt{V}$	$c_2\,\sigma$	$c_3\,\sigma$
또는 산포	CV	변동계수 (coefficient of Variation)	$CV = \frac{s}{\bar{x}} \times 100(\%)$로사용	$(CV)^2$을 상	
분포 모양	k	비대칭도 (skewness)	$k = \frac{1}{ns^3}\sum_{i=1}^{k}(x_i - \bar{x})^3 \cdot f_i$	좌우대칭(k=0) k,(급의수) 왼쪽기움(k<0) x_i(급의대표치) 우측기움(k>0) f_i(돗수)	
	$\sigma_4 = \beta_2$	첨도(kurtosis)	$\sigma_4 = \beta_2 = \frac{1}{ns^4}\sum_{i=1}^{k,}(x_i - \bar{x})^4 \cdot f_i$	分布 = histogram에서 뾰쪽한 정도	
산포	R	범위(Range)	$R = X_{\max} - X_{\min}$	$d_2\sigma$	$d_3\sigma$
	u	표준정규분포 $N(0,1^2)$	$u = \frac{X-\mu}{\sigma}$ $\quad u = \frac{\bar{X}-\mu}{\sigma/\sqrt{n}}$	0	1
	t	student-t분포	$t = \frac{\bar{x}-\mu}{\sqrt{V}/\sqrt{n}} \quad (\nu = n-1)$	0	$\frac{\nu}{\nu-2}$
	χ^2	카이자승분포	$\chi^2 = \frac{S}{\sigma^2} \quad (\nu = n-1)$	ν	2ν
	F	분산비(F)분포	$F = \frac{V_1}{V_2} = \frac{S_1/\nu_1}{S_2/\nu_2}\begin{pmatrix}\nu_1 = n_1 - 1 \\ \nu_2 = n_2 - 1\end{pmatrix}$	$F(\nu_1, \nu_2; \alpha) = \frac{1}{F(\nu_2, \nu_1; 1-\alpha)}$	
두 변 량 관 계	r (r^2)	상관계수 (기여율)	$r = \frac{S_{xy}}{\sqrt{S_{xx}S_{yy}}} = \frac{\sum(x-\bar{x})(y-\bar{y})}{\sqrt{\sum(x_i-\bar{x})^2 \cdot \sum(y_i-\bar{y})^2}}$	ρ=0일 때 0	$\frac{1}{\sqrt{n-1}}$

2. 돗수분포의 수리해석

기 호	공 식	설 명
$\bar{x}$	$\bar{x} = x_0 + h\frac{\sum fu}{\sum f}$	x_0는 u=0 일때 급의 대표치 h는 계급의 간격 (폭의크기) f는 돗수 u=+2, +1, 0, -1, -2
s	$s = h\sqrt{\frac{\sum fu^2}{\sum f} - \left(\frac{\sum fu}{\sum f}\right)^2}$	
$\hat{\sigma}$	$\hat{\sigma} = h\sqrt{\frac{1}{\sum f - 1}\left\{\sum fu^2 - \frac{(\sum fu)^2}{\sum f}\right\}}$	

3. S.Q.C에서 활용되는 각종 분포

형태	분포명	$f(x)$식	기 대 치	특 성(설명)	비고
연속확률 분포형	정규분포	$f_{(x)} = \frac{1}{\sigma\sqrt{2\pi}} e^{-\frac{(x-\mu)^2}{2\sigma^2}}$ $f_{(u)} = \frac{1}{\sqrt{2\pi}} e^{-\frac{u^2}{2}}$	$E(X) = \mu$ $V(X) = \sigma^2$ $D(X) = \sigma$ 여기서 $V(X) = E(X-\mu)^2$ 또는, $V(X) = E(X^2) - \mu^2$	1) Gauss와 오차 함수 분포 2) 일반적으로 계량치 (좌우대칭, 종모양) 3) f(x)식을 표준화 $u = \frac{x-\mu}{\sigma}$ 시켜 f(u)식. 즉 $N(0,1^2)$표준형 4) 정규분포표	
	지수분포	$f(x) = \lambda \cdot e^{-\lambda t}$	$E(X) = \frac{1}{\lambda}$ $V(X) = \frac{1}{\lambda^2}$ $E(X^2) = \frac{2}{\lambda^2}$	1) 부(negative)의 지수분포 2) Lapllace가 창안 3) 수명분포 4) 신뢰도에서 주로 사용	
	균등분포	$f(x) = \frac{1}{b-a}$ (단, $a \le x \le b$)	$E(X) = \frac{a+b}{2}$ $V(X) = \frac{(b-a)^2}{12}$	확률 변수 X가 일정의 유한구간 내에서 확률밀도가 균등한 분포	
이산확률 분포형	이항분포	$f(x) = \binom{n}{x} p^x (1-p)^{n-x}$ 단, $\binom{n}{x} = {}_nC_x$	$E(X) = np$ $D(X) = \sqrt{np(1-p)}$ $V(X) = np(1-p)$ $E(p) = p$ $D(p) = \sqrt{\frac{p(1-p)}{n}}$ $V(X) = nP(1 - P)$	1) Jacob Bernolli가 발견 2) p인 로트에서 n개를 취할 때 불량품 x개가 출현 확률 분포 3) 이항정리 : ${}_nC_x$은 이항계수 $(a \cdot b)^n = \sum_{r=0}^{n} \binom{n}{r} a^{n-r} \cdot b^r$	1) p=0.5→ 대칭 2) p≤0.5 np≥5 정규분포에 근사 3) p≤0.1 np=1~10 포아송 분포에 근사
	포아송분포	$f(x) = \frac{m^x}{x!} e^{-m}$ 단:$np = m$	$E(X) = np = m$ $V(X) = np = m$ $D(X) = \sqrt{np} = \sqrt{m}$ $E(u) = u$ $D(u) = \sqrt{\frac{u}{n}}$	1) 프랑스 Poisson 연구실 2) 이항 분포에서 np = m (일정) p를 매우 적게 n→ ∞ 이면 포아송 분포로 된다. 3) 결점수	1) np = m ≥ 5이면 정규 분포에 근사
	초기하분포	$f(x) = \frac{\binom{N-Np}{n-x}\binom{Np}{x}}{\binom{N}{n}}$	$E(X) = np$ $D(X) = \sqrt{\frac{N-n}{N-1} np(1-p)}$	이항 분포에서 N이 적을 때 비복원 추출에서는 초기하분포	1) N→∞이면 이항 분포에 따름

4. 기대치와 분산정의 및 기본법칙

<table>
<tr><td colspan="2">기 대 치</td><td>① 이산확률변수
$E(X)=\Sigma xp(x), E\{g(x)=\Sigma g(x)\cdot p(x), E(X)=\sum_{i=1}^{n} x_i f(x_i)$
② 연속확률변수
$E(X)=\int_{-a}^{a} x\cdot f(x)\cdot dx,\quad E\{(g)\} = \int_{-a}^{a} g(x)\cdot f(x)\cdot dx$
③ $E(aX)=aE(X),\ E(X+Y)=E(X)+E(Y)$(단,a는상수)
④ X, Y가 서로 독립. $E(X\cdot Y)=E(X)\cdot E(Y)$</td></tr>
<tr><td colspan="2">분산과 표준편차</td><td>① $V(X)=E\{X-E(X)\}^2=E(X)^2-\{E(X)\}^2$
$=\sum_{i=1}^{k}(x_i-\mu)^2 f(x_i)=V(aX-b)=a^2V(X)$
② $D(X)=\sqrt{V(X)},\quad D(aX+b)=\Box a\Box D(X)$</td></tr>
<tr><td colspan="2">공 분 산</td><td>① $Cov(X, Y)=E\{X-E(X)\}\{Y-E(Y)\}=E(X\cdot Y)-\mu_x\mu_y$
$V(X\pm Y)=V(X)+V(Y)\pm 2Cov(X, Y)$
② X,Y가 서로 독립
$Cov(X, Y)=E(X\cdot Y)-E(X)\cdot E(Y)=E(X)\cdot E(Y)-E(X)\cdot E(Y)=0$
$V(X\pm Y)=V(X)+V(Y)\pm 2Cov(X, Y)=V(X)+V(Y)$</td></tr>
<tr><td colspan="2">상 관 계 수</td><td>$R(X\cdot Y)=\dfrac{Cov(X, Y)}{\sqrt{V(X)\cdot V(Y)}}$</td></tr>
<tr><td rowspan="2">$\overline{X}$ 와 S의
기대치 및 용도</td><td>$\overline{X}$</td><td>$E(X)=\mu,\ V(\overline{X})=\dfrac{\sigma^2}{n}$, $D(\overline{X})=\dfrac{\sigma}{\sqrt{n}}$</td></tr>
<tr><td>S</td><td>$E(S)=(n-1)\sigma^2,\ E(S)=\sigma^2$</td></tr>
</table>

5. 모집단 (모수)과 통계량

<table>
<tr><td>구 분</td><td>모집단</td><td>구 분</td><td>모수</td><td>통계량</td><td>모수의 추정치</td></tr>
<tr><td rowspan="3">(1) 공정에 대한 조치
① 공정관리
② 공정해석
③ 실험계획</td><td rowspan="3">1) 무한
모집단</td><td>평균치</td><td>μ</td><td>$\overline{x}$</td><td>$\hat{\mu}=\overline{x}$</td></tr>
<tr><td>표 준
편 차</td><td>σ</td><td>$\sqrt{V}$
s</td><td>$\hat{\sigma}=\sqrt{V}=\sqrt{\dfrac{n}{n-1}}\,s$</td></tr>
<tr><td>분 산</td><td>σ ²</td><td>V
s^2</td><td>$\hat{\sigma^2}=V=\sqrt{\dfrac{S}{n-1}}$</td></tr>
<tr><td>(1) Lot에 대한 조치
① 검사
②품질의추정</td><td>2) 유한
모집단</td><td>범 위</td><td>—</td><td>R</td><td>$\hat{\sigma}=\dfrac{\overline{R}}{d_2}=\dfrac{\overline{s}}{c_2}$
$=\dfrac{\sqrt{V}}{c_2}$</td></tr>
</table>

분 포 명	기 대 치	특 징 (설 명)	비 고
시료평균의 분포 ($\bar{X}$ - 분포)	$E(\bar{x})=\mu$ $D(\bar{x})=\frac{\sigma}{\sqrt{n}}$ $V(\bar{x})=\frac{\sigma^2}{n}$	$N(\mu,\sigma^2)$의 모집단으로 부터 랜덤으로 n개의 sample을 취해 이것으로 부터 $\bar{x}_1,\ \bar{x}_2, ...\ \bar{x}_k$ 의 분포는 $N\left\{\mu,\ \left(\frac{\sigma}{\sqrt{n}}\right)^2\right\}$ 에 따른다.	2) $u=\frac{\bar{x}-\mu}{\sigma/\sqrt{n}}$ $\rightarrow N(0,1)$
시료분산의 분포 (s^2- 분포)	$E(s^2)=\frac{n-1}{n}\sigma^2$ $D(s^2)=\sqrt{\frac{2(n-1)}{n^2}}\sigma^2$	1) $S_1^2,\ \ S_2^2,\ \cdots\cdots,\ \ S_k^2$의 분포(편기된 곡선) 2) 분산의 기대치는 모분산 보다 작다.	
불편분산의 분포 (V - 분산)	$E(V)=\sigma^2$ $D(V)=\sqrt{\frac{2}{n-1}}\sigma^2$	1) $V_1,\ \ V_2,\ \cdots\cdots,\ \ V_k$ 의 분포(편기된 곡선) 2) S^2쪽 보다 V쪽이 편견없는 추정치 (불편 추정량)	
시료표준편차 분포 (s-분포)	$E(s)=c_2\sigma$ $D(s)=c_3\sigma$	1) $S_1,\ \ S_2,\ \cdots\cdots,\ \ S_k$의 분포(비스듬한 모양) 2) s대신 $\sqrt{V}$로 조사해도 같은 모양 분포	
($\sqrt{V}$-분포)	$E(\sqrt{V})=c^*_4\sigma$ $D(\sqrt{V})=c^*_5\sigma$	3) $\sqrt{V_1}$, $\sqrt{V_2}$, ······ $\sqrt{V_k}$ 의 분포 (비스듬한 모양)	
범위의 분포 (R - 분포)	$E(R)=d_2\sigma$ $V(R)=d_3^2\sigma^2$ $D(R)=d_3\sigma$	1) $R_1,\ \ R_2,\ \cdots\cdots,\ \ R_k$의 분포(비스듬한 모양) 2) R로 σ의 추정은 n≥10이면 정밀도 떨어짐 3) n≥10이면 조구분하여 $\bar{R}/d_2$로 추정	※$\sigma=\bar{R}/d_2$ $=s/c_2$ $=\sqrt{V}/c_2^*$
범위평균의 분포 ($\bar{R}$-분포)	$E(\bar{R})=d_2\sigma$ $V(\bar{R})=\frac{d_3^2\sigma^2}{k}$ $D(\bar{R})=\frac{d_3\sigma}{\sqrt{k}}$	4) k조의 R의 평균치 $\bar{R}$의 분포 5) k가 커지면 (k=4로도 충분)정규 분포에 근사 6) $\bar{R}$를 쓰는 쪽이 추정의 정밀도가 높다.	

6. 통계량 함수의 분류 종류

분 포 명	정의식(통계량)	특 징 (설 명)	비 고
카이제곱 분포 (χ^2-분포)	$\chi^2 = \frac{S}{\sigma^2}$	1) $N(\mu, \sigma^2)$인 정규모집단에서 크기 n의 샘플 을 추출하여 그 데이타로 부터 S를 구했을때 S의 모분산 σ^2으로 나눔 2) 자유도 $\nu = n-1$의 χ^2-분포 3) χ^2표는 한쪽 α의 표이다	
t - 분포	$t = \frac{\bar{x}-\mu}{\sqrt{V}/\sqrt{n}}$	1) σ가 미지일때 $\sigma \rightarrow \sqrt{V}$로 대신 2) $\bar{x}$분포$N(\mu, \sigma^2/n)$, $u = \frac{\bar{x}-\mu}{\sigma/\sqrt{n}}$ 에서 σ를 모를 때는 정규분포가 아닌 t 분포에 따른다. 3) 코켓트가 발견 4) t 표는 $\nu = n-1$의 양쪽 α표이다.	2) 주로 $\lvert t \rvert = \frac{\lvert \bar{x}-\mu \rvert}{\sqrt{V}/\sqrt{n}}$ 3) $t(\nu, \alpha)$
F - 분포	$F = \frac{V_1}{V_2}$ (큰 분산이 분자)	1) 동일 모집단으로 부터 취한 2조의 시료에 대해서 구한 불편분산의 비 2) $V_1 = \frac{S_1}{n_1-1}$, $V_2 = \frac{S_2}{n_2-1}$ 3) $(\nu_1 = n_1-1, \ \nu_2 = n_2-1)$의 한쪽$\alpha$표	3) 자유도 바뀌면 값이 바뀜 4) $F_\alpha(\nu_1, \nu_2)$
각 분포와의 관 계	1) t분포에서 $\nu \sim \infty$이면 정규분포 $u = \frac{\lvert \bar{x}-\mu \rvert}{\sigma/\sqrt{n}}$ 에 근사	2) $\{t(\nu, \alpha)\}^2 = F(1, \nu : \alpha)$ 3) $\frac{\chi^2(\nu, \alpha)}{\nu} = F(\nu, \infty : \alpha)$	4) $F(\nu_1, \nu_2 : \alpha) = \frac{1}{F(\nu_2, \nu_1 : 1-\alpha)}$
		$t - F$ / $\chi^2 \rightarrow F$	F의 역수

7. 계량치의 검 · 추정의 공식 (1)

내용	검추정 내용	조건	종류	KSA No	H_0	H_1	통계량 및 신뢰구간	비고(유의 경우)
검정	모평균과 기준치와의 차의검정	σ 알때	한쪽	3251	$\mu=\mu_0$	$\mu>\mu_0$ $\mu<\mu_0$	$u_0=\frac{\lvert\bar{x}-\mu\rvert}{\sigma/\sqrt{n}}$	$\lvert u_0\rvert \geq K_\alpha$ 유의 or $u_0\geq K_\alpha$, $u_0\leq -K_\alpha$ 유의
			양쪽	3251	$\mu=\mu_0$	$\mu\neq\mu_0$		$\lvert u_0\rvert \geq K_\alpha$ 유의 or $u_0\geq K_\alpha$, $u_0\leq -K_\alpha$ 유의
		σ 모를때	한쪽	3254	$\mu=\mu_0$	$\mu>\mu_0$ $\mu<\mu_0$	$t_0=\frac{\lvert\bar{x}-\mu\rvert}{\sqrt{n}}$	$\lvert t_0\rvert \geq t(\nu,\ 2\alpha)$ 유의
			양쪽	3255	$\mu=\mu_0$	$\mu\neq\mu_0$		$\lvert t_0\rvert \geq t(\nu,\ \alpha)$ 유의
검정	두모평균 차의 검정	σ 알때	한쪽	3256	$\mu_1=\mu_2$	$\mu_1>\mu_2$ $\mu_1<\mu_2$	$u_0=\frac{\lvert\bar{x}_1-\bar{x}_2\rvert}{\sqrt{\frac{\sigma_1^2}{n_1}+\frac{\sigma_2^2}{n_2}}}$	$\lvert u_0\rvert \geq K_\alpha$ 유의
			양쪽	3257	$\mu_1=\mu_2$	$\mu_1\neq\mu_2$		$\lvert u_0\rvert \geq K_{\frac{\alpha}{2}}$ 유의
		σ 모를때	한쪽	3258	$\mu_1=\mu_2$	$\mu_1>\mu_2$ $\mu_1<\mu_2$	$t_0=\frac{\lvert\bar{x}_1-\bar{x}_2\rvert}{\sqrt{\frac{S_1+S_2}{n_1+n_2-2}}\sqrt{\frac{1}{n_1}+\frac{1}{n_2}}}$	$t_0\geq t(\nu,\ 2\alpha)$ 유의 $\nu=n_1+n_2-2$
			양쪽	3259	$\mu_1=\mu_2$	$\mu_1\neq\mu_2$		$t_0\geq t(\nu,\alpha)$ 유의 $\nu=n_1+n_2-2$
추정	모평균의 구간추정	σ 알때	양쪽	3260			$\mu=\bar{X}\pm K_{\frac{\alpha}{2}}\frac{\sigma}{\sqrt{n}}$	$\alpha=5\%$ $K_{\frac{\alpha}{2}}=1.96$ $\alpha=1\%$ $K_{\frac{\alpha}{2}}=2.58$
		σ 모를때	양쪽	3261			$\mu=\bar{X}\pm t(\nu,\alpha)\frac{\sqrt{V}}{\sqrt{n}}$	t= 양쪽표(양쪽α)이므로 그대로 $t(\nu,\alpha)$
	두모평균 차의 구간추정	σ 알때	양쪽	3262	※μ_{X-Y}=합과 차의 법칙 ※σ^2_{x-y}=분산의 가성성		$\mu_1-\mu_2=$ $\lvert\bar{X}_1-\bar{X}_2\rvert\pm K_{\frac{\alpha}{2}}\sqrt{\frac{\sigma_1^2}{n_1}+\frac{\sigma_2^2}{n_2}}$	$\sigma_1=\sigma_2=\sigma$이면 $\pm K_{\frac{\alpha}{2}}\ \sigma\sqrt{\frac{1}{n_1}+\frac{1}{n_2}}$
		σ 모를때	양쪽	3263	※μ_{X-Y}=합과차 ※σ^2_{X-Y}=분산의 가성성 ※$V_1=V_2$로 가정		$\mu_1-\mu_2=$ $\lvert\bar{X}_1-\bar{X}_2\rvert\pm t(\nu,\alpha)\sqrt{V}\sqrt{\frac{1}{n_1}+\frac{1}{n_2}}$ (단 V = 가중평균 V)	$V=\frac{S_1+S_2}{n_1+n_2-2}$ $\nu=n_1+n_2-2$

8. 계량치의 검 · 추정의 공식(2)

모분산과 기준치와의 검정	σ 알 때	한쪽	큰가	3264	$\sigma^2=\sigma_0^{\,2}$	$\sigma^2<\sigma_0^{\,2}$	$\chi_o^2 = \dfrac{S}{\sigma^2}$	$\chi_0^2 \ge \chi^2(\nu,\alpha)$유의
			작은가			$\sigma^2>\sigma_0^{\,2}$		$\chi_0^2 \le \chi^2(\nu,1-\alpha)$유의
		양쪽	다른가	3265	$\sigma^2=\sigma_0^{\,2}$	$\sigma^2\neq\sigma_0^{\,2}$		$\chi_0^2 \ge \chi^2(\nu,\frac{\alpha}{2})$또는 $\chi_0^2 \le \chi^2(\nu,1-\frac{\alpha}{2})$유의
두모분산의 차의 검정	σ 모를 때	한쪽	큰가	3266	$\sigma_1^{\,2}=\sigma_2^{\,2}$	$\sigma_1^{\,2}>\sigma_2^{\,2}$	$F_o = \dfrac{V_1}{V_2}$	$F_0 \ge F(\nu_1,\nu_2:\alpha)$유의
			작은가			$\sigma_1^{\,2}<\sigma_2^{\,2}$		$F_0 \le F(\nu_1,\nu_2:1-\alpha)$유의
		양쪽	다른가	3267	$\sigma_1^{\,2}=\sigma_2^{\,2}$	$\sigma_1^{\,2}\neq\sigma_2^{\,2}$		$F_0 \ge F(\nu_1,\nu_2:\frac{\alpha}{2})$ 또는 $F_0 \le F(\nu_1,\nu_2:1-\frac{\alpha}{2})$ 이면 유의
모분산의 구간추정	σ 모를 때 (σ^2 추정)	F 표		3268	상하한 계산에 분모의 값이 큰 표의 값으로 (χ^2, F 표는좌우대칭 아님)		$\dfrac{V}{F(\nu,\infty,\frac{\alpha}{2})} \le \sigma^2 \le \dfrac{V}{F(\infty,\nu,1-\frac{\alpha}{2})}$	참고 $\dfrac{V}{\sigma^2}=F(\nu,\infty:\alpha)$
		χ^2 표					$\dfrac{S}{\chi^2(\nu,\frac{\alpha}{2})} \le \sigma^2 \le \dfrac{S}{\chi^2(\nu,1-\frac{\alpha}{2})}$	$\chi_u^2:\chi^2(\nu,\frac{\alpha}{2})$ $\chi_L^2:\chi^2(\nu,1-\frac{\alpha}{2})$
두모분산비의 구간추정	σ 모를 때	F 표		3269	상하한 계산에 분모의 값이 큰 표의 값으로 (χ^2, F 표는 좌우대칭 아님)		$\left(\dfrac{1}{F(\nu_A,\nu_B\frac{\alpha}{2})}\right)\dfrac{V_A}{V_B} \le \sigma^2 \le F\left(\nu_A,\nu_B 1-\frac{\alpha}{2}\right)\dfrac{V_A}{V_B}$	$F(\nu_1,\nu_2:\alpha) = \dfrac{1}{F(\nu_2,\nu_1:1-\alpha)}$

두 모평균 차의 검추정	가 정	변형 되는 식	자유도
$t_0 = \dfrac{\lvert\overline{x_1}-\overline{x_2}\rvert}{\sqrt{\dfrac{S_1+S_2}{n_1+n_2-2}}\sqrt{\dfrac{1}{n_1}+\dfrac{1}{n_2}}}$	만약 $n_1=n_2=n$ $\left(V=\dfrac{S_1+S_2}{n_1+n_2-2}\right)$	$t_0 = \dfrac{\lvert\overline{x_1}-\overline{x_2}\rvert}{\sqrt{\dfrac{S_1+S_2}{n(n-1)}}}$	$\nu=2(n-1)$
$\mu_1-\mu_2 = \lvert\overline{x_1}-\overline{x_2}\rvert \pm t(n_1+n_2-2:\alpha)\sqrt{V\left(\dfrac{1}{n_1}+\dfrac{1}{n_2}\right)}$		$\mu_1-\mu_2 = \lvert\overline{x_1}-\overline{x_2}\rvert \pm t(2(n-1):\alpha)\sqrt{\dfrac{S_1+S_2}{n(n-1)}}$	

9. 계수치의 검 · 추정 공식

분포	기대치	검정(Test) 내용	구분	H_o	H_1	검정통계량	비고
이항분포	$E(p)=p$ $D(p)=\sqrt{\dfrac{p(1-p)}{n}}$	모불량률의 검정	한쪽	$p=p_o$	$p>p_o$ $p<p_o$	$u_o=\dfrac{\lvert p-P\rvert}{\sqrt{\dfrac{P(1-P)}{n}}}=\dfrac{x-nP_0}{\sqrt{nP_0(1-P)}}$	유의판정은 계량치경우와 동일
			양쪽	$p=p_o$	$p\neq p_o$		
		추정(Estimation) 내용	신뢰구간				
		모불량률의 추정	$P=P\pm K_{\frac{\alpha}{2}}\sqrt{\dfrac{P(1-P)}{n}}$				
	$D(P_1-P_2)=\sqrt{V(P_1)+V(P_2)}$	두 모불량률의 차의 검정	한쪽	$P_1=P_2$	$P_1>P_2$ $P_1<P_2$	$u_o=\dfrac{\lvert P_1-P_2\rvert}{\sqrt{P(1-P)\left(\dfrac{1}{n_1}+\dfrac{1}{n_2}\right)}}$	
			양쪽	$P_1=P_2$	$P_1\neq P_2$		
		두 모불량률 차이의 추정	$P_1-P_2=\lvert P_1-P_2\rvert\pm K_{\frac{\alpha}{2}}\cdot\sqrt{\dfrac{P_1(1-P_1)}{n_1}+\dfrac{P_2(1-P_2)}{n_2}}$				
포아송분포	$E(c)=m$ $D(c)=\sqrt{c}$ $D(u)=\sqrt{\dfrac{u}{n}}$	결점수의 검정	한쪽	$m=m_o$	$m>m_o$ $m<m_o$	$u_o=\dfrac{\lvert c-m\rvert}{\sqrt{m}}$	
			양쪽	$m=m_o$	$m\neq m_o$		
		결점수 추정	$c=c\pm K_{\frac{\alpha}{2}}\sqrt{c}$				
		단위당 결점수 추정	$U=u\pm K_{\frac{\alpha}{2}}\sqrt{\dfrac{\bar{u}}{n}}$				
	$D(c_1-c_2)=\sqrt{c_1+c_2}$	결점수 차의 검정	한쪽	$c_1=c_2$	$c_1>c_2$ $c_1<c_2$	$u_o=\dfrac{\lvert c_1-c_2\rvert}{\sqrt{2c}}$ 단, $c=\dfrac{c_1+c_2}{2}$	
			양쪽	$c_1=c_2$	$c_1\neq c_2$		
		결점수 차의 추정	$c_1-c_2=\lvert c_1-c_2\rvert\pm K_{\frac{\alpha}{2}}\sqrt{c_1+c_2}$				

10. 적합도의 검정과 분할표

<table>
<tr><th>구 분</th><th>특 징</th><th>공 식(검정 통계량)</th><th>판 정(유의 경우)</th><th>비 고</th></tr>
<tr><td>적합도 검정</td><td>1) 계수치 검정
2) χ^2분포에 근사
3) godness
- of
- fittest</td><td>$\chi_0^2 = \sum \frac{(실측치-이론치)^2}{이론치}$

$\chi_0^2 = \sum \frac{(실측치-이론치)^2}{기대치}$</td><td>$\chi_0^2 \ge \chi^2_{((k-1),\alpha)}$
이면 유의</td><td>모불량률에 관한 검정
(χ^2 적합도 검정)
$\chi_0^2 = \frac{(n-r)-n(1-p')}{n(1-p')} + \frac{(r-np')^2}{np'}$

와 $\chi^2(\nu_e, \alpha)$ 와 비교</td></tr>
<tr><td>분할표 활용 (m×n)</td><td>1) 계수치 검정
2) 계수치 x가 A. B 두 원인에 의해 지배될 때
3) Contingency-table</td><td>기대치 $t_{ij} = \frac{T_{Ai} \cdot T_{Bj}}{T}$

$\chi_0^2 = \sum_{i=1}^{m}\sum_{j=1}^{n} \frac{(x_{ij}-t_{ij})^2}{t_{ij}}$

$\nu = (m-1)(n-1)$</td><td>$\chi_0^2 \ge \chi^2_{((m-1)(n-1)\alpha)}$
이면 유의</td><td><table><tr><td></td><td>$B_1 \cdots B_j \cdots B_n$</td><td></td></tr><tr><td>A_1
⋮
A_i
⋮
A_m</td><td>$x_{11} \cdots x_{1j} \cdots x_{1m}$
$x_{i1} \cdots x_{ij} \cdots x_{in}$
$x_{m1} \cdots x_{mj} \cdots x_{mn}$</td><td>$T_{Ai}$</td></tr><tr><td>계</td><td>T_{Bj}</td><td>T</td></tr></table>(m×n 분할표)</td></tr>
<tr><td>2×2 분할표 (yactes식)</td><td>1) 2×2에서는 기대치를 써서 χ_0^2을 구하면 근사가 나쁘다</td><td>$\chi_0^2 = \frac{(\mid ad-bc \mid - \frac{T}{2})^2 T}{T_1, T_2, T_A, T_B}$
(a, b, c, d 는 3보다 커야 됨)</td><td>$\chi_0^2 \ge \chi^2_{(1,\alpha)}$
이면 유의</td><td><table><tr><td></td><td>1</td><td>2</td><td>계</td></tr><tr><td>A</td><td>a</td><td>c</td><td>T_A</td></tr><tr><td>B</td><td>b</td><td>d</td><td>T_B</td></tr><tr><td>계</td><td>T_1</td><td>T_2</td><td>T</td></tr></table>(2×2 분할표)</td></tr>
</table>

11. 관리도 종류 및 수리와 적용 (1)

<table>
<tr><th>관리도</th><th colspan="2">내 용</th><th>분포의 기대치</th><th>관리도의 수리</th><th>관리한계선</th><th>중심선</th><th>비 고</th></tr>
<tr><td>$\bar{x}$</td><td colspan="2">평균치 관리도</td><td>$E(\bar{x}) = \bar{\bar{x}}$
$V(\bar{x}) = \sigma_{\bar{x}}^2$
$D(\bar{x}) = \sigma_{\bar{x}}$</td><td>$E(\bar{x}) \pm 3D(\bar{x}) = \bar{\bar{x}} \pm 3\sigma_{\bar{x}}$
$= \bar{\bar{x}} \pm \frac{3}{\sqrt{n}}\sigma = \bar{\bar{x}} \pm A\sigma$
$= \bar{\bar{x}} \pm \frac{3}{\sqrt{n}} \frac{\bar{R}}{d_2} = \bar{\bar{x}} \pm A_2\bar{R}$
$= \bar{\bar{x}} \pm \frac{3}{\sqrt{n}} \cdot \frac{\bar{s}}{c4} = \bar{\bar{x}} \pm A_3\bar{s}$</td><td>$\bar{\bar{x}} \pm A\sigma$
$\bar{\bar{x}} \pm A_2\bar{R}$
$\bar{\bar{x}} \pm A_3\bar{s}$</td><td>$\bar{\bar{x}} = \frac{\Sigma\bar{x}_i}{k}$</td><td rowspan="4">$\bar{x}$:군간 변동 변화
R:군내 변동 변화

1) 축의 완성 지름
2) 실의 인장 강도
3)아스피린의 순도
4)제품의 치수
5)bite의 소입 온도
6) 전구의 소비 전력
7)회분

※ 검출력을 좋게 하기 위해 $x - \bar{x} - R$ 관리도 (병용)</td></tr>
<tr><td>R</td><td colspan="2">범위의 관리도</td><td>$E(R) = \bar{R} = d_2\sigma$
$D(R) = d_3\sigma$</td><td>$E(R) \pm 3D(R) = \bar{R} \pm 3d_3\sigma$
$= (d_2 \pm d_3)\sigma = D_2\sigma,\ D_1\sigma$
$= (1 \pm 3\frac{d_3}{d_2})\bar{R} = D_4\bar{R}, D_3\bar{R}$</td><td>$D_4\bar{R}(D_2\sigma)$
$D_3\bar{R}(D_1\sigma)$</td><td>$\bar{R} = \frac{\Sigma R}{k}$</td></tr>
<tr><td>$\tilde{x}$</td><td colspan="2">메디안 관리도</td><td>$E(\tilde{x}) = \bar{\tilde{x}}$
$D(\tilde{x}) = m_3\frac{\sigma}{\sqrt{n}}$</td><td>$E(\tilde{x}) \pm 3D(\tilde{x}) = \bar{\tilde{x}} \pm 3m_3\frac{\sigma}{\sqrt{n}}$
$= \bar{\tilde{x}} \pm 3m_3\frac{1}{\sqrt{n}}\frac{\bar{R}}{d_2}$
$= \bar{\tilde{x}} \pm m_3A_2\bar{R} = \bar{\tilde{x}} \pm A_4\bar{R}$</td><td>$\bar{\tilde{x}} \pm A_4\bar{R}$</td><td>$\bar{\tilde{x}} = \frac{\Sigma\tilde{x}_i}{k}$</td></tr>
<tr><td rowspan="2">x</td><td rowspan="2">개개의 특성치 관리도</td><td>군구분가능</td><td>$E(x) = \bar{x}$
$D(x) = \sigma$</td><td>$E(x) \pm 3D(x) = \bar{x} \pm 3\sigma_x$
$= \bar{\bar{x}} \pm 3\frac{\bar{R}}{d_2} = \bar{\bar{x}} \pm E_2\bar{R}$
$= \bar{\bar{x}} \pm \sqrt{n} \cdot A_2\bar{R}$</td><td>$\bar{\bar{x}} \pm E_2\bar{R}$</td><td>$\bar{\bar{x}} = \frac{\Sigma\bar{x}_i}{k}$</td></tr>
<tr><td rowspan="2">군구분불가</td><td>$E(x) = \bar{x}$
$D(x) = \sigma$</td><td>$n=2 \rightarrow E_2 = 2.66$</td><td>$\bar{x} \pm 2.66\bar{R}_s$</td><td rowspan="2">$\bar{R}_s = \frac{\Sigma R_s}{k-1}$</td><td rowspan="2">1)데이터 얻기 힘든 경우
2)군구분이 불가할 경우
3)1일당 소비 전력
4)공정 수 율 또는 수확량
5)파괴시험등</td></tr>
<tr><td>R_s</td><td>이동범위</td><td>$E(R_s) = \bar{R} = d_2\sigma$
$D(R_s) = d_3\sigma$</td><td>$n=2 \rightarrow D_4 = 3.27$
$n=2 \rightarrow D_3 =$ ——</td><td>$3.27\bar{R}_s$
고려치 않음</td></tr>
</table>

12. 관리도 종류 및 수리와 적용 (2)

형	관리도	내 용	분포의 기대치	관리도의 수리	관리한계선	중심선	비 고
계수치 관리도	Pn	부적합품 수 관리도	$E(r) = np$ $D(r) = \sqrt{np(1-p)}$	$E(pn) \pm 3D(pn)$ $= pn \pm 3\sqrt{pn(1-p)}$ $= n\bar{p} \pm 3\sqrt{n\bar{p}(1-\bar{p})}$ (P 대신 $\bar{p}$)	$\overline{pn} \pm 3\sqrt{\overline{pn}(1-\bar{p})}$	$\overline{pn} = \frac{\Sigma pn}{k}$	1)n이 일정 2)1상자 100 개들이 전구 파손수 3)전화 걸보기 불량
	p	부적합품률 관리도	$E(p) = p$ $D(p) = \sqrt{\frac{p(1-p)}{n}}$	$E(p) \pm 3D(p)$ $\frac{n\bar{p}}{n} \pm \frac{3}{n}\sqrt{n\bar{p}(1-\bar{p})}$ $= \bar{p} \pm A\sqrt{\bar{p}(1-\bar{p})}$ (p 대신 $\bar{p}$)	$\bar{p} \pm 3\sqrt{\frac{\bar{p}(1-\bar{p})}{n}}$ $\bar{p} \pm A\sqrt{\bar{p}(1-\bar{p})}$	$\bar{p} = \frac{\Sigma pn}{\Sigma n}$	1)n이 불일정 2)1급품율 3)양호품율 4)반품율등 등
	C	부적합수 관리도	$E(c) = \bar{c}$ $D(c) = \sqrt{\bar{c}}$	$E(c) \pm 3D(c)$ $m \pm 3\sqrt{m}$ $= \bar{c} \pm 3\sqrt{\bar{c}}$ (m 대신 $\bar{c}$)	$\bar{c} \pm 3\sqrt{\bar{c}}$	$\bar{c} = \frac{\Sigma c}{k}$	1)n이 일정 2)관유리1 m²당 기포수 3)라디오 1대중 납땜 불량 갯수
	u	단위당 부적합수 관리도	$E(u) = u$ $D(u) = \sqrt{\frac{u}{n}}$	$E(u) \pm 3D(u)$ $\frac{\bar{c} \pm 3\sqrt{\bar{c}}}{n}$ $= \frac{n\bar{u} \pm 3\sqrt{n\bar{u}}}{n}$ $= \bar{u} \pm \frac{3}{\sqrt{n}}\sqrt{\bar{u}}$ $= \bar{u} \pm A\sqrt{\bar{u}}$ (u 대신 $\bar{u}$)	$\bar{u} \pm 3\sqrt{\frac{\bar{u}}{n}}$ $\bar{u} \pm A\sqrt{\bar{u}}$	$\bar{u} = \frac{\Sigma c}{\Sigma n}$	1)n이 불일정 2)직물의 얼룩수 3)에너멜 동선의 Pin hole 수

13. 관리도 보는 법

주판정기준	런(run)	경향(trend)	주기(cycle)	중심 한쪽에 편향	점이관리한계에 접근	특수한 상태
점이 관리 한계를 벗어나지 않는다 1) 연속 25점 모두가 한계내 2) 연속 35점 중 1점 이내가 이탈 3) 연속 100점 중 2점 이내가 이탈						
관리 이탈점 발생 ①	1) 길이 5-6 (공정주의) 2) 길이 7 (이상상태) ②	1) 길이 6의 연속상승, 하강 (공정주의) 2) 길이 7 (이상상태) 3) 연속11점 중 10점의 상승,하강 ※상승.하강 ④	1) 눈짐작으로 2) 주기적 변동 ※ 대 파동 소 파동 ④	1) 중심선 한쪽 7점 이상 2) 연속 11점중 10점 이상 3) 연속 14점중 12점 이상 4) 연속 17점중 14점 이상 5) 연속 20점중 16점 이상 ②	1) 연속 3점중 2점 이상 2) 연속 7점중 3점 이상 3) 연속 10점중 4점 이상 ③	1) 중심선 가까이에 많은점이 몰린다 2) 한계(UCL LCL)를 벗어나는 점이 많다.
벗어나도 좋다는 것은 아니다. 관리상태를 보며 이탈점은 원인 조처	중심선 한쪽에 연속해서 나타나는 점	계속 상승 계속 하강	군구분, 시료채취법, 데이터를 얻는방법, 데이터의 수정방법 등의 재 검토	런(run)의 판독법 참조	2σ ~ 3σ 사이에 있을 확율 2.14 % 양쪽 4%	1) 군 구분 부적당 2) $\bar{x}$, n이 큰 p 관리도에서 자주 보인다
보아 넘기기 어려운 이상원인이 있음을 가리키므로, 그 원인을 조사하여, 다시 일어 나지 않도록 조처를 취하여야 한다.	공정의 평균 또는 산포가 조금 변화하고 있음을 보이고 있으므로, 원인을 찾아보면 기술상 유익한 정보가 얻어진다.	공정에 그와같은 경향 또는 주기적 변동의 원인이 있을 것이므로 그것을 찾아내면 공정관리상 유익한 정보가 얻어진다.		공정의 평균 또는 산포가 조금 변화하고 있음을 보이고 있으므로, 원인을 찾아보면 기술상 유익한 정보가 얻어진다.	공정의 산 포가 증가하였음을 보이고 있다.	군구분의 크기나 이질적 데이타 혼입여부 군내 변동 크게 해야함/ n이 너무 클 것인지 파악

14. 공정 해석 및 관리

공정 해석용 관리도	공정 관리용 관리도
1) 공정에 큰 산포를 주는 원인이 어디에 있는가를 분석하거나 2) 공정의 품질 현상을 분석 3) 4M 별 등으로 층별하여 관리도 작성 4) 안정 상태이면 (조사 및 조치 결과) 관리선 연장 → 관리용으로 사용	1) 작업 표준이 틀림없이 실시되고 있는가 없는가 등의 공정 관리 2) 공정을 안정 상태로 유지하기 위해 ※ 효과 ① 문제의 조기 발견 ② 공정안정. 불량감소 ③ 품질 안정. 문제점 감소 ④ 경험에 의한 판단 잘못 방지

15. $\bar{x}-R$ 관리도의 군내, 군간 변동

종 류	공정 평균에 변화가 없다	공정 평균에 변화가 있다	비 고
군내	$\overline{x_i} = \mu + Z_i$ (μ : 모평균. Z_i : 군내산포)	$x_{ij} = \mu + \alpha_i + Z_{ij}$ $\overline{x_i} = \mu + \alpha_i + \overline{Z_i}$ (α_i : 공정 평균의 이동)	$\sigma_H^2 = \sigma_w^2 + \sigma_b^2$ $n\sigma_{\bar{x}}^2 \geq \sigma_H^2 \geq \sigma_w^2$ ($\sigma_b = 0$ 이면 관리 상태) $n\sigma_{\bar{x}}^2 = \sigma_H^2 = \sigma_w^2$
군간	$\sigma_{\bar{x}}^2 = \dfrac{\sigma_w^2}{n}$	$\sigma_{\bar{x}}^2 = \dfrac{\sigma_w^2}{n} + \sigma_b^2$	

16. 관리도에서 활용되는 판정계수

용 어	공 식	비 고		
관리 계수 Cf	$Cf = \frac{\sigma_{\bar{x}}}{\sigma_{\omega}}$ ※ 최근 별로 사용 안함	Cf ≥ 1.2	군간 변동이 크다	
		1.2 > Cf ≥ 0.8	관리 상태 (대체로)	
		Cf < 0.8	군 구분이 나쁘다	
공정능력계수 Cp	$Cp = \frac{S_U - S_L}{6\sigma}$ (6σ: 공정 능력)	Cp ≥ 1.33	Ⅰ	공정 상태 매우 만족
	S_U만주어진 경우(망소특성) $\frac{S_u - \mu}{3\sigma}$	1.33 ≥ Cp > 1	Ⅱ	노력. 주의 경계 ↑ 향상
	S_L만주어진 경우(망대특성) $\frac{\mu - S_L}{3\sigma}$	1 ≥ Cp > 0.67	Ⅲ	공정 능력 부족
		0.67 > Cp	Ⅳ	공정 능력 매우 부족
공정 능력비 Dp	Dp = Cp의 역수 ※ Juran 과 Gryna (美)		편측 규격 %	양측 규격 %
		현행 공정	75	88
		신 공정	67	83
		(상기 수치 이하면 좋다)		

17. 층별 (군 구분)과 층의 차 검정

군 구분의 원칙	층별의 방법	층의 평균치 차의 검정
1) 군내는 가능한 균일 이상원인이 포함 안되게 우연원인에 의한 것만 2) 군내. 군간 산포가 기술적으로 구분되게 3) 군간의 차는 크게 (검출력 좋다) ※ 합리적인 군으로 구분 (rational Group)	1) 시간별 2) 작업자별 3) 기계 장치별 4) 작업 방법별 5) 기계 원료별 6) 측정 검사별 ※ 주로 4M별 (Stratification)	$\lvert \bar{\bar{X}}_A - \bar{\bar{X}}_B \rvert \geq A_2 \bar{R} \sqrt{\frac{1}{k_A} + \frac{1}{k_B}}$ (유의) 1) 두 관리도가모두완전한 관리 상태 2) 두 관리도의시료군크기 $n_A = n_B = n$ 3) k_A. k_B는달라도좋으나충분히 커야한다 4) $\bar{R}_A$. $\bar{R}_B$에는차가없을것 4) 본래의분포상태가대략 정규 분포

18. 상관과 회귀분석

(1) 상관관계

1) 산포도(산점도)를 만들 때의 고려사항

① 점들이 산재해 있는 모양으로부터 x와 y 사이의 관계가 있는가를 검토한다.

② 변량 x와 y가 직선관계인지, 곡선관계인지를 검토한다.

③ 이상한 데이터가 없나 확인한다.

④4) 점들이 뚜렷하게 두 개 또는 그 이상으로 층별 되는 경우가 있는지 검토한다.

(2) 상관계수(sample correlation coefficient)

1) 시료상관계수

$$r=\frac{S_{(xy)}}{\sqrt{S_{(xx)}S_{(yy)}}}$$

단, $S_{(xx)}=\sum_{i=1}^{n}(x_i-\overline{x})^2=\sum_{i=1}^{n}x_i^2-\frac{(\sum x_i)^2}{n}$

$S_{(yy)}=\sum_{i=1}^{n}(x_i-\overline{y})^2=\sum_{i=1}^{n}y_i^2-\frac{(\sum y_i)^2}{n}$

$S_{(xy)}=\sum_{i=1}^{n}(x_i-\overline{x})(y_i-\overline{y})=\sum_{i=1}^{n}x_iy_i-\frac{(\sum x_i)(\sum y_i)}{n}$

2) 모집단 상관계수(population correlation coefficient)

$$\rho=\frac{\sigma_{xy}}{\sigma_x\sigma_y}$$

단, $\sigma_{xy}=E(X-\mu_x)(Y-\mu_y)$

$\sigma_x^2=E(x-\mu_x)^2$

$\sigma_y^2=E(y-\mu_y)^2$

3) ρ의 추정치

$$\text{단,}\quad \hat{\rho}=\frac{\widehat{cov}(xy)}{\hat{\sigma}_x\hat{\sigma}_y}=\frac{S(xy)}{\sqrt{S_{(xx)}S_{(yy)}}}$$

$$\text{단,}\quad cov(xy)=\frac{\sum(x_i-\overline{x})(y_i-\overline{y})}{n-1}=\frac{s_{(xy)}}{n-1}$$

$$\sigma_x^2=\frac{\sum(x_i-\overline{x})^2}{n-1}=\frac{S_{(xx)}}{n-1}$$

$$\sigma_y^2=\frac{\sum(y_i-\overline{y})^2}{n-1}=\frac{S_{(yy)}}{n-1}$$

4) 표본상관관계수의 성질

① γ의 범위는 $-1\leq r\leq 1$이다.

② γ의 값은 x와 y간의 선형관계를 나타내는 척도로서, 양상관의 경우에는 0< γ<1이고 음상관의 경우에는 -1< γ<0 이며, γ= ±1인 경우는 모든 점이 일직선상에 놓이게 된다.

③ 만약 x가 ax+b로 바뀌고 y가 cy+d로 바뀌어도 a와 c의 부호가 같으면 γ의 값에는 변함이 없다.

즉 $\begin{matrix} X_i=(x_i-x_0)\times h \\ Y_i=(y_i-y_0)\times g \end{matrix}$의 경우 X, Y의 상관계수 ($r_{XY}$)는 x, y의 상관계수 ($r_{xy}$)와 동일하다. 즉, 수치변환을 해도 γ는 변하지 않는다.

(3) 상관에 관한 검증

1) 상관관계 유무에 대한 검증

① 순서 1 : 가설 H_0 :ρ = 0 (양쪽가설인 경우)

H_1 :ρ≠0

② 순서 2 : 유의수준을 정한다.

$\alpha=0.05\,\text{or}\,0.01$

③ 순서 3 : 통계량을 계산한다.

-γ가 주어진 경우($\nu \geq 10$인 경우) ; $r_0 = \dfrac{S_{xy}}{\sqrt{S_{xx} \cdot S_{yy}}}$

-t표가주어진 경우($\nu < 10$인 경우) ; $t_0 = \dfrac{\gamma}{\sqrt{\dfrac{1-\gamma^2}{n-2}}} = \dfrac{\gamma_0\sqrt{n-2}}{\sqrt{1-\gamma_0^2}}$

④ 순서 4 : 판정

$|r_0| \geq r(n-2,\ \alpha)$이면 H_0를 기각한다.

$|t_0| \geq t(n-2,\ \alpha)$이면 H_0를 기각한다.

2) ρ가 임의값 ρ_0일 때 검정

① 순서 1 : 가설 H_0 : $\rho = \rho_0$

H_1: $\rho \neq \rho_0$

② 순서 2 : 통계량을 계산한다.

$$Z = \sqrt{n-3}\left\{\frac{1}{2}ln\left(\frac{1+\gamma}{1-\gamma}\right) - \frac{1}{2}ln\left(\frac{1+\rho_0}{1-\rho_0}\right)\right\}$$

③ 순서 3 : 판정

$|Z| \geq u\left(\dfrac{a}{2}\right)$이면 유의수준 α에서 H_0를 기각한다.

(4) 상관계수에 관한 추정

$$Z' - u\left(\frac{a}{2}\right)\sqrt{\frac{1}{n-3}} < \rho < Z' + u\left(\frac{a}{2}\right)\sqrt{\frac{1}{n-3}} = Z \pm \mu_{1-\alpha/2}\sqrt{V(Z)}$$

$$= Z \pm \mu_{1-\alpha/2}\frac{1}{\sqrt{n-3}}$$

단, $Z' = \dfrac{1}{2}ln\left(\dfrac{1+\gamma}{1-\gamma}\right)$

(5) 단순회귀 분석

1) 단순회귀의 적합

① 단순회귀모형

$y_i = \alpha + \beta x_i + e_i (i = 1, \cdots, n)$

$e_i \sim N(0, \sigma^2)$이고 서로 독립적이다.

α: 상수 ($x_i = 0$ 일 때 y의 값. y절편)

β: 기울기

x_i : i번째 주어진 고정된 값 (i = 1, 2, ..., n)

② 회귀직선의 점추정식

$y = \hat{\beta_0} + \hat{\beta_1} x_i$

$\{ \hat{\beta_1} = \dfrac{S_{(xy)}}{S_{(xx)}}$

$\hat{\beta_0} = \bar{y} - \hat{\beta_1}\bar{x}$

2) 분산분석표의 작성(회귀의 검정)

요 인	S	φ	V	F0	E(V)
회 귀 잔 차	$S_R = \dfrac{(S_{(xy)})^2}{S_{(xx)}}$ $S_E = S_{(yy)} - S_R$	1 n-2	$V_R = S_R$ S_E / $n-2$	V_R / V_E	$\sigma_E^2 + \beta_1^2 S_{(xx)}$ σ_E^2
계	$S(yy) = \sum y_i^2 - \dfrac{(\sum y_i)^2}{n}$	n-1			

총편차 $y_i - \bar{y}$의 분해

① $(y_i - \bar{y}) = (y_i - \hat{y}) + (\hat{y} - \bar{y})$

$y_i - \bar{y}$: 총편차

$y_i - \hat{y_i}$: 회귀선에 의하여 설명되지 않는 편차(잔차)

$\hat{y_1} - \bar{y}$: 회귀선에 의하여 설명되는 편차

② 잔차(e_i)의 성질

① $\sum e_i = 0$ ② $\sum x_i e_i = 0$ ③ $\sum \hat{y_i} e_i = 0$

③ $S_{(yy)}$ = S_E + S_R

(총변동) (회귀에의하여설명이안되는변동) (회귀에의하여설명되는변동)

$$S_{(yy)} = \sum(y_i - \overline{y})^2 = \sum y_i^2 - \frac{(\sum y_i)^2}{n}$$

$$S_R(\text{회귀에의한제곱합}) = \sum(\hat{y_i} - \overline{y})^2 = \frac{(S_{(xy)})^2}{S_{(xx)}}$$

$$S_E(\text{잔차의제곱합}) = \sum(y_i - \hat{y_i})^2 = S_{(yy)} - S_R$$

④ $V_R = S_R$

$$V_{y \cdot x} = \frac{S_E}{n-2} = V_E$$

⑤ F_0검정

가설 H_0: $\beta_1 = 0$

H_1 : $\beta_1 \neq 0$

$F_0 = \dfrac{V_R}{V_E} > F_{1-\alpha}(\nu_R, \nu_{y/x})$이면 귀무가설을 기각한다.

즉, $\beta_1 \neq 0$이므로 회귀직선의 유의적이다.

⑥ 결정계수

$$\gamma^2 = \frac{S_R}{S_{(yy)}} = \left(\frac{S_{(xy)}}{\sqrt{S_{(xx)}S_{(yy)}}}\right)^2$$

x와 y간의 상관관계가 클수록 γ^2의 값은 1에 가까워지며 γ^2의 값이 0에 가까워지면 추정된 회귀선은 쓸모가 없다.

3) 회귀에 관한 추정과 검정

① 순서 1 : β_0 β_1, $E(y)$, y_i 에 관한 점추정

$$\hat{\beta_0} = \overline{y} - \hat{\beta_i}\overline{x}$$

$$\hat{\beta_1} = \frac{S_{(xy)}}{S_{(xx)}}$$

$$\hat{y_i} = \beta_0 + \beta_1 x$$

$$\hat{y_i} = \overline{y} + \hat{\beta_1}(x_i - \overline{x}\ )$$

y_i : x가 x_i일 때 y에 관한 하나의 예측치이다.

② 순서 2 : $\beta_{1,}$ $E(y)$ 의 구간추정

$$\beta_1 \ = \ \hat{\beta_1} \pm t(n-2, \alpha)\sqrt{\frac{V_E}{S_{(xx)}}}$$

$$E(y) = \ (\beta_0 + \hat{\beta_1}x_i) \pm t(n-2, a)\sqrt{V_E\left\{\frac{1}{n} + \frac{(x_i - \overline{x})^2}{S_{(xx)}}\right\}}$$

제2장 샘플링 검사

1. 기호와 용어

기 호	내 용	기호	내 용
N	로트의 크기	n	시료의 크기
α	생산자 위험율 제1종 과오	β	소비자 위험율. 제2종 과오
P_0	좋은 로트의 불량률 상한	P_1	나쁜 로트의 불량률 하한
m_0	좋은 로트의 특성치	m_1	나쁜 로트의 특성치
$\overline{x}_u$	상한 합격 판정치	$\overline{\chi}_L$	하한 합격 판정치
S_u	상한 규격치	S_L	하한 규격치
σ_ω^2	층내 변동	σ_b^2	층간 변동
σ	표준 편차	σ^2	분산
		$1/f$	구분의 크기
OC Curve	검출력 곡선. 검사 특성 곡선	b	품질 개선 지수
$\overline{P}$	공정 평균 불량율	b	$\frac{\overline{P}}{AOQL}$
$L(p)$	불량율 P를 갖는 Lot가 합격할 확율		
Pn	샘플에서 발견될 불량 갯수		
C	시료의 결점수. 합격 판정 개수		
AOQ	평균 출검 품질		
AOQL	평균 출검 품질 한계		
AQL	합격 품질 수준		
LTPD	로트 허용 불량율		
LQP	한도 품질 보호		
ATI	평균 검사량 $=n+(N-n)\cdot(1-L_{(p)})$		
ASN	비 선별 평균 검사량		

2. 검사의 계획에 따른 분류

분 류	종 류	비 고
공정에 의한 분류	① 수입(구입)검사 ② 공정(중간)검사 ③ 제품(최종)검사 ④ 출고(출하)검사	입고검사, 인수인계검사 반제품검사, 부분품검사 소비자에 대한 품질보증, 품질관리개선 자료
장소에 의한 분류	① 정위치검사 ② 순회검사 ③ 출장검사	① 집중방식 : 다품종 소량생산, 공정간방식 : 연속작업, 불량제품을 조기 발견하여 제품의 불량방지
성질에 의한 분류	① 파괴검사 ② 비파괴검사 ③ 관능검사	① 샘플링검사를 적용한다. ② 전수검사가 가능하다. ③ 인간의 감각에 의한 검사
방법에 의한 분류	① 전수검사 ② 로트별 샘플링검사 ③ 관리 샘플링검사 ④ 무검사	○ Check 검사 ① 샘플링검사가 곤란한 경우 ② 시간, 비용을 줄일 경우 ○자주검사

3. 계수형과 계량형

내 용	계수 샘플링 검사	계량 샘플링 검사
검사 방법	간 단	복 잡
검사 갯수	크 다	적 다
판별 능력	낮 다	높 다
정 보	관리 적용 불리	합.불외의 정보 얻음
유리한 경우	검사 비용 적은 것 시간을 요하지 않는 것	검사 비용 많은 것 값비싼 물품.파괴 검사시

4. 샘플링 검사 종류

<table>
<tr><th>분 류</th><th>종 류</th><th colspan="2">적 용 시 기</th></tr>
<tr><td rowspan="4">형태에 따른 분류</td><td>규 준 형</td><td colspan="2">① 생산자. 소비자 만족
② 새로운 구입시
③ 공정 평균 품질 추정 안될 경우
④ 품질에 대한 예비 지식 무</td></tr>
<tr><td>조 정 형</td><td colspan="2">① 자유로이 납품자 선택시 ② 같은 종류 제품</td></tr>
<tr><td>선 별 형</td><td colspan="2">① 납품자가 한정 ② AOQL 이하 장기 품질 보증</td></tr>
<tr><td>연속 생산형</td><td colspan="2">① 연속 제품 생산시 ② 물품 적재 장소 부족시</td></tr>
<tr><td rowspan="4">형식에 따른 분류</td><td>1회 S.I.</td><td colspan="2" rowspan="3">① 검사 비용 싸다 ② 간단하다
③ 검사수 많다 ④ 심리적 효과 나쁘다
⇕</td></tr>
<tr><td>2회 S.I.</td></tr>
<tr><td>다회 S.I.</td></tr>
<tr><td>축 차</td><td colspan="2">① 검사 비용 고가 (高價) ② 번잡하다
③ 검사수 적다 ④ 심리적 효과 크다</td></tr>
<tr><td rowspan="3">방법에 따른 분류</td><td>2 단 계</td><td colspan="2">① $V(\bar{x}) \fallingdotseq \frac{\sigma_b^2}{m} + \frac{\sigma_{\omega}^2}{mn}$ (층간. 층내문제)
② 추정 정밀도 나쁘다</td></tr>
<tr><td>층별 샘플링</td><td colspan="2">① $V(\bar{x}) \fallingdotseq \sum\frac{\sigma_{\omega}^2}{n} = \frac{\sigma_{\omega}^2}{mn}$ (층내 적게, 층간 크게)
② 추정 정밀도 좋다</td></tr>
<tr><td>취락 샘플링</td><td colspan="2">① $V(\bar{x}) \fallingdotseq \frac{\sigma_b^2}{m}$ (취락간은 작게, 취락내는 크게)
② σ_b^2이 작아질수록 정밀도 크다</td></tr>
<tr><td>랜덤 샘플링</td><td></td><td colspan="2">① 단순 랜덤 샘플링, ② 계통 샘플링, ③ 지그 재그 샘플링</td></tr>
<tr><td rowspan="4">불량(결점)에 따른 분류</td><td>치명 불량(결점)</td><td>인명. 피해 막대한 손실</td><td>브레이크 고장</td></tr>
<tr><td>중 불량(결점)</td><td>소기 목적 달성 불가시</td><td>휴우즈 용단 · 진공관 용단</td></tr>
<tr><td>경 불량(결점)</td><td>수명. 기능 감소시</td><td>바느질이 느슨함</td></tr>
<tr><td>미 불량(결점)</td><td>수명. 능률성 무관. 가치하락</td><td>얼룩·흠</td></tr>
</table>

5. 샘플링 방법의 종류

샘플링 종 류	내 용	추 정 치		비 고
		계 량 치	계 수 치	
단순 랜덤 샘플링	모집단에서 랜덤하게 샘플링하는 방법	$E(\bar{x}) = \mu$ $V(\bar{x}) = \frac{N-n}{N-1} \cdot \frac{\sigma^2}{n}$ $\fallingdotseq \frac{\sigma^2}{n} \quad [\frac{N}{n} \geq 10]$	$E(\hat{p}) = P = \frac{r}{n}$ $V(\hat{p}) = \frac{N-n}{N-1} \cdot \frac{p(1-p)}{n}$ $\fallingdotseq \frac{p(1-p)}{n}$	• 모집단에 대하여 기술적으로나 통계적으로 전혀 예비지식이 없을 때 • 수행상 난점이 많다(난수표난수주사위,난수기 등사용)
계통 샘플링	모집단에서 시간적 공간적(거리적)으로 일정간격을 두어 샘플링하는 방법 500개/1일, n=50; $\frac{500}{50} = 10$ ○○◯○○○◯○○○◯○○○◯○○○◯○○ ↓ ↓ ↓ ↓ ↓ 10 + 10 + 10 + 10 + 10 = 50	$k = \frac{N}{n}$	〃	• 전체에서 랜덤하게 시료를 채취하는 것 보다 정밀도가 좋아지고 있는 경우가 많다. • 샘플링 방법은 간단하나 주기에 따른 오차가 증대한다.
지그재그 샘플링	계통 샘플링에서 주기성에 의한 편의가 들어갈 위험을 방지하도록 하나씩 걸러서 일정한 간격으로 한 샘플링 방법			• 시간이나 수량에 따라서 어느 정도 주기적으로 변화하는 경우에 사용하는 것이 좋다.

6. 샘플링 검사의 형식비교

구분 \ 각 샘플링형식	1 회 샘플링형식	2 회 샘플링형식	다회 샘플링 형식(군축차)	각개 축차 샘플링형식
검사 로트당의 평균검사갯수	대	중	소	최 소
검사 로트마다의 검사갯수의 변동	없 다	조금 있다	있 다	있 다
검사비용 1) 필요에 따라 자유로이 시료를 채취, 시험할 수 있는 경우	대	중	소	소
2) 처음부터 전시료를 채취하지 않으면 안 될 경우라든가 전시료를 동시에 시험하지 않으면 안되는 경우	소	중	대	대
실시 및 기록의 번잡성	간 단	중 간	복 잡	복 잡
심리적 효과(신중하다는 느낌)	나쁘다	중 간	좋 다	좋 다
검사비용과 검사갯수	검사 단위의 검사 비용이 값이 싼 경우	검사 단위의 검사 비용이 조금 비싸서 주로 검사수를 줄이고 싶은 경우	검사 단위의 검사 비용이 비싸서 검사수를 줄이는 것이 몹시 요구될 경우	검사 단위의 검사 비용이 아주 비싸서 검사수를 줄이는 것이 절대적으로 요구될 경우

【주】 로트에 대한 품질보증의 정도를 거의 같이 했을 때

7. 각종 분포

$${}_N C_n = \binom{N}{n} = \frac{N!}{n!(N-n)!}$$

내 용	적용 범위	식
초기하 분포	N이 적을때 정확히 계산	$P(X) = \frac{{}_{NP}C_X \, {}_{N-NP}C_{n-X}}{{}_N C_n}$
이항 분포	$P \leq 0.1$, $N \geq 10$	$P(X) = {}_nC_X P^X (1-P)^{n-X}$
포와송 분포	$P \leq 0.1$ $N \geq 10$ $P_n \leq 10$	$P(X) = \frac{e^{-m} m^X}{X!}$

8. 각종 계수형 샘플링 검사

구 분	내 용
계수 규준형 (P_0, P_1, α, β)	$1-\alpha = \sum_{x=0}^{n} \binom{n}{x} P_0^x (1-P_0)^{n-x}$ $\beta = \sum_{x=0}^{n} \binom{n}{x} P_1^x (1-P_1)^{n-x}$ ① 쌍방이익 고려 ② 1회 만의 거래에도 적용 ③ 파괴 검사에도 적용
계수 선별형 $\left(\begin{matrix}AOQL\\LTPD\end{matrix}\right)$	$AOQ = P\,L_{(p)}$, $I = nL_{(p)} + N[1 - L_{(p)}]$ ①*Dodge*와 *Romig*고안 ②불합격 롯트 전수 선별 (파괴 검사 못함) ③공급측 한정
계수 조정형 $\left(\begin{matrix}AQL\\LQP\end{matrix}\right)$	$L = n \times AQL - 1.282\sqrt{n \times AQL}$ ① 공급측 많다. ②장기 품질 보증 (1회시는 LQP) ③ 롯트 크기 따라 α변함 ④ 3종류 샘플링 형식 (1회, 2회, 다회) ⑤ 검사 수준 여러개 (특별 I, II, III) ⑥ 엄격도 조정으로 품질 향상 자극
계수 연속 생산형 (AOQL)	$b = \frac{\overline{P}}{AOQL}$ ① $CSP-I$를 기초로 작성 (닷지) ② $\frac{1}{f}$ (구분의 크기) ③ f (샘플링 비율) ④ i (연속 양호품수)
계수 규준형 축차 (P_0, P_1, α, β)	$d_0 = -h_0 + Sn$ (소수점 없앰), $d_1 = h_1 + Sn$ (소수점 올림) $d \leq d_0 \longrightarrow$ 합격 ① $d_0 < d < d_1 \longrightarrow$ 속행 $d \geq d_1 \longrightarrow$ 불합격 ② 평균 검사 갯수 가장 적다

9. 각종 계량형 샘플링 검사

구 분	내 용
평균치 보증 (m_0, m_1, α, β)	(1) 상한 합격 판정치 (낮으면 좋다) → $\bar{x} \le \bar{X}_U$면 합격 ① $\bar{X}_U = m_0 + G_0\sigma$ ② $G_0 = \frac{k_\alpha}{\sqrt{n}}$ ③ $n = \left(\frac{k_\alpha + k_\beta}{m_1 - m_0}\right)^2 \sigma^2$
	(2) 하한 합격 판정치 (높으면 좋다) → $\bar{x} \ge \bar{X}_L$면 합격 ① $\bar{X}_L = m_0 - G_0\sigma$ ② $G_0 = \frac{k_\alpha}{\sqrt{n}}$ ③ $n = \left(\frac{k_\alpha + k_\beta}{m_0 - m_1}\right)^2 \sigma^2$
	(3) 상한및 하한을 준 경우 (상하한 사이면 좋다) $\bar{X}_L \le \bar{X} \le \bar{X}_U$ 면 합격 ① $\bar{X}_U = m_0 + G_0\sigma$ $\bar{X}_L = m_0 - G_0\sigma$ ② $G_0 = \frac{k_\alpha}{\sqrt{n}}$ ③ $n = \left(\frac{k_\alpha + k_\beta}{m_0 - m_1}\right)^2 \sigma^2$ ④ 조건은 $\frac{m''_0 - m'_0}{\sigma/\sqrt{n}} > 1.7$
불량율 보증 (P_0, P_1, α, β) σ기지	(1) 상한 규격치 S_u 준 경우 → $\bar{X} \le \bar{X}_u$면 합격 ① $\bar{X}_u = S_u - k\sigma$ ② $k = \frac{k_{p_0}k_\beta + k_{p_1}k_\alpha}{k_\alpha + k_\beta}$ ③ $n = \left(\frac{k_\alpha + k_\beta}{k_{p_0} - k_{p_1}}\right)^2$
	(2) 하한 규격치 S_L 준 경우 → $\bar{X} \ge \bar{X}_L$면 합격 ① $\bar{X}_L = S_L + k\sigma$ ② $k = \frac{k_{p_0}k_\beta + k_{p_1}k_\alpha}{k_\alpha + k_\beta}$ ③ $n = \left(\frac{k_\alpha + k_\beta}{k_{p_0} - k_{p_1}}\right)^2$
	(3) 상한및 하한 규격치 준 경우 → $\bar{X}_L \le \bar{X} \le \bar{x}_U$면 합격 ① $\bar{X}_u = S_u + k\sigma$ ② $k = \frac{k_{p_0}k_\beta + k_{p_1}k_\alpha}{k_\alpha + k_\beta}$ ③ $n = \left(\frac{k_\alpha + k_\beta}{k_{p_0} - k_{p_1}}\right)^2$ $\bar{X}_L = S_L - k\sigma$
불량율 보증 (P_0, P_1, α, β) σ미지	$\sigma \to \sqrt{V} = \sqrt{\frac{\sum(x_i - \bar{x})^2}{n-1}} = S_e$ (1) 상한 S_u 준 경우 → $\bar{X} \le \bar{X}_u$면 합격 ① $\bar{X}_u = S_u - k_{se}$ ② $k = \frac{k_{p_0}k_\beta + k_{p_1}k_\alpha}{k_\alpha + k_\beta}$ ③ $n = \left(1 + \frac{k^2}{2}\right)\left(\frac{k_\alpha + k_\beta}{k_{P_1} - k_{P_0}}\right)^2$
	(2) 하한 규격치 S_L 준 경우 → $\bar{X} \ge \bar{X}_L$면 합격 ① $\bar{X}_L = S_L + k_{se}$ ② $k = \frac{k_{p_0}k_\beta + k_{p_1}k_\alpha}{k_\alpha + k_\beta}$ ③ $n = \left(1 + \frac{k^2}{2}\right)\left(\frac{k_\alpha + k_\beta}{k_{p_0} - k_{p_1}}\right)^2$
계량 규준형 축차 (P_0, P_1, α, β)	(1) 상한 규격치 S_u 준 경우 $\bar{x} \le X_0$ 합격 ① $X_0 < \bar{x} < X_1$ 속행 ② $X_0 = -h_0 + s_n$ $\bar{x} \ge X_1$ 불합격 ③ $X_1 = h_1 + s_n$
	(2) 하한 규격치 S_L 준 경우 ① $\bar{x} \ge X_0$ 합격 ② $X_0 = h_0 + s_n$ $X_1 < \bar{x} < X_0$ 속행 ③ $X_1 = -h_1 + s_n$ $\bar{x} \le X_1$ 불합격

제3장 실험 계획법

1. 실험 계획법의 분류

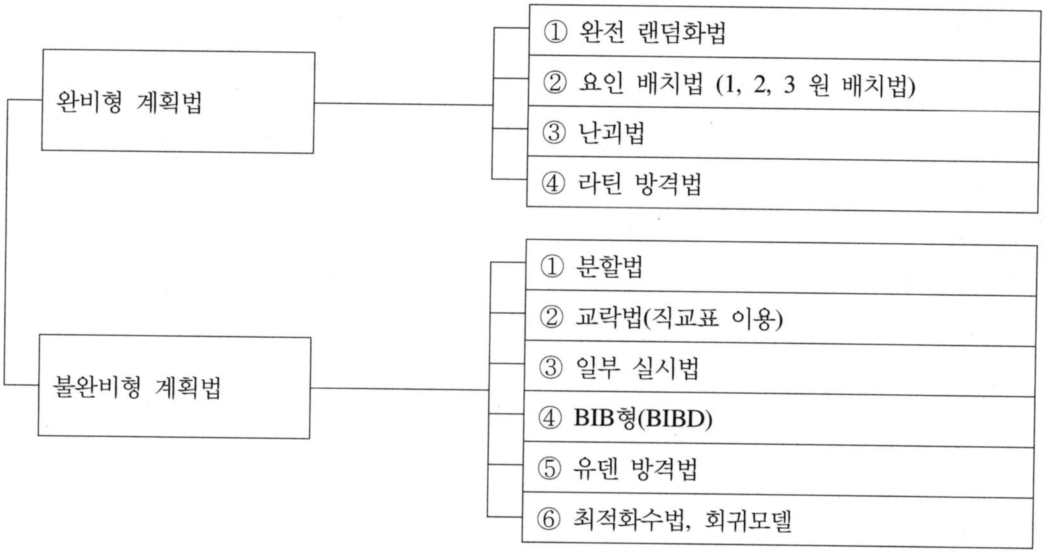

2. 인자와 인자모형의 분류

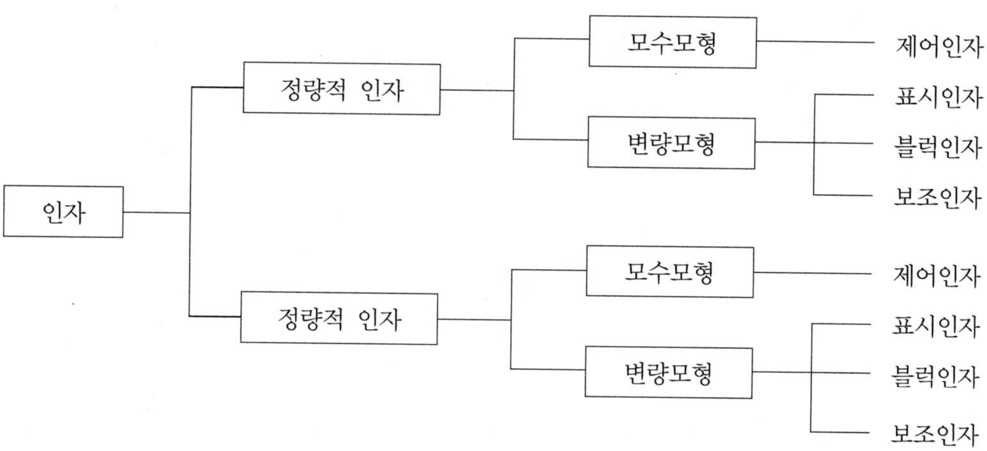

3. 1원 배치의 원데이터표 (반복 n일정)

수준 / 반복	A_1 A_i A_k	계
1 ⋮ j ⋮ m	x_{11} …… x_{i1} …… x_{l1} ⋮ ⋮ ⋮ x_{1j} …… x_{ij} …… x_{lj} ⋮ ⋮ ⋮ x_{1m} …… x_{im} …… x_{lm}	$T_{\cdot 1}$ $T_{\cdot l}$ $T_{\cdot m}$
계	$T_{1\cdot}$ …… $T_{i\cdot}$ …… $T_{l\cdot}$	T
평 균	$\bar{x}_{\cdot}$ $\bar{x}_{i\cdot}$ $\bar{x}_{l\cdot}$	$\bar{\bar{x}}$

4. ANOVA (1원 배치)

요인	변 동	자유도	분 산	분산비	순변동	기여율
source	S SS	ν, DF	V, ms	F_0	S'	ρ (%)
급간 A	S_A	DF_A ν_A	V_A	F_A	S_A'	ρ_A
급내 e (오차 잔차)	S_e	ν_e DF_e	V_e		S_e'	ρ_e
전체 T	S ST	ν, DF ν_T, DF_T			S_T	100(%)

5. 1원 배치의 데이터 구조

분류		구조 및 특성
구조식(x_{ij})		$x_{ij} = \mu + a_i + \epsilon_{ij}$
a_i	모수	1. 수준이 기술적인 의미를 가지며 실험자에 의하여 미리 정하여 진다. 2. a_i는 고정된 상수이다. $E(a_i) = a_i$, $Var(a_i) = 0$ 3. a_i들의 합은 0이다. $\sum_{i=1}^{I} a_i = 0$, $\overline{a} = 0$ 4. a_i들간의 산포의 척도로서 $\sigma_A^2 = \sum_{i=1}^{I} a_i^2/(I-1)$을 사용한다.
	변량	1. 수준이 기술적인 의미를 갖지 못하며 수준의 선택이 랜덤으로 이루어진다. 2. a_i는 랜덤으로 변하는 확률변수이다. $E(a_i) = 0$, $Var(a_i) = \sigma_A^2$ 3. a_i들의 합은 일반적으로 영이 아니다. $\sum_{i=1}^{I} a_i \neq 0$, $\overline{a} \neq 0$ 4. a_i들의 분포의 분산을 $\sigma_A^2 = E\left[\frac{1}{I-1}\sum_{i=1}^{I}(a_i - \overline{a})^2\right]$ 으로 정의한다.
모수, 변량(ε_i)		$E(\epsilon_{ij}) = 0,\ N(0, \sigma_e^2)$ $V(\epsilon_{ij}) = \sigma_e^2$
구조식($\overline{x_i}$)		$\overline{x_i} = \mu + a_i + \overline{e_i}$
$\overline{\varepsilon_i}$		$E(\overline{e_i}) = 0 \quad V(\overline{e_i}) = \sigma_e^2/n$
구조식($\overline{\overline{x}}$)		$\overline{\overline{x}} = \mu + \overline{\overline{e}}$

6. 데이터의 구조모형

여기에서 사용하는 데이터의 구조모형을 정리하여 쓰면 다음과 같다.

$$x_{ij} = \mu + a_i + e_{ij}$$

단, μ : 전체평균

a_i : A_i 수준의 효과 : $\sum a_i = 0$

e_{ij} : 오차 (변량) : N.I.D.(0, σ2) i 수준에 있어서 j번째 데이터에 부수되는 오차.

7. 오차항의 특성

e_{ij}는 A_i에서 j번째 측정된 데이터 x_{ij}가 수반하는 오차(error)로서 확률변수이며 다음과 같은 성질을 갖는다.

① e_{ij}는 랜덤으로 변하는 값이며 모평균은 0이고 분산은 σ_E^2이다.

즉, $E(e_{ij}) = 0$, $Var(e_{ij}) = \sigma_E^2$

② e_{ij}의 분산 σ_E^2의 정의는 다음과 같은 공식으로 표현할 수 있다.

-1) $\sigma_E^2 = E\ [e_{ij} - E(e_{ij})]^2$

$= E\ [e_{ij} - 0]^2 = E(e_{ij}^2)$

-2) $\sigma_E^2 = E\left[\frac{1}{lm-1}\sum_{i=1}^{l}\sum_{j=1}^{m}(e_{ij} - \overline{\overline{e}})^2\right]$

여기서 $\overline{\overline{e}} = \sum_{i=1}^{l}\sum_{j=1}^{m} e_{ij}/lm$ 을 의미한다.

-3) $\sigma_E^2 = E\left[\frac{m}{l-1}\sum_{i=1}^{l}(\overline{e_{i.}} - \overline{\overline{e}})^2\right]$

여기서 $\overline{e_{i.}} = \sum_{j=1}^{m} e_{ij}/m$ 을 의미한다.

-4) $\sigma_E^2 = E\left[\frac{1}{m-1}\sum_{j=1}^{m}(e_{ij} - \overline{e_{i.}})^2\right]$

③ 일반적으로 e_{ij}는 정규분포 $(0,\ \sigma_E^2)$로 임의 추출(random sampling)된 것이라고 가정한다. 이 가정은 구체적으로 다음의 4가지를 의미하고 있다.

-1) 정규성(normality) : 오차 e_{ij}의 분포는 정규분포를 따른다.

$$\varepsilon_{ij} \sim N(0,\ \sigma_E^2)$$

-2) 독립성(independence) : 모든 e_{ij}는 서로 독립이다.

$$E(\varepsilon_{ij}\ \ \varepsilon_{i'j'})$$

-3) 불편성(unbiasedness) : 오차 e_{ij}의 기대치는 0이고 편의는 없다.

$$E(V_{ij}) = 0$$

-4) 등분산성(equal variance) : 오차 e_{ij}의 분산은 σ_E^2으로 어떤 i, j에 대해서도 일정하다.

$$V(e_{ij}) = \sigma_E^2$$

8. 일반적인 A변동 계산공식

반복수 n이 일정	반복수 n이 불일정
$S_A = \dfrac{A_1^2 + A_2^2 + \cdots + A_k^2}{n} - CT$	$S_A = \dfrac{A_1^2}{n_1} + \dfrac{A_2^2}{n_2} + \cdots + \dfrac{A_k^2}{n_k} - CT$

9. 목표치 경우 ANOVA

요인	S	ν	V	F_0	비 고
m A e	$S_m = CF$ S_A S_e	1 $l-1$ $l(m-1)$	$V_m = S_m$ V_A V_e	F_m F_A	치우침, 유무판정 분산비 검정

10. ANOVA 작성 공식

항 목	세 부	일 반 공 식
변 동	CF	수정항 ($CF.$ $CT.$ S_m) $CF = (\Sigma X_{ij})^2/N = \frac{T^2}{N} = \frac{T^2}{k_n}$
	S_A	$S_A = \sum_{i=1}^{l}\sum_{j=1}^{m}(\overline{x}_i - \overline{\overline{x}})^2$ $= \sum_{i=1}^{l}\frac{T_i^2}{m} - CT$ ATT반복수 m 불일정 ($m \rightarrow m_i$)
	S_E	$S_e = \sum_{i=1}^{l}\sum_{j=1}^{m}(x_{ij} - \overline{x}_i)^2 = S_T - S_A$
	S_T	$S_T = \sum_{i=1}^{l}\sum_{j=1}^{m}(x_{ij} - \overline{\overline{x}})^2$ $= \sum_{i=1}^{l}\sum_{j=1}^{m}x_{ij}^2 - CF$
자유도	φ_A	$\varphi_A = l - 1$
	φ_E	$\varphi_e = l(m-1)$ or $\varphi_T - \varphi_A$
	φ_T	$\varphi_T = N - 1 = lm - 1$

항 목	세 부	일 반 공 식
분산	V_A	$V_A = S_A / \nu_A$
	V_E	$V_E = S_E / \nu_E$
분산비	F_0 검정	$F_0 = V_A / V_E$ (분산비 검정) $F_0 \geq F(\nu_A, \nu_E : \alpha)$ 유의하다
순변동	S_A	$S'_A = S_A - \nu_A \cdot V_E$
	S_E	$S'_E = S_A + \nu_A \cdot V_E$
	S_T	$S_T = S_A + S_E$가 되어야 함
기여율	ρ_A	$\rho_A = \frac{S_A}{S_T} \times 100(\%)$
	ρ_E	$\rho_e = \frac{S_E}{S_T} \times 100(\%)$
	100%	$100\% = \rho_A + \rho_E$ (기여율의 분해)

11. 1원 배치의 추 · 검정 공식

검·추정 내 용	n가 일정치 않을때 ($n_i \neq n_j$)	n가 일정할때 ($n_i = n_j = n$)
각 수준의 모평균 추정	$\mu_i = \overline{x}_i \pm t_{1-2/\alpha}(\nu_E)\sqrt{\frac{V_E}{m_i}} = \overline{x}_i \pm \sqrt{F(1, \nu_E : \alpha)}\sqrt{\frac{V_E}{m_i}}$ $\left(\begin{matrix} n_e = n_i \\ 1/n_e = D \end{matrix}\right)$	
두 수준 (i~j) 모평균 차의 검정 (유의 경우)	$\lvert \overline{x}_{i.} - \overline{x}_{.j} \rvert \geq t(\nu_E, \alpha)\sqrt{(\frac{1}{n_i} + \frac{1}{n_j})V_E}$	$\lvert \overline{x}_{i.} - \overline{x}_{.j} \rvert \geq t(\nu_E, \alpha)\sqrt{\frac{2V_E}{m}}$
	$\lvert \overline{x}_{i.} - \overline{x}_{.j} \rvert \geq \sqrt{F(1, \nu_E : \alpha)V_E(\frac{1}{n_i} + \frac{1}{n_j})}$	$\lvert \overline{x}_{i.} - \overline{x}_{.j} \rvert \geq \sqrt{F(1, \nu_E : \alpha)\frac{2V_E}{m}}$
두수준 (i~j) 모평균 차의 추정	$\mu_{i.} - \mu_{i.}' = \lvert \overline{x}_{i.} - \overline{x}_{i.}' \rvert \pm t_{1-\alpha/2}(\nu_E)\sqrt{V_E}\sqrt{\frac{1}{m_i} + \frac{1}{m_i}}$	$\mu_{i.} - \mu_{i.}' = \lvert \overline{x}_{i.} - \overline{x}_{i.}' \pm t_{1-\alpha/2}(\nu_E)\sqrt{\frac{2V_E}{m}}$
	$\mu_{i.} - \mu_{i.}' = \lvert \overline{x}_{i.} - \overline{x}_{i.}' \rvert \pm \sqrt{F(1, \nu_E : \alpha)V_E\left(\frac{1}{n_i} + \frac{1}{n_j}\right)}$	$\mu_i - \mu_j = \lvert \overline{x}_i - \overline{x}_j \rvert \pm \sqrt{\frac{F(1, \nu_E : \alpha)2V_E}{m}}$

12. 분산의 기대치를 구하는 방법

2원 배치에서 반복이 있는 경우 인자 A, B에서 인자 A는 수준수 l, 인자 B는 수준수 m 반복이 r회 이루어 졌을 때 각 수준 및 모형의 경우에 대한 분산의 기대치 E(V)는 다음과 같다.

수준 및 모형 / 요 인	A(모수) B(모수) r(반복)	A(변량) B(모수) r(반복)	A(모수) B(변량) r(반복)
A_i	$\sigma_e^2 + mr\,\sigma_A^2$	$\sigma_e^2 + mr\,\sigma_A^2$	$\sigma_e^2 + r\,\sigma^2_{A\times B} + mr\sigma^2_A$
B_j	$\sigma_e^2 + lr\,\sigma_B^2$	$\sigma_e^2 + r\,\sigma^2_{A\times B} + lr\,\sigma_B^2$	$\sigma_e^2 + lr\,\sigma^2_B$
A×B	$\sigma_e^2 + \gamma\sigma_{A\times B}^2$	$\sigma_e^2 + r\,\sigma^2_{A\times B}$	$\sigma_e^2 + r\,\sigma^2_{A\times B}$
E	σ_e^2	σ_e^2	σ_e^2

참고로 인자가 모수인자인 경우는 모평균의 추정이 의미가 있으나 인자가 변량인자인 경우는 그 인자의 산포를 구하기 위하여 E(V)값을 통하여 추정치를 구할 필요가 있다.

13. 자유도(DF, v^*)의 계산공식

일반적으로 제곱근 속에 들어 있는 분자의 형태가 제곱 평균 V1,V2⋯들의 선형 조합 $V = a_1 V_1 + a_2 V_2 + \cdots\cdots$ 이라면 ν^*의 계산 공식은 다음과 같다. 여기서 ν^*는 제곱 평균 V_i 이 갖는 자유도이다.

$$\nu^* = \frac{(a_1 V_1 + a_2 V_2 + \cdots\cdots)^2}{(a_1 V_1)^2/\nu_1 + (a_2 V_2)^2/\nu_2 + \cdots\cdots}$$

구분	요인	S (제곱합,평방합 변동)	DF (자유도)	V 또는 MS (불편분산 또는 평균제곱합)	E(V) 모수모형	E(V) 변량모형	F_0 분산비	F(α)
1원배치	m (일반평균) A E T	$S_A = m\sum(\overline{x}i - \overline{\overline{x}})^2$ $= \frac{1}{m}\sum T_i^2 - CT$ (단 $CT = S_m = (\sum\sum x_{ij})^2/n$) $S_e = S_T - S_A = (S_T - S_m - S_A)$ $= \sum\sum(x_{ij} - \overline{x_{ij}})^2$ $S_T = \sum\sum(x_{ij} - \overline{\overline{x}})^2$ $= \sum\sum x_{ij}^2 - CT = (\sum\sum xij^2)$	$V_m = 1$ $V_A = l-1$ $V_e = l(m-1)$ (반복 일정) $V_e = (N-l)$ or $\left(\sum_i^l m_i - 1\right)$ (반복 불일정) $V_T = lm-1$ $V_T = lm = N$	S_m/V_m S_A/V_A	$\sigma_e^2 + m\sigma_A^2$ · 반복수 불일정시 $:\sigma_e^2 + \sum m_i a_i^2 / l-1$, σ_e^2	$\sigma_e^2 + \left[\frac{N^2 - \sum m_I^2}{N(N-1)}\right]\sigma$	V_m/V_e V_A/V_e	$F(V_A \cdot V_e : a)$ $F(l-1, N-1 : a)$
직교와 대비 定性的 인자	A: L_1, L_2, ⋮, L_{l-1} ℓ T	$S_{Li} = \frac{[L_i]^2}{\sum m_i c_i^2} = \frac{[대비]^2}{단위수}$ $S_e = S_T - S_A$ S_T	$V_{L1} = 1$ $V_{L2} = 1$ ⋮ $V_{l-1} = 1$ V_e	$V_{Li} = S_{Li}$ ⋮ S_e/V_e				
직교다항식 定量的 인자	A A: 1차, 2차, (나머지) 고차(r) E T	$S_A = \frac{1}{m}\sum T_{i.}^2 - CT$ $S_k = \frac{[w_i T_{i.}]^2}{(\lambda^2 S) \ km}$ (k :차수) $S_B = S_T - S_A$ $S_T = \sum\sum y_{ij}^2 - CT$	$V_A = l-1$ $V_1 = 1$ $V_2 = 1$ ⋮ $V_r = 1$ $lm-1$	S_A/V_A S_1/V_1 S_2/V_2 S_γ/V_γ S_e/V_e			V_A/V_e V_1/V_e V_2/V_e V_γ/V_e	$F(V_A, V_e : a)$ $F(V_1, V_e : a)$ $F(V_2, V_e : a)$ $F(V_\gamma, V_e : a)$
회귀분석	회귀(R) 잔차 $T_{(yy)}$	$S_R = (S_{xy})^2/S_{xx}$ $S_{yx} = S_{yy} - S_R$ $S_{yy} = \sum y_i^2 - n\overline{y}^2 = \sum y_i^2 - \frac{(\sum y_i)^2}{n}$	$V_R = 1$ $V_{yx} = n-2$ $V_{yy} = n-1$	S_R/V_R $S_{yx}/n-2$	$\sigma^2 + \beta^2 S_{xx}$ σ^2		V_R/V_{yx}	$F(1, n-2 : a)$
난괴법 A:모수 B:변량	A B E T	반복이 없는 2원배치와 동일. 변량인자의 분산을 σ_B^2을 추정한다.			$\sigma_e^2 + b\sigma_A^2$ $\sigma_e^2 + m\sigma_B^2$ σ_e^2			

구 분	요 인	S (제곱합, 평방합 변동)	DF (자 유 도)	V 또는 MS(불편분산 또는 평균제곱합)	E(V)	F_0 (분 산 비)	F(α)
반복없는 2원배치 (모수모형)	A	$S_A=\frac{1}{m}\sum T_{i.}^2-CT$	$V_A=\ell-1$	S_A/V_A	$\sigma_e^2+m\sigma_A^2$	$V_A/\ V_e$	$F(V_A,\ V_e:a)$
	B	$S_B=\frac{1}{l}\sum T_{i.}^2-CT$	$V_B=m-1$	S_B/V_B	$\sigma_e^2+l\sigma_B^2$	$V_B/\ V_0$	$F(V_B,\ V_e:a)$
	E	$S_e=S_T-S_A-S_B$	$V_e=(\ell-1)(m-1)$	S_e/V_e	σ_e^2		
	T	$S_T=\sum\sum x_{ij}^2-CT$	$V_\tau=\ell m-1$				
반복있는 2원배치	A	$S_A=\frac{1}{mr}\sum T_i^2-CT$	$V_A=l-1$	S_A/V_A	A,B(모수) : $\sigma_e^2+mr\sigma_A^2$ A(모수),B(변량) : $\sigma_e^2+r\sigma_{A\times B}^2+mr\sigma_A^2$	$V_A/\ V_e$ $V_A/\ V_{A\times B}$	$F(V_A,V_e:a)$ $F(V_A,V_{A\times B}:a)$
	B	$S_B=\frac{1}{lr}\sum T_j^2-CT$	$V_B=m-1$	S_B/V_B	$\sigma_e^2+lr\sigma_B^2$	$V_B\ /\ V_e$	$F(V_B,V_e:a)$
	A×B	$S_{A\times B}=S_{AB}-S_A-S_B$	$V_{A\times B}=(l-1)(m-1)$ $=V_A\times V_B$	$S_{A\times B}/V_{A\times B}$	$\sigma_e^2+r\sigma_{A\times B}^2$	$V_{A\times B}/\ V_e$	$F(V_{A\times B},V_e:a)$
	E	$S_{AB}=\frac{1}{r}\sum\sum T_{ij}{}^2-CT$	$V_e=lm(r-1)$	S_e/V_e	σ_e^2		
	T	$S_e=S_T-S_{AB}$	$V_T=lmr-1$				
반복없는 3원배치법 (모수,모형)	A	$S_A=\sum_i\frac{T_{i..}^2}{mn}-CT$	$V_A=l-1$	S_A/V_A	$\sigma_e^2+mn\sigma_A^2$	V_A/V_e	$F(V_A,V_e:a)$
	B	$S_B=\sum\frac{T_{.j.}^2}{\ln}-CT$	$V_B=m-1$	S_B/V_B	$\sigma_e^2+\ln\sigma_B^2$	V_B/V_e	$F(V_B,V_e:a)$
	C	$S_C=\sum\frac{T_{..k}^2}{lm}-CT$	$V_C=n-1$	S_C/V_C	$\sigma_e^2+lm\sigma_C^2$	V_C/V_e	$F(V_C,V_e:a)$
	A×B	$S_{A\times B}=S_{AB}-S_A-S_B$	$V_{A\times B}=(l-1)(m-1)$	$S_{A\times B}/V_{A\times B}$	$\sigma_e^2+n\sigma_{A\times B}^2$	$V_{A\times B}/V_e$	$F(V_{A\times B},V_e:a)$
	A×C	$S_{A\times C}=S_{AC}-S_A-S_C$	$V_{A\times C}=(l-1)(n-1)$	$S_{A\times C}/V_{A\times C}$	$\sigma_e^2+m\sigma_{A\times C}^2$	$V_{A\times C}/V_e$	$F(V_{A\times C},V_e:a)$
	B×C	$S_{B\times C}=S_{BC}-S_B-S_C$	$V_{B\times C}=(m-1)(n-1)$	$S_{B\times C}/V_{B\times C}$	$\sigma_e^2+l\sigma_{B\times C}^2$	$V_{B\times C}/V_e$	$F(V_{B\times C},V_e:a)$
	E	$S_e=S_T-(S_A+S_B+S_C+S_{A\times B}+S_{A\times C}+S_{B\times C})$	$V_e=(l-1)(m-1)(n-1)$	S_e/V_e	σ_e^2		
	T	$S_T=\sum\sum\sum x^2{}_{-CTijk}$	$V_T=lmn-1$				

구 분	요 인	S (제곱합, 평방합 변동)	DF (자 유 도)	V 또는 MS(불편분산 또는 평균제곱합)	E(V)	F₀ (분 산 비)	F(α)
반복없는 3원배치법 (혼합 AB:모수 R:변량)	A	$S_A=\sum_i \frac{T_{i\cdot\cdot}}{mr}-CT$	$V_A=l-1$	S_A/V_A	$\sigma_e^2+m\sigma_{A\times R}^2+mr\sigma_A^2$	$V_A/V_{A\times R}$	
	B	$S_B=\sum_j \frac{T_{\cdot j\cdot}}{lr}-CT$	$V_B=m-1$	S_B/V_B	$\sigma_e^2+l\sigma_{B\times R}^2+lr\sigma_B^2$	$V_B/V_{B\times R}$	
	R	$S_R=\sum \frac{T_{\cdot\cdot k}}{lm}-CT$	$V_R=r-1$	S_R/V_R	$\sigma_e^2+lm\sigma_R^2$	V_R/V_e	
	A×B	$S_{A\times B}=S_{AB}-S_A-S_B$	$V_{A\times B}=(l-1)(m-1)$	$S_{A\times B}/V_{A\times B}$	$\sigma_e^2+r\sigma_{A\times B}^2$	$V_{A\times B}/V_e$	
	A×R	$S_{A\times R}=S_{AR}-S_A-S_{RB}$	$V_{A\times B}=(l-1)(r-1)$	$S_{A\times R}/V_{A\times R}$	$\sigma_e^2+m\sigma_{A\times R}^2$	$V_{A\times C}/V_e$	
	B×R	$S_{B\times R}=S_{BR}-S_B-S_R$	$V_{B\times R}=(m-1)(r-1)$	$S_{B\times R}/V_{B\times R}$	$\sigma_e^2+l\sigma_{B\times R}^2$	$V_{B\times R}/V_e$	
	E	$S_e=S_T-(S_A+S_B+S_C+S_{A\times B}+S_{A\times C}+S_{B\times C})$	$V_e=(l-1)(m-1)(r-1)$	S_e/V_e	σ_e^2		
	T	$S_T=\sum\sum\sum x_{ijk}^2-CT$	$V_T=lmr-1$				
반복있는 3원배치법	A	$S_A=\sum_i \frac{T_{i\cdot\cdot\cdot}}{mnr}-CT$	$V_A=l-1$	S_A/V_A	$\sigma_e^2+mnr\sigma_A^2$	V_A/V_e	
	B	$S_B=\sum_j \frac{T_{\cdot j\cdot}}{\text{lnr}}-CT$	$V_B=m-1$	S_B/V_B	$\sigma_e^2+\text{lnr}\sigma_B^2$	V_B/V_e	
	C	$S_C=\sum_k \frac{T_{\cdot\cdot k}}{lmr}-CT$	$V_C=n-1$	S_C/V_C	$\sigma_e^2+lmr\sigma_C^2$	V_C/V_e	
	A×B	$S_{A\times B}=S_{AB}-S_A-S_B$	$V_{A\times B}=(l-1)(m-1)$	$S_{A\times B}/V_{A\times B}$	$\sigma_e^2+nr\sigma_{A\times B}^2$	$V_{A\times B}/V_e$	
	A×C	$S_{A\times C}=S_{AC}-S_A-S_C$	$V_{A\times C}=(l-1)(n-1)$	$S_{A\times C}/V_{A\times C}$	$\sigma_e^2+mr\sigma_{A\times C}^2$	$V_{A\times C}/V_e$	
	B×C	$S_{B\times C}=S_{BC}-S_B-S_C$	$V_{B\times C}=(m-1)(n-1)$	$S_{B\times C}/V_{B\times C}$	$\sigma_e^2+lr\sigma_{B\times C}^2$	$V_{B\times C}/V_e$	
	A×B×C	$S_{A\times B\times C}=S_{ABC}-(S_A+S_B+S_C+S_{A\times B}+S_{B\times C}+S_{A\times C})$	$V_{A\times B\times C}=(l-1)(m-1)(n-1)$	$S_{A\times B\times C}/V_{A\times B\times C}$	$\sigma_e^2+r\sigma_{A\times B\times C}^2$	$V_{A\times B\times C}/V_e$	
	E	$S_e=S_T-S_{ABC}$	$V_e=lmn(r-1)$	S_e/V_e	σ_e^2		
	T	$S_T=\sum_i\sum_j\sum_k\sum_p x_{ijkp}^2-CT$	$V_T=lmnr-1$				

구 분	S′	ρ′	추 정	비 고
1원배치	$S_{m'} = S_m - V_m V_e$ $S_{A'} = S_A - V_A V_e$ $S_{e'} = S_e + \{(V_{A+V_m}) V_e\}$ $S_{T'} = S_T$	$\rho_m = \frac{S_{m'}}{S_T} \times 100$ $\rho_A = \frac{S_{A'}}{S_T} \times 100$ $\rho_e = \frac{S_{e'}}{S_T} \times 100$ $\rho^2_{= 100\% T}$	o 반복수가 같은 경우(모수) 변량 $\overline{x}_i \pm t\left(\varphi_e, \frac{a}{2}\right)\sqrt{\frac{V_e}{m}}$ $\widehat{\sigma}_A = \frac{V_A - V_e}{m}$ o 반복수가 같지 않은 경우(모수) $\overline{x}_i \pm t\left(\varphi_e, \frac{a}{2}\right)\sqrt{\frac{V_e}{m_i}}$ $\widehat{\sigma}_A = \frac{V_A - V_e}{m_i}$ 참 고 $CT = \frac{T^2}{lm}$ $CT = \frac{T^2}{N}$	
자유도 | 성분 [定性的 인자]				$CT = \frac{T^2}{lm}$ $CT = \frac{T^2}{N}$
직교 다항식 [定量的 인자]	$S_{A'} = S_A - V_A V_e$ $S_{1'} = S_1 - V_1 V_e$ $S_{2'} = S_2 - V_2 V_e$ $S_{\gamma'} = S_\gamma - V_\gamma V_e$	$\rho_A = \frac{S_{A'}}{S_T} \times 100$ $\rho_1 = \frac{S_{1'}}{S_T} \times 100$ $\rho_2 = \frac{S_{2'}}{S_T} \times 100$ $\rho_\gamma = \frac{S_{\gamma'}}{S_T} \times 100$ $\rho_T = 100\%$		$\beta_k = \frac{[\sum w_i^k \cdot T_i]}{m(\lambda S)_k h^k}$ 단, ① 수준의 간격 일정 ② 수준간의 반복수 동일 m:반복수 k:차수 h:수준의 간격(폭) β_k차일 때: n_e(유도반복수) $= \gamma S h^{2k}$
회귀분석	$S_{R'} = S_R - V_{yx}$ $S_{yx'} = S_{yx} - V_{yx}$	$\rho_{SR} = \frac{S_R}{S_{yy}} \times 100$ $\rho_{yx} = \frac{S_{yx}}{S_{yy}} \times 100$ $\rho_T = 100\%$	$\beta_1 \pm t(n-2,\ a/2)\sqrt{\frac{V_{yx}}{Sxx}}$ x가 x_0를취할때 $E(y)$는$(\widehat{\beta_{0x}} + \beta_{1x_0}) \pm t(n-2,\ a/2)\sqrt{V_{yx}\left\{\frac{1}{n} + \frac{(x_0 - \overline{x})^2}{S_{xx}}\right\}}$	$\beta = \frac{S_{(xy)}}{S_{(xx)}}$
난괴법 (A:모수 B:변량)			$\widehat{\sigma}_{B^2} = V_B \frac{-V_e}{l}$ $\mu(A_i) - \mu(A_i'): \overline{x}_i - x_i') \pm t\left(\varphi_e : \frac{a}{2}\right)\sqrt{\frac{2V_e}{m}}$ 인자 $A: \overline{x}_i \pm t\left(\varphi^*,\ \frac{a}{2}\right)\sqrt{V_B \frac{+(l-1)V_e}{lm}}\left(\varphi^* = \frac{[V_B + (l-1)V_e]^2}{V_B^2/\varphi_B + [(l-1)V_e]^2/\varphi_e}\right)$	$CT = \frac{T^2}{lm}$

구 분	S′	ρ′	추 정	비 고
반복없는 2원배치 (모수모형)	$S_{A'}=S_A-V_AV_e$ $S_{B'}=S_B-V_BV_e$ $S_{E'}=S_E+(V_A+V_B)V_E$	$\rho_A=\frac{S_{A'}}{S_T}\times100$ $\rho_B=\frac{S_{B'}}{S_T}\times100$ $\rho_e=\frac{S_{e'}}{S_T}\times100$ $\rho_T=100\%$	인자 $A:\overline{x}_i\pm t(V_e,\ a/2)\sqrt{\frac{V_e}{m}}$ 인자 $B:\overline{x}_{.j}\pm t(V_e,\ a/2)\sqrt{\frac{V_e}{l}}$ 조합수준 : $(\overline{x}_{i.}+\overline{x}_{.i}-\overline{\overline{x}})\pm t(V_e:\ a/2)\sqrt{\frac{V_e}{n_e}}$ $(n_e=lm/l+m-1)$ $\mu(A_i)-\mu(A_i'):(\overline{x}_i-\overline{x}_i')\pm t(V_e:\ a/2)\sqrt{\frac{2Ve}{m}}$ $\mu(B_j)-\mu(B_j'):(\overline{x}_j-\overline{x}_{.j}')\pm t(V_e:\ a/2)\sqrt{\frac{2Ve}{l}}$	$CT=\frac{T^2}{lm}$
반복있는 2원배치	$S_{A'}=S_A-V_AV_e$ $S_{B'}=S_B-V_BV_e$ $S_{A\times B'}=S_{A\times B}-V_{A\times B}V_e$ $S_{E'}=S_E+(V_A+V_B+V_{A\times B})V$ $S_{T'}=S_T$	$\rho_A=\frac{S_{A'}}{S_T}\times100$ $\rho_B=\frac{S_B}{S_T}\times100$ $\rho_{A\times B}=\frac{S_{A\times B}}{S_T}\times100$ $\rho_T=100\%$	모수모형 인자 A : $\overline{x}_i\pm t\left(V_e,\frac{a}{2}\right)\sqrt{\frac{V_e}{mr}}$ $\mu(A_i)-\mu(A_i')=(\overline{x}_{i.}-\overline{x}_{i.}')\pm t\left(V_e,\frac{a}{2}\right)\sqrt{\frac{2V_e}{mr}}$ 인자 B : $\overline{x}_{.j}\pm t\left(V_e,\frac{a}{2}\right)\sqrt{\frac{V_e}{lr}}$ $\mu(B_j)-\mu(B_j')=(\overline{x}_{.j}-\overline{x}_{.j}')\pm t\left(V_e,\frac{a}{2}\right)\sqrt{\frac{2V_e}{lr}}$ 조합수준 교호작용 무시 : $(\overline{x}_{i.}+\overline{x}_{.j}-\overline{\overline{x}})\pm t\left(V_e,\frac{a}{2}\right)\sqrt{\frac{V_e}{n_e}}$ 교호작용이 무시되지 않는 경우 : $\overline{x}_{ij}\pm t\left(V_e,\frac{a}{2}\right)\sqrt{\frac{V_e}{r}}$	$\cdot CT=\frac{T^2}{lmr}$ $n_e=\frac{lmr}{l+m-1}$ $=\frac{\text{전체 실험 횟수}}{\text{무시하지 않는 요인자유도}+1}$
반복있는 3원배치법				**제곱합 변동 계산** * $CT=\frac{T^2}{lmnr}$ $S_{AB}=\sum_i\sum_j\frac{T_{ij}}{nr}-CT$ $S_{AC}=\sum_i\sum_k\frac{T_{ik}}{mr}-CT$ $S_{BC}=\sum_j\sum_k\frac{T_{\cdot jk}}{lr}-CT$ $S_{ABC}=\sum_i\sum_j\sum_k\frac{T_{ijk}}{r}-CT$

구 분	S'	ρ'	추 정	비 고
반복없는 3원배치법 (혼합 AB:모수 R:변량)			① 변량인자 R에 대한 분산추정 $\hat{\sigma} R^2 = \frac{V_R - V_e}{lm}$ $\hat{\sigma} A' R^2 = \frac{V_{A/R} - V_e}{l}$ $\hat{\sigma} B' R^2 = \frac{V_{B/R} - V_e}{l}$ ② $u(A_i)$의 신뢰구간추정 $\overline{x_i} \pm t(V^{\bullet} : \alpha/2)\sqrt{\frac{V_R + l V_{A\times B} - V_e}{lmr}}$ (여기서 $V^{\bullet} = \frac{[V_R + l V_{A\times B} - V_e]^2}{V_R^2 / V_R + (l V_{A\times R}^2 / V_{A\times R} + (-V_e)^2 / V_e)}$) ③교호작용$(A\times R)$이 무시될 수있는 경우의 $u(A_i)$의 신뢰구간 $\overline{x_{i..}} \pm t(V^{\bullet} : \frac{\alpha}{2})\sqrt{\frac{V_R + (l-1)V_e}{lmr}}$ (이때 $V^{\bullet} = \frac{[V_R + (l-1)V_e]^2}{(V_R)^2 / V_R + [(l-1)V_e]^2 / V_e}$)	**제곱합 변동 계산** * $CT = \frac{T^2}{lmr}$ $S_{AB} = \sum_i \sum_j \frac{T_{ij}}{n} - CT$ $S_{AR} = \sum_i \sum_j \frac{T_{ij}}{m} - CT$ $S_{BR} = \sum_j \sum_k \frac{T_{jk}}{i} - CT$

구 분	S'	ρ'	추 정	비 고
반복없는 3원배치법(모수모형)		$\mu(A_i):\bar{x}_{i\cdot\cdot}$ $\mu(B_j):\bar{x}_{\cdot j\cdot}$ $\mu(C_k):\bar{x}_{\cdot\cdot k}$	① 주효과만이 유효한 경우 · 각 인자 수준에서의 모평균의 추정(교호작용 풀링) $\mu(A_{i\cdot\cdot})\pm t(v_e' : \frac{\alpha}{2})\sqrt{\frac{V_e'}{mn}}$ $\mu(B_{\cdot j\cdot})\pm t(v_e' : \frac{\alpha}{2})\sqrt{\frac{V_e'}{ln}}$ $\mu(C_{\cdot\cdot k})\pm t(v_e' : \frac{\alpha}{2})\sqrt{\frac{V_e'}{lm}}$ · 수준조합 $\mu(A_iB_jC_k)$의신뢰구간 $(\overline{x}_{i\cdot\cdot}+\overline{x}_{\cdot j\cdot}+\overline{x}_{\cdot\cdot k}-2\bar{\bar{x}})\pm t(v_e : \frac{\alpha}{2})\sqrt{\frac{V_e}{n_e}}$ $*n_e=\frac{lmn}{l+m+n-2}$	* $CT=\frac{T^2}{lmn}$
			② 주효과와 교호작용 일부가 유효한 경우($A, B, C, A\times B$)만 유효함 · 수준조합 $\mu(A_iB_jC_k)$의 신뢰구간 $(\overline{x}_{i\cdot k}+\overline{x}_{\cdot j\cdot}-\bar{\bar{x}})\pm t\left(V_e : \frac{\alpha}{2}\right)\sqrt{\frac{V_e'}{n_e}}$ * 이때 $n_e=\frac{lmn}{ln+m-1}$ $S_{AB}=\sum_i\sum_j\frac{T_{ij}^2}{n}-CT$ $S_{AC}=\sum_i\sum_h\frac{T_{ih}^2}{m}-CT$ $S_{BC}=\sum_j\sum_k\frac{T_{jk}^2}{l}-CT$	
			③ 모든 요인이 유효한 경우 ·수준조합 $\mu(A_iB_jC_k)$의 신뢰구간 $\overline{x}_{ij}+\overline{x}_{i\cdot k}+\overline{x}_{\cdot jk}-\overline{x}_{i\cdot\cdot}-\overline{x}_{\cdot j\cdot}-\overline{x}_{\cdot\cdot k}+\bar{\bar{x}}\pm t(V_e : \frac{\alpha}{2})\sqrt{\frac{V_e}{n_e}}$ * 이때 $n_e=\frac{lmn}{lm+\ell n+mn-l-m-n+1}$	

구 분		요 인	S(제곱합,평방합 변동)	DF (자 유 도)	V 또는 MS(불편분산 또는 평균제곱합)	E(V)	F_0 (분 산 비)	F(α)
단일분할법	A·B ‖ 모수 R ‖ 변량	A	$S_A=\sum_{i=1}^{l}\frac{T_{i\cdot}^2}{mr}-CT$	$V_A=l-1$	S_A/V_A	$\sigma_e^2+m\sigma_{e_1}^2+mr\sigma_A^2$	V_A/V_{e_1}	$F(V_A,V_e:a)$
		R	$S_R=\sum_{k=1}^{r}\frac{T_{\cdot k}^2}{lm}-CT$	$V_R=r-1$	S_R/V_R	$\sigma_e^2+m\sigma_{e_1}^2+lm\sigma_R^2$	V_R/V_{e_1}	$F(V_R,V_{e_1}:a)$
		E_1	$S_{e_1}=S_{A\times R}=S_{AR}-S_A-S_R$	$V_{e_1}=(l-1)(r-1)$	S_{e_1}/V_e	$\sigma_e^2+m\sigma_{e_1}$	V_{e_1}/V_{e_2}	$F(V_{e_1},V_{e_2}:a)$
		B	$S_B=\sum\frac{T_{\cdot j}^2}{lr}-CT$	$V_B=m-1$	S_B/V_B	$\sigma_{e_2}^2+lr\sigma_B^2$	V_B/V_{e_2}	$F(V_B,V_{e_2}:a)$
		A×B	$S_{A\times B}=S_{AB}-S_A-S_B$	$V_{A\times B}=(l-1)(m-1)$	$S_{A\times B}/V_{A\times B}$	$\sigma_{e_2}^2+r\sigma_{A\times B}^2$	$V_{A\times B}/V_{e_2}$	$F(V_{A\times B},V_{e_2}:a)$
		E_2	$S_{e_2}=S_T-(S_A+S_R+S_{E_1}+S_B+S_{A\times B})$	$V_{e_2}=l(m-1)(r-1)$	S_{e_2}/V_{e_2}	$\sigma_{e_2}^2$		
		T	$S_T=\sum\sum\sum x_{ijk}^2-CT$	$V_T=lmr-1$				
	ABC ‖ 모수	A	$S_A=\sum_i\frac{T_{i\cdot\cdot}^2}{mn}-CT$	$V_A=l-1$	S_A/V_A	$\sigma_{e_2}^2+n\sigma_{e_1}^2+mn\sigma_A^2$	V_A/V_{e_1}	$F(V_A,V_{e_1}:a)$
		B	$S_B=\sum_j\frac{T_{\cdot j\cdot}^2}{\ln}-CT$	$V_B=m-1$	S_B/V_B	$\sigma_{e_2}^2+n\sigma_{e_1}^2+\ln\sigma_B^2$	V_B/V_{e_1}	$F(V_B,V_{e_1}:a)$
		E_1	$S_{e1}=S_{A\times B}=S_{AB}-S_A-S_B$	$V_{e_1}=(l-1)(m-1)$	S_{e_1}/V_{e_1}	$\sigma_{e_2}+n\sigma_{e_1}$	V_{e_1}/V_{e_2}	$F(V_{e_1},V_{e_2}:a)$
		C	$S_C=\sum_k\frac{T_{\cdot\cdot k}^2}{lm}-CT$	$V_C=(n-1)$	S_C/V_C	$\sigma e_2^2+lm\sigma_C^2$	V_C/V_{e_2}	$F(V_C,V_{e_2}:a)$
		A×C	$S_{A\times B}=S_{AB}-S_A-S_B(S_{AB}=\sum\sum\frac{T_{ij}^2}{n}-CT)$	$V_{A\times C}=(l-1)(n-1)$	$S_{A\times B}/V_{A\times C}$	$\sigma e_2^2+m\sigma_{A\times C}^2$	$V_{A\times C}/V_{e_2}$	$F(V_{A\times C},V_{e_2}:a)$
		B×C	$S_{B\times C}=S_{BC}-S_B-S_C(S_{BC}=\sum\sum\frac{T_{jk}^2}{l}-CT)$	$V_{B\times C}=(m-1)(n-1)$	$S_{B\times C}/V_{B\times C}$	$\sigma e_2^2+l\sigma_{B\times C}^2$	$V_{B\times C}/V_{e_2}$	$F(V_{B\times C},V_{e_2}:a)$
		E_2	$S_{e'2}=S_{A\times B\times C}-(S_T+S_B+S_C+S_{e_1}+S_{A\times C}+S_{B\times C})$	$V_{e_2}=(l-1)(m-1)(n-1)$	S_{e_2}/V_{e_2}	$\sigma_{e_2}^2$		
		T	$S_T=\sum\sum\sum x_{ijk}^2-CT$					
이단분할법	A,B,C 모수 R 변량	A	$S_A=\frac{1}{mnr}\sum T_{i\cdot}^2-CT$	$V_A=l-1$	S_A/V_A	$\sigma_{e_3}^2+n\sigma_{e_2}^2+mn\sigma_{e_1}^2+mnr\sigma_A^2$	V_A/V_{e_1}	$F(V_A,V_e:a)$
		R	$S_R=\frac{1}{\ell mn}\sum T_{\cdot\cdot p}^2-CT$ $=\frac{1}{mn}\sum\sum T_{ip}^2-CT$	$V_R=r-1$	S_R/V_R	$\sigma_{e_3}^2+n\sigma_{e_2}^2+mn\sigma_{e_1}^2+lmn\sigma_R^2$	V_R/V_{e_1}	$F(V_R,V_e:a)$
		E_1		$V_{e_1}=(l-1)(r-1)$	S_{e_1}/V_{e_1}	$\sigma_{e_3}^2+n\sigma_{e_2}+mn\sigma_{e_1}$		
		B	$S_B=\frac{1}{\ell nr}\sum T_{\cdot j\cdot}^2-CT$	$V_B=(m-1)$	S_B/V_B	$\sigma_{e_3}^2+\sigma_{e_2}^2+\ell nr\sigma_B^2$		
		A×B	$S_{A\times B}=\frac{1}{nr}\sum\sum T_{i\cdot k}^2-CT$	$V_{A\times B}=(l-1)(m-1)$	$S_{A\times B}/V_{A\times B}$	$\sigma_{e_3}^2+\sigma_{e_2}^2+nr\sigma_{A\times B}^2$		
		E_2	$S_{e_2}=S_{ABR}-(S_R+S_A+S_B+S_{e_1}+S_{A\times B})$	$V_{e_2}=l(m-1)(r-1)$	S_{e_2}/V_{e_2}	$\sigma_{e_3}^2+n\sigma_{e_2}^2$		
		C	$S_C=\sum\frac{T_{\cdot\cdot k}^2}{lmr}-CT$	$V_C=(n-1)$	S_C/V_C	$\sigma_{e_3}^2+lmr\sigma_C^2$		
		A×C	$S_{A\times C}=S_{AC}-S_A-S_C$	$V_{A\times C}=(l-1)(n-1)$	$S_{A\times C}/V_{A\times C}$	$\sigma_{e_3}^2+mr\sigma_{A\times C}^2$		
		B×C	$S_{B\times C}=S_{BC}-S_B-S_C$	$V_{B\times C}=(m-1)(n-1)$	$S_{B\times C}/V_{B\times C}$	$\sigma_{e_3}^2+lr\sigma_{B\times C}^2$		
		A×B×C	$S_{A\times B\times C}=S_{ABC}-(S_A+S_B+S_C+S_{A\times B}+S_{A\times C}+S_{B\times C})$	$V_{A\times B\times C}=(\ell-1)(m-1)(n-1)$	$S_{A\times B\times C}/V_{A\times B\times C}$	$\sigma_{e_3}^2+r\sigma_{A\times B\times C}^2$		
		E_3	$S_{e3}=S_T-(S_{ABR}+S_C+S_{A\times C}+S_{B\times C}+S_{A\times B\times C})$	$V_{e_3}=lm(n-1)(r-1)$	S_{e_3}/V_{e_3}	$\sigma_{e_3}^2$		
		T	$S_T=\Sigma\Sigma\Sigma\Sigma x_{ijkp}^2-CT$	$V_T=lmnr-1$				

구 분	요 인	S(제곱합,평방합 변동)	DF (자 유 도)	V 또는 MS(불편분산 또는 평균제곱합)	E(V)	F₀ (분 산 비)	F(a)
반복있는 지분분할법 A,B,C변량	A B(A) C(AB) E T	$S_A=\frac{1}{mnr}\sum T_{i..}^2-CT$ $S_{AB}=\sum\sum\frac{T_{ij.}^2}{nr}-CT$ $S_{B(A)}=S_{AB}-S_A$ $S_{ABC}=\sum\sum\sum\frac{T_{ijk}^2}{r}-CT$ $S_{C(AB)}=S_{ABC}-S_{AB}$ $S_e=S_T-S_{ABC}$	$V_A=l-1$ $V_{B(A)}=l(m-1)$ $V_{C(AB)}=lm(n-1)$ $V_e=lmn(r-1)$	S_A/V_A $S_{B(A)}/V_{B(A)}$ $S_{C(AB)}/V_{C(AB)}$ S_e/V_e	$\sigma_e^2+r\sigma_{C(AB)}^2+nr\sigma_{B(A)}^2+mnr\sigma_A^2$ $\sigma_e^2+r\sigma_{C(AB)}^2+nr\sigma_{B(A)}^2$ $\sigma_e^2+r\sigma_{C(AB)}^2$ σ_e^2	$V_A/V_{B(A)}$ $V_{B(A)}/V_{C(AB)}$ $V_{C(AB)}/V_e$	
라틴 방격법	A B C E T	$S_A=\frac{1}{k}\sum T_{i.}^2-CT$ $S_B=\frac{1}{k}\sum T_{.j}^2-CT$ $S_C=\frac{1}{k}\sum T_{..k}^2-CT$ $S_e=S_T-S_A-S_B-S_C$ $S_T=\sum\sum\sum x_{ijk}^2-CT$	$V_A=k-1$ $V_B=k-1$ $V_C=k-1$ $V_e=(k-1)(k-2)$ $V_T=k^2-1$	S_A/V_A S_B/V_B S_C/V_C S_e/V_e	$\sigma_e^2+k\sigma_A^2$ $\sigma_e^2+k\sigma_B^2$ $\sigma_e^2+k\sigma_C^2$ σ_e^2	V_A/V_e V_B/V_e V_C/V_e	$F(V_A,V_e:a)$ $F(V_B,V_e:a)$ $F(V_C,V_e:a)$
직교배열표 $L_N(2^{N-1})$ (단, $N=2^n$)	A ⋮ D A×B ⋮ D×C E	$S_{n\text{요인}}=\frac{1}{k(\text{각 수준의 반복수})}\sum_{i=1}^{2}T_{i.}^2-CT$ or $\frac{(T_{2.}-T_{1.})^2}{\text{총시료수}}$ $S_e=S_T-(S_A+\cdots+S_{D\times C})$	$V_A=(2\text{수준}-1)=1$ ⋮ $V_D=1$ $V_{A\times B}=1$ ⋮ $V_{D\times C}=1$ $V_e=V_T-(V_A+\cdots+V_{D\times C})$	S_A/V_A ⋮ S_D/V_D $S_{A\times B}/V_{A\times B}$ ⋮ $S_{D\times C}/V_{D\times C}$ S_e/V_e	$\sigma_e^2+k\sigma_A^2$ ⋮ $\sigma_e^2+k\sigma_D^2$ $\sigma_e^2+k\sigma_{A\times B}^2$ ⋮ $\sigma_e^2+k\sigma_{D\times C}^2$ σ_e^2	V_A/V_e ⋮ $V_{D\times C}/V_e$	
	T	$S_T=(\text{개개의 } DATA \text{ 제곱합}: \sum\sum x_{ij}^2)-CT$	$V_T=N-1$				
직교배열표 $L_N(3^{\frac{N-1}{2}})$ 단$N=3^n$	A ⋮ D A×B ⋮ D×C E	$S_{n\text{요인}}=\frac{1}{k(\text{각 수준의 반복수})}\sum_{i=1}^{3}T_{i.}^2-CT$ 즉 $\frac{1}{k}(T_{1.}^2+T_{2.}^2+T_{3.}^2)-CT$ $S_e=S_T-(S_A+\cdots+S_{D\times C})$	$V_A=(3\text{수준}-1)=2$ ⋮ $V_D=2$ $V_{A\times B}=V_A\times V_B=4$ ⋮ $V_{D\times C}=V_D\times V_C=4$ $V_e=V_T-(V_A+\cdots+V_{D\times C})$	S_A/V_A ⋮ S_D/V_D $S_{A\times B}/VA\times B$ ⋮ $S_{D\times C}/VD\times C$ S_e/V_e	$\sigma_e^2+k\sigma_A^2$ ⋮ $\sigma_e^2+k\sigma_D^2$ $\sigma_e^2+k\sigma_{A\times B}^2$ ⋮ $\sigma_e^2+k\sigma_{D\times C}^2$ σ_e^2	V_A/V_e ⋮ $V_{D\times C}/V_e$	
	T	$S_T=(\text{개개의 } DATA \text{ 제곱합}: \sum\sum x_{ij}^2)-CT$	$V_T=N-1$				

구분		요인	S′	ρ′	추정	비고
단일분할법	A·B ‖ 모수 R ‖ 변량	A B C E T	$S'_A = S_A - \nu_A V_e$		· 모평균의 구간추정 A수준 : $\mu_{i..} = \overline{x}_{i..} \pm t_{1-\alpha/2}(\nu_e^*)\sqrt{\dfrac{V_R + (l-1)V_{e1}}{lmr}}$ $\left(\nu_e^* = \dfrac{\{V_R + (l-1)V_{e1}\}^2}{\dfrac{V_R^2}{\nu_R} + \dfrac{\{(l-1)V_{e1}\}^2}{\nu_{e1}}}\right)$ B수준 : $\mu_{.j.} = \overline{x}_{.j.} \pm t_{1-\alpha/2}(\nu_e^*)\sqrt{\dfrac{V_R + (m-1)V_{e2}}{lmr}}$ $\left(\nu_e^* = \dfrac{\{V_R + (m-1)V_{e2}\}^2}{\dfrac{V_R^2}{\nu_R} + \dfrac{\{(m-1)V_{e2}\}^2}{\nu_{e2}}}\right)$ · 조합수준 $\mu_{ij.} = \overline{x}_{ij.} \pm t_{1-\alpha/2}(\nu_e^*)\sqrt{\dfrac{V_R + (l-1)V_{e1} + l(m-1)V_{e2}}{lmr}}$ $\left(\nu_e^* = \dfrac{\{V_R + (l-1)V_{e1} + l(m-1)V_{e2}\}^2}{\dfrac{V_R^2}{\nu_R} + \dfrac{\{(l-1)V_{e1}\}^2}{\nu_{e1}} + \dfrac{\{l(m-1)V_{e2}\}^2}{\nu_{e2}}}\right)$	$\cdot CT = \dfrac{T^2}{lmr}$
	ABC ‖ 모수	A B E_1 C A×C B×C E_2 T				
이단분할법 A,B,C 모수 R 변량		A R E_1 B A×B E_2 C A×C B×C A×B×C E_3 T				$S_{A\times B} = S_{AB} - S_A - S_B$ $S_{A\times C} = S_{AC} - S_A - S_C$ $S_{B\times C} = S_{BC} - S_B - S_C$ $S_{E_1} = S_{A\times R} = S_{AR} - S_A - S_R$ $S_{AB} = \dfrac{1}{nr}\sum\sum t_{ij.}^2 - CT$ $S_{AC} = \dfrac{1}{mr}\sum\sum t_{i.k}^2 - CT$ $S_{BC} = \dfrac{1}{lr}\sum\sum t_{.jk}^2 - CT$ $S_{ABC} = \dfrac{1}{r}\sum\sum t_{ijk}^2 - CT$ $S_{AR} = \dfrac{1}{mn}\sum\sum t_{i.p}^2 - CT$ $S_{ABR} = \dfrac{1}{n}\sum\sum t_{ijp}^2 - CT$

구 분	요 인	S′	ρ	추 정	비 고
반복있는 지분분할법 A,B,C 변량	A B(A) C(AB) E T				$\hat{\sigma}_A^2 = \frac{V_A - V_{B(A)}}{mnr}$ $\cdot CT = \frac{T^2}{l \cdot m \cdot n \cdot r}$ $\hat{\sigma}_{B(A)}^2 = \frac{V_{B(A)} - V_{C(AB)}}{nr}$ $\hat{\sigma}_{C(AB)}^2 = \frac{V_{C(AB)} - V_E}{r}$ $\hat{\sigma}_e^2 = V_e$
라틴 방격법	A B C E T	$S_A' = S_A - \nu_A V_e$ $S_B' = S_B - \nu_B V_e$ $S_C' = S_C - \nu_C V_e$ $S_T' =$ $S_T + (\nu_A + \nu_B + \nu_C) V_e$	$\rho_A = \frac{S_A'}{S_T} \times 100$ $\rho_B = \frac{S_B'}{S_T} \times 100$ $\rho_C = \frac{S_C'}{S_T} \times 100$ 100%	· 모평균 μ의 구간추정: $\mu(A): \overline{x}_{i..} \pm t_{1-\alpha/2}(\nu_e)\sqrt{\frac{V_e}{k}}$ $\mu(B): \overline{x}_{.j.} \pm t_{1-\alpha/2}(\nu_e)\sqrt{\frac{V_e}{k}}$ $\mu(C): \overline{x}_{..k} \pm t_{1-\alpha/2}(\nu_e)\sqrt{\frac{V_e}{k}}$ · 조합수준: $(\overline{x}_i + \overline{x}_j + \overline{x}_l - 2\overline{\overline{x}}) \pm t_{1-\alpha/2}(\nu_{e'})\sqrt{\frac{V_e}{n_e}}$ $CT = \frac{t^2}{k^2} \quad {}^*n_e = \frac{k^2}{3k-2}$ · 인자 A, C만 유의 $(\overline{x}_{i..} + \overline{x}_{..l} - \overline{\overline{x}}) \pm t_{1-\alpha/2}(\nu_e)\sqrt{\frac{V_e}{n_e}}\left(단,\ n_e = \frac{k^2}{2k-1}\right)$ · 인자 B, C만 유의 $(\overline{x}_{.j.} + \overline{x}_{..l} - \overline{\overline{x}}) + t_{1-\alpha/2}(\nu_e)\sqrt{\frac{V_e}{n_e}}$ · 인자 A, B, C 유의 $(\overline{x}_{i..} + \overline{x}_{.j.} + \overline{x}_{..l} - 2\overline{\overline{x}}) \pm t_{1-\alpha/2}(\nu_e)\sqrt{\frac{V_e}{n_e}}\left(단,\ n_e = \frac{k^2}{3k-2}\right)$	

14. 상관과 회귀분석

가. 상관관계

1. 산포도(산점도)를 만들 때의 고려사항
   1) 점들이 산재해 있는 모양으로부터 x와 y 사이의 관계를 검토한다.
   2) x와 y가 직선관계인지 검토한다.
   3) 이상한 데이터가 없나 확인한다.
   4) 점들이 뚜렷하게 두 개 또는 그 이상으로 층별 되는 경우가 있는지 검토한다.

2. 상관계수(sample correlation coefficient)
   1) 표본상관계수

$$r=\frac{S_{(xy)}}{\sqrt{S_{(xx)}S_{(yy)}}}$$

단,
$$S_{(xx)}=\sum_{i=1}^{n}(x_i-\overline{x})^2=\sum_{i=1}^{n}x_i^2-\frac{(\sum x_i)^2}{n}$$
$$S_{(yy)}=\sum_{i=1}^{n}(y_i-\overline{y})^2=\sum_{i=1}^{n}y_i^2-\frac{(\sum y_i)^2}{n}$$
$$S_{(xy)}=\sum_{i=1}^{n}(x_i-\overline{x})(y_i-\overline{y})=\sum_{i=1}^{n}x_iy_i-\frac{(\sum x_i)(\sum y_i)}{n}$$

   2) 모집단 상관계수(population correlation coefficient)

$$\rho=\frac{\widehat{cov}(xy)}{\sigma_x\sigma_y}$$

단, $COV(xy)=E(x-\mu_x)(y-\mu_y)$

$$\sigma_x^2=E(x-\mu_x)^2$$
$$\sigma_y^2=E(y-\mu_y)^2$$

   3) ρ의 추정치

단, $\hat{\rho}=\frac{\widehat{cov}(xy)}{\hat{\sigma}_x\hat{\sigma}_y}=\frac{S(xy)}{\sqrt{S_{(xx)}S_{(yy)}}}$

단, $cov(xy) = \frac{\sum(x_i - \bar{x})(y_i - \bar{y})}{n-1} = \frac{s_{(xy)}}{n-1}$

$$\sigma_x^2 = \frac{\sum(x_i - \bar{x})^2}{n-1} = \frac{S_{(xx)}}{n-1}$$

$$\sigma_y^2 = \frac{\sum(y_i - \bar{y})^2}{n-1} = \frac{S_{(yy)}}{n-1}$$

4) 표본상관관계수의 성질

① γ의 범위는 $-1 \leq r \leq 1$이다.

② γ의 값은 x와 y간의 선형관계를 나타내는 척도로서, 양상관의 경우에는 0< γ<1 이고 음상관의 경우에는 -1< γ<0 이며, γ= ±1인 경우는 모든 점이 일직선상에 놓이게 된다.

③ 만약 x가 ax+b로 바뀌고 y가 cy+d로 바뀌어도 a와 c의 부호가 같으면 γ의 값에는 변함이 없다.

즉 $X_i = (x_i - x_0) \times h$, $Y_i = (y_i - y_0) \times g$ 의 경우 X, Y의 상관계수 (r_{XY})는 x, y의 상관계수 (r_{xy})와 동일하다.

3. 상관에 관한 검증

1) 상관관계 유무에 대한 검증

① 순서 1 : 가설 $H_0 : \rho = 0$

$H_1 : \rho \neq 0$

② 순서 2 : 통계량을 계산한다.

$$t_0 = \frac{\gamma}{\sqrt{\frac{1-\gamma^2}{n-2}}}$$

③ 순서 3 : 판정

$|t_0| \geq t(n-2, \alpha)$이면 H_0를 기각한다.

2) ρ가 임의값 ρ_0일 때 검정

① 순서 1 : 가설 H_0 : $\rho = \rho_0$

H_1 : $\rho \neq \rho_0$

② 순서 2 : 통계량을 계산한다.

$$Z = \sqrt{n-3}\left\{ \frac{1}{2} \ln\left(\frac{1+\gamma}{1-\gamma}\right) - \frac{1}{2} \ln\left(\frac{1+\rho_0}{1-\rho_0}\right) \right\}$$

③ 순서 3 : 판정

$|Z| \geq u\left(\frac{a}{2}\right)$이면 유의수준 α에서 H_0를 기각한다.

4. 상관계수에 관한 추정

$$Z - u\left(\frac{a}{2}\right)\sqrt{\frac{1}{n-3}} < \rho < Z + u\left(\frac{a}{2}\right)\sqrt{\frac{1}{n-3}}$$

단, $Z = \frac{1}{2} \ln\left(\frac{1+\gamma}{1-\gamma}\right)$

나. 단순회귀 분석

1. 단순회귀의 적합

1) 단순회귀모형

$$y_1 = \beta_0 + \beta_1 x_i + e_i$$

$e_i \sim N(0,\ \sigma^2)$이고 서로 독립적이다.

β_0, β_1은 미지의 모수

x_i : i번째 주어진 고정된 값 (i = 1, 2, ..., n)

2) 회귀직선의 점추정식

$$\widehat{y_1} = \widehat{\beta_0} + \widehat{\beta_1} x_i$$

$$\begin{cases} \widehat{\beta_1} = \dfrac{S_{(xy)}}{S_{(xx)}} \\ \widehat{\beta_0} = \overline{y} - \widehat{\beta_1}\overline{x} \end{cases}$$

2. 분산분석표의 작성(회귀의 검정)

요 인	S	φ	V	F0	E(V)
회 귀 잔 차	$S_R = \frac{(S_{(xy)})^2}{S_{(xx)}}$ $S_E = S_{(yy)} - S_R$	1 n-2	$V_R = S_R$ S_E / $n-2$	V_R / V_E	$\sigma_E^2 + \beta_1^2 S_{(xx)}$ σ_E^2
계	$S(xx) = \sum y_i^2 - \frac{(\sum y_i)^2}{n}$	n-1			

총편차 $y_i - \overline{y}$ 의 분해

1) $(y_i - \overline{y}) = (y_i - \widehat{y}) + (\widehat{y} - \overline{y})$

$y_i - \overline{y}$: 총편차

$y_i - \widehat{y_i}$: 회귀선에 의하여 설명되지 않는 편차(잔차)

$\widehat{y_1} - \overline{y}$: 회귀선에 의하여 설명되는 편차

2) 잔차(e_i)의 성질

① $\sum e_i = 0$ ② $\sum x_i \ e_i = 0$ ③ $\sum \widehat{y_i} \ e_i = 0$

3) $S_{(yy)} = S_E + S_R$

(총변동) (회귀에의하여설명이안되는변동) (회귀에의하여설명되는변동)

$$S_{(yy)} = \sum (y_i - \overline{y})^2 = \sum y_i^2 - \frac{(\sum y_i)^2}{n}$$

$$S_R(\text{회귀에의한제곱합}) = \sum (\widehat{y_i} - \overline{y})^2 = \frac{(S_{(xy)})^2}{S_{(xx)}}$$

$$S_E(\text{잔차의 제곱합}) = \sum (y_i - \widehat{y_i})^2 = S_{(yy)} - S_R$$

4) $V_R = S_R$

$$V_{y.x} = \frac{S_E}{n-2} = V_E$$

5) F_0검정

가설 H_0 : $\beta_1 = 0$

H_1 : $\beta_1 \neq 0$

$F_0 = \frac{V_R}{V_E} > F(1, \ n-2; a)$ 이면 귀무가설을 기각한다.

즉, $\beta_1 \neq 0$이므로 회귀직선의 유의적이다.

6) 결정계수

$$\gamma^2 = \frac{S_R}{S_{(yy)}} = \left(\frac{S_{(xy)}}{\sqrt{S_{(xx)}S_{(yy)}}}\right)^2$$

x와 y간의 상관관계가 클수록 γ^2의 값은 1에 가까워지며 γ^2의 값이 0에 가까워지면 추정된 회귀선은 쓸모가 없다.

3. 회귀에 관한 추정과 검정

1) 순서 1 : β_0 β_1, $E(y)$, y_i 에 관한 점추정

$$\widehat{\beta_0} = \overline{y} - \widehat{\beta_i}\,\overline{x}$$

$$\widehat{\beta_1} = \frac{S_{(xy)}}{S_{(xx)}}$$

$$\widehat{y_i} = \beta_0 + \beta_1 x$$

$$\widehat{y_i} = \overline{y} + \widehat{\beta_1}(x_{i-}\overline{x}\ )$$

y_i : x가 x_i일 때 y에 관한 하나의 예측치이다.

2) 순서 2 : $\beta_{1,}$ $E(y)$ 의 구간추정

$$\beta_1 \ = \ \widehat{\beta_1} \pm t(n-2, \alpha)\sqrt{\frac{V_E}{S_{(xx)}}}$$

$$E(y) = \ (\beta_0 + \widehat{\beta_1}x_i) \pm t(n-2, a)\sqrt{V_E\left\{\frac{1}{n} + \frac{(x_i - \overline{x})^2}{S_{(xx)}}\right\}}$$

제4장 생산관리

1. 수요예측

(1) 시계열 분석법

F_t : 기간 t의 수요예측치

A_{t-1} : 기간 t-1의 실적치

n : 기간

① 전기수요법 : $F_t = A_{t-1}$

② 산술평균법 : $F_t = \frac{\sum_{t=1}^{n} A_t}{n}$

③ 이동평균법

- 단순이동평균법 : $F_t = \frac{\sum_{t=1}^{n} A_{t-1}}{n}$

- 가중이동평균법 : $F_t = \sum_{t=1}^{n} W_{t-1} A_{t-1}$

W_{t-1} : 기간 t-1에 부여된 가중치(가중치의 합은 1)

④ 지수평활법

- 단순지수평활법 : $F_t = F_{t-1} + \alpha(A_{t-1} - F_{t-1}) = \alpha A_{t-1} + (1-\alpha)F_{t-1}$

α : 지수평활상수($0 \le \alpha \le 1$)

- 추세조정 지수평활법 :

추세조정 예측치 = 예측치 + 추세조정치

$$FIT_t = F_t + T_t$$

$$F_t = FIT_{t-1} + \alpha(A_{t-1} - FIT_{t-1})$$

$$T_t = T_{t-1} + \alpha \cdot \delta(A_{t-1} - FIT_{t-1})$$

δ : 추세조정 평활계수($0 \leq \delta \leq 1$)

⑤ 최소자승법

추세선 : $\hat{y} = a + bx$

년도 : x, 판매량 : y

$$a = \frac{\sum y_i}{n} - \frac{b\sum x_i}{n} = \overline{y} - b\overline{x}$$

$$b = \frac{\sum x_i y_i - n\overline{x}\,\overline{y}}{\sum x_i^2 - n\overline{x}^2}$$

- 간편법(X값의 평균을 0으로 전환)

$$a = \frac{\sum y_i}{n} \qquad b = \frac{\sum xy}{\sum x^2}$$

⑥ 예측오차

- 누적예측오차 : $RSFE = \sum_{t=1}^{n}(A_t - F_t)$

- 평균예측오차 : $ME = \frac{\sum (A_t - F_t)}{n}$

- 절대평균오차 : $MAD = \frac{\sum |A_t - F_t|}{n}$

- 평균제곱오차 : $MSE = \frac{\sum (A_t - F_t)^2}{n}$

- 추적지표 : $TS = \frac{RSFE}{MAD}$

2. 재고관리

TIC : 연간 총비용

D : 연간 수요

Q : 1회 발주량

C_P : 1회 발주비 및 준비비

C_H : 재고유지비($P \times i$)

P : 개당 제품가격

i : 재고유지비율

C_S : 재고부족비

① 경제적 발주량

- 연간 총 비용 = 연간 주문비용 + 연간 재고유지비용

$$\text{TIC} = \frac{D}{Q} \cdot C_P + \frac{Q}{2} \cdot C_H$$

- 경제적 발주량(Q^*) = $\sqrt{\frac{2DC_P}{C_H}} = \sqrt{\frac{2DC_P}{P \cdot i}}$

- 발주회수 : $N = \frac{D}{Q^*}$

- 발주주기 : $T = \frac{Q^*}{D}$

② 수량할인이 있는 경우의 경제적 발주량

- 경제적 발주량 : $Q^* = \sqrt{\frac{2DC_P}{P i}}$

- 연간 총 비용 : $TIC = \sqrt{2DC_P \; P i} + DP$

③ 재고부족을 고려한 경제적 발주량

- 경제적 발주량 : $Q^* = \sqrt{\frac{2DC_P}{C_H}}\sqrt{\frac{C_H+C_s}{C_s}}$

- 최대 재고수준 : $I_{max} = \sqrt{\frac{2DC_P}{C_H}}\sqrt{\frac{C_s}{C_H+C_s}}$

- 품절량 = $Q^* - I_{max}$

- 적정 발주주기 : $T = \sqrt{\frac{2C_P}{D \cdot C_H}}\sqrt{\frac{C_H+C_s}{C_s}}$

④ 경제적 생산량

- 경제적 생산량 : $Q^* = \sqrt{\frac{2DC_p}{C_H(1-\frac{d}{p})}}$

- 연간총비용 : $TIC = \sqrt{2DC_p C_H(1-\frac{d}{p})}$

-최대 재고량 $I_{max} = \sqrt{\frac{2DC_p}{C_H}(1-\frac{d}{p})}$

- 생산주기 : $T = \frac{Q^*}{d}$

- 생산기간 : $t_1 = \frac{Q^*}{p}$

⑤ 발주점

s : 발주점

d : 수요율

L : 조달기간

D_L : 조달기간 중 수요율

d_{max} : 조달기간 중 최대 수요량

B : 안전재고

- 수요가 일정한 경우

$$s = D_L = d \times L$$

- 수요가 변동하는 경우

$$s = d_{max} \times L = \overline{D_L} + B$$

⑥ 안전재고

Z : 안전계수

σ_L : 조달기간 중 수요량의 표준편차

$B = Z \times \sigma_L$

3. 일정관리

① 공수체감

$Y = AX^B$

Y : X번째 제품의 생산소요시간

A : 첫 번째 제품의 생산소요시간

X : 고려되는 시점의 생산량

$B = \dfrac{\log R}{\log 2}$ (R : 학습률)

- 긴급률(Critical Ratio : CR) = $\dfrac{\text{잔여 납기일수}}{\text{잔여 작업일수}}$
- 잔여작업의 최소여유시간여유(S/O : Least per remain operation)

$$= \frac{\text{잔여납기일수} - \text{잔여작업일수}}{\text{잔여작업일수}}$$

- 평균처리시간(ART) : $\overline{T} = \dfrac{\sum_{i=1}^{n} T_i}{n}$

T_i : 일감 I의 처리시간 $(t_i + x_i)$

t_i : 일감 I의 작업시간

x_i : 일감 I의 대기시간

② 라인밸런싱

- 라인능률

$$E = \frac{\sum_{i=1}^{k} t_i}{n \cdot c}$$

n : 공정의 작업수

c : 라인의 사이클 타임

t_i : 라인의 순 과업시간

k : 라인을 구성하는 공정의 수

- 라인의 불균형률

$$d = 1 - E = \frac{nc - \sum t_i}{nc}$$

- 라인의 유휴시간

$$IT = nc - \sum t_i$$

- 목표 사이클 타임

$$C_t = \frac{1일가용생산시간}{1일\ 목표생산량}$$

- 최소 작업장 수

$$n_t = \frac{\sum t_i}{c_t}$$

③ PERT/CPM

- 기대시간치

$$t_e = \frac{t_0 + 4t_m + t_p}{6}$$

t_o : 낙관시간치

t_m : 정상시간치

t_p : 비관시간치

- 기대시간치의 분산

$$\sigma^2 = \left(\frac{t_p - t_o}{6}\right)^2$$

④ 일정의 계산

- 가장 이른 예정일(TE)

$TE_j = TE_i + t_{eij}$

최초의 TE는 0.

t_{eij} : 각 작업의 소요시간

- 가장 늦은 완료일(TL)

$TL_i = TL_j + t_{eij}$

마지막 TL은 최종 TE와 동일

- 여유시간

$TL = TE$

- 주공정 : 여유시간이 0인 단계를 연결한 공정

- 비용구배 = $\frac{특급비용 - 정상비용}{정상시간 - 특급시간}$

4. 작업관리

① 표준시간 = 정미시간 + 여유시간

- 외경법 : 정미시간을 기준으로 여유율 산정

여유율 = $\frac{여유시간}{정미시간}$

표준시간 = 정미시간 + (여유율×정미시간)

= 정미시간(1+여유율)

- 내경법 : 근무시간을 기준으로 여유율 산정

여유율 = $\frac{여유시간}{정미시간 + 여유시간}$

표준시간 = $정미시간(\frac{1}{1 - 여유율})$

② 정미시간

- 레이팅계수 = $\frac{표준페이스}{실제작업페이스}$

- 속도평가법

정미시간 = 관측시간 × 레이팅계수

- 객관적평가법

정미시간 = 관측시간×1차평가계수×(1+2차조정계수)

- 평준화법

정미시간 = 관측시간×(1+평준계수의 합)

평준계수 = 숙련도계수+노력계수+작업환경계수+일관성계수

③ 여유율

- 외경법 : 정미시간을 기준으로 여유율 산정

$$여유율 = \frac{여유시간}{정미시간}$$

- 내경법 : 근무시간을 기준으로 여유율 산정

$$여유율 = \frac{여유시간}{정미시간 + 여유시간}$$

- 피로여유율

$$F = (F_a + F_b) \times L + F_c$$

F : 피로여유율

F_a : 정신적 피로 여유율

F_b : 육체적 피로 여유율

F_c : 단조감 피로 여유율

L : 회복계수

④ 표준시간의 측정

- 관측횟수(신뢰도 95%, 허용오차 ±10%)

$$N = \left(\frac{20\sqrt{n\sum X_i^2 - (\sum X_i)^2}}{\sum X_i}\right)^2$$

- 관측횟수(신뢰도 95%, 허용오차 ±5%)

$$N = \left(\frac{40\sqrt{n\sum X_i^2 - (\sum X_i)^2}}{\sum X_i}\right)^2$$

5. 설비관리

① 최적수리주기

- 단위시간당 보전비 : $\frac{a}{x}$

- 열화손실비 곡선 : $f(x) = l + mx$

- 최적수리주기 : $x_0 = \sqrt{\frac{2a}{m}}$

a : 1회 보전비, x : 시간, m : 월수리비, l : 열화손실비

② 설비종합효율=시간가동률×성능가동률×양품률

- 시간가동율 = $\frac{\text{부하시간} - \text{정지시간}}{\text{부하시간}} \times 100$

- 성능가동율 = $\frac{\text{기준 사이클 타임} \times \text{가공수량}}{\text{부하시간} - \text{정지시간}} \times 100$

- 양품률 = $\frac{\text{가공수량} - \text{불량수량}}{\text{가공수량}} \times 100$

③ 신뢰성 지표

- 평균고장간격(MTBF:Mean Time Between Failures)

$$MTBF = \frac{\text{가동시간의 합}}{\text{정지회수}}$$

$$\text{고장도수율} = \frac{\text{정지횟수}}{\text{부하시간}} \times 100$$

- 평균수리시간(MTTR:Mean Time To Repair)

$$MTTR = \frac{\text{정지시간의 합}}{\text{정지횟수}}$$

$$\text{고장 강도율} = \frac{\text{정지시간의 합}}{\text{부하시간}} \times 100$$

CHAPTER

04 산업기사기출문제

실무QM

1. 실기 시험문제

* 수검자 유의사항

1) 수검자 유의사항을 준수하지 않고 임의로 작성한 답안에 대하여는 틀린 것으로 처리하거나 채점대상에서 제외한다.
2) 필기구는 반드시 흑, 청색 볼펜 또는 만년필을 사용하여야 한다.
3) 답안을 작성할 때에는 간단하고 분명하게 답하여야 한다.
4) 문제에서 요구한 가지 수(항수)이상을 답안지에 표기한 경우에는 답안 기재 순으로 요구한 가지 수(항수)만 채점한다.
5) 답안을 정정할 때에는 1개소 2회에 한함. 정정부분은 두줄로 긋고 반드시 감독위원의 확인날인을 받아야 한다.
6) 계산문제는 반드시 계산식과 답을 답안지에 기재하여야 하며, 계산식이 없는 답은 채점 대상에서 제외한다.
7) 계산식에 의거 산출되는 답이 소수점 이하에 답일 경우에는 소수점이하 셋째 자리에서 반올림하여 둘째 자리까지만 구하도록 한다. (단, 문제에서 소수점 자리를 주어진 경우에는 문제의 요구사항에 따른다.)
8) 산출과정이 있어야 답을 구할 수 있는 문제는 산출과정을 기록하여야 한다.
9) 문제의 요구사항에서 단위가 주어졌을 경우에는 계산식 및 답에서 단위가 생략되어도 되나, 기타의 경우 계산식 및 답란에 단위를 기재하지 않을 경우에는 틀린 답으로 처리한다.
10) 수검 전 과정을 응시치 않으면 실격으로 처리한다.

【과년도 실기 수록표】

번 호	년 도	비 고(출제범위 변동)
1	기출 1회	
2	기출 2회	
3	기출 3회	
4	기출 4회	
5	기출 5회	
6	기출 6회	
7	기출 7회	
8	기출 8회	
9	기출 9회	
10	기출 10회	
11	기출 11회	
12	기출 12회	
13	기출 13회	
14	기출 14회	
15	기출 15회	
16	기출 16회	
17	기출 17회	
18	기출 18회	

기출 1회

[문제] 1. 어느 샤프트의 외경을 $\bar{x}-R$ 관리도로 관리하고 있다. $\bar{x}$관리도의 UCL= 52.82, LCL= 52.20이며 $\bar{R}=0.54$라고 한다. $S_u=53.00[m/m]$라고 할 때 이 공정에서 발생하는 불량은 몇 [%]가?(단, $d_2=2.33$, $d_3=0.864$, $A_2=0.577$, $D_4=2.12$)

[문제] 2. 다음 도수표(frequency table)로부터 물음에 답하시오

급 구 간	도 수
137.55 - 141.55	2
141.55 - 145.55	4
145.55 - 149.55	19
149.55 - 153.55	35
153.55 - 157.55	17
157.55 - 161.55	12
161.55 - 165.55	5

1. 평균치를 구하시오.
2. 불편분산을 구하시오.
3. 급구간 145.55 - 149.55의 도수분포율을 구하시오.
4. 급구간 149.55 - 153.55의 누적 도수를 구하시오.
5. 급구간 153.55 - 157.55의 상대누적 도수를 구하시오.

[문제] 3. 크기 $N=500$의 로트로부터 샘플의 크기 $n=50$의 시료를 샘플링하여 합격 판정갯수 $c=2$인 경우 불량률 P가 1[%], 2[%], 4[%], 6[%]인 로트가 합격할 확률은 얼마인가? 또, 계수 샘플링 방식으로 OC곡선을 그리시오.

[문제] 4. 반투명경의 투과율을 측정하기 위하여 측정광원의 파장(A)을 6수준 지정하고, 다수의 측정자로부터 랜덤으로 4명(B)을 뽑아 반복이 없는 이원배치실험을 행하고 그 결과를 분산분석한 결과는 다음과 같았다. 측정자에 의한 분산성분의 추정치 $\hat{\sigma}_B^2$의 값은?

요인	변동	자유도	불편분산
A	3.690	5	0.738
B	11.310	3	3.770
E	7.698	15	0.5132
T	22.698	23	

[문제] 5. 아래의 히스토그램은 어떤 공정에서 나타난 결과이다. 이 제품에 대한 규격은 $S_L = 50$, $S_u = 90$이라면

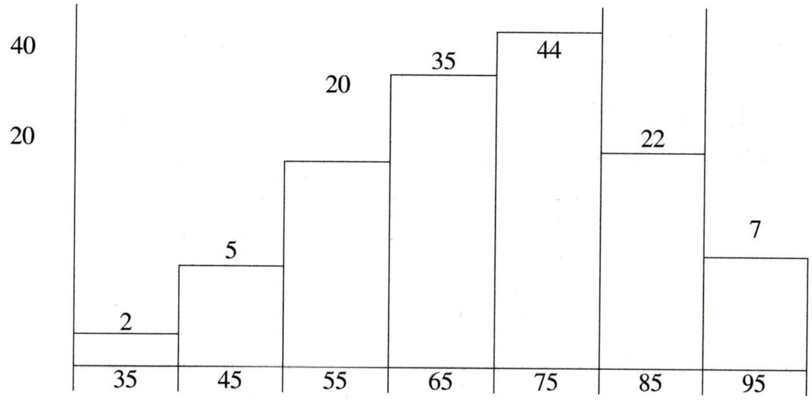

1. 상대분산 $(CV)^2$을 구하시오.
2. 공정능력지수 C_P의 값은 얼마인가?

[문제] 6. 어떤 부품의 전기저항치는 50[Ω] 이하로 규정되어 있다. $n = 5$, $K = 2.12$의 계량규준형 1회 샘플링 검사를 $\bar{x} = 44.0[\Omega]$이 되었다. 로트의 표준편차 $\sigma = 2[\Omega]$로 알고 있는 경우 이 로트의 합격판정을 하시오. (단, $\alpha = 0.05$, $\beta = 0.10$)

[문제] 7. 연속생산형 샘플링 검사에서 연속 양호품수 $i = 115$, 군구분의 크기 $\frac{1}{f} = 5$가 나왔다. 검사가 시작되어 양호품이 계속 나오다가 48번째 제품에서 불량품이 나왔다면 빨라야 몇 번째 제품부터 일부검사를 받는가?

[문제] 8. 어떤 제품의 성분을 변경하여 시작한 로트로부터 10개의 시료를 랜덤하게 샘플링하여 다음과 같은 데이터가 나왔다. 이때 특성치의 분산에 대한 신뢰구간을 구하시오. (단, 신뢰율 95[%])

데이터 : 3, -1, -5, 3, 1, -5, 13, -1, 4, -3

[문제] 9. 어떤 제품의 두께에 대한 L-S관리도를 그리기 위하여 $n = 5$인 시료를 25조 택하고 각 조의 최대치 L, 최소치 S 및 범위 R로 부터 각각의 평균치를 구했더니 다음과 같았다. L-S관리도의 중심선 및 관리한계를 구하시오. (단, $\overline{L} = 24.52, \overline{S} = 23.60, \overline{R} = 0.95$)

[문제] 10. 다음 표는 2^2요인 실험에서 A, B 두 인자의 조합과 그 실험 결과를 나타낸 것이다. 두 인자 A, B 간의 교호작용 AB와 B의 변동S_B를 구하시오.

B \ A	A_1	A_2
B_1	23	27
B_2	31	51

[문제] 11. 다음 (　　　　) 안에 적당한 것을 보기에서 골라 답안지에 쓰시오. 관리하고자 하는 (①)이(가) (②)의 경우 군간산포의 관리에는 (③)을(를) 군내산포의 관리에는 (④)를(을)쓴다.

보기	계수치, R관리도, 품질특성, $\overline{x}$관리도, 계량치, P관리도, u관리도

[문제] 12. 값이 고가이면서 정밀도가 좋은 기계 A와 값이 싼 기계 B가 있다. 실제 A가 정밀도가 좋은가를 조사하기 위하여 각각의 기계에서 16개씩의 제품을 가공한 결과 불편분산은 각각 $V_A = 0.0036[mm^2]$, $V_B = 0.0146[mm^2]$이었다. 확실히 A기계의 정밀도가 좋다고 할 수 있는가를 검정하시오. (단, 유의 수준은 5[%]이다.)

[문제] 13. 일원 배치 반복이 일정 할 때 데이터(data)의 구조식을 $x_{ij} = \mu + a_{i+} e_{i_j}$로 쓸 수 있다. 아래 빈칸에 데이터 (data)의 구조를 식으로 표시하시오.
(단, μ: 총평균, a_i: A_i 수준의 효과, e_{ij}: 오차, $i = 1,2...a$, $j = 1,2...n$ 이다)

	A인자:모수인자	A인자:모수변량
Ai 수준의 평균	(①)	(②)
총 평 균	(③)	(④)

[문제] 14. 어떤 제품의 순도에 의한 불량이 5[%], 무게에 의한 불량이 3[%], 순도 및 무게에 의한 동시 불량이 2[%]라면 이 제품의 불량률은 얼마인가?

[문제] 15. 다음의 데이터는 원료의 양(x) 생성물의 수량(y)의 관계를 나타낸 표이다.

원료(X)	1.5	2.0	3.5	4.3	5.0
수량(Y)	30	35	66	66	87

1. x와 y에 대한 공분산을 구하시오.
2. x에 대한 y의 회귀식을 구하시오.
3. x와 y간의 상관계수를 구하시오.

기출 2회

[문제] 1. 아래의 상관계수표를 보고 물음에 답하시오. (16점)

x / y		68-70	71-73	74-76	77-79	80-82	83-85	86-88	89-91	92-94	f_y
y	Y \ X	-4	-3	-2	-1	0	1	2	3	4	
5.5-5.7	5								1		1
5.2-5.4	4						1				1
4.9-5.1	3			1	3	2		1		1	8
4.6-4.8	2		1		2	3	2	1	3	1	13
4.3-4.5	1		4	3	3	7	2	1			20
4.0-4.2	0	1	3	4	11	7	2	1	1		30
3.7-3.9	-1	1	3	3	4	4	1				16
3.4-3.6	-2	2	1		3	1	1				8
3.1-3.3	-3	1		1							2
2.8-3.0	-4	1									1
f_x		6	12	12	26	24	9	4	5	2	100

1. 상관계수 r 를 구하시오.
2. 회귀 직선식을 구하시오.

[문제] 2. 어떤 제련소에 있어서 제조하고 있는 조동의 중량은 다음의 전해공정에서 전류효율에 영향을 미치므로 한 매당 중량의 규격치를 $140 \pm 5kg$로 하고 있다. 이제 어떤 로트의 평균치가 $137.5kg$였다면 규격외로 나가는 비율은 얼마인가? (7점)

(단, 공정은 안정되어 있고 중량의 분포는 정규분포를 따르며 표준편차 $2.0kg$이다)

[문제] 3. 어떤 가공 공정에서 A, B 두 대의 기계로 작업을 하고 있다. 각 기계의 성능을 조사하기 위하여 제품을 각각 200개씩 제조한 결과 다음의 데이터를 얻었다. 모불량률 차의 신뢰구간을 구하시오. (8점)

(단, 신뢰율 95%, n : 샘플수, r : 불량품 갯수)

데이터 : A기계 : $n_A = 200$, $r_A = 22$
B기계 : $n_B = 200$, $r_B = 36$

[문제] 4. 어떤 제지 제품의 시험연구를 인자 A, B 에 대하여 6가지의 시작품을 2원배치에 의해 만들어 각각 50회씩의 강도 실험을 실시한 결과가 다음과 같을 때 S_A값을 구하시오. (8점) (단, 데이터는 오 동작 회수이다.)

	A_1	A_2	계
B_1	6	1	7
B_2	13	4	17
B_3	8	26	34
계	27	31	58

[문제] 5. 최근 어느 제조공장에서 검사단위의 총수($\sum n$) 1000개 중 불량갯수(r)가 12개 나왔다. 이때 평균출검품질 한계 AOQL가 0.5 (%)인 경우 품질개선 지수 b를 구하시오. (6점)

[문제] 6. 도금 공정에서 만들어진 부품의 불량 갯수를 관리하기 위하여 불량갯수 관리도를 사용하기로 하였다. 매일 시료의 크기를 100개씩 25일간 채취하여 총 불량갯수를 조사하였더니 68개가 나왔다. 그러면 불량갯수 관리도의 관리상 하한선값은 각각 얼마가 되겠는가? (6점)

[문제] 7. 한국인 6명과 미국인 4명의 신장을 측정하여 가평균신장170cm로부터 차를 다음과 같이 얻었다. (단위cm) (8점)

A_1 : -5, -14, -13, 2, -8, -4, → -42
A_2 : 14, 0, 8, 10, → -32

1. 민족간 평균신장의 선형식은?
2. 민족간 평균신장 차의 변동(즉 L의 변동 S_L)은?

[문제] 8. 직교배열표의 구성, 내용을 표시하는 기호 가운데 가장 널리 이용되는 것의 형태가 다음의 것이다. 여기서 각 번호가 나타내는 내용은? (4점)

$L_4(2^3)$

L → ①, 4 → ②, 2 → ③, 3 → ④

[문제] 9. 축 샤프트(shaft)의 외경의 규격은 $3.82-3.90\,mm$이다. $n=5$, $k=25$의 데이터를 취해 $\bar{x}-R$ 관리도를 작성하여 $\bar{\bar{x}}=3.860$, $\bar{R}=0.024$을 얻었다. 이때 $\bar{x}-R$ 관리도는 관리상태를 나타내고 있다. 공정능력치 값은 얼마인가? (8점)

[문제] 10. 어떤 생산공정에서 하루에 4개씩 25군의 시료를 측정하여 $\bar{x}$관리도를 작성한 결과 UCL=14.25, LCL=11.75가 되었다. 이 공정의 $\bar{\bar{x}}$와 $\bar{R}$ 및 σ_W의 값을 구하시오. (8점)

[문제] 11. A사 제조품과 B사 제조품의 재료로부터 각각 10개, 12개씩 랜덤 샘플링하여 강도를 측정한 결과 다음 데이터가 나왔다. A사와 B사의 모평균에 대한 차가 있다고 할 수 있겠는가? (단, A사의 표준편차는 $4kg$, B사의 표준편차는 $6kg$이고, 유의수준을 5%로 하시오.)

A사 : 48, 42, 39, 38, 43, 45, 43, 47, 46, 37

B사 : 37, 39, 42, 44, 40, 41, 38, 32, 36, 42, 36, 38

[문제] 12. 합금(合金)의 경도에 영향을 미치는 인자(因子)로서 망간의 함량과 소입온도를 취하여 다음의 데이터를 얻었다. 분산분석표를 작성하시오. (10점) (단, 반복이 없는 이원배치, 두인자 모두 모수, 답안 작성시 계산과정을 나타낼 것)

소입온도(A) \ 망간함량(B)	2%	4%	6%	8%	10%
80℃	50	53	51	54	54
60℃	48	46	52	51	54
40℃	48	50	53	49	51
20℃	45	45	46	49	49

[문제] 13. 어떤 회사에서는 사내에 있는 5명의 품질관리기사를 소집하여 작업표준의 작성과 관리도의 사용에 대한 토론을 실시한 결과 다음과 같은 의견이 나왔다. 이들 중 옳은 의견을 제의한 사람은 누구인가? (5점)

A기사 : 관리도는 공정의 이상유무를 통계적으로 판정하는 도구이기 때문에 작업 표준이 만들어져 있어도 관리도는 작성하여야 한다.

B기사 : 관리도는 작업표준을 만들기까지의 수단이기 때문에 작업표준이 완성되면 관리도를 작

성할 필요가 없다.

C기사 : 모든 작업자가 완성된 작업표준에 따라 직업을 실시하고 있기 때문에 관리도는 작성할 필요가 없다.

D기사 : 작업표준은 공정관리의 목적으로 작성하는 것으로 여기에는 표준의 작업방법뿐 아니라 이상시의 조처방법도 기술되어 있기 때문에 작업표준이 작성되어 있으며 관리도는 작성할 필요가 없다.

E기사 : 관리도는 공정의 관리뿐만 아니라 공정의 해석에도 사용되는 것이기 때문에 작업표준이 작성되어 있어도 관리도는 작성하여야 한다.

기출 3회

[문제] 1. 계수 조정형 샘플링 검사의 엄격도 조정과 절차에 대해 수월한 검사에서 보통 검사로 넘어갈 때 4가지 조건을 설명하시오. (4점)

[문제] 2. 원료 A와 원료 B에 대한 매일 매일의 제품의 순도(%)는 다음과 같다. 원료 A와 원료 B에서 순도의 모평균치에 차이가 있겠는가를 유의수준 5%로 검정하시오.(15점) (단, 원료 A와 원료 B에서 순도의 모분산은 잘 모르지만 같다고 가정한다.)

원료 A	74.9	73.9	74.7	74.3	75.8	74.2
원료 B	75.2	75.0	75.3	76.9	75.0	

[문제] 3. $n=7$ 인 다음 데이터가 얻어졌다. 회귀분석을 했다. 다음 물음에 답하시오. (10점)

X	2	4	6	8	10	12	14	$\overline{X}=8$
Y	4	2	5	9	3	11	8	$\overline{Y}=6$

1. 시료 회귀직선을 구하시오.
2. 회귀에 의한 변동 S_R을 계산하시오.
3. y의 전변동 $S_{(YY)}$를 계산하시오.
4. 회귀로부터 잔차변동 S_E를 계산하시오.
5. 분산분석표를 작성하시오. (단, 검정을 할 필요는 없음)

[문제] 4. 어떤 제품에 대한 경도(x)와 (y) 파괴강도를 10회 측정해 보니 데이터가 다음과 같다. 물음에 답하시오. (8점)

NO	1	2	3	4	5	6	7	8	9	10
x	2.4	2.2	2.7	2.6	2.1	2.3	2.9	2.3	2.4	2.2
y	26	20	29	27	22	25	28	27	28	21

1. 산점도를 그리시오.

2. 상관계수 (r)를 구하시오.

[문제] 5. A사는 어떤 부품의 수입검사에 MIL-STD-105D를 사용하고 있다. 검토후 AQL= 1.0%, 검사수준 Ⅱ로 1회 샘플링 검사를 하고 있다. 10로트를 보통 검사한 결과 다음과 같이 되었다. 답안지 표의 공란을 채우고 로트의 합격, 불합격을 판정하시오. (12점)

로트의 크기	특별 검사 수준				일반검사수준		
	S-1	S-2	S-3	S-4	Ⅰ	Ⅱ	Ⅲ
2 - 8	A	A	A	A	A	A	B
9 - 15	A	A	A	A	A	B	C
16 - 25	A	A	B	B	B	C	D
26 - 50	A	B	B	C	C	D	E
51 - 90	B	B	C	C	C	E	F
91 - 150	B	B	C	D	D	F	G
151 - 280	B	C	D	E	E	G	H
281 - 500	B	C	D	E	F	H	J
501 - 1200	C	C	E	F	G	J	K
1201 - 3200	C	D	E	G	H	K	L
3201 - 10000	C	D	F	G	J	L	M
10001 - 35000	C	D	F	H	K	M	N
35001 - 150000	D	E	G	J	L	N	P
150001 - 500000	D	E	G	J	M	P	Q
500000이상	D	E	H	K	N	Q	R

[문제] 6. 다음 P관리도의 데이터에 대한 군번호가 5, 10, 15일 때 UCL을 각각 구하시오. (9점) (단, 답은 %단위로 쓸 것)

시료군의 번호	시료의 크기 n	불량갯수 P_n	시료군의 번호	시료의 크기 n	불량갯수 P_n
1	200	4	14	400	6
2	300	4	15	400	9
3	300	6	16	300	4
4	300	4	17	300	3
5	300	6	18	400	4
6	200	2	19	400	5
7	200	4	20	200	2
8	200	3	21	200	4
9	400	5	22	200	3
10	200	3	23	300	3
11	300	7	24	300	6
12	300	4	25	300	4
13	300	3			

[문제] 7. 1개군의 샘플의 크기 $n=5$, 군의수 $k=25$ 에 대한 데이타를 얻고 $\overline{\overline{x}}$와 R을 계산하였더니 $\overline{\overline{\chi}}=20.592$, $\overline{R}=4.8$이 되었다. 다음 물음에 답하시오. (9점)

1. $\overline{\chi}$관리도의 UCL과 LCL은 얼마인가?
2. R관리도의 UCL과 LCL은 얼마인가?
3. $\overline{R}$을 사용하여 모표준편차(σ)을 추정하면 얼마인가?

[문제] 8. 어느 재료의 인장강도는 $75kg/mm^2$ 이상으로 규정된 경우 검사를 실시하였더니 즉, 계량 규준형 1회 샘플링 검사에서 $n=8$, $k=1.74$의 값을 얻어 데이타를 취했더니 아래와 같다. 이 결과에서 lot의 합격, 불합격을 판정하시오. (5점) (단, $\sigma=2kg\ /mm^2$)

Data

79.0	75.5	77.5	76.5
77.0	79.5	77.0	75.0

[문제] 9. 자동차 부품의 도금공정에서 최근 2개월간 도금불량을 조사하였더니 아래 표와 같은 결과를 얻었다. 이러한 불량품을 재 가공하여 사용하였지만 손실금액은 다음 표와 같다. 아래의 데이타를 이용하여 손실금액 파레토 그림을 그리시오. (14점)
(단, 그린 그림의 근거 데이타도 반드시 나타낼 것)

항　　목	불량 갯수	1개당 재가공비
크 롬 불 량	421	50원
홈	262	750원
바 닥 불 량	150	480원
얼　　룩	93	480원
벗 겨 짐	51	480원
수 세 불 량	40	30원
기　　타	65	(평균)85원

[문제] 10. 어떤 화학공장에서 제품의 수율(%)에 영향을 미칠 것으로 생각되는 반응온도(A)와 원료(B)를 인자로 취하여 반복이 없는 2원배치의 실험을 하였다. 물음에 답 하시오. (14점)

인자 B \ 인자 A	A_1	A_2	A_3	A_4
B_1	7.6	8.6	9.0	8
B_2	7.3	8.2	8.0	7
B_3	6.7	6.9	7.9	6

1. 분산분석표를 작성하시오.
2. 수준조합 A_2B_3의 95% 신뢰구간을 구하시오.

기출 4회

[문제] 1. 다음 표는 2^2요인실험에서 A, B 두 인자의 실험결과를 나타낸 것이다. (8점)

B \ A	A_1	A_2
B_1	54	37
B_2	32	85

1. 인자 A와 B의 주효과를 구하시오. (4점)
2. 변동 S_A와 S_B를 구하시오.(4점) (단, 2원배치법에 의한 변동계산은 불가함)

[문제] 2. 갑 회사에서 생산하는 제품의 로트로부터 10개의 시료를 랜덤하게 샘플링하여 다음의 데이터를 얻었다. 이 제품에 대하여 95% 신뢰율로 모평균의 신뢰구간을 구하시오. (8점) [데이터: 45, 60, 54, 48, 62, 58, 57, 55, 49, 53]

[문제] 3. lot의 크기 $N=1000$, $n=30$, $c=4$인 경우 lot의 불량률이 5%, 10%, 15%, 20%일 때 시료 중에 r개 불량이 나타날 확률이 아래와 같을 때 OC곡선을 구하시오.(8점) (단, L(P)표를 구하고 Graph로 표시하시오)

r \ P%	5%	10%	15%	20%
0	0.210	0.040	0.007	0.001
1	0.342	0.139	0.039	0.009
2	0.263	0.229	0.102	0.032
3	0.123	0.240	0.171	0.077
4	0.044	0.180	0.210	0.132

[문제] 4. 다음의 이원배치에서 한 개의 결측치 ⓧ를 추정하면 얼마인가? (8점) (단, 반복 없음)

	A_1	A_2	A_3	A_4	A_5
B_1	4	1	-1	ⓧ	1
B_2	2	3	1	4	3
B_3	4	1	2	2	2

[문제] 5. $\overline{X}-R$ 관리도에서 $\sigma_{\overline{X}}=4.57$, $\sigma_b=3.95$, $\sigma_W=4.08$일 때 위의 조건을 만족시킬 수 있는 n은 얼마인가? (6점)

(단, $\sigma_b=$군간변동, $\sigma_W=$군내변동, $\sigma_{\overline{x}}=\overline{X}$ 관리도의 산포)

[문제] 6. P_n관리도에서 $n=100$, $k=25$일 때 $\sum Pn=189$였다. 이때 UCL과 LCL은 얼마인가? (6점)

[문제] 7. $L_8(2^7)$의 직교 배열표를 보고 인자 B의 변동 S_B는? (8점)

배치한 인자	A	B	A×B	C	A×C			데이타수
No \ 열번	1	2	3	4	5	6	7	
1	1	1	1	1	1	1	1	20
2	1	1	1	2	2	2	2	24
3	1	2	2	1	1	2	2	17
4	1	2	2	2	2	1	1	27
5	2	1	2	1	2	1	2	26
6	2	1	2	2	1	2	1	15
7	2	2	1	1	2	2	1	36
8	2	2	1	2	1	1	2	32

[문제] 8. 불량률 P가 15%인 모집단에서 $n=10$개의 시료를 무작위로 채취하였을 때 그 속에 불량품의 수 x가 2개 이상일 확률을 구하시오. (6점)

[문제] 9. 어떤 직물의 가공시 처리액의 농도 A를 인자로 하여 $A_1 = 3\%$, $A_3 = 3.6\%$, $A_4 = 4.2\%$에서 반복 각 4회씩 계 16회를 랜덤하게 처리한 후 인장강도를 측정한 바 다음의 데이터를 얻었다. 그런데 A_2수준의 4번째 실험은 실패하여 데이터를 얻지 못하였다. 물음에 답하시오.

(데이타) 단위: kg/cm^2

반복 \ 수준	A_1	A_2	A_3	A_4
1	46	50	48	58
2	48	58	40	62
3	51	52	42	60
4	55		54	60

1. 인자 A는 모수인자인가, 변량인자인가? (2점)
2. 분산분석을 하여 분산분석표를 작성하시오. (5점)
3. 수준간에는 차이가 있다고 할 수 있는가? (3점) ($\alpha = 1\%$)
4. 수준 A_3의 모평균 신뢰구간을 신뢰율 95%로 추정하시오. (4점)

[문제] 10. 평균치 400g 이하인 로트는 될 수 있는 한 합격시키고 싶으나 평균치 420g 이상인 로트는 될 수 있는 한 불합격시키고 싶다. 과거의 데이터로부터 판단하여 볼 때 품질특성치는 정규분포를 따르고 표준편차는 10g으로 믿어진다. 이때 $\alpha = 0.05$, $\beta = 0.10$을 만족시키는 계량 규준형 1회 샘플링 검사방식을 구한 결과 $n = 3$이고, 3개의 시료를 랜덤하게 샘플링하여 측정한 결과 418g, 420g, 434g이었다. 이 로트의 합격여부를 결정하시오. (8점)
(단, $K_\alpha = 1.645$ $K_\beta = 1.282$이다)

[문제] 11. 특성요인도 작성시 4M를 중요시하는데 4M이란 무엇을 말하는가? (4점)

[문제] 12. A, B 두 대의 기계에 어떤 부품을 가공하고 있다. 기계간에 불량률에 차가 있는지 문제가 되고 있다. 최근 가공한 부품을 검사한 결과 다음과 같았다. 불량률에 차가 있는가 유의 수준 5%로 검정하시오. (8점) (단, 계산은 x^2분포표를 이용하시오.)

	A	B	C
양 품	220	180	400
불량품	30	50	80
계	250	230	480

[문제] 13. 다음 도수분포표의 조건에서 납품처의 규격으로서 43-63을 요구하고 있다면 이 공정에서는 규격 외의 것이 몇 %정도 되겠는가? (8점)

급구간	대표치	f_i	u_i	f_iu_i	$f_iu_i^2$
36.5-39.5	38	2	-3	-6	18
39.5-42.5	41	6	-2	-12	24
42.5-45.5	44	19	-1	-19	19
45.5-48.5	47	19	0	0	0
48.5-51.5	50	15	1	15	15
51.5-54.5	53	13	2	26	52
54.5-57.5	56	11	3	33	99
57.5-60.5	59	13	4	52	208
60.5-63.5	62	2	5	10	50
계		$\sum f = 100$		$\sum f_iu_i = 99$	$\sum f_iu_i^2 = 485$

기출 5회

[문제] 1. 어느 제품의 인장강도의 분산이 종래의 제조법에서는 $9[kg/mm^2]$이었다. 이 제품의 제조 공정을 변경하여 제조하여 본 결과 다음의 데이터를 얻었다. 변경 후의 분산이 변경 전의 분산과 차이가 있는지를 검정하시오($\alpha = 0.05$). 또한 변경후의 모분산을 신뢰율 95[%]로 구간 추정하시오.

데이터 : 53, 48, 54, 51, 48, 52, 46, 50, 51$[kg/mm^2]$

[문제] 2. 확률변수 X의 확률분포가 다음과 같다.

X	1	2	4	7	11	계
$P[X=x]$	0.08	0.27	0.10	0.33	0.22	1.00

1. $P[2 \leq x \leq 8]$을 구하시오.
2. $E(x)$, $V(x)$를 구하시오.
3. $Y=2X-8$이라 할 때 $E(Y)$를 구하시오. (단, 소수 2자리까지 구하시오.)

[문제] 3. 어떤 반응공정의 수율을 높일 목적으로 반응시간(A), 반응온도(B), 성분(C)의 3가지 인자를 라틴방격으로 실험하였다. S_C를 구하시오.

B \ A	A_1	A_2	A_3
B_1	C_1 77.5	C_2 84.3	C_3 86.4
B_2	C_3 86.0	C_1 91.9	C_2 88.0
B_3	C_2 90.1	C_3 94.8	C_1 89.3

[문제] 4. 반복이 없는 이원배치 실험을 하다가 수준조합 A_3B_2의 실험이 잘못되어 데이터를 얻지 못하였다. 이 결측치 ⓨ를 추정하시오.

	A_1	A_2	A_3	A_4
B_1	10.5	12.3	13.9	10.3
B_2	10.4	12.4	ⓨ	10.2
B_3	10.2	12.2	15.1	10.3

[문제] 5. 종래 반품되고 있던 기계 부품의 치수는 표준편차가 0.15[cm]였다. 이번에 납품된 로트의 평균치를 신뢰율 95[%], 정밀도 0.10[cm]로 알고자 한다. 몇 개의 샘플을 뽑는 것이 좋은가? (단, 정수로 나타낼 것)

[문제] 6. 카메라 조립공정에서 최근 2개월간의 불량발생 상황을 조사한즉 다음 표와 같은 체크시이트가 되었다. 이 데이터를 파레토 그림으로 만드시오. 또 불량의 60[%]를 절감하려면 어디서부터 손을 대면 좋은지를 생각하시오. (단, 쇼오트, 간격불량, 부품누락, 작동불량은 기타로 일괄하여도 좋다.)

공정항목	불량항목	2월 제1주	제2주	제3주	제4주	3월 제1주	제2주	제3주	제4주	합계
A_1	배선과오									11
	납땜불량									21
	쇼오트									5
A_2	나사풀림									68
	간격불량									8
	부품누락									3
	접착불량									14
B_1	작동불량									2
	거리계먼지									41
	홈									29
합	계	21	35	29	23	29	26	16	23	202

[문제] 7. 다음 pn관리도 자료표를 보고 UCL과 LCL을 보고 구하시오. (단, 시료의 크기는 $n=100$이다.)

일　시	로 트 번 호	불량 갯수	일　시	로 트 번 호	불량 갯수
10/1	100	4	10/11	1020	1
10/2	200	2	10/12	1030	4
10/3	300	0	10/13	1040	1
10/4	400	5	10/14	1050	0
10/5	500	3	10/15	1060	2
10/6	600	2	10/16	1070	3
10/7	700	4	10/17	1080	1
10/8	800	3	10/18	1090	6
10/9	900	2	10/19	1100	1
10/10	1010	6	10/20	1200	3

[문제] 8. A, B 두 사람의 작업자가 같은 재료를 이용하여 가공한 기계부품이 길이를 측정한 결과 다음과 같은 자료가 얻어졌다. A 작업자가 만든 부품이 B 작업자가 만든 부품의 길이보다 크다고 할 수 있겠는가를 유의수준 $\alpha=0.05$로서 검정하시오. (단, 자료는 서로 대응이 있다고 할 수 있다.)

data의 그룹 / 작업자	1	2	3	4	5	6
A	17	18	23	26	20	25
B	19	20	17	21	23	23

[문제] 9. 어느 재료의 인장강도는 $75[kg/mm^2]$ 이상으로 규정된 경우 검사를 실시하였다. 즉 개량 규준형 1회 샘플링 검사에서 $n=8$, $k=1.74$의 값을 얻어 데이터를 취했더니 아래와 같다. 이 결과에서 lot의 합격 · 불합격을 판정하시오. (단, $\sigma=2[kg/mm^2]$)

79.0	75.5	77.5	76.5
77.0	79.5	77.0	75.0

[문제] 10. 길이가 $8[m]\pm15[cm]$인 철봉이 있다. 이 철봉에서 $3[m]\pm15[cm]$인 철봉을 잘라낸

후 각각을 뒤섞은 후에 $5[m]$ 및 $3[m]$ 길이의 두 철봉을 랜덤하게 연결시켜 다시 붙인다면 공차는 얼마가 되겠는가? (단, 정규분포를 가정하고 또한 자르거나 붙일 때의 길이에 대한 로스($loss$)는 없다고 가정하시오.)

[문제] 11. 다음 표는 2^2요인 실험에서 A, B 두 인자의 조합과 그 실험 결과에 대한 자료를 나타내고 있다. 교호작용 $A \times B$의 효과를 구하면 얼마인가?

A \ B	B_1	B_2
A_1	5	7
A_2	2	1

[문제] 12. 어떤 약품의 합성에 있어서 촉매의 양을 3수준으로 잡아 4회씩 반복 실험하였더니 수량[%]은 다음과 같았다.

1. 분산분석을 이용하여 직선회귀 유의성을 검정하시오.($\alpha = 0.05$)

반복(y_i) \ 수준(x_i)	$A_1(2[\%])$	$A_2(3[\%])$	$A_3(4[\%])$
1	7.4	7.3	8.6
2	7.0	6.7	8.5
3	6.8	8.4	8.6
4	7.9	8.0	8.7

[문제] 13. K 부품의 내경 연마공정에서 공정의 상태를 파악하기 위하여 관리도를 그려보기로 하였다. 우선 해석용 관리도를 작성하기위해 과거 자료로부터 K 부품의 내경(단위는 $[mm]$)을 군의 크기 $n = 5$, 군의 수 $k = 25$의 데이터를 구하여 $\sum_{i=0}^{25} \overline{x}_i = 1240$, $\sum_{i=1}^{25} R_i = 248$을 얻었다. $\overline{x} - R$ 관리도의 관리상, 하한선을 구하시오.

기출 6회

[문제] 1. 자동차 부품공장에서 부품 50개들이 한 상자에 들어있는 불량품은 5개를 넘지않는다고 공장 측에서는 보증하고 있다. 그런데 이 공장에서 1개의 부품이 불량으로 되는 확률은 5%임이 종래의 검사결과에서 알려져 있을 때 이 공장에서 출하되는 50개들이 상자가 공장의 보증을 충족할 확률은 얼마인가? (10점) (단, 정규분포로 근사시켜 처리할 것.)

[문제] 2. 원료 A, B 를 써서 생산된 약품의 회수량을 계산한 결과 아래의 표를 얻었다. 원료에 따라 약품의 회수량에 차이가 있다고 할 수 있겠는가?

	A	B
n	9	16
$\overline{X}$	25.0	20.0
S	35.0	22.5

[문제] 3. $\overline{X}=25$, $V_x=1.5$일 때 $Y_i=(X_i-5)\times\frac{1}{10}$로 변수 변환하면 $\overline{Y}$와 V_Y는 얼마인가?

[문제] 4. 두 변수 X, Y 간에 다음 실험데이터가 얻어졌다. 직선방정식을 구할 때 회귀변동 S_R은 얼마인가? (6점)

X_i	1	2	3	4	5	6	7	$\overline{X}=4$
Y_i	2	3	5	7	8	10	14	$\overline{Y}=7$

[문제] 5. 작업표준이란 현장이 안전하게 효율적으로 생산하기 위한 기본이며, 관리 감독자가 스스로 공정을 관리하는 도구이며, 또 최저한의 규정이다. 이것이 바탕이 되어 관리개선이 이루어져 나간다. 작업표준에는 효율적인 생산을 위해 온갖 조건, 즉 표준작업을 고려하여 4M을 가장 효과적으로 조합할 필요가 있다. 여기서 말하는 4M이란 무엇인가? (4점)

[문제] 6. 계수규준형 1회 샘플링검사에서 $P_0=0.4\%$, $P_1=1.2\%$일 때 샘플링검사 설계 보조표를 보고 n과 c를 구하시오. (단, $\alpha=0.05$, $\beta=0.10$)

P_1 / P_0	c	n
4.3 - 3.6	4	$98.5/P_0 + 400/P_1$
3.5 - 2.8	6	$164/P_0 + 527/P_1$
2.7 - 2.3	10	$308/P_0 + 770/P_1$

[문제] 7. 인자 A(4수준), B(5수준)이고 모두 모수모형인 2원배치 실험에서 $\overline{X}_{3\cdot} = 8.6$, $\overline{X}_{\cdot 2} = 10.6$, $\overline{\overline{X}} = 8.855$, $V_E = 0.468$ 물음에 답하시오.

1. 유효반복수 n_e를 구하시오. (3점)
2. A_3B_2 모평균을 신뢰율 95%로 구간 추정하시오. (7점)

[문제] 8. 50개 데이타로부터 $S_{(XX)} = 7064.1$, $S_{(YY)} = 3041.1$, $S_{(XY)} = 4017.3$을 얻었다.

(단, $S_{(XX)} = \sum_i (x_i - \overline{x})^2, S_{(YY)} = \sum_i (y_i - \overline{y})^2, S_{(XY)} = \sum_i (x_i - \overline{x})(y_i - \overline{y})$)

1. 표본상관계수(r)를 구하시오. (3점)
2. $H_0 : \rho = 0 \quad H_1 : \rho \neq 0$ 에 대하여 검정하시오. ($\alpha = 0.05$) (5점)

[문제] 9. σ기지의 경우에 계량규준형 샘플링 검사방식이 $n = 10$, $k = 1.8$이라면 σ미지의 계량규준형 샘플링 검사방식의 합격판정계수 k와 시료의 크기 n은 어떻게 되는가?

[문제] 10. 직교배열표 $L_8(2^7)$에 다음과 같이 인자를 배치하여 실험한 결과가 아래와 같다. (10점)

1. 분산분석표를 작성하시오.
2. 교호작용이 존재한다면 $A \times C$의 교호작용은 제 몇 열에 나타나며 그 자유도 $\phi_{A \times B}$는 얼마이겠는가?

배치한인자	A	B	C	D		E		
No \ 열번	1	2	3	4	5	6	7	데이터
1	1	1	1	1	1	1	1	8
2	1	1	1	2	2	2	2	7
3	1	2	2	1	1	2	2	9
4	1	2	2	2	2	1	1	10
5	2	1	2	1	2	1	2	4
6	2	1	2	2	1	2	1	2
7	2	2	1	1	2	2	1	6
8	2	2	1	2	1	1	2	5
성분표시	a	b	a b	c	a c	b c	a b c	계 = 51

[문제] 11. 주사위를 120번 굴려서 1, 2, 3, 4, 5, 6의 눈이 나오는 수를 세어 보았더니 다음 표와 같이 되었다. 이 주사위가 속임수 없이 굴러졌다고 한다면, 이 주사위는 바르게 만들어졌다고 할 수 있겠는가? (8점) (단, $\alpha = 0.05$)

눈	1	2	3	4	5	6	합계
횟수	28	14	16	10	20	11	99

[문제] 12. 계량 규준형 1회 샘플링 검사는 n개의 샘플을 취하고 측정치의 평균 $\overline{X}$와 합격판정치를 비교하니 로트의 합격, 불합격을 판정하는 방법이다. 로트의 평균치를 보증하는 경우는 KSA 3103(표준편차 기지)에 규정되어 있다. 다음 물음에 답하시오. (8점) ($\alpha = 0.05$, $\beta = 0.10$)

1. 드럼통에 넣어 있는 고체 가성소다에 함유된 산화철분은 낮을수록 좋다. 로트의 평균치가 0.0045(%) 이하이면 합격으로 하고, 0.0055(%) 이상이면 불합격이 될 수 있게 하는 n과 $\overline{X}_u$를 구하시오. (4점) (단, $\sigma = 0.0005(\%)$)

2. 철재의 인장강도는 클수록 좋다. 인장강도는 $78(kg/mm^2)$ 이상으로 규정되어 있는 경우의 검사에서 $n = 8$, $k = 1.74$ 의 계량 1회 샘플링 검사를 실시한 결과 다음과 같은 측정치를 얻었다. 로트의 판정은? (4점)

   (단, $\sigma = 0.5(kg/mm^2)$)

   데이터 74, 75, 76, 77, 78, 78, 79, 79

$\frac{\lvert m_1 - m_0 \rvert}{\sigma}$	n	G_0
2.096이상	2	1.163
1.690~2.068	3	0.950
1.463~1.689	4	0.822
1.309~1.462	5	0.736
1.195~1.308	6	0.672
1.106~1.194	7	0.622
1.035~1.105	8	0.582
0.975~1.034	9	0.548
0.925~0.974	10	0.520
0.882~0.924	11	0.496
0.845~0.881	12	0.475
0.812~0.844	13	0.456
0.772~0.811	14	0.440
0.756~0.711	15	0.425
0.732~0.755	16	0.411
0.710~0.731	17	0.399
0.690~0.709	18	0.383
0.671~0.689	19	0.377
0.654~0.670	20	0.368
0.585~0.653	25	0.329
0.534~0.584	30	0.300

[문제] 13. 다음 관리도를 보고 점이 랜덤하게 나열되었는지를 런의 길이를 이용하여 판정하시오.
(단, $\alpha = 0.05$ 표를 이용하여 판정근거를 서술하시오.)

[표 : 런의 길이에 의한 판정기준]

점의 수 k	$P_t = 0.05$	
	하한	상한
12	1	6
14	1	7
16	1	7
18	1	7
20	1	8

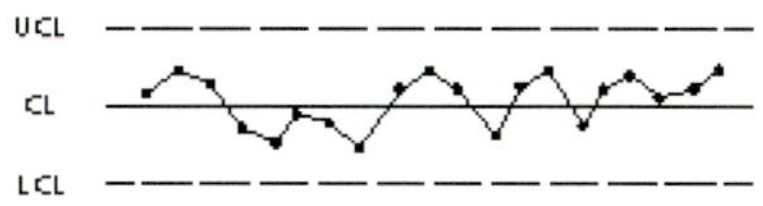

기출 7회

[문제] 1. 모수인자 A를 3수준, B를 4수준으로 하여 2회 반복의 2원배치 실험을 하였다. 분산분석을 하는 경우 교호작용 $A \times B$의 불편분산의 자유도와 기대치는 얼마인가? (5점)

[문제] 2. 다음 답안지의 분산분석표는 인자 A에 있어서 4수준 인자 B의 3수준을 택하여 반복없는 2원배치 실험결과의 분산분석표이다. 공란에 알맞은 답을 기입하시오? (6점)

요인	S	φ	V	F_0	F_α
A	(196)	3	(65.3)	(8.24)	
B	(49)	2	(24.3)	(3.13)	
E	(47)	6	(7.83)		
T	292	11			

[문제] 3. 불량률이 10%인 크기 50의 로트에서 랜덤하게 시료 5개를 샘플링했을 때 그 시료 중에 불량품이 하나도 없을 확률을 이항분포에 의한 계산으로 구하시오. (4점)

[문제] 4. 분임토의 활동 순서를 쓰시오. (5점)

[문제] 5. 어떤 제품의 특성치 X, Y의 상관계수를 32개의 시료에서 구한 결과 0.674를 얻었다. 상관관계가 없다는 귀무가설은 있다는 대립가설에 대하여 유의수준 $\alpha = 0.01$로 검정하시오. (5점) (단, t검정을 하시오.)

[문제] 6. 공정평균 불량률 $\bar{P} = 1\%$, 로트의 크기 $N = 500$의 로트가 있다. $P_1 = 3\%$ 라 할 때 KSA 3105 표를 활용하여 샘플링 방식을 구하시오. (6점)

[문제] 7. 다음의 관리도를 보고 관리상태를 판정하는데 관리 상태가 아닌 명칭을 번호별로 쓰시오. (8점)

p(%)	.0 - .22			.22 - .33			.34 - .55			.56 - .77			.78 - 1.1		
N	n	c	AOQL(%)	n	c	AOQL(%)	n	c	OQL(%)	n	c	AOQL(%)	n	c	AOQL(%)
48이하	전수	0	0	전수	0	0	전수	0	0	전수	0	0	전수	0	0
49-70	48	0	.43	48	0	.43	48	0	.45	48	0	.45	48	0	.45
71-100	55	0	.46	55	0	.46	55	0	.46	55	0	.46	55	0	.46
101-200	65	0	.48	65	0	.48	65	0	.48	65	0	.48	65	0	.48
201-300	65	0	.48	65	0	.48	65	0	.48	65	0	.48	65	1	.48
301-500	125	1	.67	125	1	.67	125	1	.67	125	1	.67	175	1	.67
501-700	125	1	.67	125	1	.67	175	2	.78	175	2	.78	220	3	.80
701-1000	125	1	.67	125	1	.67	175	2	.78	220	3	.88	220	4	.90
1001-2000	125	1	.67	175	2	.78	220	3	.83	260	4	.98	305	5	1.0
2001-3000	175	2	.78	220	3	.88	260	4	.98	305	5	1.0	390	7	1.2
3001-5000	175	2	.78	220	3	.88	260	4	.98	345	6	1.1	430	8	1.2
5001-7000	175	2	.78	220	3	.88	260	4	.98	345	6	1.1	510	10	1.3
7001-10000	175	2	.78	220	3	.88	305	5	1.0	345	6	1.1	550	11	1.3
10001-20000	220	3	.88	260	4	.98	345	6	1.1	390	7	1.2	625	13	1.4
20001-30000	220	3	.88	260	4	.98	345	6	1.1	430	8	1.2	625	13	1.4
30001-50000	220	3	.88	305	5	1.0	390		1.2	510	10	1.3	665	14	1.4

[표 KSA 3105]

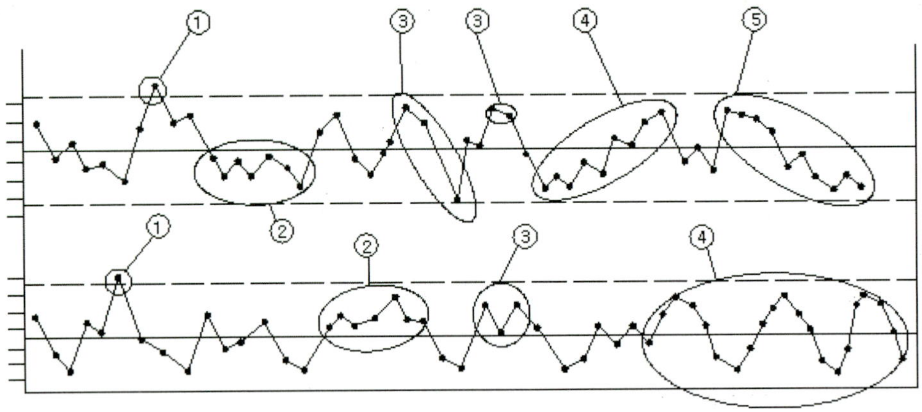

[문제] 8. $N(2,\ 4)$, $N(2,\ 5)$로부터 크기 4의 시료를 뽑았을 때 그 평균 $\overline{Y}$ 및 $\overline{X}$, $\overline{X}-\overline{Y}$의 차는 어떤 분포를 따르는가? (5점)

[문제] 9. A, B 두 회사로부터 구입한 동일 품종의 금속재료가 있다. 각각의 인장 강도를 조사한 결과 다음의 데이타를 얻었다. (8점) (단, 단위는 kg/mm^2)

1. 양 재료의 모분산에 유의차가 있는가? $\alpha=0.05$로 검정하시오.
2. 양 재료의 모평균에 유의차가 있는가? $\alpha=0.05$로 검정하시오.

재료 A	52	47	50	51	46	51	51	50	49
재료 B	53	56	54	54	58	52	50		

[문제] 10. 계수 규준형 축차 샘플링 검사를 실시하기 위해 어느 로트에서 1개씩 샘플링하여 30개의 시료를 검사한 결과 5번째와 25번째의 시료에서 불량품을 발견했다. 이때 로트의 처리는 어떻게 하여야 하는가? (8점) (단, $h_0=-2.319$, $h_1=2.702$, s=0.059)

[문제] 11. 어떤 공정에서 생산되는 제품의 길이는 정규분포를 한다고 알려져 있다. 그 평균(M)을 알기 위해 랜덤 샘플을 취한 결과 다음과 같은 자료를 얻었다. (10점)

13.1	15.2	14.3	17.1	19.3	14.5	18.7	16.2	18.3

1. 위 표본의 평균($\overline{X}$)과 불편분산(V)를 구하시오. (2점)

2. M에 대한 95% 신뢰구간을 구하시오. (4점)

3. 다음의 가설을 유의수준 1%로 써 검정하시오. (4점)

$H_0 : M = 15.0$

$H_1 : M > 15.0$

(단, $t_{0.005(8)} = 3.355$ $t_{0.005(9)} = 3.250$ $Z_{0.005} = 2.575$

$t_{0.02(8)} = 2.896$ $t_{0.01(9)} = 2.821$ $Z_{0.01} = 2.327$

$t_{0.025(8)} = 2.306$ $t_{0.025(9)} = 2.262$ $Z_{0.025} = 1.960$

$t_{0.05(8)} = 1.860$ $t_{0.05(9)} = 1.833$ $Z_{0.05} = 1.645$)

[문제] 12. 2회 반복한 2^2요인 배치 실험에서 $ab = 16$, $a = 10$, $b = 12$, $(1) = 6$인 경우 주효과 A와 A의 변동 S_A를 구하시오. (6점)

[문제] 13. $UCL = 43.45$, $LCL = 16.55$, $n = 5$인 $\overline{X}$관리도에서 공정의 분포가 만약 N(30, 10^2)이라면 이 관리도에서 $\overline{X}$가 관리한계 밖으로 나올 확률은 얼마가 되겠는가? (8점)

[문제] 14. 4대의 기계에 프레스 가공을 하여 100개씩의 제품을 만들고 시험했다. 그 결과가 아래 표와 같다. 기계간 변동 S_A를 구하시오. (8점)

기 계	A_1	A_2	A_3	A_4
양 품	93	90	95	85
불 량 품	7	10	5	15
	100	100	100	100

[문제] 15. 다음의 식을 이용하여 관리도에 있어서 평균치 차를 검정할때 필요한 조건 4가지만 쓰시오. ($|\overline{\overline{X_A}} - \overline{\overline{X_B}}| \geq A_2 \overline{R} \sqrt{\frac{1}{K_A} + \frac{1}{K_B}}$ 일 때, A 공정과 B 공정의 공정 평균 μ_A와 μ_B는 차가 있다고 판정한다.) (8점)

기출 8회

[문제] 1. 다음 도수표로부터 물음에 답하시오.

급 구 간	도 수
137.55～141.55	2
141.55～145.55	4
145.55～149.55	19
149.55～153.55	35
153.55～157.55	17
157.55～161.55	12
161.55～165.55	5

① 평균치를 구하시오.

② 불편분산을 구하시오.

③ 급구간 145.55～149.55의 도수분포율을 구하시오.

④ 급구간 149.55～153.55의 누적도수를 구하시오.

⑤ 급구간 153.55～157.55의 상대누적도수를 구하시오.

[문제] 2. 크기 $N=500$의 로트로부터 샘플의 크기 $n=50$의 시료를 샘플링하여 합격 판정개수 $c=2$인 경우 불량률 P가 1%, 2%, 4%, 6%인 로트가 합격할 확률은 얼마인가? 또, 계수 샘플링 방식으로 OC곡선을 그리시오.

[문제] 3. 어느 샤프트의 외경을 $\bar{x}-R$ 관리도로 관리하고 있다. $\bar{x}$관리도의 UCL 52.82, LCL 52.20이며 $\bar{R}=0.54$ 라고 한다. $S_U=53.00m/m$라고 할 때 이 공정에서 발생하는 불량은 몇 %인가? (단, $d_2=2.33$, $d_3=0.864$, $A_2=0.577$, $D_4=2.12$)

[문제] 4. 반투명경의 투과율을 측정하기 위하여 측정광원의 파장 A를 6수준 지정하고, 다수의 측정자로부터 랜덤으로 4명 B를 뽑아 반복이 없는 이원 배치실험을 행하고 그 결과를 분산분석한 결과는 다음 표와 같았다. 측정자에 의한 분산성분의 추정치 $\hat{\sigma}_B^2$의 값은?

요 인	변동	자유도	불편분산
A	3.690	5	0.738
B	11.310	3	3.770
E	7.698	15	0.5132
T	22.698	23	

[문제] 5. 어떤 부품의 전기저항치는 50Ω 이하로 규정되어 있다. $n=5$, $k=2.12$의 계량규준형 1회 샘플링 검사를 $\overline{x}=44.0\Omega$이 되었다. 로트의 표준편차 $\sigma=2\Omega$로 알고 있는 경우 이 로트의 합격판정을 하시오. (단, $\alpha=0.05$, $\beta=0.10$)

[문제] 6. 연속생산형 샘플링 검사에서 연속 양호품수 $i=115$, 군구분의 크기 $\frac{1}{f}=5$가 나왔다. 검사가 시작되어 양호품이 계속 나오다가 48번째 제품에서 불량품이 나왔다면 빨라야 몇 번째 제품부터 일부검사를 받는가?

[문제] 7. 어떤 제품의 성분을 변경하여 시작한 로트로부터 10개의 시료를 랜덤하게 샘플링하여 다음과 같은 데이타가 나왔다. 이 때 특성치의 분산에 대한 신뢰구간을 구하시오. (단, 신뢰율 95%)

데이타 : 3, -1, -5, 3, 1, -5, 13, -1, 4, -3

[문제] 8. 다음 표는 2^2요인 실험에서 A, B 두 인자의 조합과 그 실험 결과를 나타낸 것이다. 두 인자 A, B 간의 교호작용 AB와 B의 변동 S_B를 구하시오.

B \ A	A_1	A_2
B_1	23	27
B_2	31	51

[문제] 9. 어떤 제품의 두께에 대한 $L-S$ 관리도를 그리기 위하여 $n=5$인 시료를 25조 택하고 각 조의 최대치L, 최소치S 및 범위R로부터 각각의 평균치를 구했더니 다음과 같았다. $L-S$ 관리도의 중심선 및 관리한계를 구하시오.

단, $\overline{L}=24.52$, $\overline{S}=23.60$, $\overline{R}=0.95$

[문제] 10. 다음 (　　)안에 적당한 것을 보기에서 골라 답안지에 쓰시오.

관리하고자 하는 (①)이(가) (②)의 경우 군간산포의 관리에는 (③)을(를), 군내산포의 관리에는 (④)를(을) 쓴다.

보 기	계수치, R관리도, 품질특성, $\bar{x}$관리도, 계량치, P관리도, u관리도

[문제] 11. 값이 고가이면서 정밀도가 좋은 기계 A와 값이 싼 기계 B가 있다. 실제 A가 정밀도가 좋은가를 조사하기 위하여 각각의 기계에서 16개씩의 제품을 가공한 결과 불편분산은 각각 $V_A = 0.0036mm^2$, $V_B = 0.0146mm^2$이었다. 확실히 A기계의 정밀도가 좋다고 할 수 있는가를 검정하시오. (단, 유의수준은 5%이다.)

[문제] 12. 일원배치 반복이 일정할 때 데이타의 구조식을 $x_{ij} = \mu + a_i + e_{ij}$로 쓸 수 있다. 아래 빈칸에 데이타의 구조를 식으로 표시하시오.

(단, μ: 총평균, a_i: A_i 수준의 효과, e_{ij}: 오차, $i = 1, 2, ... i$, $j = 1, 2, ... n$이다.)

	A인자 : 모수인자	A인자 : 변량인자
A_1수준의 평균	(①)	(②)
총 평 균	(③)	(④)

[문제] 13. 다음의 데이타는 원료의 양 x, 생성물의 수량 y의 관계를 나타낸 표이다.

원료 (x)	1.5	2.0	3.5	4.3	5.0
수량 (y)	30	35	66	66	87

1. x와 y에 대한 공분산을 구하시오.
2. x에 대한 y의 회귀식을 구하시오.
3. x와 y간의 상관계수를 구하시오.

[문제] 14. 어떤 제품의 순도에 의한 불량이 5%, 무게에 의한 불량이 3%, 순도 및 무게에 의한 동시 불량이 2%라면 이 제품의 불량률은 얼마인가?

기출 9회

[문제] 1. 품질관리분임조에서 개선활동을 능란하게 추진하려면 QC스토리(개선의 추진방법)를 이해할 필요가 있다. 이 QC 스토리란 무엇인가를 단계별로 간략히 써 보시오. (6점)

[문제] 2. 합리적인 군구분이 안될 때 $k=25$, $\sum X=152.3$, $\sum R_S=10.2$라고 하면 이때 X관리도의 UCL, LCL의 값은 얼마인가? (6점)

[문제] 3. 직물 공장에 8대의 직포기에 대하여 사절수를 세어 보았더니 다음과 같다. 기계에 따라 사절수가 다른가를 적합도 검정을 하여 검정하시오. (10점)
(단, $\alpha=0.05$, 24시간당 기준 한 사절수임)

직포기	A	B	C	D	E	F	G	H
사절수	28	17	33	9	20	14	22	25

[문제] 4. 다음 ( )안을 적당한 문자나 식으로 표시하시오. (6점)

"평균치 μ, 표준편차 σ인 모집단에서 크기 n의 시료를 랜덤 샘플링 한 결과 시료평균 $\overline{X}$의 분포의 평균은 ①이며, 표준편차는 ②인 ③분포를 한다."

[문제] 5. 다음과 같이 급으로 나누어진 도수 분포표가 얻어졌다. 40개 데이타의 중앙값 ( )을 소수점 이하 한자리까지 구하시오. (6점)

급번호	급 수 간	돗 수	중앙값
1	35.5-37.5	3	36.5
2	37.5-39.5	11	38.5
3	39.5-41.5	18	40.5
4	41.5-43.5	8	42.5

[문제] 6. 불량 갯수의 축차 샘플링 검사에서 합격 판정선 $d_0 = -1.445 + 0.11n$ 불합격 판정선 $d_1 = 1.885 + 0.11n$일 때 어느 로트에서 1개씩 샘플링한 결과 40개의 시료 중 6번째와 35번째에서 불량품이 발견되었다면 이 경우 로트를 어떻게 처리해야 하는가? (10점)

[문제] 7. 다음 도수표는 어떤 강판 압연공장에서 철판의 두께를 100매 측정한 결과이다. 규격상한(S_U) = 32, 규격하한(S_L) = 13일 때 규격한계를 벗어나는 것은 몇 %나 되겠는가? (8점)

계급번호	계급의 경계치	돗 수
1	10.5-13.5	2
2	13.5-16.5	6
3	16.5-19.5	10
4	19.5-22.5	15
5	22.5-25.5	23
6	25.5-28.5	20
7	28.5-31.5	14
8	31.5-34.5	8
9	34.5-37.5	2
		$\sum f_i = 100$

[문제] 8. 반응온도(A)를 4수준으로 하여 반복 3회의 1원배치 실험 데이타로부터 $S_T = 2.148$ 및 $S_A = 1.980$을 얻었다면 검정통계량의 값은 얼마인가? (6점)

[문제] 9. 기계 A와 기계 B에서 제작된 제품의 $\overline{X} - R$ 관리도를 작성한 결과 A기계: $\overline{\overline{X}}_A = 56.72$, $\overline{R}_A = 5.35, K_A = 20, n_A = 5$, B기계: $\overline{\overline{X}}_B = 51.32$, $\overline{R}_B = 5.10$, $K_B = 15$, $n_B = 5$이고, 두 관리도는 정규분포에 가깝다. 기계 A와 기계 B에서 만들어진 제품의 평균치에 차이가 있는가? (단, $\overline{R}_A$와 $\overline{R}_B$간에는 유의적 차가 없다.)

[문제] 10. 이원배치 실험에서 인자 A를 5수준, 인자 B를 4수준으로 하여 20회의 실험을 랜덤으로 실시하였다. 다음의 분산 분석표의 데이타를 사용하여 인자 A의 순변동(S_A)와 기여율 (ρ_A)를

구하시오. (6점)

요 인	변 동	자유도	불편분산
A B E	35.4 21.9 18.0	4 3 12	8.85 7.30 1.50
T	75.3	19	

[문제] 11. 다음 표는 인자 A를 2수준 (높은수준 +, 낮은수준 -), 인자 B를 2수준(높은수준 +, 낮은수준 -)으로 취하여 직교배열표에 의한 실험을 한 결과이다. A와 B의 주효과를 구하시요. (6점)

	열 번			데이타
	1	2	3	
1	+	+	+	9
2	+	-	-	7
3	-	+	-	6
4	-	-	+	4
배치	A	B	A×B	

[문제] 12. 어떤 화학반응에서 반응액 농도를 4수준(10%, 20%, 30%, 40%)로 하여 실험한 결과 수량은 아래와 같다. 여기서 A_2, A_3, A_4는 각각 1회, 2회, 3회 실패하였다. 다음 물음에 답하시오. (10점)

수준수 / 횟수	A_1	A_2	A_3	A_4
1	84.4	85.2	84.5	85.4
2	85.0	85.0	84.8	-
3	84.7	84.8	-	-
4	84.9	-	-	-
합 계	339	255	169.3	85.4

1. 분산분석표를 작성하시오. (5점)
2. A_1의 모평균에 대한 신뢰율 95%로서 신뢰구간을 추정하시오. (5점)

[문제] 13. 로트의 크기 1000개인 로트에 대하여 $n=100$, $c=0$의 계수선별형 1회 샘플링 검사를 실시하였다. 그리고 로트 불량률에 따른 합격확률은 다음과 같다. (10점)

로트 불량률(P)	로트의 합격확률 $L_{(p)}$
1%	0.9
3%	0.4
5%	0.1

1. 이 샘플링 검사방식으로 로트 불량률이 3%인 로트 100개를 검사한 경우의 AOQ는 얼마인가?
2. 이 샘플링 검사방식으로 불량률 1%의 로트 50개, 불량률 3%의 로트 30개, 불량률 5%의 로트 20개, 합계 100개의 로트를 검사한 경우의 AOQ의 기대치는 얼마인가?

기출 10회

[문제] 1. 검사로트의 품질특성이 정규분포를 따르며, 그 표준편차를 모르는 경우에 P_0=0.01, $P_1 = 0.05$, $\alpha = 0.05$, $\beta = 0.10$를 만족시키는 계량규준형 1회 샘플링 검사 방식을 구하고, 여기서 구한 시료 n개를 채취한 결과 $\overline{X} = 200.5$, $S_e = \sqrt{V} = 6.83$이었다. 로트의 합격여부를 판정 하시오. (단, 규격하한 $S_L = 190$이고, $K_{0.01} = 2.326$, $K_{0.05}$ =1.645, $K_{0.1} = 1.282$)

[문제] 2. QC분임조 활동의 기본 이념 3가지를 기술하시오. (6점)

[문제] 3. 확률변수 x 의 확률분포가 다음과 같다. 확률변수 x의 누적분포함수 F(x)의 그래프를 그리시오. (6점)

X	1	2	4	7	10
P(x)	0.1	0.2	0.3	0.1	0.3

[문제] 4. 두 종류의 고무배합 (A_0, A_1)을 두 종류의 mold(B_0, B_1)를 사용하여 타이어를 만들 때 얻어지는 타이어 balance를 4회씩 측정한 결과 다음과 같다.

1. 각 주효과와 교호작용 효과를 구하시오.(5점)
2. 각 변동을 구하시오.(5점) (단 A,B인자는 모수)

	A_0		A_1		합 계
B_0	31 45 46 43	165	82 110 88 72	352	517
B_1	22 21 18 23	84	30 37 38 29	134	218
합 계	249		486		735

[문제] 5. 물의 존재아래에서 카프로락탐의 중합을 행할 때, 산을 첨가시킴으로써 중합이 촉진되느냐의 여부를 알아보기 위하여 여러 가지 반응 시간에 대하여 락탐중합률을 측정한 결과 다음의 결과를 얻었다. 그런데 A_2, B_3 수준조합에서의 실험은 실패하여 데이터를 얻지 못하였다. (15점)
(단, ⓨ로 놓음)

실험조건

인자 A(첨가제 종류)	인자 B(반응시간)
A_1 : 첨가제 없음	B_1 : 2시간
A_2 : 아미노카프론산	B_2 : 4시간
A_3 : 안신향산	B_3 : 6시간
A_4 : 세바신산	

데이터(중합률%)

B \ A	A_1	A_2	A_3	A_4	합계
B_1	12.5	60.0	68.2	41.5	182.2
B_2	27.3	63.0	78.4	52.6	221.3
B_3	71.5	ⓨ	83.2	74.3	320.1
합계	111.3	214.1	229.8	168.4	723.6

1. 결측치 ⓨ를 추정하시오. (단, 소숫점 2자리에서 반올림하시오.)
2. 추정치 ⓨ를 대입하여 분산분석표를 작성하시오.
   (단, 불편분산의 기대치는 생략하시오.)
3. 수준조합 $A_1 B_2$에 대한 모평균을 신뢰율 95%로 구간 추정하시오.

[문제] 6. 어느 주물공장에서 종래 공정의 불량률은 12%였다. 주입방법을 변경하여 불량률이 감소했는가를 알아보기 위해 변경후의 제품을 120개 검사해 본 결과 불량품이 2개 발견되었다. (10점)

1. 변경후의 공정 불량률이 종래의 불량률보다 감소했는지를 검정하시오. ($\alpha = 0.05$)
2. 변경후의 공정 불량률을 신뢰율 95%로 구간추정 하시오.

[문제] 7. 어떤 회로에 사용되는 특수자기의 소성수축률은 지금까지 장기간에 걸쳐서 관리 상태에 있으며 그 표준편차는 0.10%이다. 원가절감을 위해 A회사의 원료를 사용하는 것이 어떤가를 검토하고 있다. A회사의 원료의 소성 수축률을 시험하였더니 [표]와 같았다. 이 데이터에 의해서 소성수축률의 산포가 지금까지의 값에 비해 달라졌는가의 여부를 유의수준 5%로 검정하시오. 또한 모분산을 신뢰율 95%로 구간추정 하시오. (10점)

[단위 %]

2.2	2.4	2.1	2.5	2.0	2.4
2.5	2.3	2.9	2.7	2.8	

[문제] 8. 로트의 크기 $N=6000$, 시료의 크기 $n=50$, 합격판정갯수 $c=2$에 대한 샘플링 방식에서 검사특성곡선(O.C곡선)을 작성할 경우 P_0및 P_1를 구하시오. (8점)
(단, $\alpha=0.05$, $\beta=0.10$)

$L_{(p)}$	nP_i
0.975	0.619
0.950	0.818
0.250	3.920
0.100	5.325
0.050	6.296
0.025	7.224

[문제] 9. $\overline{X}-R$ 관리도에서 $\overline{R}=3$이고 R관리도의 상한(UCL)은 6.846이다. 이때 시료의 크기 n의 값을 구하시오. (5점)

[문제] 10. $UCL=43.4$, $LCL=16.6$인 $\overline{X}$관리도($n=5$)가 있다. 공정의 분포가 $N(30,\ 10^2)$일 경우 이 관리도에서 $\overline{X}$가 관리 한계선을 벗어날 확률은 대략 얼마인가? (8점)

[문제] 11. 공정평균 불량률 $\overline{P}=0.6\%$, N의 크기 =1500의 로트가 있다. 평균출검 품질한계 $AOQL=3\%$ 계수선별형 이 샘플링 검사방식을 KSA 3105로부터 n, c 및 $LTPD$의 값은?

[문제] 12. 선반 기능공에 대한 자질검사로 몇 가지 작업을 연속적으로 얼마나 빨리 작업할 수 있는가를 측정하려고 한다. 이 자질검사의 소요시간은 평균값이 30분, 표준편차가 5분인 정규분포를 따른다고 한다. 물음에 답하시오. (8점)
자질검사의 합격 상한시간이 38분 이내라고 한다면 지원자의 약 몇 %가 자질검사에 합격하겠는가?

기출 11회

[문제] 1. 아래 도수표는 강판 압연 공정에서 철의 두께를 100배 측정한 결과이다. 물음에 답하시오. (11점) (단, $S_U = 25$, $S_L = 10$)

1. 이 데이타에서 평균과 표준편차(s)를 구하시오.
2. 규격한계를 벗어나는 제품이 몇 %나 되겠는가?
3. 공정능력지수 C_P를 구하고 공정을 판정하시오.

번호	계급의 경계치	중심치	도수
1	10.5~12.5	11.5	2
2	12.5~14.5	13.5	8
3	14.5~16.5	15.5	14
4	16.5~18.5	17.5	19
5	18.5~20.5	19.5	24
6	20.5~22.5	21.5	15
7	22.5~24.5	23.5	10
8	24.5~26.5	25.5	6
9	26.5~28.5	27.5	2

[문제] 2. 다음은 화학공장에서 제품의 수율에 영향을 미칠 것으로 생각되는 반응 온도를 인자로 취하여 반복 4회의 일원배치를 한 실험데이터이다. 다음 물음에 답하시오. (12점) (단, $A_1 = 50℃$, $A_2 = 60℃$, $A_3 = 70℃$, $A_4 = 80℃$)

1. 반응온도는 무슨 인자인가? (2점)
2. 귀무가설과 대립가설을 세우시오. (2점)
3. 분산분석표를 작성하시오. (4점)
4. A_2수준의 모평균을 신뢰율 95%로 구간추정하시오.

인자수준 / 반복	A_1	A_2	A_3	A_4
1	7.6	8.2	8.0	7.5
2	7.3	6.9	7.9	7.8
3	6.7	9.0	7.7	8.3
4	8.6	8.0	6.5	8.5
합 계	30.2	32.1	30.1	32.1

[문제] 3. $N = 1000$, $n = 30$, $c = 2$인 샘플링 검사방식에서 로트의 불량률 4%일 때 포아송 분포를 사용하여 $L_{(P)}$을 구하고 AOQ 및 평균검사량(I)을 구하시오. (9점)

[문제] 4. 갑을 공장에서는 제품 1개당 정미시간이 1분이고 여유율이 10%로 판명되었다. 이 공장에서 작업자 1인이 10시간 작업할 경우 몇 개의 제품이 생산 가능한지 외경법에 의하여 계산하시오. (6점)

[문제] 5. 답안지 그림은 계량규준형 1회 샘플링검사의 OC곡선을 보이려는 것이다. 로트의 평균치를 보증하려는 경우 특정치가 낮은 편이 바람직하다고 하면 이를 위하여 다음에 제시하는 기호를 모두 포함시켜 OC곡선을 완성하시오. (8점)(단,$n=4$, $\sigma=10$)

> 【기입할 기호】
> ① $L(m)$: 로트가 합격하는 확률
> ② m_0 : 합격시키고 싶은 로트의 평균치의 한계
> ③ m_1 : 불합격시키고 싶은 로트의 평균치의 한계
> ④ α : 생산자 위험 (= 0.05)
> ⑤ β : 소비자 위험 (= 0.10)
> ⑥ $\overline{X_U}$: 합격판정치(여기서는 500)

1. m_0, m_1를 구하시오.
2. OC곡선을 완성하시오.

[문제] 6. 어떤 감광지 제조공장에서 농도가 다른 용액 A, B에 의한 변색 정도를 알아보기 위해서 감광지의 시험지 면을 연속 투입한 결과표와 같았다. 농도 A, B에 따라 불량 매수의 출현에 차이가 있다고 할 수 있겠는가를 유의수준 5%로 검정하시오. (8점) (단, 정규근사법으로 하시오. 즉, $n_Ap_A \geq 5$, $n_Bp_B \geq 5$ 모두 만족시킨다.)

농 도	양호품매수	불량품매수	합 계
A	738	62	800
B	570	30	600
합 계	1308	92	1400

[문제] 7. 한 설탕공장에서 커피용으로 생산되는 소단위 설탕 한 봉지의 무게는 정규분포에 따른다고 한다. 설탕 한 봉지의 평균무게 μ를 구간 추정하기 위하여 다음과 같이 크기 $n=9$인 표본을 얻었다. μ의 95% 신뢰구간을 구하시오. (6점) (단, 과거 데이타로부터 표준편차가 알려져

있고, $\sigma = 0.3g$이라고 한다. 신뢰구간을 소수점 이하 2자리까지 구하시오.)

데이타(단위 : g) : 7.0 7.1 6.8 7.0 7.4 7.2 6.8 6.6

[문제] 8. 드럼관에 든 고형가송소다 중의 산화철분 Fe_2O_3는 낮은편이 좋다. 로트의 평균치가 0.004% 이하이면 합격으로 하고 그것이 0.005% 이상이면 불합격으로 하는 n과 G_0를 구하시오. (8점) (단, 로트의 표준편차 $\sigma = 0.00065\%$이라고 한다. $\alpha = 0.05$, $\beta = 0.10$, $K_{0.05} = 1.645$, $K_{0.10} = 1.282$이다.)

[문제] 9. 부품의 외관불량에 대한 관리한계선을 구하기 위해 과거의 24일간에 걸쳐서 매일 시료 200개씩 취하여 불량갯수를 구했더니 총 324개 나왔다. 불량개수 관리도의 관리상한선을 구하시오. (5점)

[문제] 10. 2^2요인 실험법을 실행하여 다음과 같은 결과를 얻었다. A×B 교호작용 효과를 구하시오. (7점)

		인 자 B		
		b_1	b_2	
인자 A	a_1	10 (1)	-2 b	8
	a_2	9 a	-13 ab	-4
	계	19	-15	4

[문제] 11. A, B 두 사람의 작업자가 기계부품의 길이를 측정한 결과 다음과 같은 데이터가 얻어졌다. A 작업자가 측정한 측정치가 B 작업자의 측정치보다 크다고 할 수 있겠는가? (8점) (단, 데이타는 각각 대응이 있다. 신뢰율 95%)

(단위:mm)

데이터의 조	1	2	3	4	5	6
A	79	78	83	86	80	87
B	84	85	70	75	81	75
A-B	-5	-7	13	11	-1	12

[문제] 12. 계수형 축차 샘플링검사(KSA3107)에서 d_0, d_1을 구해보니 $d_0 = -2.319 + 0.059n$, $d_1 = 2.702 + 0.059n$이었다. 어느 lot에서 1개씩 샘플링하여 50개의 샘플을 시험한 결과 11번째와 19번째의 샘플이 불량이라고 판정되었다. 이 lot의 조치는 어떻게 하면 좋은가? (7점)

[문제] 13. 두 변수 x, y 간에 다음의 실험 데이타를 얻었다. 회귀직선 $Y = \beta_0 + \beta_1 x$를 구하시오. (5점)

x_i	1	2	3	4	5
y_i	2	3	5	7	8

기출 12회

[문제] 1. 평균치 500g 이하인 로트는 될 수 있는 한 합격시키고 싶으나, 평균치 540g 이상인 로트는 될 수 있는 한 불합격시키고 싶다. 과거의 자료로 부터 판단하여 볼 때 품질 특성치는 정규분포에 따르고, 표준편차는 20g으로 믿어진다. 이때 α=0.05, β=0.10을 만족시키는 다음을 구하시오. (8점)

1. n, G_O를 구하시오.
2. 상한 합격판정치 $\bar{x}_u$를 구하시오.

[문제] 2. 다음 표는 회귀에 관한 분산분석표이다. 유의수준 0.05에서 유의검정을 하고 결정계수 r^2를 구하여 이로부터 상관계수 r 를 구하시오. (6점)

요 인	변 동	자유도	불편분산	F0	F
회 귀 잔 차	18.9 8.1	1 3	18.9 2.7		
계	27.0	4			

[문제] 3. 특성 요인도는 결과에 원인이 어떻게 관계되며 영향을 미치고 있는가를 단번에 알아볼 수 있도록 그린 그림으로서, QC 분임조 활동현장에서 문제에 대한 개선의 실마리를 얻는 방법으로서 매우 큰 효과가 있는 방법이다. 이 특성 요인을 작성할 때 주의해야 할 사항 3가지를 쓰시오. (5점)

[문제] 4. 시료군의 크기가 5, 군의 수가 20인 $\tilde{X}-R$관리도의 자료가 $\sum\tilde{X}=590$, $\sum R=546$일 때, $\tilde{X}$관리도의 UCL과 LCL을 구하시오. (7점)

[문제] 5. 크기 $N=3{,}000$의 로트에서 샘플의 크기 $n=100$의 시료를 샘플링하여 합격판정계수 $C=2$인 1회 샘플링 검사를 행할 때 1%, 3%, 5%인 로트가 합격될 확률과 OC 곡선을 구하시오. (6점)

[문제] 6. 선별형 샘플링 검사에서 'SL표'를 쓰는 경우는 (가), (나), (다), 3개를 지정하면 된다. 괄호 안에 알맞은 말을 써넣으시오. (6점)

[문제] 7. 어떤 공장에서 5대의 기계를 운전하고 있는 제품 공정이 있다. 각 기계마다 일정기간내의 고장횟수를 조사하였더니 아래와 같다. 기계에 따라 고장횟수가 다르다고 할 수 있는가 검정하시오. (8점) (단, $\alpha = 0.05$)

기 계	A	B	C	D	E
횟 수	10	9	15	7	12

[문제] 8. A, B, C 인자의 수준이 각각 5인 라틴방격법 실험이 실시되어 다음의 분산분석표가 얻어졌다. A_1수준에서 데이터의 평균치가 $\overline{X}_{1..} = 15.82$라면 $\mu(A1)$의 95%의 신뢰구간을 구하시오. (6점)

요 인	S	φ
A	18	4
B	25	4
C	48	4
E	6	12
T	97	24

[문제] 9. 다음과 같은 상금이 걸려있는 복권을 사려고 한다. 모두 액면가 5000원씩 2000매가 발행되었다면 복권 1매 당 상금의 기대치를 계산하시오. (6점)

구 분	매 수	상 금
특 등	1	1,000,000
1 등	5	200,000
2 등	10	50,000
3 등	20	5,000
4 등	1964	1,000

[문제] 10. A와 B 두 공장에서 생산하는 동일한 제품에 대한 평균 무게의 차를 추정하기 위하여 두 공장 A, B에서 다음과 같은 중간검사결과를 얻었다. 두 공장 A, B에서 생산하는 제품의 실제 평균 무게의 차에 대한 95%의 신뢰 구간을 구하시오. (8점)

공 장	표본의 크기	표본평균	모 분 산
A	nA= 36	$\overline{X}_A = 22$ (g)	10(g)
B	nB = 49	$\overline{X}_B =$ 20(g)	10(g)

[문제] 11. 다음 물음에 답하시오. (8점)

1. 어떤 작업요소를 14회 예비관측해서 다음의 개별 시간치가 구해졌다. 신뢰도가 95%정도 ±5%를 만족할 수 있는 필요 관측 횟수를 구하시오.

(단위 : DM)

횟 수	1	2	3	4	5	6	7	8	9	10	11	12	13	14
시간치	6	7	6	8	7	5	6	8	7	6	7	6	6	7

2. 시간 관측 결과 작업요소의 평균 소요시간이 7DM 이었고, Speed Rating 계수가 1.1일 때 정미시간(sec)을 구하시오.

[문제] 12. 반복이 없는 이원배치 실험에서 1개의 결측치가 나타났다. 결측치를 추정하고, 분산 분석표를 작성하였을 때 총 자유도 ϕ_T 와 오차의 자유도 ϕ_E는 얼마인가?(8점)

B \ A	A_1	A_2	A_3	A_4
B_1	-2	0	3	5
B_2	-4	-2	Y	3
B_3	-4	-1	1	2

[문제] 13. 원료 A와 원료 B에 대한 매일 매일의 제품의 순도(%)는 다음과 같다. 원료 A와 원료 B에서 순도의 모평균치에 차이가 있겠는가를 유의수준 5%로 검정하시오. (8점) (단, 원료 A와 원료 B에서 순도의 모분산은 잘 모르지만 같다고 가정한다.)

원료 A	74.9	73.9	74.7	74.3	75.8	74.2
원료 B	75.2	75.0	75.3	76.9	75.0	

[문제] 14. 합금의 표면처리를 함으로써 내산성이 증가하는가의 여부를 알고자하여 합금중에 크롬량이 포함된 양이 다른 것에 대하여 실험을 반복하는 2원 배치로 실시한 결과 다음 데이터를 얻었다. 분산분석을 하시오. (10점)

(단, $F(3,\ 8\ ;\ 0.05) = 4.07$, $F(3,\ 8\ ;\ 0.01) = 7.59$, $F(1,\ 8\ ;\ 0.05) = 5.32$,
$F(1.\ 8\ ;\ 0.01) = 11.30$, $F(3,\ 3\ ;\ 0.05) = 9.29$, $F(3,\ 3\ ;\ 0.01) = 39.50$ 임)

표면처리(B) \ 표면처리(A)	A_1 1%	A_2 2%	A_3 3%	A_4 4%
실 시 전 B_1	1.2 1.3	1.0 0.9	0.8 0.7	0.8 0.7
실 시 후 B_2	1.1 1.1	1.2 1.3	0.9 1.0	1.0 0.9

기출 13회

[문제] 1. A반과 B반은 같은 작업을 하고 있다. 이들의 작업결과를 조사하였더니 아래와 같다. 이들 두 반의 불량률에 차가 있다고 할 수 있는가? (8점) (단, $\alpha = 0.05$)

A반 ; $n_A = 105$, $r_A = 16$ B반 ; $n_B = 96$, $r_B = 18$

[문제] 2. 관리상태에 있는 어떤 공정에서 100개 데이터에 한하여 불편분산을 구했더니 $(10.25)^2$이었다. $S_U = 80$, $S_L = 20$로 규격이 주어져 있을 때 공정능력지수 C_P의 값을 구하시오. 잘 사용되는 공정 능력지수 범위에 따른 공정 등급을 분류 하시오. (6점)

[문제] 3. MIL - STD - 105D에서 최근의 연속된 10개 로트에서 모두 보통검사를 받아 처음검사에서 합격되었다. 시료의 총수는 350개이며 $AQL = 5.0\%$이다. 수월한 검사를 위한 한계 갯수를 구하시오. (8점)

[문제] 4. 어떤 기계의 진동크기에 대해서 그것을 구성하고 있는 베어링의 흔들림의 대소를 측정한 결과가 다음과 같았다. 이때 A_1과 A_2의 차에 대한 변동 S_L를 구하시오. (6점)

A_1	9	3	4	2	1
A_2	6	10	11	9	1

[문제] 5. 다음 그림은 표준시간 설정절차를 도표화한 것이다. 빈칸을 채우시오. (6점)

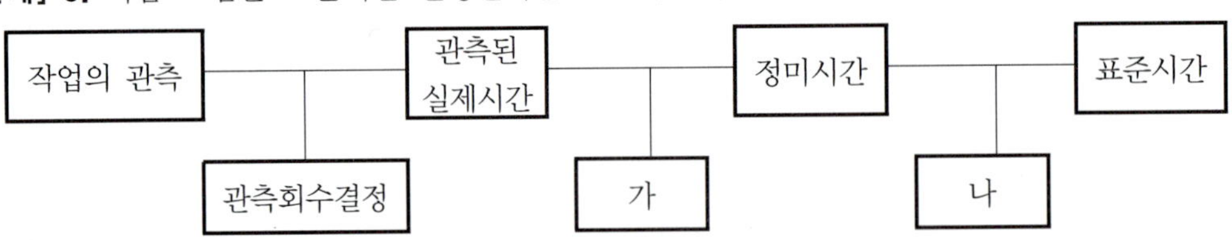

[문제] 6. 다음 데이터에 대하여 모분산의 구간을 측정하시오. (8점) (단, 신뢰율 95%) (단, F분포 이용할 것)

데이터 : 11.25, 10.75, 11.50, 11.00, 10.50
11.75, 10.75, 10.50, 11.25, 12.25

[문제] 7. 계수 규준형 샘플링 검사에서 $P_0 = 1.78$, $P_1 = 2.84$일 경우 n과 c를 구하시오. (5점) (단, 표 참조)

P_1 / P_0	c	n
3.5 ~ 2.8	6	$164/P_0 + 527/P_1$
2.7 ~ 2.3	10	$308/P_0 + 770/P_1$
2.2 ~ 2.0	15	$502/P_0 + 1{,}065/P_1$
1.99 ~ 1.50	20	$704/P_0 + 1{,}350/P_1$

[문제] 8. 어떤 생산공장에서 하루에 4개씩 25군의 시료를 측정하여 $\overline{X}$관리도를 3σ법으로서 작성한 결과 $UCL = 14.25$, $LCL = 11.75$가 되었다. 이 공정의 $\overline{\overline{X}}$와 $\overline{R}$ 및 σ_W를 구하시오. (6점)

[문제] 9. 다음 data의 공분산 (V_{xy})을 구하시오. (7점)

X_i(cm)	$Y_i(gr)$
6.8	6.1
7.1	6.7
6.5	6.3
7.8	7.1
7.5	7.4

[문제] 10. 다음의 검사 특성곡선을 보고 물음에 답하시오. (12점)

가. $n = 40$, $c = 2$의 샘플링 검사방식에 대하여 어떤 lot가 95%의 확률로 합격하기 위하여는 그 로트의 불량률은 몇 %가 되어야 하는가? (3점)

나. 자사 로트의 불량률이 5%였을 때 A사에 납품한다면 $n = 40$, $c = 2$의 샘플링 검사방식을 통

하여 몇 %의 비율로 합격되는가? (3점) (단, 포아송 분포가정)

다. 자사 로트의 불량률이 5%라면 $n=40$, $c=2$ 의 검사방식이 적용될 때 로트가 95%비율로 합격하기 위해서는 자사 로트의 불량을 몇 % 더 낮추어야 하는가? (3점)

라. ~$n=40$, $c=2$ 의 샘플링 검사방식에서 $n=40$, $c=3$ 의 샘플링 검사방식으로 옮긴다면 생산자 위험 및 소비자위험은 어떻게 되겠는가? (3점)

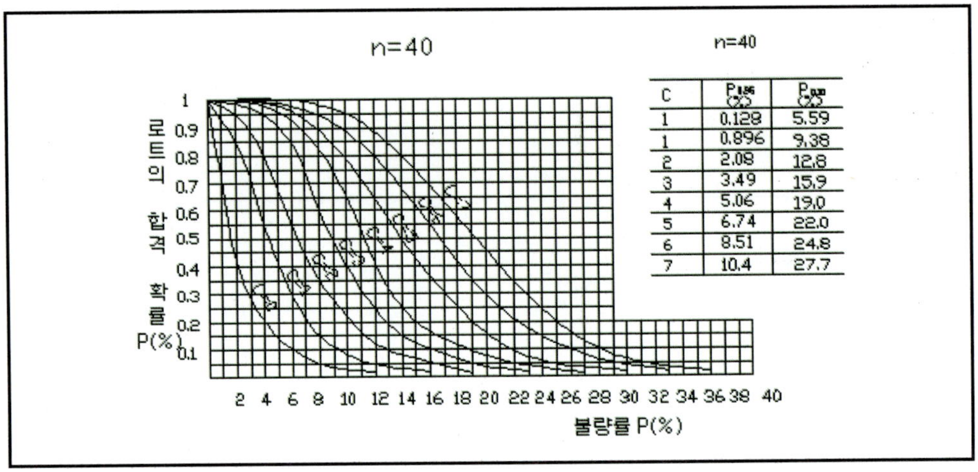

[문제] 11. 어떤 제품을 제조할 때 원료 투입량을 A인자(4수준), 처리온도를 B인자(4수준), 처리시간을 C인자(4수준)으로 잡고 라틴방격법을 실시하였다. 결과 데이터는 다음과 같다. 물음에 답하시오. (12점)

B \ A	A_1	A_2	A_3	A_4
B_1	$C_2(8)$	$C_4(7)$	$C_1(8)$	$C_3(8)$
B_2	$C_1(6)$	$C_2(5)$	$C_3(8)$	$C_4(7)$
B_3	$C_4(7)$	$C_3(9)$	$C_2(6)$	$C_1(8)$
B_4	$C_3(8)$	$C_1(6)$	$C_4(9)$	$C_2(6)$

1. 분산분석표를 작성하시오.
2. A의 2번째 수준의 모평균을 신뢰도 95%로 신뢰한계를 구하시오.

[문제] 12. 어떤 화학반응에서 반응액 농도를 4수준(10%, 15%, 20%, 25%)로 하여 실험한 결과 아래와 같은 데이타를 얻었다. S_A를 구하시오. (8점)

(단, A_2와 A_4는 각각 1회, 2회 실패하였다.)

	A_1	A_2	A_3	A_4
1	84.4	85.2	84.5	85.4
2	85.0	85.0	84.8	85.2
3	84.7	84.8	85.0	-
4	84.9	-	84.6	-
$T_{i.}$	339.0	255.0	338.9	170.6

[문제] 13. 다음 관리도를 보고 점의 상승, 하강 경향에 의한 점들의 랜덤성을 검정하시오. (8점)

($\alpha = 0.05$)

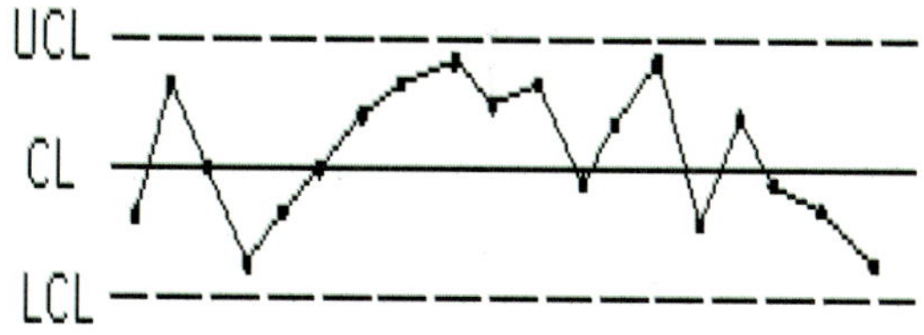

K	Pr = 0.05	
	하 한	상 한
18	1	6
19	1	6
20	1	6
22	1	6
24	1	6

기출 14회

[문제] 1. 어떤 화학공장에서 제품의 수율[%]에 영향을 미칠 것으로 생각되는 반응온도(A)와 원료(B)를 인자(A, B모수모형)로 하여 반복 없는 실험을 한 결과 다음의 데이터를 얻었다. (14점)
(단, 데이터는 $X_{ij}=(x_{ij}-97)\times 10$ 으로 수치변환한 것이다.)

원료(B) \ 반응 온도(A)	A_1 (180℃)	A_2 (190℃)	A_3 (200℃)	A_4 (210℃)
B_1 (M사)	6	16	20	10
B_2 (Q사)	3	12	10	7
B_3 (P사)	-3	-1	9	-5

가. 분산분석표를 작성하고 검정하시오. (단, α = 0.05) (6점)

요 인	S	ø	V	F0	F(0.05)

나. A_3B_1의 조합의 모평균μ_{31}을 신뢰율 95[%]로 추정하시오. (4점)

다. 인자 B의 기여율 ρB [%]는 얼마인가? (4점)

[문제] 2. 증류공장에서 커다란 탱크 속에 들어있는 변성 알코올의 뱃취를 증류조정하고 있다. 이 작업을 제품의 메타놀 함유량으로 관리하고 싶다. 같은 뱃취로부터 반복해서 시료를 채취하여 측정해 보아도 측정치의 산포는 무시해도 좋을 만큼 매우 작다. 그래서 1개의 뱃취로부터는 1회만 측정하기로 정하고 X관리도를 사용하여 관리하기로 하였다. 이 작업에 대한 데이터를 보고 물음에 답하시오. (6점)

[X-Rs 관리도]

번 호	측정치 (X)	이동범위 (Rs)	번호	측정치 (X)	이동범위 (Rs)
1	4.6		14	5.5	
2	4.7		15	5.2	
3	4.3		16	4.6	
4	4.7		17	5.5	
5	4.7		18	5.6	
6	4.6		19	5.2	
7	4.8		20	4.9	
8	4.8		21	4.9	
9	5.2		22	5.3	
10	5.0		23	5.0	
11	5.2		24	4.3	
12	5.0		25	4.5	
13	5.6		26	4.4	

가. $\overline{X}$와 $\overline{R_S}$를 구하시오.

나. X 관리도의 UCL, LCL을 구하시오.

다. R_S 관리도의 UCL, LCL을 구하시오.

[문제] 3. 어떤 유기합성 반응에서 반응온도를 20℃와 30℃로 하여 합성을 시킨 후 그 비중을 측정하였다. 비중은 정규분포에 따른다고 가정한다. 20℃에 의한 비중의 산포와 30℃에 의한 비중의 산포에 차이가 있는가를 유의수준 5%로 검정하시오. (8점)

20℃	4.0	3.9	4.7	4.3	5.8	4.2	4.4	3.3
30℃	5.2	5.0	5.3	6.9	5.0	4.9	4.4	6.5

[문제] 4. 고형가성소오다의 NaOH 함유규격은 국가규격에 의하면 1급품은 98% 이상으로 되어있다. A회사에서 NaOH 함유규격을 1급품 규격 98%에 미달한 것이 0.45% 이하의 로트는 통과시키고 그것이 4.8% 이상 되는 로트는 통과되지 않도록 하는 계량규준형 1회 샘플링 검사방식을 구하시오. (6점)

(단, 로트의 표준편차 σ=0.75% , α=0.05 , β=0.10으로 한다. 또한 P_0%, P_1%로부터 n과 k를 구하는 표 α=0.05 , β=0.10는 아래와 같다.)

P_0(%) \ P_1(%)	대표치	3.15	4.00	5.00	6.30
대표치	범위 \ 범위	2.81-3.55	3.56-4.50	4.51-5.60	5.61-7.10
0.250	0.225-0.280	2.28 10	2.21 8	2.15 6	2.09 5
0.315	0.281-0.355	2.24 11	2.18 9	2.12 7	2.06 8
0.400	0.356-0.450	2.21 14	2.15 11	2.08 8	2.02 7
0.500	0.451-0.560	2.17 17	2.11 13	2.05 10	1.99 8

[문제] 5. 4가지 작업요소로 구성된 어떤 작업을 수행하였을 때의 작업요소별 작업시간을 나타낸 데이터는 다음과 같다.

작업요소	작업요소별 평균작업시간
1	15
2	7
3	5
4	8

수행도 평가(performance rating)를 11.5%, 여유율(allowances)을 12%로 잡았을 때의 이 작업의 표준시간은 얼마인가? (8점)

[문제] 6. 통신기기에 사용되는 절연체의 두께$25^{+0.01}_{-0.02}$ mm를 검사하는데 한계게이지를 사용하여 불량갯수에 의한 축차 샘플링검사를 적용하려고 한다. 이때 lot의 불량률 5%까지는 통과시키지만, 불량률 20% 이상이나 되는 lot는 통과시키고 싶지 않다. 다음 물음에 답하시오. (8점) (단, KSA 3107의 축차 샘플링 검사 표로부터 h_0 = 1.445, h_1 = 1.855, s = 0.11이였다.)

가. 합격 및 불합격 판정선 d_0와 d_1을 구하시오.

나. n=36에서 d_0와 d_1의 값을 구하고, 만약 n=36까지의 실제 누적불량갯수가 d=5였다면 어떻게 평가해야 하는가?

[문제] 7. 어느 샤프트의 외경을$\overline{x}-R$ 관리도로 관리하고 있다. $\overline{x}$관리도의 UCL 52.82, LCL 52.20 이며, $\overline{R}$ = 0.54라고 한다. Su=53.00이라고 할 때 이 공정에서 발생하는 불량은 몇 %인가? (8점) (단, d_2=2.33, d_3=0.864, A_2=0.577, d_4=2.12)

[문제] 8. N = 5000의 Lot에서 샘플의 크기 n = 100의 시료를 샘플링하여 합격판정 갯수 c=2인 1회 샘플링 검사를 행할 때 불량률이 2% , 4% , 6%인 lot가 합격하는 확률을 구하고 OC곡선을 작성하시오. (6점)

P(%)	L(p)
2	
4	
6	

[문제] 9. 다음과 같은 두 개의 A 및 B사 제품시료를 10개 및 8개씩 랜덤하게 샘플링하여 그 순도를 측정한 결과 다음 데이터가 나왔다. A사와 B사의 제품순도를 모평균차에 대한 95% 신뢰구간을 구하시오. (8점)

(단, σA =0.7[%], σB =0.5[%])

A 사 : 48.5, 47.4, 49.5, 44.9, 46.7, 45.3, 48.6, 49.1, 47.6, 43.8

B 사 : 39.7, 49.6, 42.7, 48.8, 47.7, 45.9, 43.8, 42.7

[문제] 10. 부품외경 치수의 분포는 평균치가 10.00mm, 표준편차 0.05mm의 정규분포를 하고 있다. 이 부품의 규격은 규격상한이 10.10mm이고, 규격하한이 9.90mm이다. (8점)

가. 불량품이 나올 확률을 구하시오.

나. 공정능력 지수를 계산하고 판단하시오.

[문제] 11. 모분산이 4인 정규모집단으로부터 n=10일 때 불편분산의 값이 얼마 이상이면 확률이 1[%]가 되는가? 또, 불편분산이 얼마 이하이면 확률이 10[%]가 되는가?(6점)

가. 1 [%] :

나. 10 [%] :

[문제] 12. 다음 사항 중 바른 것은 ○표 , 틀리는 것은 ×표를 하고 바르게 고치시오.(8점)

가. $\overline{M}=\dfrac{\overline{L}+\overline{S}}{2}$:

나. $E_2 = (\dfrac{3}{2})\ A_2$:

다. $A_2 \leq m_3A_2$:

라. $D_4 = 1-3\dfrac{d_3}{d_2}$:

[문제] 13. 일원배치실험에서 반복 2회이고 수준간격은 10이다. 각 수준의 합이 T_1= 30, T_2 = 20, T_3 = 10일 때 회귀계수$\hat{\beta}_{(1)}$의 값은 얼마인가? (6점)

기출 15회

[문제] 1. 어떤 제품의 성분을 변경하여 시작한 Lot로 부터 10개의 시료를 랜덤하게 샘플 링하여 다음과 같은 Data가 나왔다. 이때 특성치의 분산에 대한 신뢰구간을 구하시오.(8점) (단, 신뢰율 95%)

Data : 3 , -1 , -5 , 3 , 1 , -5 , 13 , -1 , 4 , -3

[문제] 2. 로트의 평균치가 0.9 ton 이하이면 합격이고, 1.3 ton 이상이면 불합격시키도록 할 때 n, Go , $\overline{x_u}$ 을 구하시오. (9점)

(단, σ=0.3 , Kα = 1.65 , Kβ = 1.28 , α= 0.05 , β=0.10)

n :

Go :

$\overline{x_u}$:

[문제] 3. 다음 분산분석표는 인자 A,B가 모두 모수모형인 경우 A는 3수준 (A_1, A_2, A_3), B는 4수준 (B_1, B_2, B_3, B_4)으로 하여 반복이 없는 이원배치 실험을 한 결과이다. 물음에 답하시오. (10점)

요 인	변 동 s	자 유 도 φ	불편분산 V	분산비 Fo	E (V)
원료의 종류(A)	( )	( )	7.75	1.53	σe^2 + ( )σA^2
반응온도(B)	( )	( )	( )	12.73	σe^2 + ( )σB^2
오 차(e)	( )	( )	( )		σe^2
T	240.0				

가. 위 표의 분산분석표를 완성하고 A, B인자에 대해 검정하시오. (단 α=0.01)

나. 반응온도(B)의 모평균 95% 신뢰구간 폭은?

[문제] 4. 시멘트 제품을 A, B 두 방법으로 제조하는데 각 방법으로부터 10개씩의 시료 를 채취하여 제품의 인장강도를 측정하였다. 그 데이터가 다음과 같을 때 물음에 답하 시오. (10점)

	A 방법	B 방법
평균 인장 강도	$\overline{y_1}$ = 16.74	$\overline{y_2}$ = 17.92
인장강도의 시료 표준편차	0.316	0.247
시료의 크기	10	10

가. A방법의 모집단 표준편차 σ_1과 B방법의 모집단 표준편차 σ_2는 실제로 모르지만 이들이 서로 같다고 가정하고 즉 $\sigma_{12} = \sigma_{22} = \sigma_2$ 라고 가정할 때에 있어서 σ의 추정치 Sp를 구하시오.

나. A, B 두 방법의 평균인장 강도 y_1, y_2를 비교하는데 사용되는 검정통계량을 구하시오.

[문제] 5. $\bar{x}$-R관리도에서 n=5, k=40이고, C_f =1.4였다면 이때의 공정은 어떤 상태인지 판단하시오.

[문제] 6. (가) 이 데이터로서 관리도를 작성하고자 한다.

CL의 값은 얼마인가?

그리고 n이 10인 경우 UCL 및 LCL의 값을 구하고, 관리한계를 벗어난 로트번호가 있으면 지적 하시오.

① CL :

② UCL :

③ LCL :

④ 관리한계를 벗어난 로트 번호 :

(나) 위의 데이터에서 종류(유형)별로 분류해 놓은 흠의 통계를 가지고 파레토(pareto)도를 작성하시오.

로트번호		1	2	3	4	5	6	7	8	9	10	11	12	13	14	15	합계
(a)시료의 수 (n)		10	10	15	15	20	20	20	20	20	10	10	10	15	15	15	225
흠의 수	얼룩의 수(개소)	12	16	12	15	21	15	13	32	23	16	17	6	13	22	16	249
	구멍이 난 수(개소)	5	3	5	6	4	6	6	8	8	6	4	1	4	6	6	78
	실이튄곳의수(개소)	6	1	6	7	2	7	10	9	9	7	2	1	10	11	8	96
	색상이나쁜곳(개소)	10	1	8	10	2	9	8	12	11	11	2	2	9	12	12	119
	기 타	2	-	2	4	-	3	-	2	1	1	-	-	-	1	1	17
	(b) 합 계	35	21	33	42	29	40	37	63	52	41	25	10	36	52	43	559
(b) ÷ (a)		3.50	2.10	2.20	2.80	1.45	2.00	1.85	3.15	2.60	4.10	2.50	1.00	2.40	3.47	2.87	

[문제] 7. 공정평균이 μ_0에서 $\mu_1 = \mu_0 + 2\sigma$로 변했을 경우, 시료 1개가 관리한계선 밖으로 나갈 확률은 0.1587이다. 이 공정을 n=1인 X관리도로서 관리할 경우, 4점으로 이 변화를 탐지하지 못할 확률은? (6점)

[문제] 8. 금속판의 두께(정규분포를 가정함)의 하한규격치가 S_L=2.3mm이다. 두께가 2.3mm미만인 것은 1[%] 이하인 로트는 통과시키고 그것이 9[%] 이상되는 로트는 통과시키지 않게 하는 계량 규준형 1회 샘플링 검사방식을 설계하시오. (6점) (단, 로트의 표준 편차는 σ=0.2mm라 하고, α=0.05, β=0.10을 사용하시오.)

[계량 규준형 1회 샘플링 검사표 참고] 판정하시오. (5점)

[문제] 9. 다음은 7가지 QC 기초수법을 설명한 글이다. 설명에 해당되는 QC 수법을 기술 하시오.(5점)

가. 집단을 구성하고 있는 많은 데이터를 어떤 특징에 따라서 몇 개의 부분집단으로 나누는 것.

나. 주로 계수치의 데이터가 분류 항목별의 어디에 집중되어 있는가를 알아보기 쉽게 나타낸 그림 혹은 표.

다. 계층간의 소득 분포 곡선을 J. M. Juran이 이를 수정, 보완하여 사용한 수법

라. 길이, 무게, 인장강도 등과 같이 주로 계량치 데이터가 어떠한 분포를 하고 있는가를 알아보기 위한 그림.

마. 결과에 원인이 어떻게 관계하고 있는가를 한 눈에 알아볼 수 있도록 작성한 그림.

[문제] 10. 어떤 현장의 조립작업에 있어서 시간관측을 한 결과가 다음과 같다. 작업 능률 평가계수는 1.10, 여유는 정미시간의 율을 15%로 할 때, 이 작업의 적절한 표준시간을 산정하시오.(5점)

관 측	시간 (분)	관 측	시간 (분)
1	4.20	6	4.18
2	4.15	7	4.14
3	4.08	8	4.14
4	4.12	9	4.19
5	4.15		37.35

[문제] 11. 다음과 같은 난괴법 실험계획에 있어서 ⓧ로 표시된 부분의 데이터가 빠져 있 다고 할 때 다음에 답하시오. (8점)

가. 결측치 ⓧ를 추정하시오. (5점)

A인자	블 럭			
	1	2	3	4
1	-2	-1	1	5
2	-1	-2	ⓧ	4
3	-3	-1	0	2
4	2	1	5	7

나. 오차항의 자유도 ϕe는 얼마인가? (3점)

[문제] 12. 어떤 제품의 로트가 입하되었다. 첨부된 성적서에는 특성치 A의 표준편차는 0.02mm로 되어있다. 성적서가 바른가 어떤가를 확인하기 위하여 로트로부터 시료를 10개 뽑아 측정한 결과 다음의 데이터를 얻었다. 성적서의 값을 어떻게 판단하면 좋은가. 【단, 유의수준 α=0.05로 검정하시오】 (5점)

5.41 , 5.48 , 5.47 , 5.55 , 5.45 , 5.47 , 5.48 , 5.50 , 5.47 , 5.51 (단위 mm)

[문제] 13. N=200, n=20, c=2, p=0.05의 경우에 대하여 아래 물음에 답하라.

가. AOQ를 구하시오. (Poisson 분포를 이용)

나. 평균검사량 I를 구하시오. (단, 로트는 표본에 비해 충분히 크다고 가정한다.)

[문제] 14. 합리적인 군으로 나눌 수 있는 X관리도 data sheet로부터 다음과 같은 자료를 얻었다. X관리도의 관리상, 하한한계선을 계산하시오. (6점)

$$n=4, \quad \sum R = 30$$

$$k = 20, \ \sum \overline{x_i} = 100$$

기출 16회

[문제] 1. 어떤 제품의 과거 길이간의 표준편차는 10.0인 것을 알고 있다. 최근 15개의 제품의 표준편차는 12.0이었다. 최근 제품은 산포가 커졌다고 말할 수 있는가.

【유의수준 5%로 검정하시오.】 (8점)

[문제] 2. 다음은 군 구분이 안될 때의 χ관리도 자료표(data sheet)이다. χ관리도의 UCL과 LCL를 구하시오. (6점)

번호	측정치(χ)	이동범위(Rs)
1	4.6	- - -
2	4.7	0.1
3	4.3	0.4
4	4.7	0.4
:	:	:
:	:	:
25	4.4	0.1
계	138.2	8.4

가. UCL :

나. LCL :

[문제] 3. 반복이 같은 1원배치법에서 다음의 분산분석표를 얻었다. A_3수준에서 데이터의 평균치가 $\overline{x_3}.$=15.20이라면 A_3수준에서의 모평균 μ(A_3)의 95% 신뢰구간을 소수점 이하 두 자리까지 구하시오. (6점)

요인	S	Φ	V
A	20	4	5.0
E	15	15	1.0
T	35	19	

[문제] 4. $\bar{x}$관리도에서 UCL=43.45, LCL=16.55, n=5이다. 만일 이 관리도에서 공정의 분포가 (30,102)이라면 이 관리도에서 $\bar{x}$가 관리한계선 밖으로 나올 확률은 얼마인가? (6점)

[문제] 5. 전기부품의 저항치가 30 이하이어야 한다고 규정되어 있다. 이 경우 n=4, k=2.12라고 하는 계량 규준형 1회 샘플링 검사를 하였더니 측정치는 다음과 같았다.

34.3　　37.4　　36.8　　34.5

로트의 표준편차 σ=2.5Ω이라 할 때 로트의 합격, 불합격을 판정하시오. (6점)

[문제] 6. 10[kg]들이 의약약품 100상자가 있다. 그 상자간의 산포σb=0.3[%], 상자내의 인크리멘트 10[g] 간의 산포σW=0.5[%] 일 때, 5상자를 랜덤하게 뽑고 그 가운데서 5인크리맨트씩을 랜덤하게 샘플링하고 이것을 혼합 시료로 하여 축분해서 2회 분석하여 그 로트의 모평균의 추정의 정밀도 V($\bar{x}$)를 구하고, 추정의 정밀도를 좋게 하기 위해 어떤 정밀도를 관리하는 것이 효과적인가?

【단, 축분 정밀도σ_R=0.20[%], 분석 정밀도σ_M=0.15[%]라고 한다】 (8점)

[문제] 7. 다음과 같은 일련의 작업에 대하여 공정분석표를 작성하고자 한다. 공정분석 기호를 순서대로 열거하시오. (7점)

가. 선반가공
나. 운반을 위한 대기
다. 작업자에 의한 운반
라. 가공을 위한 대기
마. 밀링가공
바. 품질검사
사. 현 위치에 저장

[문제] 8. N=2500, n=40, c=1의 계수선별형 1회 샘플링검사에서 불량률 P에 따라 각각의 L(p)를 다음과 같이 구하였다. AOQ를 구하여 AOQ곡선을 작성하고 이때 AOQL의 값을 구하시오. (8점)

P(%)	0	2	4	6	8	10
L(p)	1	0.81	0.53	0.31	0.17	0.09

[문제] 9. 한 설탕공장에서 커피용으로 생산되는 소단위 설탕 한 봉지의 무게는 정규분포에 따른다고 한다. 평균무게 μ를 구간추정하기 위하여 다음과 같이 크기 n=9인 표본을 얻었다. μ의 95% 신뢰구간을 구하시오. (10점)

데이터(단위:g)	7.0 7.1 6.8 7.1 7.0 7.4 7.2 6.8 6.6

가. σ=0.3으로 가정하고 구하시오.

나. σ를 모르는 경우에 구하시오.

[문제] 10. 박씨는 전자부품회사의 QC담당자이며 김씨는 박씨의 회사에서 부품을 구입하여 라디오와 전자계측기를 생산하고 있다. 김씨의 회사는 한번에 700개씩의 제품을 구입할 예정이다.(로트의 크기 N=700) 그리고 그는 5[%] 이상의 불량률을 갖는 로트 LTPD는 불량로트라고 간주하고 나쁜 로트를 받아들일 확률이 낮아지기를 원한다. 반면에 박씨는 좋은 로트를 합격시킬 확률이 높아지기를 원할 것이다. 박씨와 김씨는 1.5[%] 이하의 불량률을 갖는 로트(AQL)가 좋은 로트라는데 동의하였다. [표]를 참조하여 다음 물음에 답하시오. (9점)

(표 1) 시료 문자(일반 검사 수준)

로트의 크기	I	II	III
20~ 50	C	D	E
51~ 90	C	E	F
91~ 150	D	F	G
151~ 280	E	G	H
281~ 500	F	H	J
501~ 1200	G	J	K
1201~ 3200	H	K	L
3201~ 10000	J	L	M
10001~ 35000	K	M	N

가. 이런 조건하에서 최적의 샘플링 검사를 설계하시오.
(단, 일반검사수준 II와 보통 1회 검사를 사용하고 검사절차를 기술하시오.)

나. "가"에서 설계한 바와 같이 검사를 실시한다면 생산자위험α와 소비자위험β의 값은 대략 어느 정도나 되는지 표를 이용하되 이를 찾는 과정도 함께 기술하시오.

다. 위와 같은 형태의 샘플링검사방식에서 엄격도 조정규칙 중 보통검사에서 까다로운 검사로, 까다로운 검사에서 보통검사로 변경할 때의 조건을 각각 간단히 설명하시오.

[문제] 11. 어떤 공장에서 부품의 공차에 재료(A), 전처리의 유무(B), 기계의 유무(C), 가공의 외주선(D)이 어떻게 유효한가를 살펴보기 위하여 직교배열표를 이용하여 다음과 같이 실험을 하였다. 물음에 답하시오. (12점)

(단, 교호작용으로서는 AxB를 생각할 수 있는 것으로 본다.)

가. 교호작용 인자를 배치하시오. (3점)

나. 주효과 A를 구하시오. (3점)

다. 각 변동을 구하여 분산분석을 행하시오. (6점)

No\열	1	2	3	4	5	6	7	측정값
1	1	1	1	1	1	1	1	9
2	1	1	1	2	2	2	2	12
3	1	2	2	1	1	2	2	8
4	1	2	2	2	2	1	1	15
5	2	1	2	1	2	1	2	16
6	2	1	2	2	1	2	1	20
7	2	2	1	1	2	2	1	13
8	2	2	1	2	1	1	1	13
성분기호	a	b	a b	c	a c	b c	a b c	
인자배치	A	B		C			D	

요인	S	Φ	V	P_O

[문제] 12. 어떤 가공공정에서 두 대의 기계로 작업을 하고 있다. 각 기계의 성능을 조사하기 위하여 각각 200개씩 제작한 결과 다음의 데이터가 얻어졌다. 이 불량률 차에 대한 신뢰구간을 구하시오.(신뢰율은 95%) (8점)

데이터 A 샘플수 n_A=200, 불량품수 r_A=22

B 샘플수 n_B=200, 불량품수 r_B=36

[문제] 13. 어떤 광산에서 과거 5년간 안전사고는 500건이었다. 그 발생원인을 조사한 결과 다음과 같았다. 파레토도를 작성하시오.(6점)

(단, 그린 그림의 근거 데이터도 나타낼 것)

A. 취급된 공구에 의한 것 : 325건

B. 낙반 및 측벽의 붕괴에 의한 것 : 100건

C. 부석 낙하에 의한 것 : 45건

D. 열용융물에 의한 것 : 15건

E. 광차에 의한 것 : 10건

F. 추락 및 기타 : 5건

기출 17회

[문제] 1. 자동차 부품의 도금공정에서 최근 2개월간 도금불량을 조사하였더니 아래 표와 같은 결과를 얻었다. 이러한 불량품을 재 가공하여 사용하였지만 손실금액은 다음 표와 같다. 아래의 데이터를 이용하여 손실금액 파레토 그림을 그리시오.(7점)

(단, 그린 그림의 근거 데이터도 반드시 나타낼 것)

항 목	불량개수	1개당재가공비
크롬불량	421	50원
흠	262	750원
바닥불량	150	480원
얼 룩	93	480원
벗 겨 짐	50	480원
수세불량	40	30원
기 타	65	(평균)85원

[문제] 2. 어떤 합금의 열처리에서 가장 영향을 준다고 생각되는 인자로서 온도(A), 시간(B)를 택하여 각각 2회씩 랜덤하게 실험하여 다음 데이터를 얻었다. (10점)

(단위: 경도)

온도 \ 시간	B_1	B_2	B_3
A_1	52 51	54 54	54 55
A_2	52 54	55 56	56 55
A_3	53 56	56 55	57 57
A_4	52 54	55 54	54 55

가. 분산 분석하시오. (필요하면 풀이하시오)

나. 강도를 최대로 하는 수준 조합의 95% 신뢰율로 신뢰구간을 구하시오.

(① 분산분석표)　　　　　　　　　　　　　　　　　　(② 풀이한 분산분석표)

요인	S	Φ	V	Fo	요인	s	Φ	v	Fo	F(0.05)
T					T					

[문제] 3. 다음은 합리적인 군으로 나눌 수 없는 경우의 x관리도 자료표이다. $x-R_s$ 관리도를 작성하고 관리 상태를 판단하시오.(8점)

번호	측정치	이동	번호	측정치	이동
1	2.07		11	2.24	0.16
2	2.21	0.14	12	2.35	0.11
3	2.16	0.05	13	2.24	0.11
4	2.36	0.20	14	2.17	0.07
5	2.23	0.13	15	2.18	0.01
6	2.20	0.03	16	2.15	0.03
7	2.32	0.12	17	2.24	0.09
8	2.37	0.05	18	2.18	0.06
9	2.15	0.22	19	2.25	0.07
10	2.08	0.07	20	$\Sigma x=$	$\Sigma R_s=$

[문제] 4. 금속판의 표면경도의 상한규격치 Su가 로크웰경도 68로 주어졌을 때 로크웰경도 68을 초과하는 것이 0.5% 이하인 lot는 합격으로 하고 그것이 4% 이상인 lot는 불합격으로 하고 싶다. 이 경우 로크웰경도의 값은 거의 정규분포하는 것으로 한다. 다음 물음에 답하시오. (10점)

P(%)		KP	P(%)		K_P
P_0	P_1		P_0	P_1	
0.100	-	3.09023	3.15	3.15	1.85919
0.125	-	3.02334	4.00	4.00	1.75069
0.160	-	2.94784	5.00	5.00	1.64485
0.200	-	2.87816	6.30	6.30	1.53007
0.250	-	2.80703	8.00	8.00	1.40507
0.315	-	2.73174	10.0	10.0	1.28155
0.400	-	2.65207	-	12.5	1.15035
0.500	-	2.57583	-	16.0	0.99446
0.630	-	2.49488	-	20.0	0.84162
0.800	0.80	2.40892	-	25.0	0.67491
1.00	1.00	2.32635	-	31.5	0.48173
1.25	1.25	2.24140			
1.60	1.60	2.14441			
2.00	2.00	2.05375			
2.50	2.50	1.95996			

가. α=0.05 β=0.1로 하는 n, k 및 합격판정 영역을 정하시오 (6점)

나. 상기에서 제출된 lot로부터 시료를 뽑아 측정한 결과 $\bar{x}$=65이고, 표준편차 Se=4일때, lot의 합격, 불합격을 판정하시오. (4점)

[문제] 5. 자동차용 엔진오일을 생산하고 있는 회사에서 가장 품질에 영향을 미치는 요소는 엔진 오일 속에 B라는 불순물 함량이다. 따라서 회사에서는 B불순물 함량을 줄이기 위해 여러 각도로 연구하고 있다. 지금까지의 자료를 보면 B불순물 함유량은 정규분포를 하고 있으며, 표준편차는 0.15%로 알려졌다. QC기사는 이 공정으로부터 9개의 시료를 랜덤하게 뽑아 분석실험실에 의뢰하여 B불순물 함유량을 분석하였더니, 그 평균치가 1.5%였다는 것을 통보 받았다. 이 공정의 B불순물 함유량의 모평균을 95% 신뢰율로 구간 추정하시오. (8점)

[문제] 6. 두 개의 회사로부터 납품된 원료의 성분 함유율을 수입검사 한 결과가 다음과 같다. 회사 간의 불량에 차가 있다고 할 수 있는지를 Yates 공식을 이용하여 검정하시오. (단, α=0.05) (8점)

회사 \ 양.불	양품	불량품	계
A	120	30	150
B	175	25	200
계	295	55	350

[문제] 7. 다음 관리도에서 점의 나열은 랜덤하다고 볼 수 있는가를 런(RUN)의 수에 관해 검정하시오. (단, α=5%) (6점)

[표 : 런의 수의 상한과 하한값]

점의 수	런의 수 (α:0.05)	
	하한	상한
10	2	10
12	3	11
14	3	13
16	4	14
18	5	15
20	6	16

UCL ─────────────────

CL ─────────────────

LCL ─────────────────

[문제] 8. 규격이 8.40 - 8.60(mm)인 어떤 제품의 두께를 품질특성으로 하여 n=4, k=20의 데이터를 얻어 관리도를 작성해 보니 관리상태에 있고, 이때 $\sum \overline{x} = 170.4$, $\sum R = 1.6$인 자료를 얻었다. 다음 물음에 답하시오. (6점)

가. 공정능력지수

나. 공정능력등급

다. 필요한 조치

[문제] 9. 50개의 데이터로부터 S(xx)=7064.1, S(yy)=3041.1 S(xy)=4017.3을 얻었다.

(단 S(xx)=$\sum(X_i - \overline{X})^2$, S(yy)=$\sum(Y_i - \overline{Y})^2$, S(xy)=$\sum(X_i - \overline{X})(Y_i - \overline{Y})$

가. 표본상관계수(r)를 구하시오. (3점)

나. $H_0 : p = 0$를 $H_1 : p \neq 0$에 대하여 검정하시오. (α=0.05) (5점)

[문제] 10. 샘플링 검사에서 흔히 사용되는 다음의 영어 약자는 무엇의 약자인지 예)와 같이 한글로 쓰시오.(5점)

예) QC : 품질관리

가. AQL :

나. AOQ :

다. AOQL :

라. LTPD :

마. ASN :

[문제] 11. 로트의 크기가 N=50이고 로트의 불량률이 P=0.2이라 한다. 이때 계수선별형 1회 샘플링 검사를 사용한다면 평균검사량(I)은 얼마나 되는가? (8점)

(단, 검사방식은 (n, c)=(4, 0)이다.)

[문제] 12. 다음의 이원배치에서 한 개의 결측치 ⓧ를 추정하면 얼마인가? (단, 반복 없음) (8점)

	A_1	A_2	A_3	A_4	A_5
B_1	4	1	-1	ⓧ	1
B_2	2	3	1	4	3
B_3	4	1	2	2	2

[문제] 13. 작업수행도가 95%인 작업자에 의하여 행하여지는 작업을 MTM법에 의하여 분석하였다. 6개의 요소작업으로 이루어진 이 작업에 대한 MTM자료가 다음과 같을 때, 이 작업의 정미시간(Sec)을 구하시오. (8점)

요소 작업	MTM측정값(TMU)
A	6
B	10
C	20
D	8
E	120
F	36

기출 18회

[문제] 1. 어떤 약품의 반응공정에 있어서 반응액의 농도(x)를 A수준으로 잡고, 4회반복 실험한 결과 반응후의 어떤 특성치 y의 관계에 대한 결과가 아래와 같다. 직선회귀에 관한 분산분석표를 작성하시오. (8점)

데이터 : 반응액의 농도와 특성치

X t	2	4	6	8
yij	2.8	5.2	6.2	8.1
	2.6	5.4	6.4	8.0
	2.9	5.8	6.8	8.8
	3.2	5.5	6.0	8.4

요인	S	Φ	V	F_0
T				

(분산분석표)

[문제] 2. 다음의 자료를 보고 단위당 정미시간과 단위당 표준시간을 산출하시오.(8점)

내　　용	데이터	데이터 출처
작업자가 소비한 총시간	480분	타임카드
생 산 량	320개	검사과
작업시간율(%)	85%	워크샘플링
유유시간율(%)	15%	〃
평균 수행도지수(%)	110%	〃
총 여유시간(%)	12%	사내규정치

가. 정미시간(단위당):

나. 표준시간(단위당):

[문제] 3. 신 QC 7가지 도구를 쓰시오. (5점)

[문제] 4. 어떤 공정을 1개월간 데이터를 수집 분석하여 $\bar{x}$관리도를 작성하였다. UCL=7, LCL=3일 때, 개개치의 표준편차 (σ_x)는 얼마인가? (8점)(단, n=4이다.)

[문제] 5. $L_8(2^7)$의 직교배열표 실험에서 1일에 A인자, 5일에 B인자를 배치하였을 때 A×B의 변동 S_{A*B}는 얼마인가? (6점)

NO \ 열번	1	2	3	4	5	6	7	측정Data
1	1	1	1	1	1	1	1	$x_1=9$
2	1	1	1	2	2	2	2	$x_2=12$
3	1	2	2	1	1	2	2	$x_3=8$
4	1	2	2	2	2	1	1	$x_4=15$
5	2	1	2	1	2	1	2	$x_5=16$
6	2	1	2	2	1	2	1	$x_6=20$
7	2	2	1	1	2	2	1	$x_7=13$
8	2	2	1	2	1	1	2	$x_8=13$
성 분	a	b	a b	c	a c	b c	a b c	$\sum_x=106$

[문제] 6. 평균치 400g 이하인 로트는 될 수 있는 한 합격시키고 싶으나 평균치 420g이상인 로트는 될 수 있는 한 불합격시키고 싶다. 과거의 데이터로부터 판단하여 볼 때 품질특성치는 정규분포표를 따르고 표준편차는 10g으로 믿어진다. 이때 $\alpha=0.05$, $\beta=0.10$을 만족시키는 계량 규준형 1회 샘플링 검사방식을 구한 결과 n=3이고, 3개의 시료를 랜덤하게 샘플링하여 측정한 결과 418g, 420g, 434g이었다. 이 로트의 합격 여부를 결정하시오. (8점)

(단, $K_\alpha=1.645$, $K_\beta=1.282$이다.)

[문제] 7. 어떤 회로에 사용되는 복수자기의 소성수축물은 지금까지 장기간에 걸쳐서 관리 상태에 있으며 그 표준편차는 0.10g이다. 원가절감을 위해 A회사의 원료를 사용하는 것이 어떤가를 검토하고 있다. A회사의 원료의 소성수축물을 시험하였더니(표)와 같았다. 이 데이터에 의해서 소성수축물의 산포가 지금까지의 값에 비해 달라졌는가의 신뢰율 유의수준 5%로 검정하시오. 또한 모분산을 신뢰율 95%로 구간 추정하시오. (10점)

[표]

2.2	2.4	2.1	2.5	2.0	2.4
2.5	2.3	2.9	2.7	2.8	

가. 검 정:

나. 구간 추정:

[문제] 8. UCL=43.45, LCL=16.55, n=5인 $\bar{x}$관리도에서 공정의 분포가 만약 N(30,10^2)이라면 이 관리도에서 $\bar{x}$가 관리한계 밖으로 나올 확률은 얼마나 되겠는가? (8점)

[문제] 9. 다음은 P_n관리도의 데이터 시이트(data sheet)이다. (8점)

군번호	검사갯수	불량갯수	군번호	검사갯수	불량갯수
1	300	14	11	300	16
2	300	13	12	300	17
3	300	20	13	300	10
4	300	23	14	300	7
5	300	13	15	300	17
6	300	11	16	300	19
7	300	5	17	300	25
8	300	15	18	300	15
9	300	20	19	300	10
10	300	15	20	300	15

가. P_n관리도의 CL, UCL, LCL을 구하시오. (3점)

나. P_n관리도를 작성하시오. (5점)

[문제] 10. 다음의 표준정규분포표를 이용하여 물음에 답하시오. (11점)

가. 종래의 납품되고 있던 기계부품 치수의 표준편차는 0.15㎝이었다. 이번의 납품된 로트의 평균치를 신뢰율 95%, 정밀도가 0.10㎝로 알고자 한다. 이때 샘플을 몇 개로 할 것인가? (3점)

나. 어떤 공정의 모불량률이 11.8%인 것을 알고 있다. 그 공장으로부터 랜덤으로 100개의 샘플을 추출하여 검사한 결과 9개의 불량품이 나왔다. 불량품이 나오는 방식이 달라졌다고 할 수 있는지 유의수준 5%로 검정하시오. (5점)

다. N(10,2^2)에서 x가 14이상의 값을 취한 확률은 얼마인가? (3점)

[문제] 11. A사와 B사의 강판 Lot로부터 각각 표본을 10개 및 15개로 랜덤으로 발취하여 경도를 측정한 결과 다음과 같은 데이터가 얻어졌다. A사와 B사의 강판 경도의 모평균의 차가 있다고 할 수 있겠는가? (8점)

(단, α=0.05 이며, 두 회사 제품의 모분산은 같다고 가정한다.)

(DATA)

A사:51, 45, 55, 45, 48, 56, 52, 62, 50, 60

B사:49, 59, 67, 59, 65, 53, 58, 44, 64, 49, 55, 58, 63, 56, 59

[문제] 12. 밸브 컨베이어에 의한 제조공정으로부터 들어오는 반제품을 검사하려고 한다. AOQL을 1.0(%)로 하고, 도중에서 발견된 불량률을 제거하기로 하였다. 과거의 검사결과로부터 공정평균 불량률을 추정하였더니 1.8(%)이었다. 연속생산형 샘플링검사를 설계하시오. (6점)

[표 ①] 군구분의 크기 1/f를 구하는 표

b	1.33 미만	1.33 ~ 1.61 미만	1.61 ~ 1.70 미만	1.70 ~ 1.83 미만	1.83 ~ 1.96 미만	1.96 ~ 2.12 미만	2.12 ~ 2.31 미만	2.31 ~ 2.61 미만	2.61 ~ 2.89 미만	2.89 ~ 3.75 미만	3.75 이상
1/f	50	30	20	15	10	8	6	5	4	3	2

[표 ②] 연속 양호품수 i를 구하는 표 (불량률을 양호로 같이 넣는 경우)

AOQL	1/f										
	2	3	4	5	6	8	10	15	20	30	50
0.1 ~0.16미만	280	470	610	720	820	980	1100	1350	1530	1790	2140
0.16~0.25미만	176	200	380	480	610	610	600	840	960	1120	1340
0.25~0.4 미만	116	182	215	200	330	300	440	610	610	720	800
0.4 ~0.63미만	60	120	166	180	205	245	275	340	380	450	640
0.63~1.0 미만	44	73	85	116	130	156	175	215	245	285	340
1.0~1.6미만	22	46	60	71	81	97	110	135	160	180	215
1.6~2.5미만	17	20	37	34	60	60	68	83	91	115	135
2.5~4.0미만	11	18	24	29	32	38	43	60	60	71	84
4.0~6.3미만	7	11	16	17	20	24	27	33	37	44	52
6.3~10.0미만	4	7	8	11	12	15	17	21	23	27	33

[표 ③] 연속 양호결수 i를 구하는 표(불량률을 제거하는 경우)

AOQL	1/f										
	2	3	4	5	6	8	10	15	20	30	50
0.1 ~0.16미만	280	470	610	720	820	980	1100	1350	1530	1790	2140
0.16~0.25미만	176	200	380	480	610	610	600	840	960	1120	1340
0.25~0.4 미만	116	182	215	200	330	300	440	610	610	720	800
0.4 ~0.63미만	60	120	166	180	205	245	275	340	380	450	640
0.63~1.0 미만	44	73	85	116	130	156	175	215	245	285	340
1.0~1.6미만	22	46	60	71	81	97	110	135	160	180	215
1.6~2.5미만	17	20	37	34	60	60	68	83	91	115	135
2.5~4.0미만	11	18	24	29	32	38	43	60	60	71	84
4.0~6.3미만	7	11	16	17	20	24	27	33	37	44	52
6.3~10.0미만	4	7	8	11	12	15	17	21	23	27	33

[문제] 13. lot의 크기 N=1000, n=30, c=4인 경우 lot의 불량률이 5%, 10%, 15%, 20%일 때 시료 중에 γ개 불량이 나타날 확률이 아래와 같을 때 OC곡선을 구하시오. (6점)
(단, $L_{(p)}$표를 구하고 Graph로 표시하시오.)

r \ P%	5%	10%	15%	20%
0	0.210	0.040	0.007	0.001
1	0.342	0.139	0.039	0.009
2	0.263	0.229	0.102	0.032
3	0.123	0.240	0.171	0.077
4	0.044	0.180	0.210	0.132

($L_{(p)}$표)

P%				
L(p)				

품질관리 산업기사 05.07.10

[문제] 1. 분임조활동 및 문제해결 단계에서 원인분석을 하는 경우에 많은 사람의 아이디어를 이끌어 내기 위하여 브레인스토밍 방법을 이용하는 것이 좋다고 한다. 이때 브레인스토밍 방법의 4 원칙을 준수해야 하는데 이를 서술하시오. (5점)

[문제] 2. 기계 A와 기계 B에 대하여 각각 n=4, k=25로 하여 $\overline{x}-R$ 관리도를 작성한 결과 다음의 자료를 얻었다. 기계 A와 기계 B간의 평균치에 차이가 잇는지를 검정하시오. (단, 본래의 분포는 대략 정규분포에 따르고, 관리상태에 있으며, 와 간에는 유의차가 없다고 한다.) (7점)

$$\overline{\overline{X_A}}=123.88,\ \overline{R_A}=12.63,\ \overline{\overline{X_B}}=121.03,\ \overline{R}=14.76$$

[문제] 3. 다음의 데이터를 보고 관리도를 그리고 판정하시오. (6점)

시료군의 번호	시료의 크기 n(1,000m)	부적합수(c)	μ	UCL	LCL
1	1.0	4			
2	1.0	5			
3	1.0	3			
4	1.0	3			
5	1.0	5			
6	1.3	2			
7	1.3	5			
8	1.3	3			
9	1.3	2			
10	1.3	1			
11	1.3	5			
12	1.3	2			
13	1.3	4			
14	1.3	2			
15	1.2	6			
16	1.2	4			
17	1.2	0			
18	1.7	8			
19	1.7	3			
20	1.7	8			

[문제] 4. 어떤 재료의 인장 강도는 80kg/mm^2 이상이다. 규정된 검사에서 n=8, k=1.74인 계량값 규준형 1회 샘플링 검사를 행한 결과 아래의 데이터를 얻었다. 이 결과에서 로트의 합격·불합격을 판정하시오.

(단, 표준편차 $\sigma = 2kg/mm^2$, $\alpha = 0.05$, $\beta = 0.10$ 이다.) (6점)

84.0	80.5	82.5	81.5	82.0	84.5	82.0	80.0

[문제] 5. 주어진 도수표는 어떤 부품의 치수를 측정하여 작성한 것이다. 규격이 1.00±0.10mm일 때 도수표를 완성하고 평균($\bar{x}$) 및 표준편차(s), 공정능력지수 C_p를 구하시오. (6점)

번 호	급의 중앙치	도수(f)	μ	$f\mu$	fu^2
1	9.87	1			
2	9.92	3			
3	9.97	6			
4	10.02	8			
5	10.07	12			
6	10.12	10			
7	10.17	8			
8	10.22	1			
9	10.27	1			
계		50			

[문제] 6. 백두전자에서는 신제품을 개발하여 공정의 온도(x)가 수율(y)에 미치는 영향을 조사하기 위하여 다음과 같은 데이터를 얻었다. 시료의 상관계수 r을 구하시오. (5점)

구 분	2	3	4	5	6
온 도(x)	20	30	40	50	60
수 율(y)	3	4	6	8	9

[문제] 7. A사 제품과 B사 제품의 로트로부터 표본을 각각 11개, 13개를 랜덤으로 추출하여 강도를 측정한 결과 다음과 같은 수치가 얻어졌다. 물음에 답하시오 (단, 각 회사의 모표준편차는 $\sigma_A = 5.0kg$, $\sigma_B = 4.0kg$임을 알고 있다.) (10점)

A사	46	47	38	46	45	44	38	46	33	37	42		
B사	37	36	35	41	39	41	43	35	31	35	33	29	34

가. A와 B에 대한 모평균의 차가 있다고 할 수 있겠는가? (위험률 5%)

나. 평균 차에 대한 95% 신뢰구간을 추정하시오.

[문제] 8. A, B, C인자의 수준이 각각 5인 라틴 방격법 실험이 실시되어 다음의 분산 분석표가 얻어졌다. A_1수준에서 데이터의 평균치가 $\overline{x_{1..}}$ = 15.82라면 $\mu(A_1)$의 95% 신뢰구간을 구하시오. (6점)

요　　인	S	v
A	18	4
B	25	4
C	48	4
E	6	12
T	97	24

[문제] 9. 합리적인 군구분이 되는 경우 많은 정보를 얻기 위하여 n=4 , k=25의 $x-\overline{x}-R$ 관리도를 작성하려고 한다. 데이터에서 $\sum\overline{x}=12063$, $\sum R=626$을 얻었다. (6점)

가. x 관리도의 UCL과 LCL을 구하시오.

나. R 관리도의 UCL과 LCL을 구하시오.

[문제] 10. $L_8(2^7)$형 직교배열표에 기본표시가 bc인 곳에 인자 A를 기본표시 abc인 곳에 인자 B를 배치하였다. 교호작용 A×B가 배치되어야 할 기본표시와 그 열의 번호를 구하시오. (5점)

열 번 호	1	2	3	4	5	6	7
기본표시	a	b	a b	c	a c	b c	a b c
배　　치	A×B					A	B

[문제] 11. 주사위를 120번 굴려서 1,2,3,4,5,6의 눈이 나오는 수를 세어 보았더니 다음 표와 같이 되었다. 이 주사위가 속임수 없이 굴려졌다고 한다면, 이 주사위는 바르게 만들어졌다고 할 수 있겠는가? (단, α=0.05) (8점)

눈	1	2	3	4	5	6	합　계
횟　수	28	14	27	13	13	25	120

[문제] 12. 어떤 화학반응에서 반응액 농도를 4수준(10%, 20%, 30%, 40%)으로 하여 실험한 결과 수량은 아래 표와 같다. 여기서 A_2, A_4는 각각 1회 3회 실험 하였다. 이 데이터를 해석하시오. (12점)

	A_1	A_2	A_3	A_4
1	84.4	85.2	84.5	85.4
2	85.0	85.0	84.8	85.2
3	84.7	84.8	85.0	-
4	84.9	-	84.6	-

가. 분산분석표를 작성하고 검정하시오.

요 인	S	ν	V	F
T				

나. A_3 모평균에 대한 신뢰율 95%로서 신뢰구간을 추정하시오.

다. 오차분산 σ의 95% 신뢰구간을 구하시오.

[문제] 13. 한 설탕공장에서 커피용으로 생산되는 소단위 설탕 한 봉지의 무게는 정규분포에 따른다고 한다. 평균 무게 μ를 구간 추정하기 위하여 다음과 같이 크기 n=9인 표본을 얻었다. μ의 95% 신뢰구간을 구하시오. (6점)

7.0 7.1 6.8 7.1 7.0 7.4 7.2 6.8 6.6 (단위 : g)

가. σ = 0.3으로 가정하고 μ의 95% 신뢰구간을 구하시오.

나. σ를 모르는 경우에 μ의 95% 신뢰구간을 구하시오.

품질관리 산업기사 06.04.22

[문제] 1. 반복이 같인 1원 배치법에서 다음의 분산분석표를 얻었다. A_3수준에서의 데이터의 평균치가 $\overline{x_{3.}} = 15.20$ 이라면 A_3수준에서의 모평균 $\mu(A_3)$의 95% 신뢰구간을 구하시오.

[문제] 2. 다음의 <데이터>는 어느 직물공장에서 직물에 나타난 흠의 수를 조사한 결과이다. 다음의 각 물음에 답하시오.

로트번호		1	2	3	4	5	6	7	8	9	10	11	12	13	14	15	합계
(a)시료의수(n)		10	10	15	15	20	20	20	20	20	10	10	10	15	15	15	225
흠의수	얼룩의 수(개수)	12	16	12	15	21	15	13	32	23	16	17	6	13	22	16	249
	구멍이 난 수(개수)	5	3	5	6	4	6	6	8	8	6	4	1	4	6	6	78
	실이튄 곳의 수(개수)	6	1	6	7	2	7	10	9	9	7	2	1	10	11	8	69
	색상이나쁜 곳(개수)	10	1	8	10	2	9	8	12	11	11	2	2	9	12	12	119
	기 타	2	-	2	4	-	3	-	2	1	1	-	-	-	1	1	17
	(b)합 계	35	21	33	42	29	40	37	63	52	41	25	10	36	52	43	559
	(b)÷(a)	3.50	2.10	2.20	2.80	1.45	2.00	1.85	3.15	2.60	4.10	2.50	1.00	2.40	3.47	2.87	

가. 관리도를 작성하시오.

나. 데이터에서 종류(유형)별로 분류해 놓은 흠의 통계를 가지고 파레토(pareto)도를 작성하시오.

[문제] 3. $L_8(2^7)$직교 배열표에 의한 실험을 하고 다음과 같은 분산분석표의 일부를 얻었다. 요인 A의 기여율 ρ_A를 구하시오. (단, 요인 F를 오차항으로 하시오.)

요 인	S	v
A	40.5	1
B	8	1
C	18	1
D	24.5	1
E	4.5	1
F	1	1
G	8	1
계	104.5	7

[문제] 4. 기계가공 공정에서 축의 길이가 중요한 품질특성이다. 축 길이의 규격은 $4.5 \pm 0.3mm$이다. 이 공정에서 n=4 , k=25의 $\bar{x}-R$ 관리도를 작성한 데이터를 이용하여 히스토그램을 작성하였더니 $\bar{x}=4.508mm$ 시료표준편차 $s=0.0121mm$이었다. 이 공정의 공정능력지수(Cpk)fmf 구하시오. (단, 공정은 정규분포에 따르며 안정상태이다.)

[문제] 5. 어떤 공정에서 1개월간 데이터를 수집 분석하여 $\bar{x}$관리도를 작성하여 본 결과 UCL=7, LCL=3이었다. 이 공정에서 개개의 표준편차(σ_x)를 구하시오.

[문제] 6. 합성수지 제품에 사용되는 유황의 색도는 낮을수록 좋다고 한다. 그래서 제조업자와 협의하여 $m_0=3\%$, $m_1=6\%$로 하는 계량값 규준형 1회 샘플링 방식을 선택하기로 하였다. 표준편차 σ=5%일 때 다음 각 물음에 답하시오. (단, $\sigma=0.05, \beta=0.10$)

샘플링검사표

$\frac{\lvert m_1-m_0 \rvert}{\sigma}$	n	G_0
0.534~0.584	30	0.300
0.585~0.653	25	0.329
0.654~0.670	20	0.368
0.671~0.689	19	0.377

가. $\sigma=0.05, \beta=0.10$을 만족하는 샘플링 박식을 결정하시오.

나. "가"항에서 구한 n개의 시료를 측정한 결과 $\bar{x}$=4.690%가 되었다면 이 로트에 대해서 합·부 판정을 내리시오.

[문제] 7. 다음 (   )에 알맞은 용어를 쓰시오.

> 계수값 샘플링 검사(KSA ISO 2859-1)에서 1회 샘플링검사, 2회 샘플링검사, 다회 샘플링검사 중 어느 형식을 결정하거나 (가) (나) (다) 이(가) 같으면 QC곡선이 실제로 거의 동일하게 설계되기 때문에 합격 확률에는 큰 차이가 없다.

[문제] 8. QC수법은 수치데이터를 해석하는 유용한 도구이다. QC수법 7가지 도구를 쓰시오.

[문제] 9. 물의 존재 아래에서 카프로락탐의 중합을 행할 때, 산을 첨가시킴으로써 중합이 촉진되느냐의 여부를 알아보기 위하여 여러 가지 반응시간에 대하여 락탐중합률을 측정한 결과 다음

과 같은 결과를 얻었다. 그런데 A_2B_3 수준조합에서의 실험은 실패하여 데이터를 얻지 못했다. (단, (y)로 놓음)

실험조건

인자 A(첨가제 종류)	인자 B(반응시간)
A_1 : 첨가제 없음	B_1 : 2시간
A_2 : 아미노카프론산	B_2 : 4시간
A_3 : 인식향산	B_3 : 6시간
A_4 : 세바신산	

데이터(중합률)%

B \ A	A_1	A_2	A_3	A_4
B_1	12.5	60.0	68.2	41.5
B_2	27.3	63.0	78.4	52.6
B_3	71.5	(y)	82.2	74.3

가. 결측치 (y)를 추정하시오. (단, 소수점 2자리에서 반올림하시오.)
나. 추정치 (y)를 대입하여 분산분석표를 작성하시오. (단, 불편분산의 기대치는 생략하시오.)
다. 수준조합 A_1B_2에 대한 모평균을 신뢰율 95%로 구간 추정하시오.

[문제] 10. y주물 공장에서는 특수제품을 생산하는데 종래공정의 부적합품(불량)률은 12%이었다. 주입방법을 변경하여 부적합품률이 감소했는지를 알아보기 위해 변경후의 제품을 120개 검사해본 결과 부적합품이 2개 발견되었다. 이때 다음 각 물음에 답하시오.

가. 변경후의 공정 부적합품률이 종래의 부적합품률보다 감소했는지를 검정하시오. (단 $\alpha = 0.05$)
나. 변경후의 공정 부적합품률의 상한값을 신뢰율 95%로 구간추정하시오.

[문제] 11. y회사에 제조하고 있는 A제품은 인장강도가 가장 큰 품질특성이다. 따라서 y회사의 품질경영부서에서는 원가절감을 목표로 제조공정을 변경하여 새로운 A제품을 만들어서 인장강도를 측정해 본 결과 다음의 <데이터>를 얻었다. 이때 다음 각 물음에 답하시오.

(단, 종래의 제조공정에서는 인장강도의 분산이 $3.5Kgf/mm^2$이었다.)

51 46 54 51 48 52 46 50 53	(단위 : Kgf/mm^2)

가. 변경후의 분산이 변경전의 분산과 차이가 있는지를 검정하시오. (단 $\alpha = 0.05$)

나. 변경후의 모분산을 신뢰율 95%로 구간 추정하시오.

[문제] 12. 50개 데이터로부터 $S_{(xx)} = 7064.1$, $S_{(yy)} = 6{,}041.1$, $S_{(xy)} = 4{,}017.3$을 얻었다.

(단, $S_{(xx)} = \sum(x_i - \overline{x})^2$, $S_{(yy)} = \sum(y_i - \overline{y})^2$, $S_{(xy)} = \sum(x_i - \overline{x}) - \sum(y_i - \overline{y})$)

가. 표본 상관계수(r)를 구하시오.

나. $H_0 : \rho = 0, H_1 : \rho \neq 0$에 대하여 검정하시오. ($\alpha = 0.05$)

품질경영 산업기사 07.04.22

[문제] 1. 정규분포를 따르는 두 개의 공정 A, B로부터 층별하여 $\overline{X}-R$관리도를 작성하니 다음과 같은 결과가 얻어졌다.

$$n_A = 4,\ k_A = 20,\ \overline{\overline{x}}_A = 73.28,\ \overline{R_B} = 6.21$$
$$n_B = 4,\ k_B = 20,\ \overline{\overline{x}}_B = 70.67,\ \overline{R_B} = 6.18$$

A, B 관리도의 데이터를 이용하여 두 공정 A, B의 평균치 차이를 검정하시오.
(단, A, B 두 관리도는 관리상태이며, $\overline{R_A}$와 $\overline{R_B}$간에는 유의차가 없다고 한다.)

[문제] 2. Y회사에서는 철재를 기계 가공하여 제품을 생산하고 있다. 이 회사의 품질경영 부서에서는 생산되는 제품의 신뢰성에 가장 중요한 인장강도에 대하여 품질을 감시하고 있다.
따라서 철재의 인장강도는 클수록 좋다. 지금 M회사로부터 납품받은 철재의 인장강도 평균치가 $47kg/mm^2$ 이상의 로트는 통과시키고 $42kg/mm^2$이하의 로트는 통과하지 않게 하는 계량값 규준형 1회 샘플링 검사를 실시하고 있다. 다음 각 물음에 답하시오. (단, 이때 로트의 표준편차 $\sigma = 5kg/mm^2$이고 $\alpha = -0.05$, $\beta = 0.10$으로 하여 <표 1>를 이용하시오.)

표 1 $\frac{|m_1 - m_0|}{\sigma}$로부터 n과 G_0를 구하는 표

$\frac{\lvert m_1 - m_0\rvert}{\sigma}$	n	G_0
0.710~0.731	17	0.399
0.690~0.709	18	0.383
0.671~0.689	19	0.377
0.654~0.670	20	0.368
0.585~0.653	25	0.329
0.534~0.584	30	0.300

가. 하한 합격판정치 $\overline{X_L}$을 구하시오.

나. 만약 n개의 시료에 대해서 인장강도를 측정한 결과 평균 $\overline{x} = 56.50kg/mm^2$이었다면, 이 로

트에 대해서 합·부 판정을 하시오.

[문제] 3. Y회사의 품질관리 부서에서는 거래처로부터 한 상자에 50개씩 들어있는 체리리벳 부품을 100상자 납품을 받았다. 품질관리 부서에서는 납품을 받은 체리리벳 각 부품들의 평균무게 μ에 관심을 갖고 샘플링을 하여싸. 먼저 50씩 들어있는 100개의 상자로부터 5상자를 랜덤하게 뽑고, 다시 그 5상자로부터 각각 4개씩의 체리리벳 부품을 랜덤 샘플링 하였다. 체리리벳 부품의 무게에 대한 이 로트의 상자 간 산포 σ_b=0.08kg 이라 하고, 상자내에 체리리벳 부품간의 산포 σ_w=0.5kg이라고 하면, 이 로트의 모평균의 추정정밀도 $V(\overline{\overline{x}})$는 어떻게 되는가? (단, 측정오차 σ_M = 0이다.)

[문제] 4. Y회사에서는 교량건설에 소요되는 특수한 볼트를 생산하고 있다. 이 회사의 품질경영부서에서는 볼트의 품질특성 중에 하나인 직경이 규격 외의 부적합품이 많이 발생되고 있어서 이에 대한 대책을 수립하고자 공정 변화를 감시하고 있다. 다음의 데이터를 보고 관리도를 작성하고 판정을 하시오.

시료군의 번호	시료의 크기 n	부적합품개수 np	p(%)		
1	300	4			
2	300	4			
3	300	6			
4	300	4			
5	300	6			
6	200	2			
7	200	4			
8	200	3			
9	200	5			
10	200	3			
11	300	7			
12	300	4			
13	300	3			
14	300	6			
15	400	9			
16	400	4			
17	400	3			
18	400	4			
19	400	5			
20	400	2			

판 정 :

[문제] 5. $L_8(2^7)$의 직교배열표 실험에서 1열에 A인자, 5열에 B인자를 배치하였을 때 A×B의 변동 $S_{A \times B}$를 구하시오.

	1	2	3	4	5	6	7	측정값
1	1	1	1	1	1	1	1	9
2	1	1	1	0	0	0	0	12
3	1	0	0	1	1	0	0	8
4	1	0	0	0	0	1	1	15
5	0	1	0	1	0	1	0	16
6	0	1	0	0	1	0	1	20
7	0	0	1	1	0	0	1	13
8	0	0	1	0	1	1	0	13
성 분	a	b	a c	c	a c	b c	a b c	106

[문제] 6. Y텔레비젼 방송국에서는 시청률이 40%로 알려진 연속극이 있다. 프로그램 편성을 새로이 한 후에 300명의 시청자를 임의 추출하여 이 연속극의 시청 여부를 물을 때 시청률에 변화가 없다면 300명의 시청자 중 100명 이상, 130명 이하가 이 연속극을 시청하고 있을 확률을 구

하시오. (정규분포 근사법을 이용하시오.)

[문제] 7. Y회사는 장치산업에 속하기 때문에 데이터를 합리적인 군으로 나눌 수 없어 이 회사의 품질관리 담당자는 품질의 변동을 파악하고자 $x-R$ 관리도를 작성하기로 하고, 다음의 데이터를 얻었다. $x-R$ 관리도의 CL, UCL, LCL을 구하시오. (단, $x-R$관리도에서 R관리도는 이동범위 관리도이다.)

$$\sum x_i = 128.1,\ \sum R_i = 7.2,\quad k = 26$$

가. x관리도 :

나. R관리도 :

[문제] 8. Y회사는 발전소에 들어가는 터빈 축의 표면 경도를 높이고자 침탄로에서 침탄처리하여 표면의 경도를 향상시키는 열처리 회사이다. 이 회사의 품질경영 부서에서는 침탄의 수율에 영향을 미칠 것으로 생각되는 반응온도(A)와 원료(B)를 모수인자로 취하여 반복이 없는 이원배치 실험을 하고, 데이터를 $X_{ij} = (x_{ij} - 9.5) \times 10$으로 변환하여 다음 데이터를 얻었다. 다음 각 물음에 답하시오.

B \ A	A_1	A_2	A_3	A_4
B_1	6	16	20	10
B_2	3	12	10	7
B_3	-3	-1	9	-5

가. 분산분석표를 작성하고 판정 하시오.

나. 수율을 최대로 하는 최적조건을 구하고, 이 조건에서의 수율의 모평균을 95% 신뢰율로 신뢰구간을 추정하시오.

[문제] 9. H화학(주)의 제품개발 부서에서는 회사의 주요한 생산품인 건축 자재가 KS 규격이 강화되는 방향으로 변경함에 따라 공장에서 생산되는 제품의 강도(단위 kg/cm^2)를 높이기 위한 개발에 착수 하였다. 먼저 실험을 하고자 인자로서 반응온도 A를 1차로 택하고 최적조업 조건을

찾아내기 위한 수준으로서 A_1=100°C, A_2=150°C, A_3=200°C, A_4=250°C를 택하였다. 또한 각 수준에서의 반복수는 5회로 하고 총 20회 실험을 랜덤순서로 실시하여 얻어진 <데이터>는 다음과 같다. 다음 각 물음에 답하시오. (단, 강도(kg/cm^2)는 큰 값일수록 좋다.)

수준 / 반복	A_1	A_2	A_3	A_4
1	7.9	8.0	8.3	8.3
2	7.5	8.6	8.9	7.8
3	7.9	8.1	8.5	7.8
4	7.6	8.4	8.4	7.9
5	7.7	8.1	8.4	8.1

가. 분산분석표를 작성하시오.

요 인	SS	DF	MS	F_0
T				

나. 수준 간에는 차이가 있는가를 α=0.05로 판정하시오.

다. 각 수준의 모평균을 추정하고 최적수준을 선택하시오. (단, α=0.05)

[문제] 10. M공장에서는 포장재를 생산하는데 이 회사의 QC담당자는 제품의 특성인 신율이 품질을 좌우 한다는 확신을 갖고 첨가재 x과 y의 상관관계를 32개의 시료에서 구한 결과 r=0.674을 얻었다. 다음에 대하여 유의수준 α=0.01로 검정하시오.

[문제] 11. Y사는 어떤 부품의 수입검사에 계수값 샘플링 검사인 KSA ISO 2859-1을 사용하고 있다. 적용조건은 AQL=1.0%, 검사 수준 Ⅱ로 1회 샘플링 검사를 하고 있으며 처음 로트의 엄격도는 보통검사에서 시작하여 15로트가 진행되었으며 예시문은 그 중 11번째 로트부터 나타낸 것이다. 표의 (　)을 채우고, 15번째 로트의 검사 결과 16번 로트에 수월한 검사를 적용할 조건

이 되는가를 판정하시오.

로 트	N	샘플문자	n	Ac	Re	부적합수	합부판정	전환스코어
11	300	H	50	1	2	1	합 격	21
12	500	H	50	1	2	0	( )	( )
13	300	H	50	1	2	1	( )	( )
14	800	J	80	2	3	0	( )	( )
15	1000	J	80	2	3	1	( )	( )

[문제] 12. Y회사에서는 원료의 낭비를 줄임으로서 원가를 절감하여 경쟁회사와의 경쟁력을 확보하기로 방침을 세우고 전사적인 활동을 벌인 결과 제조공정을 변경하여 새로운 작업 방법을 개선하였다. 이회사의 품질경영부서에서는 새로운 작업방법으로 만든 제품의 lot로부터 10개의 시료를 무작위 추출하여 무게를 측정한 결과 다음과 같은 <데이터>를 얻었다. 다음 각 물음에 답하시오.

1.2 1.2 1.5 1.4 1.4 1.0 1.1 1.8 1.8 1.6 (단위 kg)

가. 본래 모평균이 1.8kg이었다면 공정변경 후 무게는 감소하였다고 볼 수 있는지 유의수준 5%로 검정하시오.

나. 모평균에 대해서 신뢰율 95%로 신뢰한 값을 추정하시오.

[문제] 13. 다음은 ISO 9001:2000 규격에 사용되는 용어에 대한 설명이다. 알맞은 용어를 보기에서 골라 쓰시오.

[보 기]
① 품질경영 ② 품질목표 ③ 품질방침 ④ 경영시스템 ⑤ 품질관리

가. 최고 경영자에 의해 공식적으로 표명된 품질에 관한 조직의 전반적인 의도 및 방향( )

나. 품질에 관하여 추구하거나 지향하는 것 ( )

다. 품질에 관하여 조직을 지휘하고 관리하기 위해 조정되는 활동 ( )

[문제] 14. 볼트를 만드는 Y회사에서는 볼트길이의 품질특성을 측정하여 <도수분표>를 작성한 결과 다음과 같다. 각 물음에 답하시오. (단, 제품의 규격은 39.5 ± 0.2mm이며, 도수분표는 정규분포에 따른다.)

NO	경 계 치	중 앙 치	도 수(f)
1	37.9~38.3	38.1	1
2	38.3~38.7	38.5	4
3	38.7~39.1	38.9	3
4	39.1~39.5	39.3	18
5	39.5~39.9	39.7	24
6	39.9~40.3	40.1	19
7	40.3~40.7	40.5	15
8	40.7~41.1	40.9	4
9	41.1~41.5	41.3	2
	계		100

가. 히스토그램을 그리고 규격상한과 규격하한을 작성하시오.

나. 분포의 모양을 설명하고 규격과 대비한 결과를 간단히 설명하시오.

- 분포의 모양 :
- 규격의 대비 :

[문제] 15. Y직물공장에서는 8대의 직포기에 대하여 사절수를 세어 보았더니 기계별로 다음과 같은 데이터를 얻었다. 직포기의 기계에 따라 사절수가 다른가를 적합도 검정을 통하여 검정하시오.

(단, α=0.05이며, 사절수는 24시간당 기준한 것이다.)

직 포 기	A	B	C	D	E	F	G	H
사 절 수	28	17	33	9	20	14	22	25

CHAPTER

05 부록

1. 정규분포표

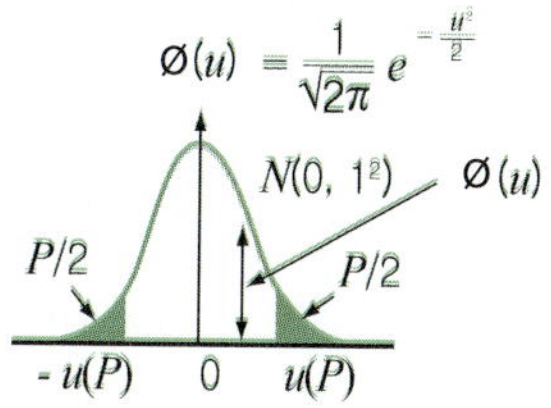

(1) 정규분포표(양측)

z(α)에서 양측 확률 α를 구하는 표

z(α)	*=0	1	2	3	4	5	6	7	8	9
0.0*	1.0000	0.9920	0.9840	0.9761	0.9681	0.9601	0.9522	0.9442	0.9362	0.9283
0.1*	0.9203	.9124	.9045	.8966	.8887	.8808	.8729	.8650	.8572	.8493
0.2*	.8415	.8337	.8259	.8181	.8103	.8026	.7949	.7872	.7795	.7718
0.3*	.7642	.7566	.7490	.7414	.7339	.7263	.7188	.7114	.7039	.6965
0.4*	.6892	.6818	.6745	.6672	.6599	.6527	.6455	.6384	.6312	.6241
0.5*	.6171	.6101	.6031	.5961	.5892	.5823	.5755	.5687	.5619	.5552
0.6*	.5485	.5419	.5353	.5287	.5222	.5157	.5093	.5029	.965	.4902
0.7*	.4839	.4777	.4715	.4654	.4593	.4533	.4473	.4413	.4354	.4295
0.8*	.4237	.4179	.4122	.4065	.4009	.3953	.3898	.3843	.3789	.3735
0.9*	.3681	.3628	.3576	.3524	.3472	.3421	.3371	.3320	.3271	.3222
1.0*	.3173	.3125	.3077	.3030	.2983	.2937	.2891	.2846	.2801	.2757
1.1*	.2713	.2670	.2627	.2585	.2543	.2501	.2460	.2420	.2380	.2340
1.2*	.2301	.2263	.2225	.2187	.2150	.2113	.2077	.2041	.2005	.1970
1.3*	.1936	.1902	.1868	.1835	.1802	.1770	.1738	.1707	.1676	.1645
1.4*	.1615	.1585	.1556	.1527	.1499	.1471	.1443	.1416	.1389	.1362
1.5*	.1336	.1310	.1285	.1260	.1236	.1211	.1188	.1164	.1141	.1118
1.6*	.1096	.1074	.1052	.1031	.1010	.0989	.0969	.0949	.0930	.0910
1.7*	.0891	.0873	.0854	.0836	.0819	.0801	.0784	.0767	.0751	.0735
1.8*	.0719	.0703	.0688	.0672	.0658	.0643	.0629	.0615	.0601	.0588
1.9*	.0574	.0561	.0549	.0536	.0524	.0512	.0500	.0488	.0477	.0466
2.0*	.0455	.0444	.0434	.0424	.0414	.0404	.0394	.0385	.0375	.0366
2.1*	.0357	.0349	.0340	.0332	.0324	.0316	.0308	.0300	.0293	.0285
2.2*	.0278	.0271	.0264	.0257	.0251	.0244	.0238	.0232	.0226	.0220
2.3*	.2014	.0209	.0203	.0198	.0193	.0188	.0183	.0178	.0173	.0168
2.4*	.0164	.0160	.0155	.0151	.0147	.0143	.0139	.0135	.0131	.0128
2.5*	.0124	.0121	.0117	.0114	.0111	.0108	.0105	.0102	.0099	.0096
2.6*	.0093	.0091	.0088	.0085	.0083	.0080	.0078	.0076	.0074	.0071
2.7*	.0069	.0067	.0065	.0063	.0061	.0060	.0058	.0056	.0054	.0053
2.8*	.0051	.0050	.0048	.0047	.0045	.0044	.0042	.0041	.0040	.0039
2.9*	.0037	.0036	.0035	.0034	.0033	.0032	.0031	.0030	.0029	.0028
3.0*	.0027	.0026	.0025	.0024	.0024	.0023	.0022	.0021	.0021	.0020
3.29*	.001	특히 큰 Z(α) = z α/2에 대한 α의 값								
3.89*	.0001									
4.42*	.00001									
4.89*	.000001									
5.33*	.0000001									
5.73*	.00000001									
6.11*	.000000001									

양측 확률 α에서 Z(α)를 구하는 표

α	1.000	0.500	0.200	0.100	0.050	0.020	0.010	0.002
z(α)	1.000	0.674	1.282	1.645	1.960	2.326	2.576	3.090

z에서 ø(z)를 구하는 표

z(α)	*=0	1	2	3	4	5	6	7	8	9
0.0*	0.399	0.397	0.391	0.381	0.368	0.352	0.333	0.312	0.290	0.266
1.0*	0.2420	0.2179	0.1942	0.1713	01497	0.1295	0.1109	0.0940	0.0790	0.0656
2.0*	0.0540	0.0440	0.0355	0.0283	0.0224	0.0175	0.0136	0.0104	0.0079	0.0060
3.0*	0.0044	0.0033	0.0024	0.0017	0.0012	0.0009	0.0006	0.0004	0.0003	0.0002

예를 들어 z값이 1이면 ø(z)는 0.2420, z값이 0이면 ø(z)는 0.399가 된다.

(2) 정규분포표(편측)

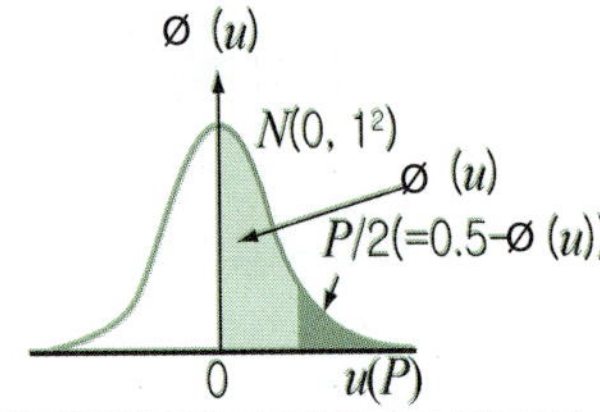

z(α)에서 편측 확률 α/2를 구하는 표

z(α)	*=0	1	2	3	4	5	6	7	8	9
0.0*	0.5000	0.4960	0.4920	0.4880	0.4840	0.4801	0.4761	0.4721	0.4681	0.4641
0.1*	.4602	.4562	.4522	.4483	.4443	.4404	.4364	.4325	.4286	.4247
0.2*	.4207	.4168	.4129	.4090	.4052	.4013	.3974	.3936	.3897	.3859
0.3*	.3821	.3783	.3745	.3707	.3669	.3632	.2594	.3557	.3520	.3483
0.4*	.3446	.3409	.3372	.3336	.3300	.3264	.3228	.3192	.3156	.3121
0.5*	.3085	.3050	.3015	.2981	.2946	.2912	.2877	.2843	.2810	.2776
0.6*	.2743	.2709	.2676	.2643	.2611	.2578	.2546	.2514	.2483	.2451
0.7*	.2420	.2389	.2358	.2327	.2296	.2266	.2236	.2206	.2177	.2148
0.8*	.2119	.2090	.2061	.2033	.2005	.1977	.1949	.1922	.1894	.1867
0.9*	.1841	.1814	.1788	.1762	.1736	.1711	.1685	.1660	.1635	.1611
1.0*	.1587	.1562	.1539	.1515	.1492	.1469	.1446	.1423	.1404	.1379
1.1*	.1357	.1335	.1314	.1292	.1271	.1251	.1230	.1210	.1190	.1170
1.2*	.1151	.1131	.1112	.1093	.1075	.1056	.1038	.1020	.1003	.0985
1.3*	.0968	.0951	.0934	.0918	.0901	.0885	.0869	.0853	.0838	.0823
1.4*	.0808	.0793	.0778	.0764	.0749	.0736	.0721	.0708	.0694	.0681
1.5*	.0668	.0655	.0643	.0630	.0618	.0606	.0594	.0582	.0571	.0559
1.6*	.0548	.0537	.0526	.0516	.0505	.0495	.0485	.0475	.0465	.0455
1.7*	.0446	.0436	.0427	.0418	.0409	.0401	.0392	.0384	.0375	.0367
1.8*	.0359	.0351	.0344	.0336	.0329	.0322	.0314	.0307	.0301	.0294
1.9*	.0287	.0281	.0274	.0268	.0262	.0256	.0250	.0244	.0239	.0233
2.0*	.0228	.0222	.0217	.0212	.0207	.0202	.0197	.0192	.0188	.0183
2.1*	.0179	.0174	.0170	.0166	.0162	.0158	.0154	.0150	.0146	.0143
2.2*	.0139	.0136	.0132	.0129	.0125	.0122	.0119	.0116	.0113	.010
2.3*	.0107	.0104	.0102	.0099	.0096	.0094	.0091	.0089	.0087	.0084
2.4*	.0082	.0080	.0078	.0075	.0073	.0071	.0069	.0068	.0066	.0064
2.5*	.0062	.0060	.0059	.0057	.0055	.0054	.0052	.0051	.0049	.0048
2.6*	.0047	.0045	.0044	.0043	.0041	.0040	.0039	.0038	.0037	.0036
2.7*	.0035	.0034	.0033	.0032	.0031	.0030	.0029	.0028	.0027	.0026
2.8*	.0026	.0025	.0024	.0023	.0023	.0022	.0021	.0021	.0020	.0019
2.9*	.0019	.0018	.0018	.0017	.0016	.0016	.0015	.0015	.0014	.0014
3.0*	.0013	.0013	.0013	.0012	.0012	.0011	.0011	.0011	.0010	.0010
3.29*	.0005	특히 큰 Z(α) = z α/2에 대한 α의 값								
3.89*	.00005									
4.42*	.000005									
4.89*	.0000005									
5.33*	.00000005									
5.73*	.000000005									
6.11*	.0000000005									

편측 확률 α/Σ에서 z(α) 구하는 표

P/2	0.500	0.250	0.100	0.050	0.025	0.010	0.005	0.001
U(P)	0.000	0.674	1.282	1.645	1.960	2.326	2.576	3.090

ø(z) = ∫ z0 ø(z) = 1/2π ∫ z0 e-z2/2 dz

예를 들어 Z(α)가 1.96일 때 ø(z)는 0.5-0.0250=0.4750이 된다.

2. X^2 분포표

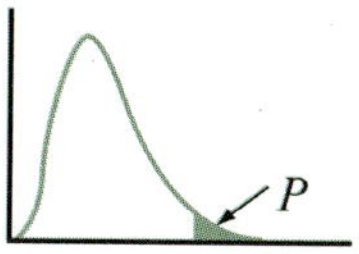

자유도 ø와 상측 확률 P에서 x^2(ø, α)를 구하는 표

X^2(Ø, P)

ø \ α	.995	.99	.975	.95		.75	.50	.25	.10	.05	.025	.01	.005	α / ø
1	0.0393	0.0157	0.0982	0.03	0.0158	0.102	0.455	1.323	2.71	3.84	5.02	6.63	7.88	1
2	0.0100	0.0201	0.0506	0.103	0.211	0.575	1.386	2.77	4.61	5.99	7.38	9.21	10.60	2
3	0.717	0.115	0.216	0.352	0.584	1.213	2.37	4.11	6.25	7.81	9.35	11.34	12.84	3
4	0.207	0.297	0.484	0.711	1.064	1.923	3.36	5.39	7.78	9.49	11.14	13.28	14.86	4
5	0.412	0.554	0.831	1.145	1.610	2.67	4.35	6.63	9.24	11.07	12.83	15.09	16.75	5
6	0.676	0.872	1.237	1.635	2.20	3.45	5.35	7.84	10.64	12.59	14.45	16.81	18.55	6
7	0.989	1.239	1.690	2.17	2.83	4.25	6.35	9.04	12.02	14.07	16.01	18.48	20.3	7
8	1.344	1.646	2.18	2.73	3.49	5.07	7.34	10.22	13.36	15.51	17.53	20.1	22.0	8
9	1.735	2.09	2.70	3.33	4.17	5.90	8.34	11.39	14.68	16.92	19.02	21.7	23.6	9
10	2.16	2.56	3.25	3.94	4.87	6.74	9.34	12.56	15.99	18.31	20.5	23.2	25.2	10
11	2.60	3.05	3.82	4.57	5.58	7.58	10.34	13.70	17.28	19.68	21.9	24.7	26.8	11
12	3.07	3.57	4.40	5.23	6.30	8.44	11.34	14.85	18.55	21.0	23.3	26.2	28.3	12
13	3.57	4.11	5.01	5.89	7.04	9.30	12.34	15.98	19.81	22.4	24.7	27.7	29.8	13
14	4.07	4.66	5.63	6.57	7.79	10.17	13.34	17.12	21.1	23.7	26.1	29.1	31.3	14
15	4.60	5.23	6.26	7.26	8.55	11.04	14.34	18.25	22.3	25.0	27.5	30.6	32.8	15
16	5.14	5.81	6.91	7.96	9.31	11.91	15.34	19.37	23.5	26.3	28.8	32.0	34.3	16
17	5.70	6.41	7.56	8.67	10.09	12.79	16.34	20.5	24.8	27.6	30.2	33.4	35.7	17
18	6.26	7.01	8.23	9.39	10.86	13.68	17.34	21.6	26.0	28.9	31.5	34.8	37.2	18
19	6.84	7.63	8.91	10.12	11.65	14.56	18.34	22.7	27.2	30.1	32.9	36.2	38.6	19
20	7.43	8.26	9.59	10.85	12.44	15.45	19.34	23.8	28.4	31.4	34.2	37.6	40.0	20
21	8.03	8.90	10.28	11.59	13.24	16.34	20.3	24.9	29.6	32.7	35.5	38.9	41.4	21
22	8.64	9.54	10.98	12.34	14.04	17.24	21.3	26.0	30.8	33.9	36.8	40.3	42.8	22
23	9.26	10.20	11.69	13.09	14.85	18.14	22.3	27.1	32.0	35.2	38.1	41.6	44.2	23
24	9.89	10.86	12.40	13.85	15.66	19.04	23.3	28.2	33.2	36.4	39.4	43.0	45.6	24
25	10.52	11.52	13.12	14.61	16.47	19.94	24.3	29.3	34.4	37.7	40.6	44.3	46.9	25
26	11.16	12.20	13.84	15.38	17.29	20.8	25.3	30.4	35.6	38.9	41.9	45.6	48.3	26
27	11.81	12.88	14.57	16.15	18.11	21.7	26.3	31.5	36.7	40.1	43.2	47.0	49.6	27
28	12.46	13.56	15.31	16.93	18.94	22.7	27.3	32.6	37.9	41.3	44.5	48.3	51.0	28
29	13.12	14.26	16.05	17.71	19.77	23.6	28.3	33.7	39.1	42.6	45.7	49.6	52.3	29
30	13.79	14.95	16.79	18.49	20.6	24.5	29.3	34.8	40.3	43.8	47.0	50.9	53.7	30
40	20.7	22.2	24.4	26.5	29.1	33.7	39.3	45.6	51.8	55.8	59.3	63.7	66.8	40
50	28.0	29.7	32.4	34.8	37.7	42.9	49.3	56.3	63.2	67.5	71.4	76.2	79.5	50
60	35.5	37.5	40.5	43.2	46.5	52.3	59.3	67.0	74.4	79.1	83.3	88.4	92.0	60
70	43.3	45.4	48.8	51.7	55.3	61.7	69.3	77.6	85.5	90.5	95.0	100.4	104.2	70
80	51.2	53.5	57.2	60.4	64.3	71.1	79.3	88.1	96.6	101.9	106.6	112.3	116.3	80
90	59.2	61.8	65.6	69.1	73.3	80.6	89.3	98.6	107.6	113.1	118.1	124.1	128.3	90
100	67.3	70.1	74.2	77.9	82.4	90.1	99.3	109.1	118.5	124.3	129.6	135.8	140.2	100
yα	-2.58	-2.33	-1.96	-1.64	-1.28	-0.674	0.000	0.674	1.282	1.645	1.960	2.33	2.58	yα

(주) yα의 사용법 -예를 들면 x^2(200, 0.05)는, Fisher의 근사식을 사용하여 다음식과 같이 구할 수 있다.

$1/2(y\alpha+2ø-1)^2 = 1/2(1.645+399)^2 = 233.7$

3. *t* 분포표

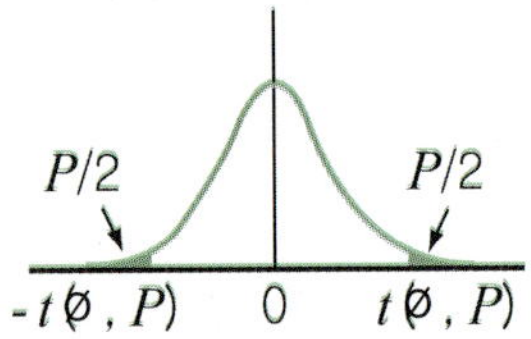

자유도 ø와 양측 확률 P에서 t(ø, α)를 구하는 표

α / ø	0.90	0.80	0.70	0.60	0.50	0.40	0.30	0.20	0.10	0.05	0.02	0.01	0.001	α / ø
1	.158	.325	.510	.727	1.000	1.376	1.963	3.078	6.314	12.706	31.821	63.657	636.619	1
2	.142	.289	.445	.617	0.816	1.061	1.386	1.886	2.920	4.303	6.965	90925	31.598	2
3	.137	.277	.424	.584	0.756	0.978	1.250	1.638	2.353	3.182	4.540	5.841	12.941	3
4	.134	.271	.414	.569	0.741	0.941	1.190	1.533	2.132	2.776	3.747	4.604	8.610	4
5	.132	.267	.408	.559	0.727	0.920	1.156	1.476	2.015	2.571	3.365	4.032	6.859	5
6	.131	.265	.404	.553	0.718	0.906	1.134	1.440	1.943	2.447	3.143	3.707	5.959	6
7	.130	.263	.402	.549	0.711	0.896	1.119	1.415	1.895	2.365	2.998	3.499	5.405	7
8	.130	.262	.399	.546	0.706	0.889	1.108	1.397	1.860	2.306	2.896	3.355	5.041	8
9	.129	.261	.398	.543	0.703	0.883	1.100	1.383	1.833	2.262	2.821	3.250	4.781	9
10	.129	.260	.397	.542	0.700	0.879	1.093	1.372	1.812	2.228	2.764	3.169	4.587	10
11	.129	.260	.396	.540	0.697	0.876	1.088	1.363	1.796	2.201	2.718	3.106	4.437	11
12	.128	.259	.395	.539	0.695	0.873	1.083	1.356	1.782	2.179	2.681	3.055	4.318	12
13	.128	.259	.394	.538	0.694	0.870	1.079	1.350	1.771	2.160	2.650	3.012	4.221	13
14	.128	.258	.393	.537	0.692	0.868	1.076	1.345	1.761	2.145	2.624	2.977	4.140	14
15	.128	.258	.393	.536	0.691	0.866	1.074	1.341	1.753	2.131	2.602	2.947	4.073	15
16	.128	.258	.392	.535	0.690	0.865	1.071	1.337	1.746	2.120	2.583	2.921	4.015	16
17	.128	.257	.392	.534	0.689	0.863	1.069	1.333	1.740	2.110	2.567	2.898	3.965	17
18	.127	.257	.392	.534	0.688	0.862	1.067	1.330	1.734	2.101	2.552	2.878	3.922	18
19	.127	.257	.391	.533	0.688	0.861	1.066	1.328	1.729	2.093	2.539	2.861	3.883	19
20	.127	.257	.391	.533	0.687	0.860	1.064	1.325	1.725	2.086	2.528	2.845	3.850	20
21	.127	.257	.391	.532	0.686	0.859	1.063	1.33	1.721	2.080	2.518	2.831	3.819	21
22	.127	.256	.390	.532	0.686	0.858	1.061	1.321	1.717	2.074	2.508	2.819	3.792	22
23	.127	.256	.390	.532	0.685	0.858	1.060	1.319	1.714	2.069	2.500	2.807	3.767	23
24	.127	.256	.390	.531	0.685	0.857	1.059	1.318	1.711	2.064	2.492	2.797	3.745	24
25	.127	.256	.390	.531	0.684	0.856	1.058	1.316	1.708	2.060	2.485	2.787	3.725	25
26	.127	.256	.390	.531	0.684	0.256	1.058	1.315	1.706	2.056	2.479	2.779	3.707	26
27	.127	.256	.389	.531	0.684	0.855	1.057	1.314	1.703	2.052	2.473	2.771	3.690	27
28	.127	.256	.389	.530	0.683	0.855	1.056	1.313	1.701	2.048	2.467	2.763	3.674	28
29	.127	.256	.389	.530	0.683	0.854	1.055	1.311	1.699	2.045	2.462	2.756	3.659	29
30	.127	.256	.389	.530	0.683	0.854	1.055	1.310	1.697	2.042	2.457	2.750	3.646	30
40	.126	.255	.388	.529	0.681	0.851	1.050	1.303	1.684	2.021	2.423	2.704	3.551	40
60	.126	.254	.387	.527	0.679	0.848	1.046	1.296	1.671	2.000	2.390	2.660	3.460	60
120	.126	.254	.386	.526	0.677	0.845	1.041	1.289	1.658	1.980	2.358	2.617	3.373	120
∞	.126	.253	.385	.524	0.674	0.842	1.036	1.282	1.645	1.960	2.326	2.576	3.291	∞

4. F 분포표

(1) F 분포표(5%, 1%)

자유도 $\varnothing_1$, $\varnothing_2$와 상측 확률 P에서 F($\varnothing_1$, $\varnothing_2$; P)를 구하는 표

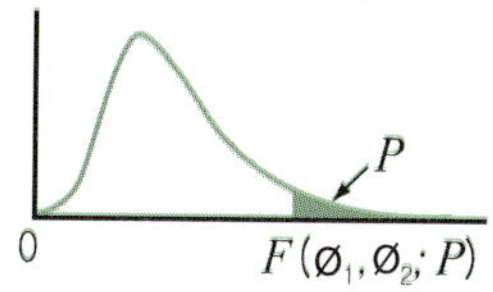

$\varnothing_2$ \ $\varnothing_1$	1	2	3	4	5	6	7	8	9	10	12	15	20	24	30	40	60	120	∞	$\varnothing_1$ / $\varnothing_2$
1	161 .	200.	216.	225.	230.	234.	237.	239.	241.	242.	244.	246	248.6	249.	25.	251.	252.	253.	254.	1
	4052.	5000.	5403.	5625.	5764.	5859.	5928.	5982.	6022.	6056.	6106.	6157.	209.	6235.	6261.	6287.	6313.	6339.	6366.	
2	18.5	19.0	19.2	19.2	19.3	19.3	19.4	19.4	19.4	19.4	19.4	19.4	19.4	19.5	19.5	19.5	19.5	19.5	19.5	2
	98.5	99.0	99.2	99.2	99.3	99.3	99.4	99.4	99.4	99.4	99.4	99.4	99.4	99.5	99.5	99.5	99.5	99.5	99.5	
3	10.1	9.55	9.28	9.12	9.01	8.94	8.89	8.85	8.81	8.79	8.74	8.70	8.66	8.64	8.62	8.59	8.57	8.55	8.53	3
	34.1	30.8	29.5	28.7	28.2	27.9	27.7	27.5	27.3	27.2	27.1	26.9	26.7	26.6	26.5	26.4	26.3	26.2	26.1	
4	7.71	6.94	6.59	6.39	6.26	6.16	6.09	6.04	6.00	5.96	5.91	5.86	5.80	5.77	5.75	5.72	5.69	5.66	5.63	4
	21.2	18.0	16.7	16.0	15.5	15.2	15.0	14.8	14.7	14.5	14.4	14.2	14.0	13.9	13.8	13.7	13.7	13.6	13.5	
5	6.61	5.79	5.41	5.19	5.05	4.95	4.88	4.82	4.77	4.74	4.68	4.62	4.56	4.53	4.50	4.46	4.43	4.40	4.36	5
	16.3	13.3	12.1	11.4	11.0	10.7	10.5	10.3	10.2	10.1	9.89	9.72	9.55	9.47	9.38	9.29	9.20	9.11	9.02	
6	5.99	5.14	4.76	4.53	4.39	4.28	4.21	4.15	4.10	4.06	4.00	3.94	3.87	3.84	3.81	3.77	3.74	3.70	3.67	6
	13.7	10.9	9.78	9.15	8.75	8.47	8.26	8.10	7.98	7.87	7.72	7.56	7.40	7.31	7.23	7.14	7.06	6.97	6.88	
7	5.59	4.74	4.35	4.12	3.97	3.87	3.79	3.73	3.68	3.64	3.57	3.51	3.44	3.41	3.38	3.34	3.30	3.27	3.23	7
	12.2	9.55	8.45	7.85	7.46	7.19	6.99	6.84	6.72	6.62	6.47	6.31	6.16	6.07	5.99	5.91	5.82	5.74	5.65	
8	5.32	4.46	4.07	3.84	3.69	3.58	3.50	3.44	3.39	3.35	3.28	3.22	3.15	3.12	3.08	3.04	3.01	2.97	2.93	8
	11.3	8.65	7.59	7.01	6.63	6.37	6.18	6.03	5.91	5.81	5.67	5.52	5.36	5.28	5.20	5.12	5.03	4.95	4.86	
9	5.12	4.26	3.86	3.63	3.48	3.37	3.29	3.23	3.18	3.14	3.07	3.01	2.94	2.90	2.86	2.83	2.79	2.75	2.71	9
	10.6	8.02	6.99	6.42	6.06	5.80	5.61	5.47	5.35	5.26	5.11	4.96	4.81	4.73	4.65	4.57	4.48	4.40	4.31	
10	4.96	4.10	3.71	3.48	3.33	3.22	3.14	3.07	3.02	2.98	2.91	2.84	2.77	2.74	2.70	2.66	2.62	2.58	2.54	10
	10.0	7.56	6.55	5.99	5.64	5.39	5.20	5.06	4.94	4.85	4.71	4.56	4.41	4.33	4.25	4.17	4.08	4.00	3.91	
11	4.84	3.98	3.59	3.36	3.20	3.09	3.01	2.95	2.90	2.85	2.79	2.72	2.65	2.61	2.57	2.53	2.49	2.45	2.40	11
	9.65	7.21	6.22	5.67	5.32	5.07	4.89	4.74	4.63	4.54	4.40	4.25	4.10	4.02	3.94	3.86	3.78	3.69	3.60	
12	4.75	3.89	3.49	3.26	3.11	3.00	2.91	2.85	2.80	2.75	2.69	2.62	2.54	2.51	2.47	2.43	2.38	2.34	2.30	12
	9.33	6.93	5.95	5.41	5.06	4.82	4.64	4.50	4.39	4.30	4.16	4.01	3.86	3.78	3.70	3.62	3.54	3.45	3.36	
13	4.67	3.81	3.41	3.18	3.03	2.92	2.83	2.77	2.71	2.67	2.60	2.53	2.46	2.42	2.38	2.34	2.30	2.25	2.21	13
	9.07	6.70	5.74	5.21	4.86	4.62	4.44	4.30	4.19	4.10	3.96	3.82	3.66	3.59	3.51	3.43	3.34	3.25	3.17	
14	4.60	3.74	3.34	3.11	2.96	2.85	2.76	2.70	2.65	2.60	2.53	2.46	2.39	2.35	2.31	2.27	2.22	2.18	2.13	14
	8.86	6.51	5.56	5.04	4.70	4.46	4.28	4.14	4.03	3.94	3.80	3.66	3.51	3.43	3.35	3.27	3.18	3.09	3.00	
15	4.54	3.68	3.29	3.06	2.90	2.79	2.71	2.64	2.59	2.54	2.48	2.40	2.33	2.29	2.25	2.20	2.16	2.11	2.07	15
	8.68	6.36	5.42	4.89	4.56	4.32	4.14	4.00	3.89	3.80	3.67	3.52	3.37	3.29	3.21	3.13	3.05	2.96	2.87	
16	4.49	3.63	3.24	3.01	2.85	2.74	2.66	2.59	2.54	2.49	2.42	2.35	2.28	2.24	2.19	2.15	2.11	2.06	2.01	16
	8.53	6.23	5.29	4.77	4.44	4.20	4.03	3.89	3.78	3.69	3.55	3.41	3.26	3.18	3.10	3.02	2.93	2.84	2.75	
17	4.45	3.59	3.20	2.96	2.81	2.70	2.61	2.55	2.49	2.45	2.38	2.31	2.23	2.19	2.15	2.10	2.06	2.01	1.96	17
	8.40	6.11	5.18	4.67	4.34	4.10	3.93	3.79	3.68	3.59	3.46	3.31	3.16	3.08	3.00	2.92	2.83	2.75	2.65	
18	4.41	3.55	3.16	2.93	2.77	2.66	2.58	2.51	2.46	2.41	2.34	2.27	2.19	2.15	2.11	2.06	2.02	1.97	1.92	18
	8.29	6.01	5.09	4.58	4.25	4.01	3.84	3.71	3.60	3.51	3.37	3.23	3.08	3.00	2.92	2.84	2.75	2.66	2.57	
19	4.38	3.52	3.13	2.90	2.74	2.63	2.54	2.48	2.42	2.38	2.31	2.23	2.16	2.11	2.07	2.03	1.98	1.93	1.88	19
	8.18	5.93	5.01	4.50	4.17	3.94	3.77	3.63	3.52	3.43	3.30	3.15	3.00	2.92	2.84	2.76	2.67	2.58	2.49	
20	4.33	3.49	3.10	2.87	2.71	2.60	2.51	2.45	2.39	2.35	3.28	2.20	2.12	2.08	2.04	1.99	1.95	1.90	1.84	20
	8.10	5.85	4.94	4.43	4.10	3.87	3.70	3.56	3.46	3.37	3.23	3.09	2.94	2.86	2.78	2.69	2.61	2.52	2.42	

ϕ_2 \ ϕ_1	1	2	3	4	5	6	7	8	9	10	12	15	20	24	30	40	60	120	∞	ϕ_1 / ϕ_2
21	4.32	3.47	3.07	2.84	2.68	2.57	2.49	2.42	2.37	2.32	2.25	2.18	2.10	2.05	2.01	1.96	1.92	1.87	1.81	21
	8.02	**5.78**	**4.87**	**4.37**	**4.04**	**3.81**	**3.64**	**3.51**	**3.40**	**3.31**	**3.17**	**3.03**	**2.88**	**2.80**	**2.72**	**2.64**	**2.55**	**2.46**	**2.36**	
22	4.30	3.44	3.05	2.82	2.66	2.55	2.46	2.40	2.34	2.30	2.23	2.15	2.07	2.03	1.98	1.94	1.89	1.84	1.78	22
	7.95	**5.72**	**4.82**	**4.31**	**3.99**	**3.76**	**3.59**	**3.45**	**3.35**	**3.26**	**3.12**	**2.98**	**2.83**	**2.75**	**2.67**	**2.58**	**2.50**	**2.40**	**2.31**	
23	4.28	3.42	3.03	2.80	2.64	2.53	2.44	2.37	2.32	2.27	2.20	2.13	2.05	2.00	1.96	1.91	1.86	1.81	1.76	23
	7.88	**5.66**	**4.76**	**4.26**	**3.94**	**3.71**	**3.54**	**3.41**	**3.30**	**3.21**	**3.07**	**2.93**	**2.78**	**2.70**	**2.62**	**2.54**	**2.45**	**2.35**	**2.26**	
24	4.25	3.40	3.01	2.78	2.62	2.51	2.42	2.36	2.30	2.25	2.18	2.11	2.03	1.98	1.94	1.89	1.84	1.79	1.73	24
	7.82	**5.61**	**4.72**	**4.22**	**3.90**	**3.67**	**3.50**	**3.36**	**3.26**	**3.17**	**3.03**	**2.89**	**2.74**	**2.66**	**2.58**	**2.49**	**2.40**	**2.31**	**2.21**	
25	4.24	3.39	2.99	2.76	2.60	2.49	2.40	2.34	2.28	2.24	2.16	2.09	2.01	1.96	1.92	1.87	1.82	1.77	1.71	25
	7.77	**5.57**	**4.68**	**4.18**	**3.86**	**3.63**	**3.46**	**3.32**	**3.22**	**3.13**	**2.99**	**2.85**	**2.70**	**2.62**	**2.54**	**2.45**	**2.36**	**2.27**	**2.17**	
26	4.23	3.37	2.98	2.74	2.59	2.47	2.39	2.32	2.27	2.22	2.15	2.07	1.99	1.95	1.90	1.85	1.80	1.75	1.69	26
	7.72	**5.53**	**4.64**	**4.14**	**3.82**	**3.59**	**3.42**	**3.29**	**3.18**	**3.09**	**2.96**	**2.82**	**2.66**	**2.58**	**2.50**	**2.42**	**2.33**	**2.23**	**2.13**	
27	4.21	3.35	2.96	2.73	2.57	2.46	2.37	2.31	2.25	2.20	2.13	2.06	1.97	1.93	1.88	1.84	1.79	1.73	1.67	27
	7.68	**5.49**	**4.60**	**4.11**	**3.78**	**3.56**	**3.39**	**3.26**	**3.15**	**3.06**	**2.93**	**2.78**	**2.63**	**2.55**	**2.47**	**2.38**	**2.29**	**2.20**	**2.10**	
28	4.20	3.34	2.95	2.71	2.56	2.45	2.36	2.29	2.24	2.19	2.12	2.04	1.96	1.91	1.87	1.82	1.77	1.71	1.65	28
	7.64	**5.46**	**4.57**	**4.07**	**3.75**	**3.53**	**3.36**	**3.23**	**3.12**	**3.03**	**2.90**	**2.75**	**2.60**	**2.52**	**2.44**	**2.35**	**2.26**	**2.17**	**2.06**	
29	4.18	3.33	2.93	2.70	2.55	2.43	2.35	2.28	2.22	2.18	2.10	2.03	1.94	1.90	1.85	1.81	1.75	1.70	1.64	29
	7.60	**5.42**	**4.54**	**4.04**	**3.73**	**3.50**	**3.33**	**3.20**	**3.09**	**3.00**	**2.87**	**2.73**	**2.57**	**2.49**	**2.41**	**2.33**	**2.23**	**2.14**	**2.03**	
30	4.17	3.32	2.92	2.69	2.53	2.42	2.33	2.27	2.21	2.16	2.09	2.01	1.94	1.89	1.84	1.79	1.74	1.68	1.62	30
	7.56	**5.39**	**4.51**	**4.02**	**3.70**	**3.47**	**3.30**	**3.17**	**3.07**	**2.98**	**2.84**	**2.70**	**2.55**	**2.47**	**2.39**	**2.30**	**2.21**	**2.11**	**2.01**	
40	4.08	3.23	2.84	2.61	2.45	2.34	2.25	2.18	2.12	2.08	2.00	1.92	1.84	1.79	1.74	1.69	1.64	1.58	1.51	40
	7.315	**5.18**	**4.31**	**3.83**	**3.51**	**3.29**	**3.12**	**2.99**	**2.89**	**2.80**	**2.66**	**2.52**	**2.37**	**2.29**	**2.20**	**2.11**	**2.02**	**1.92**	**1.80**	
	4.00	3.15	2.76	2.53	2.37	2.25	2.17	2.10	2.04	1.99	1.92	1.84	1.75	1.70	1.65	1.59	1.53	1.47	1.39	60
60	**7.08**	**4.98**	**4.13**	**3.65**	**3.34**	**3.12**	**2.95**	**2.82**	**2.72**	**2.63**	**2.50**	**2.35**	**2.20**	**2.12**	**2.03**	**1.94**	**1.84**	**1.73**	**1.60**	
120	3.92	3.07	2.68	2.45	2.29	2.18	2.09	2.02	1.96	1.91	1.83	1.75	1.66	1.61	1.55	1.50	1.43	1.35	1.25	120
	6.85	**4.79**	**3.95**	**3.48**	**3.17**	**2.96**	**2.79**	**2.66**	**2.56**	**2.47**	**2.34**	**2.19**	**2.03**	**1.95**	**1.86**	**1.76**	**1.66**	**1.53**	**1.38**	
∞	3.84	3.00	2.60	2.37	2.21	2.10	2.01	1.94	1.88	1.83	1.75	1.67	1.57	1.52	1.46	1.39	1.32	1.22	1.00	∞
	6.63	**4.61**	**3.78**	**3.32**	**3.02**	**2.80**	**2.64**	**2.51**	**2.41**	**2.32**	**2.18**	**2.04**	**1.88**	**1.79**	**1.70**	**1.59**	**1.47**	**1.32**	**1.00**	

(가는 글자: α=0.05, 굵은 글자: α=0.01)

(2) F 분포표(2.5%, 0.5%)

자유도 ϕ_1, ϕ_2와 상측 확률 P에서 F(ϕ_1, ϕ_2 ; α)를 구하는 표
(가는 글자 : α=0.025, 굵은 글자 : α=0.005

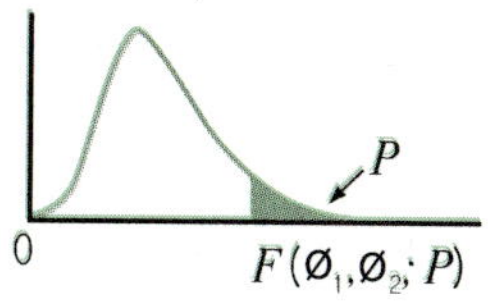

ϕ_2 \ ϕ_1	1	2	3	4	5	6	7	8	9	10	12	15	20	24	30	40	60	120	∞	ϕ_1 / ϕ_2
1	648.	800.	864.	900.	922.	937.	948.	957.	963.	969.	977.	985.	993.	997.	1001.	1006.	1010.	1014.	1018.	1
	-	-	-	-	-	-	-	-	-	-	-	-	-	-	-	-	-	-	-	
2	38.5	39.0	39.2	39.2	39.3	39.3	39.4	39.4	39.4	39.4	39.4	39.4	39.4	39.5	39.5	39.5	39.5	39.5	39.5	2
	198.	199.	199.	199.	199.	199	199.	199.	199.	199.	199.	199.	199.	199.	199.	199.	199.	199.	200.	
3	17.4	16.0	15.4	15.1	14.9	14.7	14.6	14.5	14.5	14.4	14.3	14.3	14.2	14.1	14.1	14.0	14.0	13.9	13.9	3
	55.6	49.8	47.5	46.2	45.4	44.8	44.4	44.1	43.9	43.7	43.4	43.1	42.8	42.6	42.5	42.3	42.1	42.0	41.8	
4	12.2	10.6	9.98	9.60	9.36	9.20	9.07	8.98	8.90	8.84	8.75	8.66	8.56	8.51	8.46	8.41	8.36	8.31	8.26	4
	31.3	26.3	24.3	23.2	22.5	22.0	21.6	21.4	21.1	21.0	20.7	20.4	20.2	20.0	19.9	19.8	19.6	19.5	19.3	
5	10.0	8.43	7.76	7.39	7.15	6.98	6.85	6.76	6.68	6.62	6.52	6.43	6.33	6.28	6.23	6.18	6.12	6.07	6.02	5
	22.8	18.3	16.5	15.6	14.9	14.5	14.2	14.0	13.8	13.6	13.4	13.1	12.9	12.8	12.7	12.5	12.4	12.3	12.1	
6	8.81	7.26	6.60	6.23	5.99	5.82	5.70	5.60	5.52	5.46	5.37	5.27	5.17	5.12	5.07	5.01	4.96	4.90	4.85	6
	18.6	14.5	12.9	12.0	11.5	11.1	10.8	10.6	10.4	10.2	10.0	9.81	9.59	9.47	9.36	9.24	9.12	9.00	8.88	
7	8.07	6.54	5.89	5.52	5.29	5.12	4.99	4.90	4.82	4.76	4.67	4.57	4.47	4.42	4.36	4.31	4.25	4.20	4.14	7
	16.2	12.4	10.9	10.0	9.52	9.16	8.89	8.68	8.51	8.38	8.18	7.97	7.75	7.64	7.53	7.42	7.31	7.19	7.08	
8	7.57	6.06	5.42	5.05	4.82	4.65	4.53	4.43	4.36	4.30	4.20	4.10	4.00	3.95	3.89	3.84	3.78	3.73	3.67	8
	14.7	11.0	9.60	8.81	8.30	7.95	7.69	7.50	7.34	7.21	7.01	6.81	6.61	6.50	6.40	6.29	6.18	6.06	5.95	
9	7.21	5.71	5.08	4.72	4.48	4.32	4.20	4.10	4.03	3.95	3.87	3.77	3.67	3.61	3.56	3.51	3.45	3.39	3.33	9
	13.6	10.1	8.72	7.96	7.47	7.13	6.88	6.69	6.54	6.42	6.23	6.03	5.83	5.73	5.62	5.52	5.41	5.30	5.19	
10	6.94	5.46	4.83	4.47	4.24	4.07	3.95	3.85	3.78	3.72	3.62	3.52	3.42	3.37	3.31	3.26	3.20	3.14	3.08	10
	12.8	9.43	8.08	7.34	6.87	6.54	6.30	6.12	5.97	5.85	5.66	5.47	5.27	5.17	5.07	4.97	4.86	4.75	4.64	
11	6.72	5.26	4.63	4.28	4.04	3.88	3.76	3.66	3.59	3.53	3.43	3.33	3.23	3.17	3.12	3.06	3.00	2.94	2.88	11
	12.2	8.91	7.60	6.88	6.42	6.10	5.86	5.68	5.54	5.42	5.24	5.05	4.86	4.76	4.65	4.55	4.44	4.34	4.23	
12	6.22	5.10	4.47	4.12	3.89	3.73	3.61	3.51	3.44	3.37	3.28	3.18	3.07	3.02	2.96	2.91	2.85	2.79	2.72	12
	11.8	8.51	7.23	6.52	6.07	5.76	5.52	5.35	5.20	5.09	4.91	4.72	4.53	4.43	4.33	4.23	4.12	4.01	3.90	
13	6.41	4.97	4.35	4.00	3.77	3.60	3.48	3.39	3.31	3.25	3.15	3.05	2.95	2.89	2.84	2.78	2.72	2.66	2.60	13
	11.4	8.19	6.93	6.23	5.79	5.48	5.25	5.08	4.94	4.82	4.64	4.46	4.27	4.17	4.07	3.97	3.87	3.76	3.65	
14	6.30	4.86	4.24	3.89	3.66	3.50	3.38	3.29	3.21	3.15	3.05	2.95	2.84	2.79	2.73	2.67	2.61	2.55	2.49	14
	11.1	7.92	6.68	6.00	5.56	5.26	5.03	4.86	4.72	4.60	4.43	4.25	4.06	3.96	3.86	3.76	3.66	3.55	3.44	
15	6.20	4.76	4.15	3.80	3.58	3.41	3.29	3.20	3.12	3.06	2.96	2.86	2.76	2.70	2.64	2.58	2.52	2.46	2.40	15
	10.8	7.70	6.48	5.80	5.37	5.07	4.85	4.67	4.54	4.42	4.25	4.07	3.88	3.79	3.69	3.58	3.48	3.37	3.26	
16	6.12	4.69	4.08	3.73	3.50	3.34	3.22	3.12	3.05	2.99	2.89	2.79	2.68	2.63	2.57	2.51	2.45	2.38	2.32	16
	10.6	7.51	6.30	5.64	5.21	4.91	4.69	4.52	4.38	4.27	4.10	3.92	3.73	3.64	3.54	3.44	3.33	3.22	3.11	
17	6.04	4.62	4.01	3.66	3.44	3.28	3.16	3.06	2.98	2.92	2.82	2.72	2.62	2.56	2.50	2.44	2.38	2.32	2.25	17
	10.4	7.35	6.16	5.50	5.07	4.78	4.56	4.39	4.25	4.14	3.97	3.79	3.61	3.51	3.41	3.31	3.21	3.10	2.98	
18	5.98	4.56	3.95	3.61	3.38	3.22	3.10	3.01	2.93	2.87	2.77	2.67	2.56	2.50	2.44	2.38	2.32	2.26	2.19	18
	10.2	7.21	6.03	5.37	4.96	4.66	4.44	4.28	4.14	4.03	3.86	3.68	3.50	3.40	3.30	3.20	3.10	2.99	2.87	
19	5.92	4.51	3.90	3.56	3.33	3.17	3.05	2.96	2.88	2.82	2.72	2.62	2.51	2.45	2.39	2.33	2.27	2.20	2.13	19
	10.1	7.09	5.92	5.27	4.85	4.56	4.34	4.18	4.04	3.93	3.76	3.59	3.40	3.31	3.21	3.11	3.00	2.89	2.78	
20	5.87	4.46	3.86	3.51	3.29	3.13	3.01	2.91	2.84	2.77	2.68	2.57	2.46	2.41	2.35	2.29	2.22	2.16	2.09	20
	9.94	6.99	5.82	5.17	4.76	4.47	4.26	4.09	3.96	3.85	3.68	3.50	3.32	3.22	3.12	3.02	2.92	2.81	2.69	

ϕ_2 \ ϕ_1	1	2	3	4	5	6	7	8	9	10	12	15	20	24	30	40	60	120	∞	ϕ_2 \ ϕ_1
21	5.83	4.42	3.82	3.48	3.25	3.09	2.97	2.87	2.80	2.73	2.64	2.53	2.42	2.37	2.31	2.25	2.18	2.11	2.04	21
	9.83	6.89	5.73	5.09	4.68	4.39	4.18	4.01	3.88	3.77	3.60	3.43	3.24	3.15	3.05	2.95	2.84	2.73	2.61	
22	5.79	4.38	3.78	3.44	3.22	3.05	2.93	2.84	2.76	2.70	2.60	2.50	2.39	2.33	2.27	2.21	2.14	2.08	2.00	22
	9.73	6.81	5.65	5.02	4.61	4.32	4.11	3.94	3.81	3.70	3.54	3.36	3.18	3.08	2.98	2.88	2.77	2.66	2.55	
23	5.75	4.35	3.75	3.41	3.18	3.02	2.90	2.81	2.73	2.67	2.57	2.47	2.36	2.30	2.24	2.18	2.11	2.04	1.97	23
	9.63	6.73	5.58	4.95	4.54	4.26	4.05	3.88	3.75	3.64	3.47	3.30	3.12	3.02	2.92	2.82	2.71	2.60	2.48	
24	5.72	4.32	3.72	3.38	3.15	2.99	2.87	2.78	2.70	2.64	2.54	2.44	2.33	2.27	2.21	2.15	2.08	2.01	1.94	24
	9.55	6.66	5.52	4.89	4.49	4.20	3.99	3.83	3.69	3.59	3.42	3.25	3.06	2.97	2.87	2.77	2.66	2.55	2.43	
25	5.69	4.29	3.69	3.35	3.13	2.97	2.85	2.75	2.68	2.61	2.51	2.41	2.30	2.24	2.18	2.12	2.05	1.98	1.91	25
	9.48	6.60	5.46	4.84	4.43	4.15	3.94	3.78	3.64	3.54	3.37	3.20	3.01	2.92	2.82	2.72	2.61	2.50	2.38	
26	5.66	4.27	3.67	3.33	3.10	2.94	2.82	2.73	2.65	2.59	2.49	2.39	2.28	2.22	2.16	2.09	2.03	1.95	1.88	26
	9.41	6.54	5.41	4.79	4.38	4.10	3.89	3.73	3.60	3.49	3.33	3.15	2.98	2.87	2.77	2.67	2.56	2.45	2.33	
27	5.63	4.24	3.65	3.31	3.08	2.92	2.80	2.71	2.63	2.57	2.47	2.36	2.25	2.19	2.13	2.07	2.00	1.93	1.85	27
	9.34	6.49	5.36	4.74	4.34	4.06	3.85	3.69	3.56	3.45	3.28	3.11	2.93	2.83	2.73	2.63	2.52	2.41	2.23	
28	5.61	4.22	3.63	3.29	3.06	2.90	2.78	2.69	2.61	2.55	2.45	2.34	2.23	2.71	2.11	2.05	1.98	1.91	1.83	28
	9.28	6.44	5.32	4.70	4.30	4.02	3.81	3.65	3.52	3.41	3.25	3.07	2.89	2.79	2.69	2.59	2.48	2.37	2.25	
29	5.59	4.20	3.61	3.27	3.04	2.88	2.76	2.67	2.59	2.53	2.43	2.32	2.21	2.15	2.09	2.03	1.96	1.89	1.81	29
	9.23	6.40	5.28	4.66	4.26	3.98	3.77	3.61	3.48	3.38	3.21	3.04	2.86	2.76	2.66	2.56	2.45	2.33	2.21	
30	5.57	4.18	3.59	3.25	3.03	2.87	2.75	2.65	2.57	2.51	2.41	2.31	2.20	2.14	2.07	2.01	1.94	1.87	1.79	30
	9.18	6.35	5.24	4.62	4.23	3.95	3.74	3.58	3.45	3.34	3.18	3.01	2.82	2.73	2.63	2.52	2.42	2.30	2.18	
40	5.42	4.05	3.46	3.13	2.90	2.74	2.62	2.53	2.45	2.39	2.29	2.18	2.07	2.01	1.94	1.88	1.830	1.72	1.64	40
	8.83	6.07	4.98	4.37	3.99	3.71	3.51	3.35	3.22	3.12	2.95	2.78	2.60	2.50	2.40	2.30	2.18	2.06	1.93	
60	5.29	3.93	3.34	3.01	2.79	2.63	2.51	2.41	2.33	2.27	2.17	2.06	1.94	1.88	1.82	1.74	1.67	1.58	1.48	60
	8.49	5.80	4.73	4.14	3.76	3.49	3.29	3.13	3.01	2.90	2.74	2.57	2.39	2.29	2.19	2.08	1.96	1.83	1.69	
120	5.15	3.80	3.23	2.89	2.67	2.52	2.39	2.30	2.22	2.16	2.05	1.94	1.82	1.76	1.69	1.61	1.53	1.43	1.31	120
	8.18	5.54	4.50	3.92	3.55	3.28	3.09	2.93	2.81	2.71	2.54	2.37	2.19	2.09	1.98	1.87	1.75	1.61	1.43	
∞	5.02	3.69	3.12	2.79	2.57	2.41	2.29	2.19	2.11	2.05	1.94	1.83	1.71	1.64	1.57	1.48	1.39	1.27	1.00	∞
	7.88	5.30	4.28	3.72	3.35	3.09	2.90	2.74	2.62	2.52	2.36	2.19	2.00	1.90	1.79	1.67	1.53	1.36	1.00	

(3) F 분포표(25%, 10%)

자유도 ϕ_1, ϕ_2와 상측 확률 P에서 $F(\phi_1, \phi_2 ; P)$를 구하는 표
(가는 글자 : P=0.25, 굵은 글자 : P=0.10)

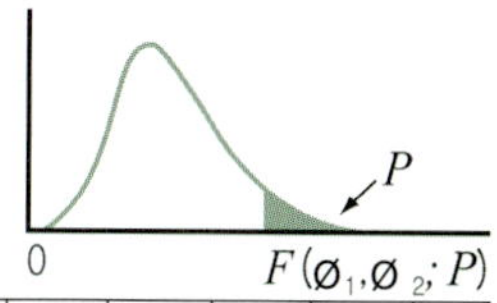

ø2 \ ø1	1	2	3	4	5	6	7	8	9	10	12	15	20	24	30	40	60	120	∞	ø1 / ø2
1	5.83	7.50	8.20	8.58	8.82	8.98	9.10	9.19	9.26	9.32	9.41	9.49	9.58	9.63	9.67	9.71	9.76	9.80	9.85	1
	39.9	**49.5**	**53.6**	**55.8**	**57.2**	**58.2**	**58.9**	**59.4**	**59.9**	**60.2**	**60.7**	**61.2**	**61.7**	**62.0**	**62. 3**	**62.5**	**62.8**	**63.1**	**63.3**	
2	2.57	3.00	3.15	3.23	3.28	3.31	3.34	3.35	3.37	3.38	3.39	3.41	3.43	3.43	3.44	3.45	3.46	3.47	3.48	2
	8.53	**9.00**	**9.16**	**9.24**	**9.29**	**9.33**	**9.35**	**9.37**	**9.38**	**9.39**	**9.41**	**9.42**	**9.44**	**9.45**	**9.46**	**9.47**	**9.47**	**9.48**	**9.49**	
3	2.02	2.28	2.36	2.39	2.41	2.42	2.43	2.44	2.44	2.44	2.45	2.46	2.46	2.46	2.46	2.47	2.47	2.47	2.47	3
	5.54	**5.46**	**5.39**	**5.34**	**5.31**	**5.28**	**5.27**	**5.25**	**5.24**	**5.23**	**5.22**	**5.20**	**5.18**	**5.18**	**5.17**	**5.16**	**5.15**	**5.14**	**5.13**	
4	1.81	2.00	2.05	2.06	2.07	2.08	2.08	2.08	2.08	2.08	2.08	2.08	2.08	2.08	2.08	2.08	2.08	2.08	2.08	4
	4.54	**4.32**	**4.19**	**4.11**	**4.05**	**4.01**	**3.98**	**3.95**	**3.94**	**3.92**	**3.90**	**3.87**	**3.84**	**3.83**	**3.82**	**3.80**	**3.79**	**3.78**	**3.76**	
5	1.69	1.85	1.88	1.89	1.89	1.89	1.89	1.89	1.89	1.89	1.89	1.89	1.88	1.88	1.88	1.88	1.87	1.87	1.87	5
	4.06	**3.78**	**3.62**	**3.52**	**3.45**	**3.40**	**3.37**	**3.34**	**3.32**	**3.30**	**3.27**	**3.24**	**3.21**	**3.19**	**3.17**	**3.16**	**3.14**	**3.12**	**3.10**	
6	1.62	1.76	1.78	1.79	1.79	1.78	1.78	1.78	1.77	1.77	1.77	1.76	1.76	1.75	1.75	1.75	1.74	1.74	1.74	6
	3.78	**3.46**	**3.29**	**3.18**	**3.11**	**3.05**	**3.01**	**2.98**	**2.95**	**2.94**	**2.90**	**2.87**	**2.84**	**2.82**	**2.80**	**2.78**	**2.76**	**2.74**	**2.72**	
7	1.57	1.70	1.72	1.72	1.71	1.71	1.70	1.70	1.69	1.69	1.68	1.68	1.67	1.67	1.66	1.66	1.65	1.65	1.65	7
	3.59	**3.26**	**3.07**	**2.96**	**2.88**	**2.83**	**2.78**	**2.75**	**2.72**	**2.70**	**2.67**	**2.63**	**2.59**	**2.58**	**2.56**	**2.54**	**2.51**	**2.49**	**2.47**	
8	1.54	1.66	1.67	1.66	1.66	1.65	1.64	1.64	1.64	1.63	1.62	1.62	1.61	1.60	1.60	1.59	1.59	1.58	1.58	8
	3.46	**3.11**	**2.92**	**2.81**	**2.73**	**2.67**	**2.62**	**2.59**	**2.55**	**2.54**	**2.50**	**2.46**	**2.42**	**2.40**	**2.38**	**2.36**	**2.34**	**2.32**	**2.29**	
9	1.51	1.62	1.63	1.63	1.62	1.61	1.60	1.60	1.59	1.59	1.58	1.57	1.56	1.56	1.55	1.54	1.54	1.53	1.53	9
	3.36	**3.01**	**2.81**	**2.69**	**2.61**	**2.55**	**2.51**	**2.47**	**2.44**	**2.42**	**2.38**	**2.34**	**2.30**	**2.28**	**2.25**	**2.23**	**2.21**	**2.18**	**2.16**	
10	1.49	1.60	1.60	1.59	1.59	1.58	1.57	1.56	1.55	1.55	1.54	1.53	1.52	1.52	1.51	1.51	1.50	1.49	1.48	10
	3.28	**2.92**	**2.73**	**2.61**	**2.52**	**2.46**	**2.41**	**2.38**	**2.35**	**2.32**	**2.28**	**2.24**	**2.20**	**2.18**	**2.16**	**2.13**	**2.11**	**2.08**	**2.06**	
11	1.47	1.58	1.58	1.57	1.56	1.55	1.54	1.53	1.53	1.52	1.51	1.50	1.49	1.49	1.48	1.47	1.47	1.46	1.45	11
	3.23	**2.86**	**2.66**	**2.54**	**2.45**	**2.39**	**2.34**	**2.30**	**2.27**	**2.25**	**2.21**	**2.17**	**2.12**	**2.10**	**2.08**	**2.05**	**2.03**	**2.00**	**1.97**	
12	1.46	1.56	1.56	1.55	1.54	1.53	1.52	1.51	1.51	1.50	1.49	1.48	1.47	1.46	1.45	1.45	1.44	1.43	1.42	12
	3.13	**2.81**	**2.61**	**2.48**	**2.39**	**2.33**	**2.28**	**2.24**	**2.21**	**2.19**	**2.15**	**2.10**	**2.06**	**2.04**	**2.01**	**1.99**	**1.96**	**1.93**	**1.90**	
13	1.45	1.55	1.55	1.53	1.52	1.51	1.50	1.49	1.49	1.48	1.47	1.46	1.45	1.44	1.43	1.42	1.42	1.41	1.40	13
	3.14	**2.76**	**2.56**	**2.43**	**2.35**	**2.28**	**2.23**	**2.20**	**2.18**	**2.14**	**2.10**	**2.05**	**2.01**	**1.98**	**1.96**	**1.93**	**1.90**	**1.88**	**1.85**	
14	1.44	1.53	1.53	1.52	1.51	1.50	1.48	1.48	1.47	1.46	1.45	1.44	1.43	1.42	1.41	1.41	1.40	1.39	1.38	14
	3.10	**2.73**	**2.52**	**2.39**	**2.31**	**2.24**	**2.19**	**2.15**	**2.12**	**2.10**	**2.05**	**2.01**	**1.96**	**1.94**	**1.91**	**1.89**	**1.86**	**1.88**	**1.80**	
15	1.43	1.52	1.52	1.51	1.49	1.48	1.47	1.46	1.46	1.45	1.44	1.43	1.41	1.41	1.40	1.39	1.38	1.37	1.36	15
	3.07	**2.70**	**2.49**	**2.36**	**2.27**	**2.21**	**2.16**	**2.12**	**2.08**	**2.06**	**2.02**	**1.97**	**1.92**	**1.90**	**1.87**	**1.85**	**1.82**	**1.79**	**1.76**	
16	1.42	1.51	1.51	1.50	1.48	1.47	1.46	1.45	1.44	1.44	1.43	1.41	1.40	1.39	1.38	1.37	1.36	1.35	1.34	16
	3.05	**2.67**	**2.46**	**2.33**	**2.24**	**2.18**	**2.13**	**2.09**	**2.06**	**2.03**	**1.99**	**1.94**	**1.89**	**1.87**	**1.84**	**1.81**	**1.78**	**1.75**	**1.72**	
17	1.42	1.51	1.50	1.49	1.47	1.46	1.45	1.44	1.43	1.43	1.41	1.40	1.39	1.38	1.37	1.36	1.35	1.34	1.33	17
	3.03	**2.64**	**2.44**	**2.31**	**2.22**	**2.15**	**2.10**	**2.06**	**2.03**	**2.00**	**1.96**	**1.91**	**1.86**	**1.84**	**1.81**	**1.78**	**1.75**	**1.72**	**1.69**	
18	1.41	1.50	1.49	1.48	1.46	1.45	1.44	1.43	1.42	1.42	1.40	1.39	1.38	1.37	1.36	1.35	1.34	1.33	1.32	18
	3.01	**2.62**	**2.42**	**2.29**	**2.20**	**2.13**	**2.08**	**2.04**	**2.00**	**1.98**	**1.93**	**1.89**	**1.84**	**1.81**	**1.78**	**1.75**	**1.72**	**1.69**	**1.66**	
19	1.41	1.49	1.49	1.47	1.46	1.44	1.48	1.42	1.41	1.41	1.40	1.38	1.37	1.36	1.35	1.34	1.33	1.32	1.30	19
	2.99	**2.61**	**2.40**	**2.27**	**2.18**	**2.11**	**2.06**	**2.02**	**1.98**	**1.96**	**1.90**	**1.86**	**1.81**	**1.79**	**1.76**	**1.73**	**1.70**	**1.67**	**1.63**	
20	1.40	1.49	1.48	1.47	1.45	1.44	1.43	1.42	1.41	1.40	1.39	1.37	1.36	1.35	1.34	1.33	1.32	1.31	1.29	20
	2.97	**2.59**	**2.38**	**2.25**	**2.16**	**2.09**	**2.04**	**2.00**	**1.96**	**1.94**	**1.89**	**1.84**	**1.79**	**1.77**	**1.74**	**1.71**	**1.68**	**1.64**	**1.61**	

ϕ_2	1	2	3	4	5	6	7	8	9	10	12	15	20	24	30	40	60	120	∞	ϕ_2
21	1.40	1.48	1.48	1.46	1.44	1.43	1.42	1.41	1.40	1.39	1.38	1.37	1.35	1.34	1.33	1.32	1.31	1.30	1.28	21
	2.96	2.57	2.36	2.23	2.14	2.08	2.02	1.98	1.95	1.92	1.88	1.83	1.78	1.75	1.72	1.69	1.66	1.62	1.59	
22	1.40	1.48	1.47	1.45	1.44	1.42	1.41	1.40	1.39	1.39	1.37	1.36	1.34	1.33	1.32	1.31	1.30	1.29	1.28	22
	2.95	2.56	2.35	2.22	2.13	2.06	2.01	1.97	1.93	1.90	1.86	1.81	1.76	1.73	1.70	1.67	1.64	1.60	1.57	
23	1.39	1.47	1.47	1.45	1.43	1.42	1.41	1.40	1.39	1.38	1.37	1.35	1.34	1.33	1.32	1.31	1.30	1.28	1.27	23
	2.94	2.55	2.34	2.21	2.11	2.05	1.99	1.95	1.92	1.89	1.84	1.80	1.74	1.72	1.69	1.66	1.62	1.59	1.55	
24	1.39	1.47	1.46	1.44	1.43	1.41	1.40	1.39	1.38	1.38	1.36	1.35	1.33	1.32	1.31	1.30	1.29	1.28	1.26	24
	2.93	2.54	2.33	2.19	2.10	2.04	1.98	1.94	1.91	1.88	1.83	1.78	1.73	1.70	1.67	1.64	1.61	1.57	1.53	
25	1.39	1.47	1.46	1.44	1.42	1.41	1.40	1.39	1.38	1.37	1.36	1.34	1.33	1.32	1.31	1.29	1.28	1.27	1.25	25
	2.92	2.53	2.32	2.18	2.09	2.02	1.97	1.93	1.89	1.87	1.82	1.77	1.72	1.69	1.66	1.63	1.59	1.56	1.52	
26	1.38	1.46	1.45	1.44	1.42	1.41	1.39	1.38	1.37	1.37	1.35	1.34	1.32	1.31	1.30	1.29	1.28	1.26	1.25	26
	2.91	2.52	2.31	2.17	2.08	2.01	1.96	1.92	1.88	1.86	1.81	1.76	1.71	1.68	1.65	1.61	1.58	1.54	1.50	
27	1.38	1.46	1.45	1.43	1.42	1.40	1.39	1.38	1.37	1.36	1.35	1.33	1.32	1.31	1.30	1.28	1.27	1.26	1.24	27
	2.90	2.51	2.30	2.17	2.07	2.00	1.95	1.91	1.87	1.85	1.80	1.75	1.70	1.67	1.64	1.60	1.57	1.53	1.49	
28	1.38	1.46	1.45	1.43	1.41	1.40	1.39	1.38	1.37	1.36	1.34	1.33	1.31	1.30	1.29	1.28	1.27	1.25	1.24	28
	2.89	2.50	2.29	2.16	2.06	2.00	1.94	1.90	1.87	1.84	1.79	1.74	1.69	1.66	1.63	1.59	1.56	1.52	1.48	
29	1.38	1.45	1.45	1.43	1.41	1.40	1.38	1.37	1.36	1.35	1.34	1.32	1.31	1.30	1.29	1.27	1.26	1.25	1.23	29
	2.89	2.50	2.28	2.15	2.06	1.99	1.93	1.89	1.86	1.83	1.78	1.73	1.68	1.65	1.62	1.58	1.55	1.51	1.47	
30	1.38	1.45	1.44	1.42	1.41	1.39	1.38	1.37	1.36	1.35	1.34	1.32	1.30	1.29	1.28	1.27	1.26	1.24	1.23	30
	2.88	2.49	2.28	2.14	2.05	1.98	1.93	1.88	1.85	1.82	1.77	1.72	1.67	1.64	1.61	1.57	1.54	1.50	1.46	
40	1.36	1.44	1.42	1.40	1.39	1.37	1.36	1.35	1.34	1.33	1.31	1.30	1.28	1.26	1.25	1.24	1.22	1.21	1.19	40
	2.84	2.44	2.23	2.09	2.00	1.93	1.87	1.82	1.79	1.76	1.71	1.66	1.61	1.57	1.54	1.51	1.47	1.42	1.38	
60	1.35	1.42	1.41	1.38	1.37	1.35	1.33	1.32	1.31	1.30	1.29	1.27	1.25	1.24	1.22	1.21	1.19	1.17	1.15	60
	2.79	2.39	2.18	2.04	1.95	1.87	1.82	1.77	1.74	1.71	1.66	1.60	1.54	1.51	1.48	1.44	1.40	1.35	1.29	
120	1.34	1.40	1.39	1.37	1.35	1.33	1.31	1.30	1.29	1.28	1.26	1.24	1.22	1.21	1.19	1.18	1.16	1.13	1.10	120
	2.75	2.35	2.13	1.99	1.90	1.82	1.77	1.72	1.68	1.65	1.60	1.54	1.48	1.45	1.41	1.37	1.32	1.26	1.19	
∞	1.32	1.39	1.37	1.35	1.33	1.31	1.29	1.28	1.27	1.25	1.24	1.22	1.19	1.18	1.16	1.14	1.12	1.08	1.00	∞
	2.71	2.30	2.08	1.94	1.85	1.77	1.72	1.67	1.63	1.60	1.55	1.49	1.42	1.33	1.34	1.30	1.24	1.17	1.00	
ϕ_2 / ϕ_1	1	2	3	4	5	6	7	8	9	10	12	15	20	24	30	40	60	120	∞	ϕ_2 / ϕ_1

저자 약력

박영호 교수 youngho@dit.ac.kr
동의과학대학 e-경영정보계열
전국품질경영대회 심사위원
부산 품질혁신센터 이사
창조공학회 이사

저서 : QC실무, 품질경영실천과 인증, 전산 통계, 품질경영 외 다수

황희두 교수 mrcello@donga.ac.kr
동의과학대학 e-경영정보계열
저서 : C언어, 품질경영실천과 인증, 품질경영시스템 외 다수

저자와의
협의하에
인지생략

실무QM

2008년 8월 20일 **초판 인쇄**
2008년 8월 28일 **초판 1쇄 발행**

공저자 박영호 · 황희두
발행인 정 광 식
발행처 비앤엠북스
주 소 서울시 마포구 현석동 17번지 2층
등 록 2004.12.29. / 제313-2004-00298호
전 화 02) 701-0801~2 ▌팩스 02) 701-0831 ▌홈페이지 bnmbooks.co.kr
이메일 bmbooks@paran.com

정가 23,000원 ISBN 978-89-91879-52-2